谨以此丛书献给万德珍女士：
感谢她为此生存理性存在之间
　　　付出一生，
　　　陪伴一生，
　　　唱和一生！

四川师范大学重大成果孵化资助项目

生存论研究丛书

# 善恶的病理问题

第7卷

唐代兴 著

中国社会科学出版社

## 图书在版编目(CIP)数据

善恶的病理问题 / 唐代兴著. — 北京：中国社会科学出版社，2024.6
（生存论研究丛书）
ISBN 978-7-5227-3468-2

Ⅰ.①善…　Ⅱ.①唐…　Ⅲ.①善恶—哲学理论—研究　Ⅳ.①B82

中国国家版本馆 CIP 数据核字（2024）第 082732 号

| 出 版 人 | 赵剑英 |
|---|---|
| 责任编辑 | 刘亚楠 |
| 责任校对 | 张爱华 |
| 责任印制 | 张雪娇 |

| 出　　版 | 中国社会科学出版社 |
|---|---|
| 社　　址 | 北京鼓楼西大街甲 158 号 |
| 邮　　编 | 100720 |
| 网　　址 | http://www.csspw.cn |
| 发 行 部 | 010-84083685 |
| 门 市 部 | 010-84029450 |
| 经　　销 | 新华书店及其他书店 |
| 印　　刷 | 北京君升印刷有限公司 |
| 装　　订 | 廊坊市广阳区广增装订厂 |
| 版　　次 | 2024 年 6 月第 1 版 |
| 印　　次 | 2024 年 6 月第 1 次印刷 |
| 开　　本 | 710×1000　1/16 |
| 印　　张 | 20.5 |
| 插　　页 | 2 |
| 字　　数 | 323 千字 |
| 定　　价 | 128.00 元 |

凡购买中国社会科学出版社图书，如有质量问题请与本社营销中心联系调换
电话：010-84083683
**版权所有　侵权必究**

# 总　　序

世界自在，而人立其中。其存在，须臾不离阳光、空气、气候、水、土地；其生存，总要努力于技术、科学、经济、政治、教育、艺术、宗教的武装，既丰富内涵，更挑战极限：

技术，创造生存工具，持续地挑战安全的极限；

科学，开拓存在疆界，持续地挑战经验的极限；

经济，增长物质财富，持续地挑战富裕的极限；

政治，平衡公私利欲，持续地挑战权利的极限；

教育，开发生命潜能，持续地挑战智力的极限；

艺术，追求生活善美，持续地挑战自由的极限；

宗教，赋予存在信仰，持续地挑战心灵的极限。

所有一切都有正反实用，惟有哲学，历来被视为无用之学。然而，无论技术、科学，或经济、政治、教育，甚至艺术或宗教，其正反实用达于极限状态，往往演化出绝望，因为绝望之于希望，才走向哲学，开出"存在之问"的**新生**之道。

## 一　哲学发问存在的当世取向

哲学在无用中创造大用，本原于它专注存在及其敞开，并从发问存在出发，开出存在之思而继续向前，始终行进于存在之问的当世之途，这构成哲学不同于哲学研究的根本性质定位和功能定位。

善恶的病理问题

### 1. 哲学的自身定位

哲学乃存在之问，偏离存在之问，遗忘或丧失存在之问，哲学必然消隐。哲学一旦消隐，存在世界因丧失思想的光芒而沦为荒原，人必自得其乐于物质主义的愚昧进而沦为暴虐主义的耗材。这是因为哲学始终是当世的，以存在之问为基业的当世哲学，直接地源于人类的存在困境和生存危机。人类的存在困境和生存危机永远属于当世，是当世的必然**制造**：人类的每一个当世存在必然演绎出只属于此"在世之中"的存在困境和生存危机，哲学的存在之问就是直面人类的当世存在困境和生存危机而展开，以探求其根本的解救之道，这一根本的解救之道构成武装当世政治、经济、文化、教育、科学、技术的根本智慧、最高知识和统领性方法。这是哲学的当世消隐必然带来存在荒原和非人深渊的根本原因，这也是它与哲学研究根本不同的所在。

哲学是当世的，哲学研究是历史的。

哲学的当世取向及其努力，源于它对"在世之中"的人类发出存在之问，以探求其存在困境和生存危机的根本解救之道；哲学研究的历史取向及其努力，在于它只关注**已成的**哲学思想、知识、方法的历史及其具体内容的哲学著作，哲学理论，哲学思想、知识、方法体系，或与此关联的哲学思潮、哲学运动和哲学家。

所以，哲学关注的对象是人类的当世存在，具体地讲是人类当世的存在困境和生存危机；哲学研究关注的对象是已有的哲学成就，这些成就包括已经功成名就的哲学家，和这些功成名就的哲学家创造出来的哲学思想、哲学知识、哲学方法、哲学理论、哲学体系、哲学著作和由他们涌动生成的哲学思潮、哲学运动、哲学流派、哲学传统。

哲学研究追求严肃、严谨、庄重；哲学却崇尚使命和责任。

哲学研究**可能**成为事业，但对于更多的人或者大多数人来讲**只是一种职业**，所以哲学研究可以会聚形成庞大的群体，庞大的职业圈，庞大的师门承传，甚而至于可以汇聚成为课题、项目、获奖的江湖，或可曰：哲学研究可成为甚至往往成为敲门砖、工具、手段。哲学研究所拥有的这些都与哲学无缘；哲学作为对当世的存在之问的根本方式，不能成为职业，只能成为**事业**，所以哲学在任何时代都只是极少极少的人所能并眷顾。因为，哲学之为哲学的基本标志，是存在之问；哲学研究之为哲学研究的基本标志，是对哲学家的哲学成果（认知、思想、知识、方法、著作、体系）之问。

哲学研究可类分出东方或西方，也可类分出古代、近代或现代，更可类分出国度与种族，还可类分出思潮和流派、著作与人，以及阶级和门派。哲学却全然与这些无缘、无关，因为哲学**不仅是当世的**，**更是世界的**，它就是立足当世而开辟人类存在之问的**世界性**道路。

要言之，哲学研究是人类根本思想、根本知识、根本方法的历史学，或**历史阐释学**；哲学却是人类根本思想、根本知识、根本方法的当代学，或**当代创造学**。

### 2. 哲学的当世努力

哲学研究的对象产生于历史，哲学及其创造源于当世的存在困境和生存危机，这就是自古磨难出英雄，从来动荡激哲思。古希腊哲学诞生于存在的自然之问，并朝存在之伦理和政治哲学方向发展，前者不仅因为存在世界引发出惊诧和好奇，更是突破大海束缚开拓存在空间的激励；后者源于突围战乱的绝境而探求人性再造的生存反思。春秋战国之世，如果没有"天子失官，学在四夷"的存在困境和"道术将为天下裂"的生存危机，则不可能有探求如何解救时世的思想方案的诸子盛世的产生。

存在的困境，创造思想盛宴；生存的危机，孕育哲学盛世。

以直面存在困境和追问生存危机的方式彰显自身的哲学，始终是当世的。唯物质主义存在和祛魅化生存，基因工程和人工智能开启生物人种学忧惧，后环境风险带动地球生物危机，极端气候失律推动灾害世界化，加速迭代变异的病毒正以肆虐全人类的方式全面改写着人类的历史，而更新的殖民主义浪潮推动全球化的空间争夺、价值对决、军备竞赛、武器至上等会聚生成、运演出风云突变的当世存在，构筑起以后人口、后环境、后技术化存在、后疫-灾、后经济-政治为基本向度的**后世界风险社会**陷阱，必然激发哲学追问以拆除学科藩篱、突破科学主义，摒弃细节迷恋，走向生态整体，以关注存在本体的方式入场，开启哲学的当代道路，探索哲学的当世重建。

哲学的当代道路，即是沿着经验理性向观念理性再向科学理性方向前进

善恶的病理问题

而必然开出生存理性（或生态理性）的道路①，因而，生存理性哲学，应该成为解救当世存在的根本困境和危机的根本之道的哲学。

哲学展开存在之问的方式，就是理性。哲学以理性方式敞开存在之问有多种形式，具体地讲，以理性方式敞开存在的经验之问，即是经验理性哲学；以理性方式敞开存在的观念之问，就是观念理性哲学；以理性方式敞开存在的科学（或曰方法）之问，就是科学理性（或曰"工具理性"）哲学；以理性方式敞开存在的生存之问，就是生存理性哲学。由于**存在敞开生存**始终呈自身的位态，所以生存理性哲学亦可称之为**生态理性**哲学。因为"生态"概念的本义是生命存在的固有姿态，当生命存在敞开生存时，其固有的姿态也随之呈现其存在敞开的原本性位态，这一本原性位态即是存在以自身方式敞开的生存朝向（详述参见"生存论研究"卷3《生成涌现时间》第1章第四部分），所以，生存理性哲学也就是生态理性哲学。

## 二 生态理性之思敞开的初步

生态理性哲学的基本主题是"当代人类理性存在何以可能"？它落实在生存上，则突显出四个有待追问的基本问题：

一、人善待个人何以可能？

二、人善待环境何以可能？

三、人善待文明何以可能？

四、人善待历史何以可能？

生态理性哲学直面当世存在困境和生存危机而发问，探求其解决的根本之道，就是为人善待个人、人善待环境、人善待文明、人善待历史提供可能性，包括认知、思想、知识、方法及其生态整体路径等方面的可能性。因而，发问当世存在困境和生存危机，探索和创建生态理性哲学，不仅是当世哲学家的事业，也是当世文学家、科学家以及其他当世思想家的共同事业。

**1. 生态理性哲学的形上视域**

基于如上基本定位，生态理性哲学的认知起步，是重新思考人类书写，

---

① 参见唐代兴《生态理性哲学导论》，北京大学出版社2005年版。

考察人类书写事业的主体构成，由是于 1987 年、1988 年先后完成《书写哲学的生成》和《人类书写论》（1991 年）两本小册子。以此为起步，尝试思考生态理性的本体论和形而上学问题，于 1989 年完成生态理性本体论《语义场导论：人类行为动力研究》（1998 年初版，十五年后修订增加了 15 万字，于 2015 年以《语义场：生存的本体论诠释》再版），1990 年完成生态理性形而上学《生态理性哲学导论》（2005），1991 年完成生态理性本体论美学《语义美学论纲：人类行为意义研究（1）》（2001 年初版，一年后市场上出版盗版本，2003 年重印）；1992 年完成生态理性政治哲学《语言政治学：人类行为意义研究（3）》（至今未出版）；1993 年完成生态理性美学《形式语义美学论纲：人类行为意义研究（2）》（因 2001 年家被盗，电脑被偷，此书稿因无纸质本而丢失）。继而尝试思考生态理性哲学方法问题，先后形成《思维方法的生态化综合》（1990 年 2 月）、《再论生态化综合》（1991 年 3 月）、《生态化综合：全球化语境下的文艺学方法》（1992 年 4 月）等论文，其后予以系统思考，于 2000 年完成《生态化综合：一种新的世界观》（2015）。

依照哲学传统，哲学应包括三部分内容，即形而上学、本体论，认识论和实践哲学。认识论是形而上学、本体论指向实践哲学的中介，实践哲学应该成为形而上学、本体论达于生活世界指导人生和引导社会的方法论。实践哲学，在经典的意义上是伦理学（或道德哲学）和政治学（或政治哲学）（比如亚里士多德就是如此定位实践哲学，笛卡儿在此基础上增加了医学和力学，黑格尔却以法哲学的方式将伦理学和政治哲学统合起来），但在完整的意义上，实践哲学的基本部分应包括伦理学、政治哲学、教育哲学和美学（或曰"美的哲学"）四个方面：伦理学，是哲学走向实践引导人如何善待人的根本方法和普遍智慧，或可说伦理学是哲学引导人如何与人"生活在一起"的根本方法和普遍智慧；政治哲学，是哲学走向实践引导社会如何善待人的根本方法和普遍智慧，或可说政治哲学是哲学引导社会如何与人人"生活在一起"的根本方法和普遍智慧；教育哲学，是哲学走向实践引导人如何成己成人立世的根本方法和普遍智慧，或可说教育哲学是哲学引导人如何从动物存在走向人文存在而成为人和进而成为大人的根本方法和普遍智慧；美学（有别于审美学）或曰"美的哲学"，是哲学走向实践引导人如何善待自己的根本

 善恶的病理问题

方法和普遍智慧,或可说美学是哲学引导人如何**悦纳**内在的自己而自由地存在、生活和创造的根本方法与普遍智慧。生态理性哲学的当世探索与创建,就是如上全境视域的。

### 2. 生态理性思想的伦理建构

从 2001 年始,生态理性哲学的探索性创建就从其基本问题转向生态理性的实践问题。实践哲学虽然主要由伦理学、政治哲学、教育哲学和美学构成,但此四者中,伦理问题却成为实践哲学的基础性问题。

伦理问题之所以构成实践哲学的基础性问题,是因为如斯宾诺莎和黑格尔所说,伦理是一种存在的精神实体。在西语中,ethics 源于古希腊语 ëthos(ηθος),意为气禀和品性;但与 ëthos 关系密切的词是 ethos(εθος),意思是风俗、习惯。所以,气禀、品性、习惯、风俗构成 ethics 的基本语义。相对人而言,气禀和品性属内在的东西,构成**个体**的内在精神规范;习惯和风俗却是外在的东西,构成**社会共同体**对个体的外在规范:这种外在规范的个体化呈现,就是习惯;这种外在规范的群体性呈现,就是风俗。或者,习惯表述气禀和品性向外释放形成的个体行为约束方式,当这种行为约束方式因**共同行动的便利而约定俗成为主体间性**的行动自觉,就成为风俗。风俗是超越个体行为习惯的一种普遍性体认方式、行为模式、精神结构。

伦理作为一种存在的精神实体,是从个体出发,以个性精神为动力,以个体行为方式的**群体性扩散**所构筑起来的**伦理地存在**的**普世性**体认方式、行为模式和精神结构。伦理地存在,是指以个体为主体的体现普世性体认方式、行为模式和精神结构的存在方式。这种体认方式、行为模式、精神结构的内在规定性及基本诉求是什么呢?ethics 没有提供这方面的信息,但汉语"伦理"概念却为之提供了这方面的解释性依据。在汉语中,"伦理"之"伦,辈也"(《说文》),揭明"伦"的本义是**辈分**,辈分的本质是**血缘**。血缘和辈分既将人先天地安排在**各自该居**的关系位置上使之获得等级性,也规定了人与人界线分明的**类聚**关系,即血缘之内一类,血缘之外另一类。血缘、辈分、类聚,此三者生成性建构起人间之"伦",简称人伦。人伦作为一种基本的人道,却是自然使然,因为血缘、辈分、类聚,都源自自然,因而都是自然的:血缘不由人选择,辈分也是天赋于人,当一个生命种子在母体中播下,辈分

就产生了；原初意义的类聚是由血缘和辈分生成，比如，你生而为女人或生而为男人，以及你生而为丑女人或美女人、矮男人或高男人，或者生于富贵之家还是贫贱之家，均不由你选择，它对你来讲，是自然地生成，自然地带来，并自然地将你带进矮或高、丑或美、贫穷或富贵之"类"中，并且是强迫性地使之成为种种"类"的符号、代码，比如生于贫穷地域的贫穷人家，你就成为"穷人"一类中的"穷人"代码。从根本讲，血缘体现**自然生育法则**，辈分和类聚蕴含大千世界存在物如何**存在的天理**（即"自然之理"的简便说法）。遵循血缘这一自然生育法则和辈分、类聚这一存在天理向外拓展，就形成民族，建立国家，产生国家社会的人伦关系形态。亚里士多德在《政治学》中指出，人单独不能存在，更不能延续种类，相互依存的男女因为生理的成熟而结合，所以配偶出于生理的自然产生两种结果，一是男女出于生理的自然而结合组成家庭；二是男女因为生理的自然结合产生生育，所以生育亦是生理的自然。生育的繁衍，使家庭扩展成为村坊，村坊的横向联合，产生城邦。① 这一生成敞开进程，既遵循了自然生育法则，也发挥了辈分和类聚这一存在天理的功能。"伦"字所蕴含的这一双重之"理"，使它有资格与"理"字结合而构成"伦理"：《说文》释伦理之"理，治玉也"，意指"理"的本义为璞石之纹路，按照璞石的天然纹路将其打造成美玉的方式，就是"治玉"。所以"理"蕴含了自然形成、人力创造和改造自然事实的预设模式与蓝图这样三重事实。整体观之，"伦理"既指一种**自然存在事实**，也指一种**理想存在事实**，既蕴含自然之理，也彰显人为之道。因为"伦理"既是由"伦"生"理"，也是由"理"生"道"，这一双重的"生"机和"生"意的本质却是"信任"。作为源自自然而生成社会基本结构的伦理达于个体化的人与人"生活在一起"的道德的主体性桥梁，即是信任。（见下页"总图1"）

伦理作为一种存在事实，既是自然存在事实，也是人为存在事实。而凡存在事实，无论从形态学观还是从本体论讲，都具有内在关联性并呈现开放性生成的关系。所以，统合其自然存在事实和人为存在事实，伦理实是一种**人际存在关系**，简称为人际关系，它敞开人与人、人与群（社会）、人与物、

---

① ［古希腊］亚里士多德：《政治学》，吴寿彭译，商务印书馆1983年版，第5—6页。

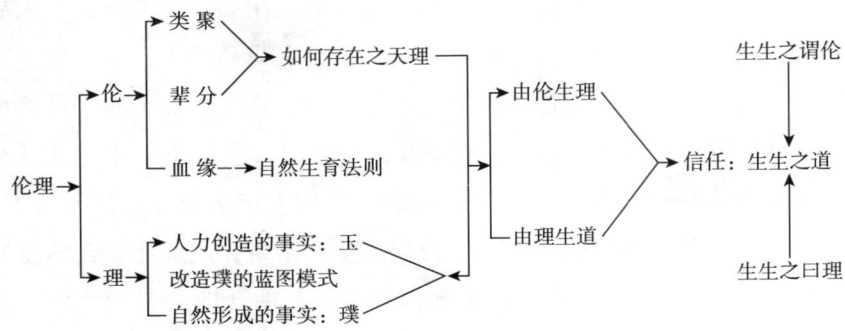

[总图1：汉语"伦理"蕴含自然-种族-社会三维精神结构]

人与环境（自然）诸多维度，形成一种**四面八方和四通八达**的开放性取向、态势或诉求。由于人是以个体生命的方式存在，并且其个体生命需要资源滋养才可继续存在，滋养个体生命的所有资源都没有现成，都必须要通过劳动付出甚至以生命为代价方可获得。人的存在之生，需要利的滋养，因为利而生发争夺，产生权利与权力的对抗、博弈或妥协，更因为利的得失而必生爱恨。所以，伦理本质上是一种**充满利害取向**的人际关系，或可说是一种充满利害选择与权衡的人际关系，蕴含生、利、爱、群——即生己或生他、利己或利他、爱己或爱他、群己与群他——的对立统一朝向，这种对立统一朝向落实在个人存在敞开生存的日常行为中，就表现为其利害选择与权衡的德或非德，或德或反德。这一对立统一朝向落实到社会共同体的秩序构建上，就是善恶机制、价值坐标、社会方式的建立，并以此善恶机制、价值坐标、社会方式为依据，选择政体，形塑制度，建立边界和限度的法律体系。

从根本言，实践哲学的探讨，无论是政治哲学探讨，还是教育哲学探讨，或者美学探讨，其背后都伫立着一个**伦理坐标**，忽视这个伦理坐标，其探讨无论怎样深入，都会产生**不得其中**的局限。正是基于此，当运用初步形成的生态理性思想和方法来重构实践哲学时，首要工作就是做**伦理检讨**。

无论中西，伦理学既是最古老的学问，也是与世常青的学问。古老的伦理学发展到今天，存在许多最为根本的和基础的问题，这些问题集中表现在伦理学、道德学、道德哲学的混同、伦理的基础理论与方法的等同，道德与美德不分、功利与道义对立、责任与义务混淆，等等。但其症结却是对伦理学的性质定位错位，这即是人们总是擅长或者说喜欢从价值入手来定位伦理学，并以价值为依据、尺度、准则来考察伦理问题，由此很自然地忽视了**人性**问题和**利益**问题。更准确地讲，这种做法是无视人的他者性存在处境和生存状况而将伦理想象地观念化。从根本讲，伦理学**不是价值的科学**，而是**人性塑造的学问**。人性不是价值事实，而是天赋的存在事实。人性的存在敞开呈现出来的首要问题、根本问题、本质问题，不是价值的问题，而是"因生而活，为活而生"且"生生不息"的问题，具体地讲即存在安全和生活保障的问题，这一存在和生存的根本问题所开出来的第一要义，是"利"，即人"因生而活"关联起利，人"为活而生"也关联起利，人生生不息地诉求"因生而活，为活而生"的劳作同样关联起利。从个人言，人与人之间的爱恨亲仇，均因为利，均以利为原发动力并以利为最终之行动目的；对社会言，人与群体、人与社会、人与政府等等之间的生存纽带，依然是利，政体的选择、制度的安排、法律的制定，都以利为原发机制和最终的校准器。伦理的价值主义，架空了人性和人性存在，这种架空人性和人性存在的做法无论是无意还是刻意，都是要洗白"因生而活，为活而生且生生不息"的"利"这一原发动力和原发机制，最终导致政体选择、制度形塑、法律制定丧失人性土壤和利益这块基石，而使野心家、阴谋家任性虚构存在，使地痞、流氓横行生活世界。

从生态理性思想出发并运用生态综合方法来检讨人类伦理，首先是走出伦理学的**科学主义和价值主义**怪圈，考察"利益"问题，于2001年完成《利益伦理》（2002），然后以"利益"为校准器，检讨制度形塑与公正的问题，于2002年完成《公正伦理与制度道德》（2003）。以此为两维视野，探讨引导国家成为"善业"并使人人能够过上"优良的生活"[①]的道德应该是什么道德，于2003年完成《优良道德体系论》（2004）。以"优良道德"为判据，检讨社会的政体选择的道德基础和个人生存诉求幸福的知识基础这两个有关于**道德社会**的基本问题，先后完成并出版《宪政建设的伦理基础与道德维度》（2008）和《生存与幸福：伦理构建的知识论原理》（2010）。

从整体讲，如上关于"利益"、"优良道德"、"公正与制度道德"、"伦理

---

[①] ［古希腊］亚里士多德：《政治学》，吴寿彭译，商务印书馆1983年版，第7页。

价值构建与政体选择"、"生存与幸福"五个专题研究,仅仅是我为构建伦理学的生境体系所做的"**准备性研究**"。

我将贯通生态理性哲学思想和生态化综合哲学方法的伦理学生境体系,称之为生境伦理学。我所讨论的生境伦理,不是人们习惯性看待的"生态伦理",而是指伦理学是引导个人和社会尽可能释放其有限理性,在境遇化生存中面对利害关系的选择与权衡时做到有边界和限度,既使自己生和生生不息,同时也使他者(他人、群体、自然物、生命、自然环境、存在世界)生和生生不息。从本质讲,伦理学是使人和人组构起来的共同体**共生存在**并生生不息的伦理知识、学问和方法,这种伦理知识、学问和方法成为引导和激励人**营造共生存在之生境的智慧**。我所致力于构建的生境伦理学体系,就是这种性质的知识、学问和方法体系,它由三联书店出版的伦理体系(共九卷)构成,包括导论《伦理学原理》(2018)和卷1《生境伦理的人性基石》(2013)、卷2《生境伦理的哲学基础》(2013)、卷3《生境伦理的知识论原理》(2013)、卷4《生境伦理的心理学原理》(2013)、卷5《生境伦理的规范原理》(2014)、卷6《生境伦理的实践方向》(原书稿名《生境伦理的宪政方向》)(2015)、卷7《生境伦理的制度规训》(2014)和卷8《生境伦理的教育道路》(2014)。

### 3. 生态理性思想和方法的验证性运用

生态理性的哲学方法是生态化综合,其所敞开的思维视野是**生态整体性**,诉求整体动力学与局部动力学的合生,具体地讲,就是在问题的拷问和理论的建构过程中,始终诉求整体动力向局部动力的实现和局部动力对整体动力的回归。仅就伦理思考及其理论建构言,即是将人性论、认知哲学、心理学、政治哲学、教育学统合起来予以有序探讨,并形成初步的成功。于是运用生态理性思想、方法和伦理学理论来做印证性研究,即检验生态理性思想、生态化综合方法和伦理学的生境理论是否具有可拓展运用的可能性。这种尝试研究主要从文化、环境和中国传统哲学三个方面展开。

第一个方面是运用生态理性思想、生态化综合方法和伦理学的生境理论来研究文化,并不是主动为之,而是应北京大学"软实力课题组"邀请,完成其"文化软实力"课题最终以《文化软实力战略研究》(2008)出版。这种对"文化软实力"的思考虽告一段落,却在后来拓展到对一般文化的断断续续的思考,并于近年发表数篇文章并形成《文化创新文明论》(待出版)。

第二个方面是运用生态理性思想、生态化综合方法和伦理学的生境理论来检讨当世存在环境,追问环境伦理和环境哲学问题,却是源于主动为之,其契机是2008年汶川地震。在所有的宣传与说教中,地震是纯粹的自然现象,并且是无法预测。仅后者言,地震确实无法精确地预测准确爆发的时间和地点,但却能预测出爆发的大致时间域和范围域,旱震专家耿国庆的旱震理论及其被采用所产生的预测实绩无不表明这一点。就前者论,在人类的自然生存时代,具体地讲是在农牧时代,地震以及海啸、火山爆发、气候失律等自然灾变,都是纯粹的自然运动之呈现。但在人力改变地球状貌甚至地质结构的现代工业社会和后工业社会,气候极端失律、频发的海啸、地震等自然异动现象以及疫-灾,都渗透了人力因素,是人为破坏环境的负面影响层累性积聚突破自然生态容量极限时所爆发出来的**人为灾难**。科学研究发现,"过去几十年,地球快速变暖,并不是太阳能量释放发生变化所致",而是人类无节制地向大气层排放温室气体所致。[①] 在深刻维度上,环境灾害却展露出人类存在危机和人类可持续生存危机。这一双重危机首先源于人类文明对自己的伤害,具体地讲,它"是人类决策和工业胜利造成的结果,是出于发展和控制文明社会的需求"[②]。所以历史学家池田大作和阿·汤因比才如是指出,"在现代,灭绝人类生存的不是天灾,而是人灾,这已经是昭然的事实。不,毋宁说科学能够发挥的力量变得如此巨大,以至不可能有不包含人灾因素的天灾。"[③] 我基于汶川地震背后的**人力性**因素[④]和**人为性**灾难[⑤]而展开环境伦理思考,于2010年完成《灾疫伦理学:通向生态文明的桥梁》(2011)。其后,继续运用生态理性思想、生态化综合方法和伦理学的生境理论思考现代环境

---

① [美]安德鲁·德斯勒、爱德华·A. 帕尔森:《气候变化:科学还是政治?》,李淑琴等译,中国环境科学出版社2012年版,第80页。

② [德]乌尔里希·贝克:《什么是全球化? 全球主义的曲解:应对全球化》,常和芳译,华东师范大学出版社2008年版,第43页。

③ [日]池田大作、[英]阿·汤因比:《展望21世纪》,荀春生译,国际文化出版公司1997年版,第37—38页。

④ 卢清国:《汶川地震与三峡库区蓄水的关系》,《北京工业大学学报》2009年第4期。

⑤ 范晓:《汶川大地震下的奥秘》,《中国国家地理》2008年第6期。

灾难频发的宇观因素，也即是气候极端失律的人力因素，完成环境哲学－伦理学研究四卷，即卷1《气候失律的伦理》（2017）、卷2《恢复气候的路径》（2017）、卷3《环境悬崖上的中国》（未能出版）和卷4《环境治理学探索》（2017），与此同时发表了50余篇环境哲学－伦理方面的论文，重在于探讨环境**生境运动**的原发机制和环境**逆生态运动**的生变机制和原理，提炼出环境生态运动的场化原理和环境逆生态运动的层累原理、突变原理、边际效应原理，以及环境生态临界点和环境生态容量极限。对环境生态运动的系统性思考和理论建构，实已从环境伦理和环境哲学领域达于存在场域的自然哲学领域，为后续更为深入地和系统地展开生态理性本体问题的研究，打开了存在世界的自然之维。

环境问题，不仅是自然问题，更是社会问题，而且首先且最终是社会问题，所以，环境问题涉及自然环境和社会环境两个维度。就社会环境言，其整体的恶化态势主要由唯经济主义、唯技术主义和唯政治正确的集权主义、唯武器主义四者合生推动，最终将人类社会推进了后世界风险社会陷阱，近些年来，就唯技术主义以加速度方式造就整个人类的**技术化存在**现实，分别集中检讨了两个方面的问题，一是检讨以计算机为运演工具、以会聚技术为认知方法、以大数据为分析方法、以基因工程和人工智能为主要形态的生物工艺学技术给当前和未来人类带来的整体危害和毁灭性危机；二是检讨生物环境以及微生物环境的整体破坏和病毒实验带动的全球化彼起此伏的疫灾，如何从整体上改变了地球生态和人类生态而形成一种我们至今不愿正视的**疫灾化存在的生态场域**。① 对前者的思考所形成的文章陆续刊发出十来篇，对后者的思考所形成的系列论文却一篇都未刊发出来。在如上两个方面的尝试探讨基础上，完成了《后世界风险社会》（将由上海三联书店出版）。

第三个方面是运用生态理性思想、生态化综合方法和伦理学的生境理论来思考中国先秦的孔子哲学，具体讲就是以生态理性思想和伦理学的生境理论为指导，运用生态化综合哲学方法尝试创建语境还原的方法和内证的方法来会通理解《论语》，抉发孔子哲学的思想生成逻辑和理论体系，完成并出版

---

① 参见唐代兴《后疫病时代的环境生态场域变异及重构》（《鄱阳湖学刊》2023年第3期）和《疫灾生态场域的社会形成和人文审视》（《甘肃社会科学》2020年第6期）。

了《〈论语〉思想学说导论》（2019）和《〈论语〉思想学说会通研究》（185万字，2023），为抉发本土文化之大传统即诸子思想资源，以为当世文化重建打开一扇新的门窗。

### 三　生态理性之思的继步向前

以生态理性为志业，将其意愿生成为持存的思维、认知的土壤是逆生态化的环境（自然环境和社会环境）、被立体地扭曲的人性和被连根拔起的文化和传统，以及在整体上被运动主义和二元社会结构重塑的荒原般贫瘠的农村，其志业意愿、思维、认知受孕于早年的生活经历和阅历，尤其是十年农民生活。展开其志业之旅的书写尝试始于1985年，经历两年的文论思考之后于1987年开始转向对生态理性问题的意识性关注。2001年将问题思考的重心从生态理性哲学的基本问题转向人类伦理的生境问题，既是思维运动中对问题关注重心的自然转移，但更是个人生存（工作和研究）环境因素的逼促和推动。2001—2020年这20年间，从整体讲是围绕伦理问题展开，但具体言之，其关注重心也经历了从伦理基础理论的重建向环境哲学-伦理、技术哲学和中国传统哲学中孔子哲学诸领域之间的游弋，虽然其主题始终是生态理性的，但主要是对初建起来的生态理性思想和方法的运用，体现面的拓展，这种研究最终将存在之间的根本问题和基础问题又以更新的和更为深度的方式催发出来，吁求重新检视和拷问，由此转向"生存论研究"。

"生存论研究"的基本意向，是回到生态理性的基础认知和基本问题本身，对生态理性的源头问题、本原问题予以进一步澄清，在此基础上展开综合审问，由此敞开如下四个维度的"存在敞开生存"何以可能的再审问。

**1. 生存论的形上认知**

"生存论研究"关注的首要问题是生存的基础问题，分别从以下五个维度敞开其讨论。

**第1卷《书写哲学的生成》讨论人类精神创造主体的书写哲学生成何以可能。**

这是一个一直被忽视的问题，即一个人成为一代伟大写作家的主体条件何以具备。这个问题被聚焦于书写哲学（或曰写作哲学），即一切伟大的写作

家创作文学、探索科学、创造哲学或建设思想体系的书写哲学何以生成的社会因素和个体条件。从思维方式观，人类伟大的写作家大致可以归为两种类型，一是擅长于运用**抽象性具象**的思维形式的文学家；二是擅长于运用**具象化抽象**的思维方式的科学家和哲学家、思想家。他们是运用语词语言或者是综合运用符号语言和语词语言从事存在书写的志业者。个体将自己成就为一代写作家的主体前提是具备个性人格化的书写哲学。写作家书写哲学的生成建构既以生存意向为基础，更以心灵意向为动力。前者由写作家之生活经历与人生阅历、生活变迁与自由阅读层累性生成，后者是写作家对天赋生命的意志因子、智慧因子、体质结构、气禀朝向的反身性体验、领悟和自为性觉解所生成，其原发动力是写作家的物种生命天性和人本存在天性，前者由物种本能、种族原型和个体性力构成原发性的生命意志机制，后者乃生存无意识的层累性积淀和成长无意识的创生性建构，其转换生成的必然方向是生命意志向生存意志的生成和生物无意识对文化无意识的激励，此二者有机整合生成性建构起写作家的书写哲学及精神意向。

第2卷《存在敞开的书写》讨论哲学展开存在之问并建构存在之思的本性、方式及面对后世界风险社会进程的生存理性消息。

哲学开启的存在之问，既牵涉存在**为何**存在之问，也带动存在**何以**存在之问。仅后者言，存在以敞开自身的方式存在。存在以敞开自身的方式存在，即是书写。而存在，既是存在世界的存在，也是人的世界的存在，并且，人总是以历史（自然史和人文史）性敞开的方式存在于存在世界中，而存在世界既自在，又存在于人的历史性敞开"过去→现在→未来"的不可逆进程中。哲学则屹立于过去走向未来的**当世交汇点**上展开世界性的存在之问并构建人的存在之思。无论存在世界或人，其存在始终敞开书写，并且，存在世界以自身方式敞开存在而书写着人，人既以自然存在的方式又以人文存在的方式敞开自身存在而书写着存在世界。所以，人与世界互为书写构成存在本身，哲学对人的世界与存在世界互为书写的存在之问构建存在之思的敞开过程，亦是存在书写。基此基本认知，首先梳理存在敞开书写的条件、源头方式及发展进程，然后从近代哲学向现代哲学方向演进切入，考察存在敞开书写的形式化道路呈现出来的时空视域与多元方式，揭示其存在敞开书写的自然之理以及整体动力向局部动力实现和局部动力向整体动力回归的认知方向。以此向前聚焦后世界风险社会的人类进程，探询存在书写运思的哲学方向，拷问人的世界性存在根基与存在世界存在的内在关联，报告**限度生存**的生态理性哲学消息。

**第3卷《生成涌现时间》讨论生态理性哲学的场存在论和场本体论何以可能。**

存在必然敞开自身。存在敞开自身既是存在的空间化铺开，更是时间的**生成性**涌现。《生成涌现时间》讨论的主题是存在敞开自身的空间化铺开如何以涌现方式生成时间。对此主题的讨论主要是梳理生态理性、共生存在、场态本体、生境逻辑这四个概念，通过这四个概念内涵及其关联生成的历史的梳理来呈现生态理性哲学之认知框架和思想体系构成的四个范畴。在发生学意义上，哲学的存在之问发生于生物存在的物向人文存在的人迸发的转捩点上，或可说哲学发生于自然人类学向文化人类学的萌生进程，其萌生的方式是**心觉的**，继而开出**知觉的**方式。哲学发问存在的发生学向继生论方向敞开，自然形成从天启向人为的方向演进，使理性成为哲学发问存在的基本方式，哲学发问存在的这一理性方式获得了调和心觉和知觉的功能。人为的哲学的最初形态是经验理性，继而开出观念理性，观念理性对主体主义的认识论形而上学道路的开辟，必然结出科学理性（或曰工具理性）之果，推动理性回返生态理性（或曰生存理性）的本原性道路。所以，生态理性，既是生态理性哲学发问存在的思维方式，也是其发问存在的认知视域和存在姿态。从生态理性出发，生态理性哲学发问存在的主题，既不是经验存在，也不是观念存在，更不是工具存在，而是生存书写的生态存在；并且生态理性哲学发问存在的存在论，既不是"变中不变"的静持存在论，也不是"不变中变"的动变存在论，而是"变中不变"和"不变中变"**互为会通**的共生存在论。生态理性哲学的共生存在论打开场态本体论的全新视域，并获得生境逻辑的支撑。

从根本讲，卷三是通过对"生态理性""共生存在""场态本体"和"生境逻辑"四个概念范畴的内涵及其生成演化的逻辑推证，来重建早已被遗忘和抛弃了的存在本体论，这即是生态理性本体论，或可称之为场本体论。生态理性哲学的场本体论的内在规定是存在语义场的自生成、自凝聚、自存在、自持守。在存在场本体论中，存在语义场的自敞开的存在，即是生境存在。

生境逻辑的自身规定是生境。在存在语义场中,生境属于本体范畴,是其存在场本体论的本体,存在语义场本体的内在规定性是生境;生境的本质是生,生境的本性是生生。并且,生境作为存在场本体论的本体概念,蕴含三个方面的内涵,并为解决三个维度的根本问题提供了可能性。首先,生境蕴含场化的存在世界的本原状态;其次,生境蕴含场化的存在世界的生成动力;最后,生境蕴含场化存在的本质和本性。由此三个方面,生境敞开的逻辑,乃生境逻辑;生境敞开的方法,乃整体动力向局部动力实现和局部动力向整体动力回归的认知方法和思想方法。

第4卷《限度引导生存》讨论人与世界共生存在视域下限度生存的实然和应然问题。

此卷是在由生态理性、共生存在、场态本体、生境逻辑四个范畴建构起来的本体论框架和形而上学蓝图规范基础上讨论如下四个基本命题:

(1)心灵镜像视域的生成。

(2)人是世界性的存在者。

(3)自然为人立法,人为自然护法。

(4)限度生存的实然状态和必然方向。

世界原本是一个圆浑的存在整体,但因为人这种物种从自然人类学向文化人类学方向演化,原本动物存在的人踏上了人文存在的进化道路,于是世界的自身存在开出了一个人的存在,存在也因此呈现存在世界的存在和人的世界的存在。哲学的存在之问也就必然同时敞开存在世界的存在之问和人的世界的存在之问,哲学的存在之问所开辟出来的形而上学道路,同样有了人存在于其中的存在世界的本体论和存在世界存在于人的存在世界之中的本体论,卷三《生成涌现时间》,致力于讨论人存在于其中的**存在世界的本体论**,揭示人的存在和人的存在世界如何可能在存在世界中生成涌现,以及人的存在和人的存在世界得以生成涌现的根本标志或先决条件"时间"何以产生的原发机制和存在论动力。与此相对应,卷四《限度引导生存》则致力于讨论存在于其中的**人的存在世界的本体论**,即人的世界的存在本体何以生成建构。人从自然人类学向文化人类学方向演进,或者说人从动物存在向人文存在方向生成的人的存在和人的存在世界如何从存在世界中突显出来的前提性条件,是人的自然人类学的**动物心灵**向文化人类学的**人文心灵**的形塑，这就是**人的心灵镜像**的生成。人的心灵镜像一旦自为地生成，则必然构建起人的**心灵镜像视域**。人的心灵镜像视域无论之于个体还是之于人类整体，都是以历史化的此在的方式或者说以"在世之中"的方式不断生成拓展，或外向的生成拓展，或向内的生成拓展，而始终生生不息地自我发展其存在敞开生存的精神意向。

人真正从从动物存在的深渊中解脱出来成为世界性的人文存在者，始终行进在路上。这就是说，人作为世界性存在者并不是一种静持的存在状态，而是一个动变的生成性形塑的进程状态。在这一自我形塑的进程态中，人必须走出其存在的实然而进入应然努力，不断地拓展其世界性存在的自然面向和社会面向，必须遵从和守护的自然律令，就是"自然为人立法，人为自然护法"。所以，"自然为人立法，人为自然护法"本身成为人的世界性存在的根本律令和法则，遵从和守护这一根本的律令和法则而存在于存在世界之中永相发展的基本方式，就是**限度生存**，这既是人的自然人类学的实然，也是其文化人类学的必然。

第 5 卷《律法规训逻辑》讨论宇宙创化的存在律法指南和规训人的智－力逻辑何以可能。

卷三是对存在世界的共生存在予以场态本体论拷问，从而建构起本体论形而上学；卷四是对人的世界性存在予以限度生存论的审查，以此建构起一种认识论的形而上学。从卷三的场本体论拷问到卷四的限度生存论构建，则铺开了人类作为一种自然人类学向文化人类学方向演化到底能走多远的张力问题。这一张力问题的实质即是共生存在的**本体的本体**，即其逻辑的体认和建构、遵从和运用的问题。

自然人类学向文化人类学进发的历史进程，使存在世界成为两分的世界，即自然存在的世界和人的存在世界，由此内在地呈现两分的逻辑，即存在世界的**存在逻辑**和人的世界的**人力逻辑**，可以将前者称之为存在世界的**存在律法**，将后者称之为人的世界的**智－力逻辑**。由于自然存在的世界和人的存在世界是互涵的，即人的存在世界存在于自然存在的世界之中，自然存在的世界亦部分地存在于人的存在世界之中，存在世界的存在律法与人的世界的智－力逻辑之间也就必然地出现合与分的问题，这种合与分的实质表述是：

善恶的病理问题

到底是由人的智－力逻辑来统摄存在世界的存在律法，还是由存在律法来规训人的世界的智－力逻辑？这就涉及一个根本问题，即到底是存在世界创造、养育了人类物种，为人类物种从自然人类学向文化人类学方向持续进化提供了土壤、条件、智慧、方法？还是人的世界创造、养育了存在世界，为存在世界持续地存在敞开提供了土壤、条件、智慧和方法？这个问题答案显然是前者。因而，存在世界的存在律法构成人的世界的智－力逻辑的源泉、准则、规训、原则，也规定了人的智－力逻辑对人的存在世界和宇宙自然世界的运用范围。基于如此基本认知，卷五《律法规训逻辑》首先讨论了人类的智－力逻辑的来源及生成建构和发展，具体分析知识探究（主要着眼于科学和哲学）的逻辑、思维规律的逻辑和生存规则的逻辑建构与发展的准则、原理、特征、功能、局限，以及无限度地运用智－力逻辑来服务人的存在所造成的根本局限和这种局限如何形成对人类存在歧路的开辟，对人类当代之根本存在困境和生存危机的制造。在此基础上讨论存在世界的存在律法，着重探讨存在世界的自然的律法、人文的律法、社会的律法，以及此三大律法的融贯与会通对智－力逻辑的引导和规训，如何可能引导人类重建继续安全存在的新文明。

**2. 生存的人本条件**

当展开存在世界的存在之问和人的世界的存在之问而建构起存在世界的本体论和人的世界的本体论之认知框架，才可正式进入人的问题的检讨。使人的问题的检讨有依据。

**第6卷《意义与价值》讨论人得以存在的本原意义及其价值生成。**

从本质讲，意义和价值对于存在世界本身并不具有本原性，因为意义和价值并不是造物主创化世界所成，而是存在世界继创生的产物，即意义和价值是后来生成的。以此观之，存在世界即是存在世界本身，不存在意义和价值的生成问题；并且，人处于自然人类学状态，也不存在意义和价值的生成问题。只有当自然人类学的人获得文化人类学的趋向、态势、特征并进入持续演进的进程之中，意义和价值的生成才在世界中产生。所以，意义产生于人的自然人类学向文化人类学方向演化，具体地讲，意义产生于人的动物存在向人文存在的努力。但意义的源泉却是存在世界本身，是人的自然人类学本身。

以存在世界（包括人的自然人类学）为源泉，意义构建起人的世界蓝图

18

的内在框架，意义也构建起人的世界的基本格局，而充盈这一内在框架并撑起这一基本格局的内容却是价值。价值是意义的实项内容，但意义却是价值的来源，没有意义，不可能有价值，所以，意义生成价值，价值呈现意义。将存在世界、意义、价值三者贯通形成存在之整体的却是**事实**本身，即人的存在世界这一存在事实和宇宙自然世界这一存在事实。

**第7卷《善恶的病理问题》讨论人的存在信仰敞开或遮蔽如何生成其生存论的善恶朝向。**

以存在世界为源泉，构建以事实为依据，以意义为框架和以价值为基本格局的人的蓝图，必然涉及信仰和善恶。人从自然人类学走向文化人类学而生成意义，意义的充盈形式和呈现形态是价值，价值的本质内涵也即是意义的本体，是信仰：赋予意义框架以实项内容的是信仰，信仰充实意义使意义成为意义，并赋予意义以**自持存在的**不变方向和坚韧气质。信仰的自为坚守，创造价值；信仰的自为极端、信仰的人为异化、信仰的自我迷失，此三者从不同扇面解构价值。因而，价值的守与失、正与邪，必生发出善恶。从表面讲，价值创造出善恶，善恶构成价值的表征；从本质论，信仰既生成价值，也生成善恶。因为信仰有正邪之分，守正的信仰创造正价值，敞开为善；邪恶的信仰创造负价值，敞开为恶。

从本质讲，善、恶既不构成一一对应的关系，也不构成必然的关系。**恶是善的意外，而非善的必然**。因为善守正的信仰是人对存在意义的张扬和对生存价值的实现，信仰的迷失和信仰的异化（信仰的绝对化、极端化是信仰异化的基本形态）才造成人的世界——包括个人存在和社会存在——的世界的**精神病理学**，人的存在及其敞开一旦形成精神病理学特质，必然丧失存在的人本意义而扭曲或歪曲价值，沦为恶报。以是观之，善恶之间虽然不构成一一对应的必然性，却潜伏着**相互转换**的或然性，即开出"由善而恶"或"因恶而善"的可能性。这种或然性或可能性均需要追溯到信仰本身，因为信仰的正邪，构筑起心灵与精神的分野：守正的信仰是心灵性质的，生成心灵之善；**失正从邪**的信仰是属于精神学的，生成病理之恶。从来源讲，病理之恶生发于两类情况，一类是由**信仰的迷失**造成，一类是由**信仰的邪恶**造成。病理之恶，既可以暴力方式呈现，比如政体、制度及其结构的暴力方式，武

善恶的病理问题

装的暴力体系方式和语言的暴力方式；也可以非暴力方式呈现，平庸之恶、习俗之恶、传统之恶、社会风气之恶和善良意愿之恶等，构成非暴力之恶的主要方式。

从存在的在场性和存在的历史性两个方面拷问，信仰和价值的病理学方式造就了人间的暴力之恶和非暴力之恶。从本质言，无论是暴力之恶还是非暴力之恶，实是信仰和价值的**病毒**。信仰和价值的病毒一旦产生，就会传播，就会传染。病理之恶的传播和传染总是社会化的，这种社会化传播和传染的方式不仅腐蚀伦理，颠覆道德，而且可选择**邪恶**的政体，并通过构建邪恶的制度、法律、教育、市场和分配等社会机制而加速传播和传染其信仰和价值的病毒，最终将人沦为工具，进而将人作为**耗材**而任意处置，形成社会化的工具之恶和人的世界的耗材之恶。

**第8卷《论尊严》讨论人之尊严存在的生存论形塑及方法。**

人从自然人类学向文化人类学进化，产生人的存在意义，必通过信仰、价值、善而获得书写，其书写过程的实质性努力，是既要避免信仰的异化和迷失，更要防范价值的失范或扭曲而陷入精神病理之恶的深渊。但仅就人的存在个体言，其意义的生成，信仰的确立和价值的构建要避免滑入病理之恶的深渊而持守人的存在，其基本努力就是创造和守护尊严，因为尊严构成形塑**人的存在**的根本方式。

人作为个体是渺小的，却是**神性的和神圣的**，因为人的生命得之于天，受之于地，承之于血脉而最终才形之于父母，所以人是天地神人共创的杰作。人无论出身贫富，都具有天赋的神性和神圣性，这是人以尊严的方式存在于世界之中的**根源**，也是人以尊严的方式存在于苍天之下和大地上的**底气**。不仅如此，人原本是物，属自然人类学，却自为地走出一条与众生命和万物根本不同的路，那就是以自然人类学为起步开出了文化人类学方向，使个体的人从动物存在持续地进化为人文存在。人的人文存在相对万物存在言，它**汇聚并会通**了造物主的神圣和存在世界的神性，而使自己成为神性的和神圣的存在。所以，人以尊严的方式存在，不仅拥有自然基础，更有人性依据，还有人自身的天赋条件。

天赋人尊严地存在的条件，就是人拥有生命并成为人的**个体权利**。

从根源、依据、条件三个方面讲，人从自然人类学走向文化人类学，从动物存在成为人文存在，应该完全拥有尊严而尊严地存在，但实际的存在并非如此，这源于人的先天的缺陷和后天的局限。人的先天的缺陷，体现在人是个体的、有死的而且是需要并非现成的资源滋养的生命存在，所以人是弱小的、有限的。人的后天的局限，体现在人永远不能真正解决存在安全和生活保障的问题。由此两个方面形成人必须互助智-力才求得生存，因而必须组建社会。人的社会的产生，源于人致力于解决存在安全和生活保障的努力，而这一努力的本身构筑起社会必然成为不平等的根源。由此，等级、强权、暴力伴随社会，由政治、财富、知识形塑的威权主义必然导致人的尊严失迷；更根本的是，由暴力生成的生物主义强权，往往造成人的尊严的全面沦陷。所以，人要能够形塑尊严的存在，必须从根本上解决人**的生物主义和威权主义，恢复人能够从动物存在的深渊中走出成为人文存在的人的权利。

**第9卷《平等保障生存》讨论尊严存在的人敞开生存、诉求自由和幸福的根本条件。**

人从动物存在的深渊中走出来成为人文存在的人，应该享有的根本的人的权利是什么。

从存在世界中开出的人的世界，实是自然人类学对文化人类学的开辟。自然人类学开辟出人文化人类学，就是人从动物存在的深渊中走出来成为人文存在的人。**人的人文存在必须用尊严来形塑**，这表明尊严虽有自然的依据、人性的依据和自身的条件，但它却不是天赋，而是后天**人为的努力**。尊严的后天人为性质和努力方式，将威权主义和生物主义突显了出来，突出人的存在权利的重要和根本。用人的存在权利来抵制生物主义和解构威权主义，构成尊严形塑人的存在的根本方法。

人的存在权利涉及方方面面，但根本的方面有二，一是平等，二是自由。相对而论，平等是自由的绝对前提，自由是平等的实现方式。其他所有的权利由此衍生出来并回归于此。

平等的问题发生于人的存在，属于人的存在世界问题，但平等的土壤、平等的根源、平等的依据却来源于造物主创化的存在世界：造物主创化的存在世界既向四面八方敞开，也涌向四通八达。存在世界的四面八方性和四通

善恶的病理问题

八达性生成存在世界自身存在敞开的场化运动，存在世界存在敞开的动态化运动，构成平等的土壤；场化运动的存在世界的共生存在方式，构成平等的根源，存在世界自生生它的生生本质和生境逻辑，构成平等的依据。正是因为存在世界构成平等的土壤、根源、依据，平等之于人才获得了天赋性。

平等既是神圣的，这种神圣性注释了人的存在意义，并通过信仰来定型并以价值来显现。

平等又呈现永恒性，这种永恒性既有其自然的来源，更因为人的存在境况本身。这就是天赋的平等落实在人的文化人类学进程中，就是根本的不平等。这种根本的不平等不仅是生存论的，首先是存在论的。所以，从不平等的实然存在出发展开平等追求，客观地敞开存在论、生存论和实践论三个维度。

在存在论意义上，不平等来源于个体和社会两个方面：就个体言，不平等根源于出身、天资、环境、造诣四大因素。从社会讲，不平等构成社会的本质，也成为社会的本体结构，即社会是以不平等为准则构建起来，并以不平等为依据而运作。

存在论的不平等，必然落实在生存的方方面面而生成出生存论的不平等。生存论的不平等，既可是个人之为，更源于社会之为，并且主要来自于社会之为。具体地讲，社会形塑社会的生存不平等才造就出个人的生存不平等。社会形塑社会生存不平等和个人生存不平等的实质方式，是通过选择政体、生成制度，建构法律和编制规程体系并最终通过国家机器和语言两种基本工具来实现。在生存论的不平等框架下，才形成实践论的不平等。实践论的不平等的具体呈现，从个体言，就是出身、天资、环境、造诣的无限度张扬；从社会讲，就是来自四面八方和四通八达的被规定性和被规训化，包括教育、择业、劳动、分配、消费和言行等方面的被规定性和被规训化。

存在的不平等是宿命的。在不平等的存在宿命框架下，诉求平等构成人的存在的根本权利，这根本权利的享有通道，只能是生存论的构筑和实践论的形塑。这种构筑和形塑也潜伏着四面八方的或然性和四通八达的可能性，但它却集中集聚于诉求的六个基本方面，它以尊严地存在为目标，诉求人格平等、起点平等、机会平等、原则平等和构筑运作原则的机制平等，由此努力最终诉求尊严平等而实现尊严地自由存在。

**第 10 卷《自由化育美生》讨论人的存在自由和自由存在的善美敞开。**

如果说人格、尊严、起点、机会、原则和运作原则的机制平等，构成人人拥有天赋权利而生存的根本保障，那么自由权利的平等配享却是人人创造美化生存的保障。

在人的存在权利体系中，作为根本的存在权利之平等和自由，虽具有生成论的逻辑关联，但其之于个体之人和由个体之人缔造出来的社会而言，根本功能和作用是各有其别：**平等是保障生存的，自由是创造生活的**，具体地讲，自由是创造美的生活的根本权利。

自由之于人和社会，是最为古老而又常青的问题。但在过去，思想家们更多地将对自由的热情置于实践的论域，并更多地予以政治学的探讨，由此使自由问题成为生物主义和威权主义的最为敏感的问题，也成为病理学之恶得以泛滥之源，即生物主义和威权主义总是**任性地自由**，是从政治出发用强权来定义他们的自由和规训社会与众民的自由。但就其本身言，自由，既是一个存在论问题，也是一个生存论问题，最后才是一个实践论问题。实践论的自由问题，本应该以生存论的自由为指南并必以存在论的自由为依据；并且，实践论的自由，始终是政治学性质的。要使政治学性质的实践论的自由获得尊严、人格、起点、机会、原则和运作原则的社会机制等方面的人人平等的性质规定，并发挥其如此性质规定的创造美生的功能，必须先立其存在论的自由依据和生存论的自由界标。

自由和平等一样，在本原意义上不是由人来确定，而是由造物主的创造所书写，因为自由是属存在世界的，是存在世界的自身方式，也是存在敞开自身的具象方式。存在世界以自身方式敞开存在，即是自由。造物主创化存在世界以同样的方式赋予存在于存在世界中的存在者以自身方式敞开存在，所以，造物主的创造中，存在者同样享有存在的自由。人类物种是存在世界之一存在者，它以自然人类学的方式敞开存在，亦是自由地存在。在造物主的创造中，存在世界以自身方式敞开存在的自由，即是自身的本性使然，存在世界中的存在者以自身方式敞开存在的自由，同样是自身本性使然。自然人类学的人向文化人类学方向敞开，而使动物存在的自己从黑暗的深渊中走出来而显发为人文存在，同样是自身存在本性使然，这即是其自然人类学的

23

善恶的病理问题

存在本性向文化人类学的存在本性生成使然。作为文化人类学的人的存在本性，就是意识地觉醒自身存在的他者性中"**有权如此**"地存在，这种"**有权如此**"地存在的自由即是绝对自由。"有权如此"地存在就是人从自然人类学向文化文类学方向迸发的存在自由。

人的存在自由源于天赋，是天赋的人权。天赋人权的存在自由之于自然人类学的人，是与所有存在者一样遵循从物主的创造本性而一体的地存在，自然不会产生存在自由的**裂痕**，更不会出现其存在自由的**破碎**。人的存在自由生发出问题，出现裂痕并敞开破碎，完全在于人从自然人类学向文化人类学方向迸发途中所生发出来的意识将以自身方式存在的本性膨胀，使其"**有权如此**"地存在突破了**他者性**的存在边界，为解决这一存在意义上的裂痕和破碎，只能抑制意识对本性的膨胀而诉求其存在敞开"**只能如此**"地生存。人的存在敞开只能如此地生存的自由，就是生存论的自由。人的生存论的自由，就是**以他者性为界**（他人、他物、他事以及他种存在环境）的自由，这种以他者性为界的自由，就是相对自由的**己他权界**的自由和**群己权界**的自由。这种以他者性为界的己他权界的自由和群己权界的自由落实在生活运动中——更具体地讲，落实在人与人生活在一起的言行中——就是**权责对等**的自由和**公私分明**的自由。

以他者性为界的生存论自由，从人与人和人与群（群体、社会）两个维度规定实践论的自由，落实在个体（个人、群体、权力组织、政府）的实践运动中，就是**生活的自由**。生活的自由，不仅是相对的自由，而且是内涵清晰、边界明确的自由，这即是**有责务**的自由和**有节制**的自由。这种以责务和节制为本质规定的生活的自由，一旦忽视、遗忘或强行拆除了权责对等的责务和公私分明的节制，就会滑向"有权如此"地存在的绝对自由。在生活世界里，能够独享"有权如此"地存在的绝对自由的人，只能是少数人，但它必然是以绝大多数人丧失相对自由的权利为前提条件。所以，在生活世界里，当"有权如此"地存在的绝对自由得到表彰性认同或成为"合法"的时，则是生活大众的"只能如此"地生活的相对自由也即是有责务和节制的自由全面丧失的体现。这种人为地丧失其以责务和节制为本质规定的相对自由的基本环境，总是通过政体选择、制度生成和法律构建来呈现，来保障，来实现。

因而，在生活世界里，人若要能获得平等的保障而创造美生的存在自由，却需要通过人权民主的政体、制度、法律来奠基。所以，在以他者性为界的生活世界要开辟美生存在的自由生活，不是个人所能做到的，需要"众人拾材"的努力共同构筑权利民主的认知方式、价值体系和行动方法来全面清算生物主义和威权主义，前提是人人自觉地**自我医治病理学**的精神，诚心诚意地抛弃平庸之恶。因为生物主义和威权主义生产的精神病理学，总是传播垄断和谎言的病毒并传染平庸之恶。

### 3. 生存论的善业基础

第 11 卷《自然的善业》讨论自然生成的国家为何是善业和国家回归善业本原何以可能。

有关于"国家"，有两种定义，一是亚里士多德的定义，他在《政治学》中明确定义城邦（即国家）是一种善业，指出人们创建城邦（国家）的目的就是促使人人能过上"优良的生活"。二是马克思主义将国家定义为"暴力工具"和"压迫机器"。若对这两种"国家"定义予以选择，或许其民生者会取前者，威权者会取后者。但无论取向前者还是取向后者，都将如下基本问题突显了出来：

第一，何为国家？或曰：国家是做什么的？

第二，国家何由产生？或曰：谁缔造了国家？

第三，国家得以缔造的依据何在？本体何在？本质何在？

第四，谁可以支配国家？或曰：谁才是国家的主人？进而，谁有权代表国家？

第五，何为正常的国家？或曰：正常国家的构成条件有哪些？

第六，如何使国家正常？进而，怎样使国家始终保持正常状态？

第七，在自然生成并遵从自然的法理的正常国家里，经济权、知识权、教育权、政治权（包括立法权、行政权、司法权）、媒体权如何有限度和有边界地配置，实现高效率地运作以保障人人存在安全、人人平等生存、人人生活自由和幸福。

如上构成第 11 卷所讨论的基本问题，并以期通过对如上基本问题的严肃讨论而可清晰地呈现以存在律法（自然的律法、人文的律法、社会的律法）

 善恶的病理问题

为依据、以天赋的人性为准则、以人类文明为指南、以"生存、自由和幸福"为目的善业国家样态及其回归之道。

第12卷以"文明牵引文化何以可能?"为主题讨论文明对文化的牵引和文化对文明的进阶何以可能。

在习惯性的和感觉经验性质的认知传统中,文化和文明是等义与互用的,但实际上,文化与文明有根本区别:

文化,是人的自然人类学向文化文类学方向演化的成果,这种成果可能是形态学的,也可能是本质论和本体论的。英语 culture 源自拉丁文 cultura,而 cultura 却从其词干 col 而来,col 的希腊文是 con,表农夫、农业、居住等义。所以 culture 一词指农夫对土地的耕作,并因其耕作土地而定居生活,亦有培育、训练以及注意、敬神等含义,后来引申出对人的培养、教化、发展等内涵。归纳如上繁富的内容,"文化"概念的原初语义有二,一是指人力作用于自然界(具体地讲土地),对自然事物进行加工、改造(具体地讲是耕作土地,种植并培育庄稼),使之适用于自己(具体地讲是生产出粮食以养活自己)。二是指人通过以己之力(比如耕作土地培育庄稼、饲养家禽并驯化动物)作用于自然界或自然事物的行动同时实现了对自身的训练,使自己获得智力发展并懂得其存在法则(比如自然法则)和掌握生存规律(比如人互借智-力地劳动和平等分享劳动成果等)地谋求生存、创造生活。要言之,文化即是**改变**(对象或自己)的成果,它可能是好,也可能不好,更可能成为坏。"五毛"们所从事的文字书写工作,却每天都在实实在在地创造着文化,但其创造出来的文化,不仅不是好的,而且还是坏的。不好的文化,不是文明;坏的文化,更远离文明。只有蕴含文明内容和张力的文化,才是好的文化。

所以,**文化不等于文明,文明只是文化的进步状态**,只有蕴含一种进步状态和进步张力的文化,才是文明。

并且,**文化史也不等于文明史**。在存在世界里,只要人类存在,只要民族存在,其文化就不会中断而天天创新。文化创新是文化的本性,只要文化存在,只要活着的人还运用文化,文化就无时不在创新。但文化并不能保证文明,文化创新也不保证其有文明的诉求和文明的内涵,所以,**文化不会中断,但文明却可能中断,甚至常常中断**。这种现象在人类文化史和民族文化

史中比比皆是。

　　文明，是文化的进步状态。从文化到文明，其根本区别不在"文"，而在于**由"化"而"明"**。"明"的甲骨形式 ◖☐、◖◉、◕◉、◕◐，"从日，从月，象意字，日月为明。本义是光明。"卜辞义为"天明意。'其明雨，不其明雨'。"① 所以，《说文》释"明，照也。从月从☒，◐古文明从日。"无论甲骨文，还是《说文》，"明"字均表示自身乃日月所成。日月乃天之具体表征：天者，宇宙、自然、存在，相对人、人类言，它是存在于人和人类之外并且使人和人类必须伫立其中的存在世界。所以，"明"作为"天明意"，是指宇宙、自然、存在世界通过日月照亮，并以"明"的方式彰显天的意志、宇宙的力量和自然的法则，指引人和人类按照天意的方式存在。《尚书·舜典》"濬哲文明，温恭允塞。"孔颖达疏："经天纬地曰文，照临四方曰明。"② 其后，《易传·干·文言》曰"见龙在田，天下文明。"孔颖达疏"天下文明者，阳气在田，始生万物，故天下有文章而光明也"。《舜典》和《易传》关于"文明"的这两段文字可为互文，从四个不同的方面定义了何为"文明"。首先，文明是**对人的教行**。人（从动物到人）的本质（而不是形态、形式）的和本体的改变，是通过教行来实现。其次，文明以律法为本质规定，并以律法为指南。具体地讲，文明作为以教行改变人的根本方式，其最终依据是宇宙律令，自然法则和万物生长的原理，这就是"经天纬地曰文，照临四方曰明"的理由和"天下文明者，阳气在田，始生万物，故天下文章而光明也"的原因。其三，文明需要先行者，即以宇宙律令、自然法则和万物生长的原理为依据对人施以教行，使之成为人的前提，是必须"天明意"，即使自己明天意：**只有明其天意的人，才可施教行**。用宗教语言表述：文明需要天启者；用现代语言表述：文明需要先行者，文明始终是先行者的事业。其四，文明构成文化的指南的具体方式，就是文明先行者指引人的存在明天意、人的生存守律法，人的生活有边界，人的行为有限度。

　　以此观之，人的存在世界更需要的是文明，而不是文化。因为野蛮也可

---

① 马如森：《殷墟甲骨文实用词典》，上海大学出版社2008年版，第165页。
② 阮元校刻：《十三经注疏》，中华书局2008年版，第125页。

善恶的病理问题

能创造文化，流氓同样可以创造文化，愚昧更可以创造出文化来，而**文明总是抵抗野蛮、消灭流氓、解构愚昧的社会方式和人类方法**。

第 13 卷以"教育与律法、人性和文明"为主题讨论教育何为和何为教育及形塑人性的可能性条件。

比较而言，文化的创造更多地充盈功利、实利甚至势利，并有可能呈非人性、反道德取向；与此不同，文明的建设，始终需要祛功利、实利、势利。文明是人性的光华，呈道德和美德的光辉，它需要教育的入场。

教育历来被定义为"传道，授业，解惑"，这一教育观念在近代得到了全面的确立，那是因为近代以来的教育更加宣扬**知识**的**教化**和**技能**的训练。其实，如此定义和规训教育，已从根本上解构了教育本身，使教育丧失了它自身的本性。因为这种性质的教育全面贯通了实利主义甚至势利主义，并且是以文化知识为根本资源。

真实的和真正体现其自身本性的教育，只能是以存在世界为源泉，以存在律法为依据、以人性为准则，以**文明知识**为根本资源。要言之，教育的自身本性有三：一是**律法主义**；二是**人性主义**；三是**文明主义**。由此，对教育的理解和界定，既可以从遵从律法角度来定义，揭示教育就是引导人学会遵从律法而存在；也可以从人性再造角度来定义，突出教育就是训练人进行人性再造而共谋生存；还可以从会通文明知识角度来定义，强调教育就是激励人会通文明知识而服务生活。但无论从哪个方面切入来定义教育，都是实现使人成为人而**有人性地生活**和使人成为大人而**有神性的存在**。为此，讨论教育和探索实施教育，其首要前提是澄清如下四个基本问题：

（1）何为教育？这个问题涉及世界存在与人的存在问题，具体而言，涉及自然人类学与文化人类学的问题。

（2）为何教育？这个问题涉及人的动物存在与人文存在的问题。

（3）如何设定教育的目的？这个问题涉及人的存在本体论和生存论。具体地讲，首先涉及人在宇宙中的地位，人的神性存在；其次涉及人为何需要尊严地存在；最后涉及人在不平等的存在世界里诉求平等和自由的美好生活如何可能的问题。

（4）教育的正常展开需要哪些基本条件？这个问题首先涉及教育的本性

和教育的异化；其次涉及国家的定义和定位；最后涉及文明的建设和文明如何可能形成对文化创造的引导与净化。

**第 14 卷以"知识分子的形塑"为主题讨论技术化存在和实利主义生存场域中知识分子形塑何以可能。**

知识分子的形塑问题实由两个具体的方面构成，即知识分子的自我形塑和知识分子的社会形塑。对这两个问题的澄清，涉及一个前提性问题，那就是国家社会和人类社会为何需要知识分子？这个问题总是被另一个问题缠绕和困惑，那就是谁是历史的创造者？或者（1）谁是文明的创造者？和（2）谁引领或推动了历史的进步和文明的前进？

如果民众可以创造历史，或者民众有能力推动历史的进步和文明的前进，实是可以不需要知识分子，或者知识分子可有可无，所以，采取威权主义和生物主义的双重方式来解构性矮小、软骨性诬化甚至从肉体到精神灭绝知识分子，是完全可行的，也是必要的，而且还应该是"合法"的。反之，如果创造历史或者说推动历史进步和文明前进应主要由知识分子来担当，那么，人类世界可以允许其他任何阶层堕落，也不能允许知识分子堕落。因为知识分子的堕落意味着人的世界重新沉沦到自然人类学的黑暗渊谷，更意味着人从人文存在重新倒退到动物存在，牲畜猖獗于世，倒行逆施其绝对自由的丛林法则指导生活。

从历史观，历史的进步是以文明的前进为标志。而文明的产生和前进都需要先行者。这个先行者就是知识分子。作为文明先行者的知识分子，之所以有存在的依据和不可或缺的理由，就是**文明需要教行**。文明对教行的需要，则需要知识分子来担当和施行。知识分子担当和践履教行的基本方式有三：一是教育；二是探索真理、创造知识；三是道德的表率和激励。

因而，当历史进步和文明前进需要知识分子，当教育、真理探求、知识创造和道德表率与激励需要知识分子，知识分子的形塑问题就呈现出来成为至为紧要的人类存在论和社会文明论问题，这个问题落实在知识分子本身，就是知识分子的自我形塑和知识分子形塑社会的问题。

知识分子的自我形塑需要诸多条件，但主要条件有三个方面：

一是个人方面的，即作为知识分子"不应该成为什么"和"应该成为什么"两个方面，具体到日常生活中，就是"不当为什么"和"当为什么"，

**善恶的病理问题**

对这两个方面的界定和澄清，才可"当为而必为"和"不当为而必不为"。

二是社会方面的，即社会在政体选择、制度生成、法律构建等方面形成善待、尊重、激励人成为知识分子的环境。这涉及社会对"人"的基本定位和人与社会、国家的本原性关联。

三是历史、文化、传统的祛虚构和净化。祛虚无主义和净化的历史、文化、传统是形塑知识分子的基本土壤，也是形塑知识分子的重要社会方式。

**第15卷以"知识、学术与大学"为主题讨论知识分子不可取代的独立工作如何形塑人的进化和社会文明。**

知识分子之可以作为独立的社会阶层而存在，在于它具有其他阶层不能取代的独特性，这种独特性就是**创造**。知识分子的创造最为集中地铺开为三个方面：一是创造知识，为此而必须探索真理，解构遮蔽；二是创造学术，为此而必须弘大批判的学问，抵制意见的奴役，克服思想的瘫痪；三是创造大学，为此而必须遵从存在的律法，追求普遍的道理，张扬创造的个性，鼓励自由的探索。

知识分子创造大学的努力，是使大学本身成为创造的方式，创造的中心，创造的动力源泉。

大学之成为大学的根本性质和自身本分，是能够立定"四不服务"的阵脚，即不服务宗教，不服务政治，不服务经济，不服务就业。大学一旦成为**服务器**，变成服务宗教、政治、经济和就业的**工作站**，大学则不复存在，即或是它具有硬件齐全的设施和阵容庞大的形式结构。

大学保持创造的基本面向，是追求**存在真理**和创造**知识理性**。

大学也肩负服务的职能，却是以探求存在真理和创造知识理性的方式来展开对人的服务，即服务人的**人性再造**，服务人的**心智成长**，服务人的存在自由和生活幸福。

知识、学术、大学，此三者因为知识分子而自为弘大，构成文明的象征。文明即是知识、学术和大学，它的土壤是思想，灵魂是信仰，准则是存在的律法。知识、学术、大学因为知识分子而存在、而创造和发展、弘大和繁荣。所以，知识分子是文明的主体，大学是文明的核心阵地，知识和学术、是文明的形态和光辉；而存在律法、信仰和思想，是文明的源泉。

**4. 生存论的美学智慧**

**第 16 卷以"美的存在"为主题讨论人的美生存在的依据和基础。**

美的存在论问题，是美的形而上学问题。

美的形而上学问题，是从哲学的形而上学发散开来的问题，它的基石由哲学发问存在所构筑。

哲学发问存在的形而上学的核心问题，是存在何以存在的本体论问题，由此形成美的形而上学的核心问题，亦是美何以为美的本体论问题。

美的存在论问题也涉及两个世界的存在，即存在世界的存在和人的世界的存在。

美之于存在世界的存在论，实是存在世界（具体地讲存在事物）以何种方式敞开自身存在？对它的拷问揭发有两个方面：一是存在世界的存在之美敞开为简单与复杂之美；二是存在世界的存在之美敞开对称与非对称之美。由此，复杂创造简单和简单创造复杂，构成美的存在论源泉。

美之于人的世界的存在论，即是人的世界以何种方式敞开自身存在？对它的发问必然突显出两个维度四个方面的存在之美：（1）物在美和人在美；（2）知识美和原则美。

美的存在论的探讨必然铺开美的本体论，无论是存在世界的简单创造复杂的存在之美，还是复杂创造简单的存在之美，或者人的世界的物在之美和人在之美，或者是知识之美和原则之美，其本体之美都是场态之美和场域之美。其本体的本体之美，必是以生为原发机制、以生生为动力之源的生境逻辑之美。

造物主创化的以宇宙自然为宏观构架并以生命为实存样态的存在世界，就是它自身，它融通铸造真善美的律法于自身的内在神韵。只有人这种生命样态从自然人类学向文化人类学方向演化而推动动物存在的人从黑暗的深渊中走出来成为人文存在的人的这一过程中，构筑存在世界之内在神韵的真善美才因为人的意识的生成及自为弘大而获得了人为的"分"并立意于诉求意识地"统"。由此，美的存在论自然地生发其主体存在论。

美的主体存在论所必须讨论的核心问题有三：一是美的主体存在的发生学机制；二是美的主体存在的心灵学动力；三是美的主体存在的意向性方向。

善恶的病理问题

**第 17 卷以"美的形式"为主题讨论存在之美敞开自身的形态学。**

存在,无论是存在世界存在,还是人的世界存在,其存在敞开即是书写,而存在书写必然形式化。存在书写的形式化呈现即是形式。形式化存在书写的形式,始终是"有意味的形式"。

形式的有意味性,源于对存在世界的形式化。形式化将存在世界化为美的形式的"意味"内容,既可能是存在世界的本真性,也可能是存在世界的本善性,更可能是存在世界的本美性,还可能是存在主体的心灵意向,以及存在主体敞开存在之间的情欲之美、思想之美、灵性之美或神性之美。

存在世界的实存样态是生命,生命书写自身存在的形式化努力所生成的"有意味的形式",可归纳为三大类:

第一类:存在世界敞开书写的有意味的形式,它广涉存在世界敞开自身的方方面面,但最为紧要的方面有六:

(1) 材料的"有意味的形式"。

(2) 光与色的"有意味的形式"。

(3) 时间和空间的"有意味的形式"。

(4) 制造物的"有意味的形式"。

(5) 确定性与非确定性的"有意味的形式"。

(6) 存在之场敞开其四面八方和四通八达的"有意味的形式"。

第二类:人为书写的存在世界敞开有意味的形式,它同样涉及人的存在的方方面面,但最基本的形式之美有六:

(1) 声音的"有意味的形式"。

(2) 语言的"有意味的形式"。

(3) 符号的"有意味的形式"。

(4) 语词的"有意味的形式"。

(5) 组织与结构的"有意味的形式"。

(6) 秩序与混沌的"有意味的形式"。

第三类:主体性敞开的有意味的形式,它也涉及存在主体的方方面面,但最主要的形式之美有六:

(1) 情感生发的"有意味的形式"。

（2）想象敞开的"有意味的形式"。

（3）心灵镜像视域敞开的"有意味的形式"。

（4）自由表达的"有意味的形式"。

（5）思想创造的"有意味的形式"。

（6）知识生成与理论构建的"有意味的形式"。

**第 18 卷以"美的生活"为主题讨论存在之美的生活形塑。**

存在之美的生活形塑，也可称之为生活形塑的存在之美。

美的生活问题，涉及三个基本方面，一是人的生活何美之有？二是人的生活何以需要美？三是人的生活美在何处？

讨论"生活何美之有"，必然牵涉出自然人类学的人走出黑暗的深渊向文化人类学进发和人从动力存在上升为人文存在的存在"意义"。意义构成人的生活之美的源泉。

拷问"生活何以需要美"，必然牵涉出人的本原性的存在处境、状况和何以可能在其存在处境、状况中自持地存在的信仰、希望、爱。因为在最终意义上，唯有信仰、希望、爱的合生才煽旺自由存在的持存、坚韧、坚守。因为，美是自由的象征，美更是自由的追求、行动、守望。而这，恰恰是生活的本质构成，亦是生活的本质力量。

追问"生活之美在何处"，必然从存在意义本身出发，以因为自由而信仰、希望、爱本身而回归生活自身：生活之美在生活本身，生活之美在生活之中，生活之美在生活的经营、生活的创造和生活的全部努力和所有行动的过程之中，但首先且最终在身体之中，在身体的敞开与行动之中。

生活之美无处不在。有生活，就有美。经营生活，就在经营美，创造生活，就在创造美。并且，生活的想象，创造想象之美；生活对存在的记忆，创造记忆之美；对存在的遗忘，创造遗忘的美。生活的完整，是生活的完美；生活的残缺，亦呈现生活的残缺之美。残月之于人的生活，既是残缺之美，也是期待和想象完美之美。

**第 19 卷以"生态修辞的美与恶"为主题讨论生态修辞的美的哲学问题。**

生态修辞是存在敞开生存的基本方式，所以，生态修辞既是一个存在论概念，也是一个生存论概念，更是一个生活论概念。但无论是存在论意义的

33

生态修辞，还是生存论和生活论意义的生态修辞，都是形式化的，并通过形式化而获得"有意味的形式"，所以，生态修辞也是美学的。

美学的问题，既是美的问题，也丑的问题，前者呈现真善和利义取向的自由，或可说美的存在本质是真，美的生存本质是善，美的生活本质是利义取向的相对自由。后者呈现假恶和欲望取向自由，或可说丑的存在本质是假，丑的生存本质是恶，丑的生活本质是利欲取向的绝对自由。

由此，生态修辞涵摄了真善美利义和假丑恶欲望，但生态修辞首先是创造，既可创造出真善美利义的限度自由，更可创造出假丑恶欲望的无度自由。

生态修辞是存在的智慧，这种智慧的源泉是存在世界的本体之场，原发于造物主对以宇宙自然为宏观样态、以生命为实存样态的存在世界的原创之生和继创之生生。生态修辞这个存在的智慧被人运用于生活的构建，就演绎成为根本的和普遍的方法，广泛地运用于个人生活和社会运动的方方面面，其中最为根本的方面，就是政治、经济、教育、文化和生活交往交流等方面。

生态修辞运作于政治、经济、教育、文化等领域，既有实体的方式，也是虚体的方式，前者主要通过政体、制度、法律、组织、结构、秩序、规程和教化（观念、内容、方式、方法）、宣传、伦理、道德等社会方式来实现；后者主要是通过语言来实现。而在更多的时候是对其实体方式和虚体方式的综合运用。这种综合运用既呈现柔性的取向，更可呈现暴力的取向。一般来讲，在正常的社会里，生态修辞的运用主要呈柔性取向；在非正常的社会里，生态修辞的运用主要呈暴力取向，包括政体的暴力、制度的暴力、法律的暴力、武装的暴力，而最为普遍的和无孔不入的是语言的暴力。运用语言的暴力来予以生态修辞的基本方法主要是象征、隐喻、（扩张、压缩或扭曲的）夸张、虚构，而历史虚无主义和民族主义是其象征化、隐喻化、夸张性和虚构化的语言的暴力的基本的和普遍的方法。

生态修辞的美，创造人的尊严存在，诉求生存、自由和幸福。生态修辞的恶，不仅是暴力主义，而且是平庸主义的。

第20卷以"哲学意向的中西会通"为主题讨论哲学的人类学和世界主义及其超越性会通。

哲学的超越性会通，首先涉及哲学何为和哲学为何的问题，其次涉及哲学的性质定位和本分问题。哲学是存在之问，但其存在之问原发于存在的困境和生存的危机，因而，哲学的存在之问，是为解构存在困境和生存危机提供根本的解决之道（真理、知识、方法）。所以，存在必须且只能面对存在而发问，包括面对存在世界的存在和人的世界的存在而发问，并且这种发问不是历史的，只能是当世的。由此两个方面观，哲学何为和哲学为何的问题，实际地蕴含哲学超越性会通的自身依据。

哲学会通是空间化的，而非历史性的。因为哲学始终行进于当世，是对在世之在和在世之中的当世存在的发问，而非对哲学成就的历史的发问，这是哲学与哲学研究的根本分野之呈现。

哲学的超越性会通，只能在哲学意向的层面。所谓哲学意向，即是哲学发问存在的场态化的视域意向、思想意向、方法意向和存在敞开生存的心灵镜像意向、情感意向、精神意向。

哲学意向的会通，既源于中西哲学个性的激励，也源于中西哲学共性的鼓动。因而，理解哲学的个性和共性，是探讨哲学以意向的方式会通的真谛的前提条件。

哲学的个性，主要由特定的地域、具体的民族、民族化的自然语言和个体化的哲学主体即哲学家所书写。

哲学的共性，主要由宇宙自然、存在世界、律法（主要是存在的律法，但也涉及人文的律法和社会的律法）、真理、宗教、信仰、人文精神等因素所书写。

哲学会通的基本方法，是问题。

哲学会通的根本方法，是形而上学，即存在本体论方法，或可说是场化本体论方法。

# 目 录
CONTENTS

自　序 ·············································································· 1

导　论 ·············································································· 1

## 第 1 篇　信仰与善恶

### 第 1 章　信仰的生成 ············································· 9
一　信仰及存在根源 ············································· 9
　　1. 信仰存在的面向 ········································· 10
　　2. 信仰生成的根源 ········································· 17
二　信仰的确信与敞开 ········································· 28
　　1. 信仰向存在确信 ········································· 29
　　2. 信仰敞开的要求 ········································· 34
　　3. 信仰的敞开方式 ········································· 39

### 第 2 章　信仰的善恶 ············································· 46
一　信仰向善生成 ················································ 46
　　1. 善的视域和内涵 ········································· 47

1

  2. 善的根源和依据 ……………………………………………… 52
  3. 善的条件与要求 ……………………………………………… 57
  4. 善的边界与解构 ……………………………………………… 64
 二　信仰的病理学 ………………………………………………… 69
  1. 信仰的病理根源 ……………………………………………… 70
  2. 信仰的病理方式 ……………………………………………… 74
  3. 信仰的病理本质 ……………………………………………… 78

# 第 2 篇　恶的病理学

## 第 3 章　恶的病理本质 …………………………………………… 87
 一　恶及主体性问题 ……………………………………………… 87
  1. "恶"的概念释义 …………………………………………… 87
  2. "恶"的主体根源 …………………………………………… 94
 二　恶的开放性认知 ……………………………………………… 100
  1. 神学与哲学的视域 ………………………………………… 100
  2. 恶与善的基本认识 ………………………………………… 104
  3. 对待恶的基本姿态 ………………………………………… 111
 三　恶的生物主义本质 …………………………………………… 115
  1. 何为生物主义 ……………………………………………… 116
  2. 生物主义的原则 …………………………………………… 121
 四　恶的威权主义本质 …………………………………………… 127
  1. 何为威权主义？ …………………………………………… 127
  2. 威权之恶的原则 …………………………………………… 133

## 第 4 章　病理之恶的形态 ………………………………………… 139
 一　暴力性的病理方式 …………………………………………… 140
  1. 暴力的本质与取向 ………………………………………… 141

2. 暴力的病理现象 ………………………………………… 145
　　3. 恶的主要暴力方式 ……………………………………… 150
　二　非暴力的病理方式 ………………………………………… 159
　　1. 社会性的非暴力之恶 …………………………………… 159
　　2. 个人性的非暴力之恶 …………………………………… 166
　三　工具的病理方式 …………………………………………… 174
　　1. 人的本原存在位态 ……………………………………… 177
　　2. 工具的病理本质 ………………………………………… 180
　四　耗材的病理方式 …………………………………………… 184
　　1. 何为"耗材"？ ………………………………………… 184
　　2. 耗材的病理诠释 ………………………………………… 185
　五　授权做恶的病理方式 ……………………………………… 187
　　1. 何为授权做恶？ ………………………………………… 188
　　2. 授权做恶的本质 ………………………………………… 192
　　3. 授权做恶的方式 ………………………………………… 196

## 第 5 章　病理之恶的类型 …………………………………… 201
　一　平庸之恶的病理方式 ……………………………………… 201
　　1. 何为平庸之恶？ ………………………………………… 202
　　2. 平庸之恶的本质 ………………………………………… 205
　二　伪善的病理之恶 …………………………………………… 213
　　1. 何为"伪善"之恶 ……………………………………… 213
　　2. 伪善之恶的类型 ………………………………………… 216
　　3. 伪善之恶的驱动力 ……………………………………… 222
　三　受纳之恶的病理方式 ……………………………………… 229
　　1. 受纳之恶的性质与类型 ………………………………… 229
　　2. 受纳之恶的主体性条件 ………………………………… 235
　　3. 受纳之恶的动力机制 …………………………………… 238

## 四　迎合的病理方式 …… 246
1. 迎合的生存释义？ …… 246
2. 迎合的主客条件 …… 250
3. 迎合的类型与方式 …… 253

## 五　短视的病理方式 …… 256
1. 短视的病理学特征 …… 256
2. 短视的病理学方式 …… 261

**参考文献** …… 265

**索　引** …… 273

**后　记** …… 283

# 自　　序

存在世界本无善恶，善恶源于人为。

存在世界本无善恶，意味着人的自然人类学存在没有善恶，只有当人从自然人类学状态向文化人类学方向展开时，善恶才产生。所以，善恶源于人的文化人类学存在，是人的文化人类学方式。并且，人从自然人类学状态中走出来自为文化人类学存在的进程中，并不是先有善后生恶，而是先有恶然后才有善。**因善而恶**的观念虽然很普遍，也有根深蒂固的传统，却既违事理也违逻辑：人们享有好的、无损的、无伤害的善，为何还去诉求恶？为什么还可容忍恶？并且，"因善而恶"的观念始终不能获得逻辑的支撑，即无论如何不能从善推出恶来。因善而恶论者有一个强有力的理据，那就是"恶是善的意外"，但这个理据本身呈现一个揭穿它自身而使之不能成立的漏洞，那就是："恶是善的意外"意味着善本身并非真善、完善，它存在残缺、漏洞，或准确地讲，它自身就蕴含恶，就是恶的弱形式。所以，善恶之真实的生成关系是：**因恶而善**。因为有恶的发生，才产生伤害、损害，才生发出避免伤害、损害的求善意愿和努力。

因恶而善，是善恶的本原关系、本原逻辑。因恶而善的本原关系和本原逻辑有其神学和人性的依据。《圣经》"创世纪"以神话方式还原了造物主创世界，创造了世界的实存样态及其生性和生机，却没有设计善恶的机制。因为耶和华为使世界当然也包括所创造出来的亚当和夏娃避免善恶的纠缠，而将善恶另置于伊甸园的角落。是蛇引诱夏娃偷吃了伊甸园角落里的善恶树之果，而睁开眼睛并获得了**人质意识**，其朦胧的人质意识逐渐滋长出"意识地思维"并向"意识地生活"方向展开,自然生成恶,并因其恶而诉求善。耶和华创世纪只赋予所创造的世界及其存在物各居己位的秩序,并赋予以自己的肖像为原型所创造出来的人以居物之中位,即代为耶和华管理大地和万物。夏娃和亚当偷吃了知善恶的禁果,也就破坏了耶和华创世纪的秩序,所以夏娃和亚当的行为,就是恶;蛇引诱夏娃和亚当偷吃禁果破坏秩序的行为,也是恶。耶和华将亚当、夏娃赶出伊甸园使其在大地上流浪,是对其原罪之恶的惩罚,并给予救赎的机会,这就是**因恶而求善**的救赎之路。

人性本善论和本恶论虽然相互对峙,并穿越时空而甚嚣不绝,但都是对人性的虚构。人作为造物主创世界的造物,原本遵循的是造物主的法则,包括生之本性法则和生生之创造法则,既无善也无恶;人的自然人类学存在就是这种状态。人从自然人类学进入文化人类状态,人的本性仍然是既无善也无恶;只有当文化人类学的人进入意识地**生活之竟**的领域,人性被激发出来为欲望所持有时,恶才出现。这就是孔子之"性相近也,习相远也"的本质含义:只有被激发出来的人性被利欲裹持而展开时,原本相近的人性——也即无善无恶倾向的人性——才滑向恶的深渊而"习相远"。人性的"习相远",既指人性因为利欲的嚣张而分有出善恶,也指人性一旦被利欲裹持,就会滋生出与本己相远的恶来。所以,"性相近,习相远"揭示了因恶而善的原发事实、原发逻辑。

要言之,人从自然人类学向文化人类学方向进化,真实地构筑起从意识地思维向意识地生活的历史,其启搏器是永恒燃烧的欲望,人文存在的人既执迷于欲望又抑制欲望的双重行为,开辟出因恶而善的救赎道路。在这条道路上,善恶的病理学统摄起了伦理、政治、经济、教育、文化等所有方面,并辐射向所有领域,使所有领域的展开都遭遇善恶的病理问题,使所有领域的研究都难以避免善恶的病理问题,一旦有意或无意地回避善恶的病理问题,必将形成生活和研究的双重遮蔽,而正是这一双重遮蔽才构成了恶得以源源不断地滋生的广阔温床。

# 导　　论

从人类史观，专制主义的惯用手法有二，即愚民和瘫痪思想，前者用于治民，基本方式是暴力性管制；后者用于治社会精英，基本方式是分化瓦解，其得心应手地分化瓦解的方法是胡萝卜加大棒。胡萝卜是普通方法也是普遍方法，将社会精英引向竞相争于物质、财富、名誉、身份以及享乐、攀比之道，思想自然地普遍瘫痪。大棒是特殊方法也是暴力方法——限制自由，毁坏名誉，信仰折磨，精神摧残，包括消灭肉体都是其方法的具体运用。胡萝卜，是灵魂自觉地失忆，忘却思想；大棒，是强制灵魂失忆，不准思想思想。虽然方法各异，但效果殊途同归，即瘫痪思想。只有使思想瘫痪，才可无任何阻碍地愚民。所以，无论古今，专制主义都以瘫痪思想为头等要事。因为"思想风暴的表征不是知识，而是分别善恶、辨识美丑的那种能力。而这在那罕见的危及时刻的确可能阻止灾难"[①]。

一

思想可以创造知识，但思想的目的、思想的功能不是知识：思想的基本目的，辨真假、别善恶、识美丑、明利义；思想的根本功能，是人类、社会、个人的存在遭遇"罕见的危及时刻确可阻止灾难"的发生，即或灾难不幸发生了，确可阻止灾难的蔓延。

在思想的所有目的和功能中，核心是别善恶。别善恶是思想之纲，它不

---

① ［美］汉娜·阿伦特：《反抗"平庸之恶"》，杰罗姆·科恩编，陈联营译，上海人民出版社2014年版，第188页。

仅网结起辨真假、识美丑、明利义，而且贯通存在世界和人的世界，获得信仰的源头滋养。

信仰的英语形式 faith 源自拉丁语 fides，意为信任、忠诚、诚实。在广义上，faith 泛指对某种信念、理念或原则的坚定信心。在宗教中，也是在本原意义上，faith 意指对上帝的信念和依赖，也指对上帝的教导和承诺的信任。仅后者言，信仰是一种人文化的文化，而且是一种大众文化。信仰作为一种大众文化，其灵魂是确信、希望和爱，其基本精神是普遍平等。信仰只讲对上帝的确信、希望和爱，并以确信、希望和爱为准则，一旦你确信，并充满希望和心中盈溢爱，哪怕是乞丐或显贵、囚徒或帝王，都无差别地平等、无差别地成为上帝的子民而受到同等的护佑与祝福。所以，信仰的平等，既是消灭身份、地位、等级的平等，也是消灭贫富、贵贱、荣辱的平等，更是超越地域狭隘、民族狂热和人种偏见的平等。信仰的平等是**真正的普遍的**平等，信仰的平等也是真正的**可实现的**平等，只要你信，你就获得无身份、地位、等级、贫富、贵贱、荣辱的平等并且是真正走出地域狭隘、民族狂热和人种偏见的平等。这是信仰作为大众文化的根源所在，也是信仰成为大众文化的本体所在。

以此观之，没有信仰的民族国家是狭隘的、偏激的；没有信仰的存在世界，是荒芜的；没有信仰的生活，是愚昧的；没有信仰的人，是生物主义的。最终，没有信仰的世界，往往难以有思想的激荡。从根本讲，思想的瘫痪源于信仰缺乏或信仰的丧失。并且，信仰也往往使专制主义者们头痛，因而是为消灭信仰而绞尽脑汁，并因为消灭信仰的成果而后快。

## 二

世界本无善恶，善恶源于人欲：人欲适度，即行为为世人接受而成为善；人欲无度，其行为不为世人接受而成为恶。善恶最终是一"度"的适与非适。信仰就构成其本原性质的恒常的和普遍的适宜之度。信仰作为大众文化，就是信仰所标之"度"的本原性、恒常性和普遍化之"宜"。或曰，在本原意义上，信仰是普遍的和恒常的。信仰的普遍化，是指信仰适宜于任何地域、任何人种、任何民族、任何阶层、任何个体生命存在之人，是绝对的平等。

信仰的恒常性，是信仰的自身定位、自身性质的不变性，具体地讲，信仰在任何地域面对任何人种、任何民族、任何阶层、任何个体生命存在之人，都是同等内涵和诉求的确信、希望和爱。仅信仰与受众、信仰与社会言，信仰是单一的，但它所面对的社会和受众却是多元的，并可开创出无限可能性的存在者，由此使信仰在传播中发生变化，这些变化可能是形态学的，但更可能是性质的或本质内容的。如若是后者，信仰则会发生裂变而丧失平等、恒常、普遍的性质或诉求。在这种状况下，信仰"度"弱化或丧失，而成为逾度或无度之物。

催发信仰弱化或丧失其平等、恒常、普遍的性质或诉求而沦为无"度"之物的因素众多，但最根本的因素是文化。

信仰是一种文化，并且是一种大众文化，但只是相对"文化"言，信仰一种亚文化形态，它构成文化的奠基性或者土壤性内容，具有使文化获得超越地域、民族、人种的大众化功能。而"文化"却是相对自然人类学言，是指人这一物种将自己从动物存在变成人文存在的那种自我**化物为人**的方式。文化是一种**化物为人**的方式，其生成、建构和发展实受三个核心因素的制约。第一个因素是**地域**。无论个体还是种群，从自然人类学的境遇中走出来向文化人类学方向演化，都发生在具体地域中，在具体地域中展开。地域，既是催发文化生成的实际土壤、整体动力，也构成文化生成的最终视域。第二个因素是**人种**，自然人类向学向文化人类学方向展开，始于存在具体地域中的具体人种。并且，具体地域中的具体人种最终繁衍、分蘖出不同的民族，并向地域世界扩张而开拓出不同民族的**地域化存在**。具体地讲，人种是相对物种而言，民族是相对人种而言。在原创意义上，构成文化的第二个关键因素即人种；在继创意义上，民族构成文化发展的核心因素。第三个因素是**宗教**，它存在于具体地域中的具体人种面对苍茫的地域世界感受神秘、直观神圣、交通众神所生成的敬畏、崇拜、确信和神秘的地域世界、神圣的众神赐予地域化存在的人种、人以希望和爱。在原发生意义上，宗教即具体的人种存在于具体的地域世界中仰望苍茫的世界所形成的**情感信念和精神寄托**。存在于具体地域世界中的人种秉持如此恒存的情感信念和精神寄托而面向世界存在、面向地域生存，就是创造出属他的文化，并层累持存其文化的进步状态，这即**文明**。

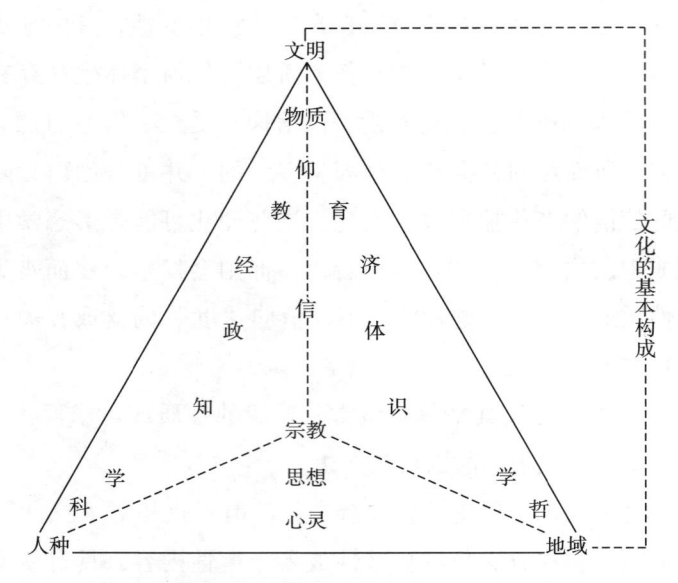

[图导1：文明的内在构成及呈现形1态]

## 三

地域即是一种动力，也是一种遮蔽。地域的动能的生成，源于地域存在的人的地域性求生。因而，人因生而活、为活而生且生生不息的努力总是地域化的。但这种地域化求生努力总是在遮蔽中展开。地域对地域化存在的人、人种、民族以及由此组成的国家生存的遮蔽性，集中于**视域和认知**。地域性存在造成的视域和认知遮蔽，却最为精彩地在宗教方面得到发挥，这种因为地域而造成的视域和认知遮蔽，最为实在地塑造了地域化存在的人对宗教的选择。这种选择的最初方式，就是自然宗教的人文宗教化：地域造成的视域和认知遮蔽越弱的人种、民族和国家，往往选择了对自然宗教的人文进化，形成**人文宗教**，并以人文宗教指导存在和生存；反之，地域造成的视域和认知遮蔽越强、越广泛的人种、民族和国家，往往会选择拒绝对自然宗教的人文进化，并在其后的生存发展进程以各种不同的方式拒绝接受甚至是不容忍人文宗教，其激进者以人文宗教为心腹大患，往往以荡平、消灭的激进方式来对待人文宗教，信仰由此成为恶的根源、恶的温床和恶的动力机制。信仰沦为恶的根源、恶的温床和恶的动力机制，是通过其他方式实现的，比如，或诬化信仰，或否定信仰，或泛化信仰，或歪曲信仰，或用其他激进的方式如乌托邦来取代信仰。

地域对地域化存在的人种、民族的动力和遮蔽，更表现为一种激发和惰性。相对地讲，地域的动力性越强而遮蔽性越弱，对地域化存在的人种、民族激发力越强，这种激发力集中敞开勇敢、创造、节制、理性，哲学繁荣且科学昌盛；地域的动力性越弱而遮蔽性越强，对地域化存在的人种、民族的激发力越弱，这种弱式主义的激发力集中敞开退缩、守旧、无度、野性，哲学式微且科学贫弱甚至空寂。

概括地讲，**地域本身既构成一种选择机制，也构成一种塑造力量**。地域牵引地域化存在的人选择宗教，并会同宗教**形塑**人种和民族，形塑人种和民族化的文化、政治和经济的范式，形塑善恶及朝向。

## 四

信仰与善恶的关联生成，向上溯，带出隐蔽的地域、人种和宗教；向下敞开，至为关键的因素是政治，而不是道德或教育。在人们的感觉认知里，总是将道德和教育看得特别重要和根本，认为社会的善恶朝向根本地取决于道德和教育，所以，凡是社会上出现善恶问题时，总是归因于道德和教育，道德和教育总是成为受纳"板子"的冤大头。实际上，道德和教育对善恶的**制导功能**并如想象得那样无所在。客观地讲，道德和教育确实很重要，它能够普遍地发挥**制恶扬善**的社会功能，却需要条件。能够帮助或促成道德和教育发挥出普遍的制恶扬善的功能的客观条件，不是经济，必是政治。

政治的实体形态，是政体、制度、法律和表征为社会安排的政策。政体、制度、法律、政策，此四者构成政治的实操框架，由政体、制度、法律、政策构成的实操框架，也成为一个无所不能的**过滤体系**，所有的社会理想（当然包括政治理想本身），所有的想望、信念，所有的思想、知识、精神、情感等，都在无形中被这一过滤体系过滤，然后被这一实操框架清洗或保留、压缩或放大、扭曲或变形。道德和教育也是如此，并且道德和教育最后也最终被这一过滤体系所过滤，进而被这一实操框架所**整形**。所以，**在想象的层面，信仰构成善恶的根源和动力，但在实操的层面，政治才构成善恶的直接根源**

**和整体动力**。

直言之，政治之实体构成政体、制度、法律和由此生成的社会安排方式政策，在整体设计和具体实施上朝向善，社会就呈善的社会而可人人诉求"优良的生活"；反之，由此政体、制度、法律和政策四者构成的政治框架和实操体系如呈恶的朝向，社会必呈恶的社会而人人茫然于善且为确保最大利益而弃善，尤其是在危机来临时，总是弃善而趋恶。善恶的病理学问题由此生成，并呈现社会化扩张和**层累地**构造。

# 第 1 篇

## 信仰与善恶

世界历史的唯一真正的主题是信仰与不信仰的冲突。所有信仰占据统治地位的时代，对当代人和后代人都是光辉灿烂、意气风发和硕果累累的，不管这信仰采取什么形式；另一方面，所有不信仰在其中占统治地位的时代（也不管这不信仰是什么形式），都只得到一点微弱的成就，即使它也暂时地夸耀一种虚假的光荣，这种光荣也会飞快地逝去，因为没有人操心去取得一种对不信仰的东西的知识。

——歌德《东西集·注释》

# 第 1 章　信仰的生成

亚里士多德综合前人各种思想学说创建起第一个完整的哲学体系，这一哲学体系是以自然哲学（即物理学）为基本面，向上下两个维度拓展和延伸：向下，开出政治学和伦理学之实践哲学；向上，开出"物理学之后"的形而上学。后者是追问存在并探究存在之本原、本体和本质，由此构成哲学的终点。但存在敞开的最终依据和根源并未驻足于形而上学，而是在形而上学之外**召唤**。追问存在敞开的最终依据和根源，需要借助形而上学开辟的道路继续向前，由此必然遭遇灵魂而诉诸神学。所以，物理学之后是形而上学，形而上学之后是神学，神学关注的主题是信仰，信仰成为人类存在的价值构建和人类诉求价值存在的判断尺度，亦是善恶的最终根源和永存依据。

## 一　信仰及存在根源

信仰（Faith 或 Belief），意为人对存在的**执着期待**和**坚定信念**，它伴随人的存在敞开为生存的方方面面，既获得心灵、情感、想望的性质，更具有向思想、理论、宗教、哲学、伦理、政治等方面的生成性，并因其生成性而自为**涌现**出某种超越性的神圣力量和无限可能性的魅力。

透过对"信仰"概念内涵的如此描述性界定，则可知在本质上信仰是一种人的存在方式，它来源于**存在**本身。在这里所说的存在（existence），不仅指某个事物或实体在现实中存在的事实或状态，也不仅指物质存在或精神存在，而是指**整体存在**，是存在之整体。存在之整体或整体存在，是存在之本原状态，是本原存在。造物主创化的实存样态就是本原存在，亦即宇宙自然万物生命和人类物种的共生存在。所以，信仰作为一种人的存在方式就是对存在本身领悟和持存的**共生存在**方式。

信仰作为人对存在本身领悟和持存的共生存在方式，是对任何具体的存在事实，比如物质存在或精神存在、过去存在或现在存在以及将来存在等的超越性存在方式。这种超越性存在方式当然是整体的，是存在的具体对具体以及存在的具体对整体或存在的整体对具体，包括存在的整体对整体的共生存在，更是存在现象进入存在本体以及存在本体彰显存在现象的贯通方式。所以，信仰作为人对存在本身领悟和持存的共生存在方式，自具**生成**的机能，这种**自生成**机能运行释放出来的力量，既呈整体性，也呈无限可能性，这种整体性和无限可能性自相整合敞开的存在张力，获得本质论的魅力和本体论的神圣。这是信仰作为人对存在本身领悟和持存的共生存在方式能够释放出超越性的神圣力量和无限可能性的魅力的根本原因。

### 1. 信仰存在的面向

信仰作为人对存在本身领悟和持存的共生存在方式，即人对存在本身的执着期待和坚定信念，这一对存在本身的执着期待和坚定信念实是人在荒茫天宇之中得以自信地存在的**心意体系**。这一心意体系包括了**存在之知、心灵之悟**和**情感所养**。信仰作为得以自信地存在的心意体系，既成为领悟造物主创化世界的意义的来源，也是人在存在的土壤中得以自信地存在的目的的来源，它赋予个体生活以价值和方向，通常涉及对宗教、道德和哲学观念的信仰。所以，信仰作为人对存在本身领悟和持存的心意体系，实际地与人的存在身份和选择如何存在之价值的依据紧密关联，更构成人伫立于存在世界中生生不息地探求怎样才可更好地存在的内在动力与开放性方式："信仰是一种超越的追求，体现在个体对更高意义和目标的探寻，这通常包括对神性、宇宙秩序和终极真理的思考。"[①] 这种存在论探寻与思考敞开如下基本面向。

**信仰作为一种存在方式** 信仰作为人对存在本身领悟和持存的存在方式，当它自为地生成性建构起得以自信地存在的心意系统，必然伴随人的存在敞

---

① Frankl, V. E., *Man's Search for Meaning: An Introduction to Logotherapy*, Boston: Beacon Press, 1959, p. 99.

开而呈现为一种体现感性特征的存在现象,这一感性现象并不孤立和静止,而是呈关联的、联动的和生成性建构取向。由此使信仰作为以人对存在领悟和持存化的心意体系为动力敞开自在的和关联运行的存在现象,体现如下基本特征。

信仰作为一种以心意体系为动力敞开自在的和关联运行的存在现象,是一种普遍的存在现象。这一有关于存在的普遍现象在各种文化和历史时期都有迹象,这表明信仰在人类生活中具有核心地位。[①] 在造物主创化的宇宙世界里,人与万物等同,只是自然人类学的人。人从自然人类学向文化人类学方向进化,其区别本原性的自然人类学状态的根本标志有二:一是自具意识地思维引领行动的理性;二是内生心意化存在的信仰。理性生成和滋养的土壤是信仰,信仰的来源是造物主,它是信仰之源,也是历史之源,因为历史与信仰都蕴含于造物主对宇宙世界万物生命的原创与继创之中。恩格斯认为:"我们根本没有想到要怀疑或轻视'历史的启示';历史就是我们的一切,我们比其他任何一个先前的哲学学派,甚至比黑格尔,都要重视历史;在黑格尔看来,历史归根结底也只是用来检验逻辑运算问题。"[②] 而"我们要求把历史的内容还给历史,但我们认为历史不是'神'的启示,而是人的启示,并且只能是人的启示"[③]。如果没有"神的启示",没有神的启示下的信仰,怎会有历史?即使有历史,也不是超越自然人类学的文化人类学的历史。历史的内容之所以能够"还给历史",是因为历史的根本内容是"历史的启示",但"历史的启示"的源头,却是神的启示。没有神的启示的**先行**,既无历史也无历史的启示。当然,仅有神的启示而不能上升到人的历史启示,最终也不可能有神的启示的痕迹。并且,历史的启示虽然可以彰显"神"的存在和力量,但最终要通过"人"来实现,在人还只是处于自然人类学阶段时,它作为动物存在不可能领悟到"神"及其存在,只有当自然人类学的人向文化人类学方向敞开,使自己作为动物存在的人上升为人文存在的人时,"神"才向人显

---

[①] Smith, H., *The World's Religions: Our Great Wisdom Traditions*, San Francisco: Harper Collins, 1991, p. 12.

[②] 《马克思恩格斯全集》第三卷,人民出版社 2002 年版,第 520 页。

[③] 《马克思恩格斯全集》第三卷,第 520 页。

现，人才获得人的意识和历史的意识，生成建构起以神为本体内容的"历史启示"，才可以通过人的存在及敞开本身，使这一既属人且更属神的"历史的启示"还给历史本身。这个既属人但更属神的"历史的启示"，即人对存在的领悟和持存的内凝化的心意方式和外化的存在方式，因为它才书写和创构出绵绵若存的历史，也因为它才书写和创构出不断鼎新的人类文化和个人精神。也只有在这个意义上，才可真正地理解克罗齐的"一切历史都是当代史"①，因为信仰作为人对存在本身领悟和持存的内凝化的心意方式和外化的存在方式，或者说作为人对存在本身领悟和持存的执着期待和坚定信念，始终先于任何个体（人之个体以及群之个体，比如民族、国家）而存在的历史存在，同时也**是现在**存在。从根本讲，信仰是通过人而敞开的历史存在来到现在和现在向历史存在的追本溯源，蕴含在孔子之返本开新的历史观之中。这种蕴含信仰于其中的返本开新的历史观，被孔子以"事件的本体论"方法予以如此表述："周监于二代。郁郁乎文哉，吾从周。""殷因于夏礼，所损益，可知也。周因于殷礼，所损益，可知也。其或继周者，虽百世，可知也。"②

　　信仰作为人对存在本身领悟和持存的内凝化的心意方式和外化的存在方式，就是对存在本身的执着期待和坚定信念，这一执着期待和坚定信念敞开呈现出来的普遍性存在现象，在存在的历史论和宇宙论意义上，呈现为一种超越世俗存在的宗教现象。信仰这种宗教现象，涉及对神、神秘现象和宗教体验，并通常伴随着对宗教教义和实践的接受。但是，在存在敞开的生存论维度上，信仰则构成一种普遍的社会现象，它往往通过影响群体行为、社会化的道德观念和社会结构而对社会及未来产生深远影响。合言之，信仰既是一种普遍存在的并发挥普遍功能的宗教现象，也是一种普遍存在的并发挥普遍功能的社会现象，将此两种现象统摄性生成为普遍诉求的存在现象的感性历史，却是内驻了历史的激情和历史的启示的文化。所以，信仰又是一种存在敞开的文化现象，它总是通过神话、仪式和传统等形式传承并影响人类的发展。更重要的是，信仰作为一种会通历史的激情和历史的启示于自身的文化现象，不仅是普遍取向的，更是超越地域、民族、国家及特殊意识形态制

---

① ［意］B.克罗齐：《一切历史都是当代史》，田时纲译，《世界哲学》2002年第6期。
② 钱穆：《论语新论》，生活·读书·新知三联书店2016年版，第62、44页。

约的跨文化现象,它既表现为不同文化和社会对宗教、道德与哲学观念的信仰;也映射出具有普遍取向性的价值观,激发存在个体的心灵成长敞开对生命和宇宙的敬畏。由此使跨文化性质的信仰内生出对存在本身的超越性诉求、实存性感知和永恒性领会而获得符号化的定型,并拥有超时空的符号价值。所以,信仰也成为一种文化的符号和象征,它传达并强化群体间的共同价值观和信仰观念,生成出对宗教、道德和哲学理念的共享诉求。以此观之,作为具有共享品质和功能的信仰,实实在在地既对个体和社会有益,也有助于促进人的心灵的成长和心智的健康发展。

**信仰作为一种信念方式** 由于信仰是人对存在本身的领悟和持存所生成建构起来的心意体系和存在方式,其主体性呈现就是人对存在的执着期待和坚定信念。这一对存在的坚定信念,既是显性的,更是隐性的。作为隐性的信仰方式,信仰是内化生成的**神性存在**方式;作为显性的信仰方式,信仰是外化生成的**人性存在**方式。仅就其外化生成的显性存在方式言,信仰作为人对存在的执着期待和坚定信念的信念方式主要从四个维度敞开自身。

首先,信仰作为人对存在的信念方式,敞开为对存在的信任。信仰是通过人的存在领悟和持存而生长出对存在本身的认同和信任。如果没有对存在本身的认同和信任,根本不可能产生人的存在信仰。

其次,信仰作为人对存在的信念方式,敞开为社会认同。信仰作为人对存在其中的社会的认同方式,融入存在个体对所属群体、历史、传统及信仰体系的认同感和归属感。因为信仰作为社会认同的基本方式发挥出来的是纽带的功能,即对共同信念的信仰方式将个体联系在一起形成共同体。这种存在本身的信念方式融入行为,则呈现为具体的社会支持的形式。具体地讲,就是人对存在本身领悟和持存的信念方式通过具体的宗教信仰、道德信仰或哲学信仰的方式而为群化存在的个人提供心灵的动力和社会的支持。

再次,信仰作为对存在本身领悟和持存所凝聚性生成的信念方式,无论对存在个体还是社会,都构成一种主体性取向的资本,并从两个方面呈现。一是信仰构成个人存在敞开生存的成长驱动力,这一内生性质的成长驱动力激发个人在精神、认知、思想以及道德和哲学等方面不断追求卓越。二是信仰总是激发或引导个体以这种方式而不是以那种方式生成性构建起更好存在的价值观,并诉求体现这种价值观的道德信念、伦理准则以及宗教观念的践行。由于社会始终是无数个人基于相同或相近的存在意愿和生存需要而共同缔造,具有普遍性诉求的成长驱动力和存在价值观的会聚,自然形成信仰的社会性资本。这是小政府、大社会生成敞开持续发展的最终的心灵、情感、精神根源,是社会得以构建的原秩序框架,是人与人能互相扶持、关爱地**生活在一起**的心灵源泉。

最后,信仰作为人对存在领悟和持存所凝聚性生成的信念方式,既敞开为对未来和未有的期待,也表征为对未来和未有的信任,更表现为对宇宙秩序和世界存在本身的持久不变的认同和敬畏,这种持久不变的认同和敬畏激发人本身不断开新神的存在、神秘现象和宗教体验。由此,信仰既成为一种对未知的信任,并因此信任而生成建构起个体对存在之未来及其不确定性持稳健的乐观态度。并且,这种乐观态度本身成为一种实质性的内在动力,激发个人对存在之未知的激情和探索,最为实在地促进人对存在的自信并促进心灵的健康成长。正是在这个意义上,信仰构成人对存在之未来的执着期待和坚守信仰及其未知、未有的各种可能性的预期,形成对存在本身的、从不怀疑的、执着的坚定持存性信念,人面对荒茫的存在世界本身,一旦内在地拥有这种持存性信念,"即使在缺乏证据的情况下,也可以支持某种观点"[①],这是因为对存在本身领悟而生成持存性信念,从不需要论证,也不需要证据,因为信仰本身既是证据,也是论证。

**信仰作为一种存在的心灵方式**　　信仰作为对存在本身的领悟和持存,实际地生成建构起两个东西:一是内化凝聚的心意体系,它构成信仰之为信仰的存在土壤;二是外化敞开的存在方式,它构成信仰之为信仰的行动指南。作为存在方式的信仰直接地来源于作为心意体系的信仰,并以心意体系为滋养的土壤和内生的动力。因为人对存在本身领悟和持存性内凝的心意体系的本体样态就是心灵化的存在方式,或曰存在的心灵方式。这种存在的心灵方式总是自发地具象为一种**生**的心理机能,形成**生生**的适应机制。信仰作为一种内在的生成性建构的心理适应机制,其根本的存在功能是疏导个体在面对

---

[①] Plantinga, A. *Warranted Christian Belief*, Oxford: Oxford University Press, 2000, p.170.

存在压力、利害得失和生活处于极端困苦时能够自调节地维持心理平衡。信仰作为一种自生成性建构的心理适应机制，其生成源于个体对存在本身的超自然力量以及对根本道德法则的领悟和认同。所以，信仰作为对存在保持常新的领悟和持存能力的心灵方式，总是生成性建构起一种**自在自生自适**的动力能力，激发、激励存在"追求与信仰相关的目标和价值观的实现"[①]。

信仰作为人对存在始终保持常新领悟和持存能力的心灵方式，向外释放产生一种**生成性**的凝聚力量，这种凝聚力量的空间性拓展，则生发出凝聚社会的功能。在这个意义上，信仰就是一种社会凝聚力量，构成最持久的亲和力和创发力，促进群体间的共同认同和社会化的团结与合作。

信仰作为人对存在的一种心灵方式，它本身构成人的存在的内动力量，推动人面对不确定性的存在而自信地成长。人的成长敞开内外两个维度，向内的维度即人的心灵成长。信仰作为人的心灵成长的坚定方式，表征为心灵的**解压**和心灵的**净化**，所以，信仰既是一种日常生活的解压方式，也是一种心灵净化的途径，它可以帮助个体应对各种心理压力、生存焦虑和存在困境。人的成长敞开向外的维度，形成人在哲学认知方面的发展、在道德情操方面的提升、在存在精神方面的自足自得。由此三者的并进发展和提升而生成建构起对生命存在的敬畏、对宇宙秩序的敬畏、对造物主创化的敬畏，正是这种恒存的敬畏源源不断地向心灵世界输送滋养的营养，使心灵本身构成人的存在方式得以持存地敞开的动力源泉。

**信仰作为一种情感方式** 信仰，无论作为内向凝聚的心意体系或心灵方式，还是作为外向敞开的存在方式或存在态度，总是以挚诚的、充满温度的、情感的面貌呈现。从其形态呈现和功能发挥两个方面言，信仰是人对存在本身领悟和持存所敞开的情感方式。信仰作为一种情感方式，是感性的，更是生命化的；但信仰作为一种奠基性的情感方式的根本内涵，却是**情感的情感**本身。所谓"情感的情感"，指情感的纯正样态，或曰纯粹的、没有任何杂质的情感，表现为对存在的热爱和对存在的忠诚。由于信仰是对存在的热爱和对存在的忠诚，所以信仰始终呈现为情感的投入。信仰，如果没有对存在的

---

[①] Emmons, R. A., *The Psychology of Ultimate Concerns: Motivation and Spirituality in Personality*, New York: Guilford Press, 1999, p. 45.

情感投入，存在将不复存在，人也不复存在；如果没有对存在敞开的投入，情感不可能产生。因为人对存在本身的领悟和持存而获得存在感，也通过对存在本身的领悟和持存而使存在世界凸显存在。人对存在本身的领悟和持存，就是人对存在本身的情感投入，没有对存在本身的情感投入，就根本没有对存在本身的领悟和持存，存在本身也不可能以领悟和持存的方式呈现在人的面前，而构成人的存在。所以，存在是情感投入的显现方式，信仰是情感投入而使存在本身凸显的实现方式，或者说存在方式。

情感作为信仰的投入方式和彰显方式，使信仰本身构成纯正情感的来源，因为信仰本身具有**化正**情感和**化纯**情感的功能，使情感真正成为情感而内驻热爱的品质和忠诚的精神，这一热爱的品质和忠诚的精神"表现为对宗教、道德和哲学观念的信仰带来的安慰、希望和幸福感"[1]，并生成引导认知的动力并调节情感朝纯然方向敞开。

**信仰作为一种生存方式**　信仰作为人对存在本身的领悟和持存的存在方式，其向生存领域敞开必然生成为一种持存稳健的生存方式。这种生存方式首先表征为人面对荒茫的存在世界谋求纯然生存的认知方式，这一认知方式的具象呈现为人的生活方式，其抽象呈现为人的生存认知框架。信仰作为一种谋求纯然生存的认知框架，实质性地构成人面对世界存在和面对自身存在的领会方式、理解方式和经验方式。这种基于纯然生存而展开对存在的领会、理解、经验的方式的持存稳健的展开，形成人对存在的思想源泉和精神支柱。由此观之，信仰亦可被视为一种关于如何纯然生存和怎样自信地存在的精神支柱，它为个体生活提供自在力量和自得的慰藉方式。

信仰作为一种存在敞开生存的认知方式，既构成实在的持存稳健的存在认识论态度和存在认识论立场，强调知识的获取和证明，尤其是在宗教、道德和哲学领域为其提供最终的依据和理由；同时也敞开为一种探索生命存在意义的方式，即信仰作为一种动力方式，激发、引导生命个体在精神、道德、哲学、宗教等层面展开对生命意义的追寻与思考，并通过这种激发性、引导性的追寻和思考，生成一种启示、建构一种启迪，为存在个体如何面对存在

---

[1] Argyle, M., *The Psychology of Happiness*, London: Routledge, 2001, p. 92.

和怎样进入存在提供一种指南，给出一种路径、建构一种方式，使人进出于存在始终不迷失而持有自立自得自足的存在立场。

信仰作为持存稳健的生存方式，最终敞开为因为生存的生活方式，它从两个基本方面呈现：一是体现为个体生活对信仰相关的普遍价值观的日常遵循；二是体现为个体生活对神性存在的日常庸行。个体生活对信仰相关的普遍价值观的日常遵循和对神性存在的日常庸行，也就是将其日常遵循的普遍价值观和日常庸行的神性存在化为感性的可触摸的行为准则。所以，信仰作为人对存在本身领悟和持存的内化心灵方式和外化存在方式，最终落实在由小事和细节组成的日常生活中，构成一种始终保持自身的行为准则。信仰作为一种日常生活的行为准则，基于对超自然力量或道德法则的信任而构建起引导个体的决策和选择，普遍指涉性的伦理规范和道德引导力由此生成。在日常庸行的生活层面，信仰即对普遍道德法则和恒存伦理规范的遵循。这种蕴含普遍道德法则和恒存伦理规范的信仰，相对自为谱写生存的生活个体言，就是一种能力。信仰这种能力最为实在地表现为个体在面对生活挑战时的独立不阿的自信心和始终傲然挺立的恢复力。[1] 从根本言，信仰既是人伫立于天宇之下自信存在的心灵动力，亦是人**进出**存在世界始终保持神性存在的**自我调节**的方式和**自我修复**的力量。

### 2. 信仰生成的根源

讨论信仰生成的根源，实是关于信仰何以生成的来源问题，它既关联信仰的发生学，也引出信仰的存在论。面对信仰的发生学问题，科学无能为力，哲学也不能勉为其难，只有神学可以为之提供解释的依据，因为信仰的发生学问题必然涉及宇宙自然和万物生命的创化，以宇宙自然和万物生命为实存样态的世界如何被创化，科学和哲学均不能为其提供解释，只有神学才可为之提供可确信的解释。所谓"可确信的解释"，是指其解释本身具有**不可再解释**的可能性，或者，一种**止于自身而不可前推**的解释，即一种可确信的解释。神学之于信仰的功能，就是为信仰的生成提供一种不可再向前推的解释方式。

---

[1] Pargament, K. I., *The Psychology of Religion and Coping: Theory, Research, Practice*, New York: Guilford Press, 1997, p. 76.

所以，信仰的发生学，即信仰的神学。

信仰的发生学问题是信仰**如何发生**的问题，它只能是也必须是唯一性的，因为信仰一旦发生，它就成为**已是**，这意味着一切形式的未决状态都与发生学无关。发生即已决，已决化的发生只能是唯一，不然它就失去了发生学的意义。与此不同，信仰的存在论问题却不是唯一的。因为信仰的存在论问题是信仰**怎样存在**的问题，它可能并且也事实上是开放性的，这种开放性本身生成信仰怎样存在的问题呈未决的多元倾向。所以，信仰的存在论问题，虽然依然与科学无关，或者说科学也根本地与信仰的存在论问题不相关联，它却当然可以获得神学解释的维度，同时也获得哲学解释的可能性和现实性，并且这种可能性和现实性源于人性的支撑。所以，信仰的存在论问题诉求哲学为之提供解释的方式和依据，不得不考虑人性的问题。

**信仰生成的神性根源** 在本原意义上，信仰是神学的。思考信仰生成的神性根源，必然是对人间信仰的生成予以神学依据的解释。由此把"信仰相对什么而论"和"信仰如何产生"这两个问题凸显了出来。

**第一个问题：信仰相对什么而论？**

概括神学家们对信仰的基本认知和内涵描述：信仰是人相对神而论，它指人的存在**对神的确信**，曰：信仰是人对神的确切信任。

神学是对人文宗教教义予以系统阐述的学问。从发生学观，宗教的产生与人种、民族相关，更与人种、种族的存在**地域**相关。无论是人种、民族还是地域都是自然的，既属于自然又敞开为自然。所以，在发生学意义上，宗教是自然主义的。自然主义的宗教，表明宗教在本原上是自然宗教。自然宗教不仅使自身获得人种的和种族的气质与地域特征，也使自身体现普遍性倾向，那就是"万物有灵"和"是物皆神"。人类从自然人类学的黑暗深渊中走出来向文化人类学方向前行，就是朝文明的阶梯不断向上攀登，在这一攀登过程中，自然宗教也向人文宗教方向演进，由此诞生人文宗教。比较而言，人文宗教对自然宗教的超越体现出的本质区别，就是在继续保持"万物有灵"的基础上将"是物皆神"改变成"一神论"，即一种宗教只信仰一个神。这个唯一的"神"不是来自人类物种，而是人类物种之外的并且是创造人类物种和世界的万有之"神"。在人文宗教世界里，神蜕去自然宗教阶段的**个性**的质朴而穿戴上**共性**的盛装。基于这种严格的方式，人种化、种族化和地域化的自然宗教演绎出超越人种、种族和地域限制的融合与会通，最后形成少数几种世界性的人文宗教。在西方世界里，由自然宗教脱颖而出的最大人文宗教即基督教、犹太教和伊斯兰教；在东方世界里，从自然宗教脱颖而出的最大人文宗教即佛教。

在基督教神学史中，早期最重要的神学家奥古斯丁（St. Augustine，354－430）认为信仰是对上帝、教义和神圣启示的接受和信任，这种信任是理性的基础。奥古斯丁由此提出"**信仰求知**"（Credo ut intelligam）命题，揭示信仰与理性的**互生**关系，指出信仰既是求知的起步，也是求知的正确路径，主张人的存在应该通过信仰来寻求理解，但理性之于信仰也具有主动性，即理性可以帮助信徒更深入地理解信仰。因此，人的存在不仅不能忽视信仰，更要以信仰为指南，这样才可以过一种道德的生活。[①] 托马斯·阿奎那（Thomas Aquinas，1225－1274）沿着奥古斯丁的路子向前，揭示信仰、理性和启示之间的关系，认为信仰是一种超越理性的知识形式，只有通过信仰，个体才可理解神圣真理。不仅如此，阿奎那还揭示信仰与理性之间具有**互补**机制，并形成互补性，指出信仰和理性和谐共存之所以成为可能，是因为信仰能够**引导**理性，理性可以**证实（或验证）**信仰，并加深对信仰的理解。

基督教神学通过奥古斯丁和托马斯·阿奎那分别用柏拉图哲学和亚里士多德哲学来解释其教义，将信仰与理性联系起来，使神性的信仰指导世俗存在找到了可实施的方法和践履的方式，这就是理性。为近代以降的宗教改革对信仰的纯化打开了更新的视域。首先是德国宗教改革家马丁·路德（Martin Luther，1483－1546）对信仰本身的更深入思考，揭示信仰的存在在个体得救和与上帝建立存在关系中的核心地位，指出信仰是人对上帝恩典的信任，因而信仰本身成为上帝恩典人的礼物；并强调信仰的个人性，主张信仰应该独立于教会的权威和传统。英国宗教改革家约翰·加尔文（John Calvin，1509－1564）主张信仰是上帝赋予人得以存在的恩典，首先，上帝以恩典的方式赋予人信仰，是赋予**人得救**的方法；其次，人一旦获得其恩典的信仰，必然与

---

[①] St. Augustine, *The Confessions of St. Augustine* (R. S. Pine-Coffin, Trans.), New York: Penguin Books, 1961.

上帝建立起存在的**契约**关系。人通过信仰与神签约，这既是人在世俗世界中与人签约和与社会签约的依据和框架，也是为人能重返上帝之城铺开道路。所以约翰·卫斯理（John Wesley，1703 – 1791）指出，信仰是人与上帝建立起存在关系的切实途径，在这条道路上，人因为信仰而得救的实质，是信仰引导和激励人在道德生活中稳健地成长。

犹太教对信仰的理解和定义亦体现自身的特征和倾向性。犹太哲学家菲罗（Philo，约公元前20 – 公元50）因深受柏拉图主义和斯多葛主义的影响，试图将犹太教的信仰与古希腊哲学的思想结合起来，探讨上帝的本质、人类的灵魂和道德问题，强调人类的灵魂与上帝相似，具有无限的潜力和能力，认为信仰是个体与上帝之间的直接存在关系，个人通过信仰能够认识上帝并理解神圣启示。摩西·玛伊蒙尼德（Moses Maimonides，1135 – 1204）认为信仰的核心是对上帝的绝对信任和对摩西五经（即《旧约圣经》前五卷）的敬畏，这种信任和敬畏应通过遵循犹太法律（Halakha）来体现。贝尼·迈蒙（Rabbi Moses ben Maimon，1135 – 1204）认为信仰是一种理性的知识形式，个体通过信仰才可理解神圣真理。为此，迈蒙提出人能够达向神圣真理所应遵守的十三条信条，强调信仰的理性性和系统性。在这一认知框架下，沙姆托夫（Baal Shem Tov，1698 – 1760）特别强调信仰对生活的绝对重要性，揭示信仰是人与上帝建立直接联系的途径，就是通过虔诚的祈祷、热情的歌唱和诚实的行为来表达。马丁·布伯（Martin Buber，1878 – 1965）认为人与神的对话和交流须通过信仰的体验来实现，并一定要以爱和尊重为基础。利奥·贝克（Leo Baeck，1873 – 1956）却认为信仰是个体在现实世界中追求神圣目标的途径，主张对神圣真理的信仰的达成应该通过追求社会正义和道德完善来实现。赫舍尔（Abraham Joshua Heschel，1907 – 1972）强调信仰对神的感知性和直接性，认为信仰是人面对神的**此在的**敬畏和惊奇。

如果说基督教特别关注信仰与理性的**互补性**、犹太教更加关注信仰与灵魂的**互动性**，那么伊斯兰教则强调个人对神的神秘**体验和领悟**。阿尔－加兹哈里（Al-Ghazali，1058 – 1111）认为信仰是对安拉（Allah）和伊斯兰教教义的信任，这种信任需要通过个人（对安拉）的神秘体验来实现，由此有助于内心的信仰和外在的行为之间达成动态的平衡。伊本·阿拉伯（Ibn Arabi,

1165—1240）认为信仰是一种超越形式和仪式的内在体验，以帮助个人认识到万物之间的本质联系和神性。阿尔－加兹哈里揭示信仰的直接性和内在性，对信仰的持守就是通过直接体验神秘的真理。贾拉勒丁·鲁米（Jalaluddin Rumi，1207—1273）认为信仰既然是对神秘真理的渴望和寻求，应该通过诗歌、故事和寓言来表达，因为这些形式成为信仰对神秘真理予以直接体验和理解的基本方法。

**第二个问题：信仰如何产生？**

无论是基督教神学还是犹太教神学，抑或是伊斯兰教神学，分别从自身教义出发描述信仰不过是个体存在对神的**确切信任**。然而，个体存在为何要对神有确切信任？神学家们认为只有当个体对神确切信任时，它才可能与神建立起直接的存在关系，而这种直接的存在关系才为个体与他者共生存在提供根本的保障和最终的依据。何以如此呢？这就涉及三个方面的问题：

一是个体的存在状况。
二是个体的实际来源。
三是个体与造物主的关系。

首先，个体的存在状况。个体的存在状况本身蕴含一个问题，即个体能否以个体的方式存在？这是一个既能又不能的问题。客观地看，个体以个体的方式存在，构成其普遍的事实。比如，这个杯子是这个杯子以它自身的方式存在，那棵树是那棵树以它自身的方式存在，张三是张三以他自身的方式存在。以此观之，万物皆以自己的方式存在，没有例外，也不能例外。因为，凡存在者，不仅内具存在本性，更张扬存在个性，并自居存在的方式，如果没有自居存在的方式，个体亦不能成为个体，你与他、此物与彼物、这与那是根本无法区分的，世界就是一个混沌。所以，个体以个体的方式存在，构成世界得以呈现自身的基本方式。但个体又不能以个体的方式存在，这是因为任何个体的存在都需要得以存在的平台、框架、依据。比如这个以自身方式存在的杯子，是存在于何处？存在于这张桌子上，或被置放于那个窗台上，这张桌子或那个窗台既成为这个杯子存在的具体平台，也构成这个杯子得以存在的支撑框架。因为可以承载这只杯子的这张桌子或那个窗台，虽然可能并不因为这只杯子而产生，但其产生本身是以具体的框架——包括理念的框架和形式的框架——为支撑而建构起来的，承载这只杯子的这张桌子或那个窗台，既是抽象的理念或精神的框架的桌子和窗台，也是有厚度（深度、高度、宽度、长度）的形式和实物的框架的桌子和窗台。当然，这只杯子也可以不需要这张桌子或那个窗台而存在，但这只杯子一定需要某种平台、框架或背景才可呈现自身存在，比如将这只杯子放在那间屋子里的地板上，或放在房子外面的土地上，而那间屋子地板或那块外面土地则构成这个杯子得存在的空间平台和物理框架以及环境背景。否则，当这只杯子只是杯子，除了它再无其他，其实这只杯子也就因此不存在。在存在世界里，一物存在总是以他物存在为基本条件，这个能使己物存在的他物，也可能是单数的，更可能是复数的。作为单数的他物，是具体存在的他物；但作为复数的他物，或可是整体存在的他物。在真实的存在意义上，任何个体的存在状况都是既与可数的具体存在物交集，更是与此同时存在于存在整体之中。所以，任何存在物的真实存在，既是个体的自己与个体的他者的关联存在，更是个体的自己与整体的世界的关联存在，二者缺一不可。

其次，个体的实际来源。一般而论，凡存在，均有来源，无论是存在之个体还是存在之整体，都是如此。个体与整体，从存在来源言，略有不同的是：存在个体既来源于个体，也来源于整体。比如，这棵树来源于那粒具体的种子，也来源于这小块土地，但与此同时还来源于空气、阳光、水以及整个大地和天空、自然和宇宙。一个动物来源于某个动物，但同时也来源于这个动物物种和整个生命世界。存在整体却最终来源于个体，这个个体就是造物主。在最终的或者本原的意义上，造物主构成整体的来源，也构成个体的来源。比如，对任何人来讲，当被不断地追问是从哪里来时，最后总要被问到一个不能再去问的终结点上，在这个终结点上，不仅人与人没有根本的隔阂，天下都是兄弟姊妹；而且人与物也没有本质的区分，因为万物同源，这个"源"是什么呢？是创造宇宙自然和万物生命的那个造物主，人原本就属于自然人类学，是从自然人类学中走出来的，虽然获得了人文存在的品质和能力，但仍然存在于自然世界和万物生命之中，所以，无论从发生学讲还是从继生论言，人都是来源于造物主，是造物主的造物。

最后，个体与造物主的关系。个体与造物主的关系既是本原意义的，也是最终意义的。在本原意义上，个体与造物主的关系是发生学性质的，即造物主创造了个体存在。造物主创造个体存在的前提，是造物主创造了整体存在；在造物主创化的世界里，个体是造物主创造其宇宙自然世界的具体的实存样态。在最终意义上，个体与造物主的关系是存在论性质的，即个体始终存在于造物主创造的整体存在世界之中，并按造物主的创化方式而敞开存在。

个体、整体与造物主之间的创造与被创造的关系，将信仰凸显出来，即信仰本身联结起个体、整体与造物主之间的创造与被创造关系，即信仰构成个体、整体、造物主三者的纽带。由此，在本原意义上，信仰揭开了**存在的发生学机制**，包括个体存在的发生学机制和整体存在的发生学机制，这就是造物主创化世界的行为本身，不仅创造出宇宙自然和万物生命，也创造出个体对个体和整体对个体的存在方式，即创造出存在（个体或整体）者本身对造物主的绝对依赖，这种绝对依赖源于一切存在都来源于造物主且一切存在都受律于造物主。将存在对造物主的这个绝对依赖予以拟人化的表述，即存在总是朝向造物主而生生不息的执着的期待和坚定的信念。这一执着的期待和坚定的信念可具体表述为存在者——无论是个体存在者还是整体存在者——必因其造物主的创化而生，并最终回归于创化它的造物主，这就是最终意义的信仰。所以，信仰之于存在，既是根源，也是依据；既是起点，也是归宿。或可说，造物主既创化了宇宙自然之世界整体、存在整体，也创化出万物生命之个体和存在个体；既创造出信仰的根源和依据，也创造出信仰的目的和归宿，所以造物主是全能的、神圣的，更是恒存的。造物主的如上功能和如此品质与精神使它本身成为神，更使它本身成为一切存在之始终得以存在的源泉、支撑和最终的解释依据，当它为原本是自然人类学的人类从黑暗的深渊中走出来而上升为文化人类学的人类予以存在领悟和持存时，它就被名为信仰。信仰之于人，在**存在发生**的本原上是属神的，是神圣的；在**存在敞开**的最终意义上，也是属神的，是神圣的。

**信仰生成的人性根源** 造物主创世，并不是一次性完成的，而是一个不断创造的过程。无论是个体存在物，还是整体的存在世界，始终拒绝绝对静止而执着于**运动和变化**的存在态势本身表明造物主创世界的一个事实,即造物主创化的世界并未完成,因为造物主创造出来的所有个体存在都在生变,造物主创造出来的整体存在亦在运动。生变和运动,无论之于个体存在还是整体存在,都是在**生,即生生不息**。造物主创世界的根本意义,不是追求其创造的完成,而是追求其创造的**过程**。从过程观,造物主创世界客观地敞开**原创化**与**继创生**:造物主的原创化,就是创造出存在世界,即创造出宇宙自然和万物生命;造物主的继创生,就是在原创化的基础上继续创化存在世界,使存在世界**生变日新**。造物主的原创化是**从无中创造出有**,即划破混沌、拨开黑暗,将存在世界从无中涌现出来,使宇宙诞生,使自然诞生,使万物和生命诞生。造物主的继创生是**从有中创造新有**,即从已有中激活生的机制和生的力量,使之生生不息和**生生向前**。具体地讲,就是存在世界从个体到整体再从整体到个体,始终保持在**不变中求变**并在**求变中保持本己的不变**,以此动变不息、生生不已。

造物主的创世界,在其原创化环节,从无中创造有,不仅创造出存在,即创造出存在的实体、存在的框架、存在的型式、存在的格局,而且创造出存在的本性、存在的动力、存在的生机。在其继创生环节,造物主从有中创造新有,不仅创造出存在的新实体、新框架、新型式、新格局,而且首先创造出弘大存在本性、存在动力和存在生机的新力量、新意象、新方向以及新的无限可能性。将其原创化和继创生内在地联结起来形成一个生生不息的创造链条的那个东西,就是造物主的创造过程所呈现出来的对存在世界的不可逆性和被创造的存在世界对造物主的存在性依赖。前者即造物主对创造物的终极关怀,其拟人化的表达即造物主对创造物的恩典,这种终极关怀或说恩典,通过造物主从原创化指向继创生的创造过程来展开;后者即存在——包括个体存在和整体存在——对造物主的**终极关怀**,其拟人化的表达就是存在对造物主的执着期待和坚定信念,即永不怀疑的信任、依赖。当人类从自然人类学的黑暗深渊中走出来成为文化人类学的人类之后,以人的方式将造物主对人的恩典和人对造物主的信念予以"信仰"化表达。所以,信仰首先是造物主继创生存在世界的过程本身对人类存在的恩典,其次是人类在造物主的继创生过程中对造物主的执着期待和坚定不移的绝对信念。

从创化论观，造物主创世界同时创造出两个成果，一是造物主创造出存在本身，它的实存样态是宇宙自然和万物生命；二是造物主创造出对存在的终极关怀。由于前一种创化，存在诞生；因为后一个创化，创造敞开过程本身。造物主的创世界始终呈现过程性，即造物主因为对所创造的存在的关怀，生发出继创生的过程化；造物主继创生的过程化，生生不息地延展其对所创造的存在的恩典。正是造物主原创化和继创生对其创造物和不断创生的过程的关怀和恩典行为，才创化出存在对造物主的恩典的感恩和信任。以此观之，信仰客观地存在发生学和存在论两个维度的意义。发生学意义的信仰，是造物主原创化使然；存在论意义的信仰，是造物主继创生使然。

发生学意义的信仰，是造物主对存在的神圣，或可说是造物主的神性光芒对创造物和创造过程的普照，亦是造物主之生生神意对其创造物及创生过程的普遍滋养。所以，发生学意义的信仰是绝对神性的。与此不同，存在论意义的信仰，是被创造的存在世界中的人对造物主的绝对信任、虔敬感恩和执着期待，并因其绝对信任、虔敬感恩和执着期待而自始至终得到造物主的护佑及无止的滋养。所以，存在论意义的信仰是绝对人性的，是绝对人性对神圣的神性的受哺与反哺。或可说，信仰的人性论才构成信仰的存在论的解释依据。这是因为作为人对存在本身领悟和持存所内凝性生成的心意体系、心灵方式和外向敞开的存在方式、存在态度，必是人从自然人类学的黑暗深渊中走出来朝文化人类学方向前行的过程中，人从动物存在上升为人文存在的心灵方式和存在方式，实实在在的是人的动物本性获得人文本性的滋养的呈现。人的动物本性之所以能朝人文本性方向展开，并且其动物本性之所以能获得人文本性的滋养，是因为造物主的神圣和造物主的神性，没有造物主，就没有原创化和继创生；没有造物主的原创化，就没有宇宙自然和万物生命，自然就没有自然人类学；没有造物主的继创生及继创生过程，就没有自然人类学向文化人类学方向进化的任何可能性；没有造物主原创化所创造出来的恩典和继创生过程不断更新其对存在世界、对万物生命以及对人类物种的关怀和恩典，人的动物本性不可能得到应有的滋养而开启人文本性；进而，没有造物主赋予的生之本性和生生动力的动物本性予以人文取向的改造和重塑，就不可能有信仰的产生，当然就不可能有人从动物演化为人文存在的心灵方式和存在方式。所以，在存在论意义上，"信仰是绝对人性"的本质论表述是：**信仰是对人性的塑造**。要理解此点，需要对人性问题做如下三个方面的考量：

第一，何为人性？
第二，人性的本质。
第三，人性的不可逆朝向。

首先，人性即天赋人的生命朝向。这一人性界定表达了四层语义：其一，人性是人的生命本性。其二，人的生命本性是天赋的。其三，天赋人的生命本性是朝向生的，因而，天赋人的生命本性是内具生意的、是充满生机的。其四，这一能够赋予人以生命本性的"天"，不是指物理的天空、宇宙或自然，物理的天空、宇宙或自然不具有赋予人以生命本性的能力，而是指创造物理的天空、宇宙自然和万物生命的造物主，所以，人的生命本性是造物主赋予的，或可说是**神赋**的。

其次，天赋人性的同时，赋予人性的本质。由于天赋人性使人的生命朝向生，人性的本质**必是**生。但生的人性本质却不由人的生命所规定，而是由创造它的造物主规定。造物主创世界，是以其原创化为出发点展开继创生的创造过程。在原创化环节，造物主创造存在世界及其实在样态的同时，创造了存在世界及其实在样态的存在本性、存在动力和存在生机，要言之，造物主原创化行动在创造出存在的同时创造了存在之生意、生气、生机。在继创生过程中，造物主不仅从有中创造出新有的存在型式、存在样态，与此同时也创造出了弘大其存在生意、生气、生机的生生原则、机制和方法。造物主原创化之生意、生气、生机和继创生的生生原则、生生机制和生生方法均通过创造行动本身而灌注其创造物之中，构成其创造物的内在本性。

最后，由于人性是天赋的，也由于天赋的人性本质是生、是生生，天赋人生命的生之朝向具有不可逆性，这是造物主对其生之朝向的赋予，使它在其后的生存进化中无论遭遇怎样的情况或承受何等的因素，都不可改变人性朝向生的方向。正是这一不变的生之朝向，形成了原本与万物一样普通和平常的人类物种，从自然人类学的黑暗深渊中走出来而迈向文化人类学，使本质上作为物的生之本性向人之本性方向进化。信仰作为人性的创造方式，就是将原本动物性质的生生本性重新塑造成人文性质的生生本性，使其**生而无止**，但因生而**求利有度**，利之或得或失而均保持**普遍之爱**。

由于存在论意义的信仰就是对人性的创造，使动物的生之本性进化为人的生之本性，所以信仰对人性的创造行为的努力与人类学过程，也就敞开为**使人成为人**和**使人成为大人**的过程。从这个角度看，信仰既是使人成为人的存在方式，也是使人成为大人的存在方法。

信仰使人成为人和使人成为大人是两个既相关但本质语义和存在要求又完全不同的存在论命题。

首先，信仰使人成为人，是说**信仰创造了人**。

理解"信仰创造了人"，必得理解"信仰使人成为人"中的两个人。在"信仰使人成为人"中，第一个人是自然人类学意义的，即动物存在的人，它属于造物主原创化的创造物。在造物主原创化的存在世界里，人只是一物，是万物中的一物，是与所有物一样平常和普通的一物。它拥有造物主原创化时赋予所有物的那种生意、意气、生机，也有使其动物本性的生意、意气、生机发生根本性质和取向变化的各种可能性，这是自然人类学的人类向文化人类学的人类方向展开、从**动物存在**升华为**人文存在**在内在本性上的前提条件。"信仰使人成为人"中的第二个"人"，即文化人类学意义的人，具体讲，就是人文存在的人。作为人文存在的人，其与动物存在的人的根本区别，就是将动物存在之生**化育**为人文存在之生。在自然人类学进程中，人的动物存在之生的展开，完全遵从造物主的律法并以本能为驱动力。从自然人类学向文化人类学方向展开的进程中，其人文存在之生的展开不仅要遵从造物主的律法并尊重本能，更要接受人文律法的牵引和社会律法的规训，并以理性与情感的互补为驱动力，意识地诉求"因生而生，利而求爱，爱之更生，以至生生不息"。

信仰之于人类存在，实际地生成着两个根本性的存在功能，在其基本的存在面向上，信仰将动物本性的人塑造成人文本性的人，这就是信仰使人成为人。但这仅是人的存在论的起步，也仅是信仰对人的奠基功能。信仰之于人的根本存在功能，是在使人成为人的基础上，使人成为大人。

善恶的病理问题

信仰把动物存在的人塑造成人文存在的人,实质上是通过信仰而将人从动物的四脚爬行状态中站立起来"两脚走路,两手做事",并且使其"两脚走路"有边界、"两手做事"有约束。具体地讲,人从动物站立起来道德地存在和道德地生活,这就是信仰使人成为人。在此基础上,信仰使人成为大人,就是牵引站立存在的人学会**顶天立地**地存在,具体地讲,就是激发人从道德地存在和道德地生活中走出来,走向美德地存在和至善地生活,或者说朝向神性存在地生活。

## 二 信仰的确信与敞开

对信仰的发生学和存在论的考察,将信仰的神性存在方式和人性存在方式清晰地呈现出来,并从不同维度互为印证地敞开三个基本的人的存在事实。

首先,信仰之于人并不是可有可无的,更不是或然的。对真实存在的人和真实存在的人的世界言,可有或可无的信仰,抑或或然性的信仰,根本不是信仰,而必是**信仰之伪**。信仰之伪,就是有信仰之名份以及信仰之形式,却无信仰之实质和信仰之灵魂。人类世界中,无论古今,其存在场域中的这种信仰之伪往往具有很强的引诱性或诱惑性,而且呈现普遍性。信仰之于人和由人缔造出来的社会,必定是真实的和挚诚的。真实的和挚诚的信仰必是必然的,是人之存在的不可匮缺,一旦匮缺了真实的、挚诚的信仰,人之为人是不可存在的,即或是我们穿戴上人的服装,并有人的各种修饰,但总是**无法掩盖动物的本相和狐狸的尾巴**,即人始终是两脚行走的**人形动物**。

其次,必然的信仰得以产生和存在的根源,既与科学和技术无关,也与伦理和政治无关,更与教育和文化无关,无论是科学或技术、伦理还是政治、教育或文化,均不构成其根源。科学或技术,或伦理或政治,或教育或文化,既不能解释信仰产生的根源,更无资格构成信仰解释的最终依据。反之,信仰才构成科学或技术、伦理或政治、教育或文化的根源和最终的解释依据;而解释信仰者一定与信仰的来源直接关联。客观地看,信仰有两个来源,即发生学的来源和存在论的来源,这两个来源为信仰提供了可解释的最终依据,并形成两种信仰解释,这就是信仰的神学解释和信仰的人性解释。由于人性问题最终根源于造物主创世界之原创化和继创生,所以信仰的人性解释最终也归结为信仰的神学解释。信仰的神学解释既构成信仰的必然，也成为信仰达于普遍和信仰之自为恒存的最终前提，没有信仰的神学，或者缺乏神学依据的信仰，难以有信仰的必然和信仰的普遍，更不可能有信仰的恒存。

最后，**必然、普遍、恒存**，此三者构成信仰真实存在的基本条件，也是信仰获得**确信**并走向对人性再造、使人成为人并使人成为大人的绝对前提。

### 1. 信仰向存在确信

信仰的问题既涉及人的存在的方方面面，也涉及由人缔造的社会的存在的方方面面，它既可从四面八方向人的存在和生活涌来，也可通过社会而四通八达地播散开去。合起来看，可以将所有关于信仰的问题网结起来的是两个至为核心和根本的问题，即信仰的根源和信仰的确信。信仰的根源问题涉及信仰的来源和依据，由此将信仰的发生学和信仰的存在论问题牵涉出来。信仰的确信问题涉及信仰的本质和功能，由此将信仰的生存论问题凸显出来。将信仰的根源和信仰的确信联系起来看，考察信仰的根源，是为探讨信仰的确信提供依据；探讨信仰的确信，是为信仰的存在敞开提供解释路径。从存在论言，信仰就是**构建**存在的确信。要理解此判断，须正视如下三个问题：

第一，存在为何需要构建确信？
第二，信仰何以能为存在构建确信？
第三，信仰建构存在的确信的依据何在？

首先，存在为何需要构建确信？

存在需要确信，是指构建确信的存在。这只能相对人而言，即需要确信的存在只是人必须面对的存在，人的存在之外的存在，比如猪的存在、牛的存在以及树的存在或云彩的存在，是不需要去确信的。只有当人从自然人类的状态中走出来进入文化人类学进程时，因为人质意识的觉醒而获得**意识地思维**并生发出对象性的观念和分离性意识时，人才发现人的视域中的存在非稳态性、非确实性和不确定性。这就需要解决其稳态性、确实性和确定性的问题，由此不难发现，需要确信的存在只能是人必须面对的存在。人所必须面对的存在既是人的存在,也是人相关联的存在。所以,需要构建确信的存在,是人存在于其中的存在,它包括人的世界,也包括人的世界所不能完全包括的存在世界。人面对存在所需要构建的"确信",是指面对存在和经营存在的**坚定的信念、确切的信任**和**执着的期待**。存在需要构建确信,是指人在既四面八方又四通八达的存在世界中经营存在必须得具备不可置疑的**存在心意**和**存在态度**,这就是人面对存在和经营存在的坚定信念、确切信任和执着期待。

人面对存在和经营存在时,为何需要构建这样一种以坚定的信念、确切的信任和执着的期待为基本内涵的存在确信?这有许多因素的激励,择其要者,最为根本的方面有如下三点。

第一,人是生命个体,却存在于存在世界中。不仅如此,作为个体的人,其存在绝对有限;但作为不得不存在于其中的存在世界,其整体性既蕴含无限可能性,也敞开无限可能性。因而,绝对有限的个体生命面对无限可能的整体存在,必须谋求一种相对稳定的**存在位态**,才可使存在于存在世界之中的自己获得稳健的存在姿态和自为的存在空间。所以,人需要构建存在的确信,实是要解决两个基本问题:一是解决存在之具体与整体的有序关联;二是要解决存在之命定的有限与无限的可能性之间的动态协调。

第二,无论是存在个体,即人自己,还是存在于其中的存在整体,即存在世界,都既因为造物主的原创化而具有内在的生意、生气、生机,并因为造物主的继创生及展开过程而始终将其本原的生意、意气、生机化为创造不息、生变不止的**生生**运动过程。在这一生生运动过程中,作为个体存在的人要能保持自己而不迷失于存在世界的生变进程的深渊之中,必得求之于对存在确信的构建,以扎牢**自为存在**的门户,稳定自为存在的阵脚,经营使自己成为人和成为大人的存在。

第三,人与存在世界中的宇宙自然万物生命一样,都是造物主原创化和继创生的造物。由于这种没有或然性的来源,使人在本原上是自然人类学的。原本自然人类学的人,其后在造物主继创生的运动进程中因某些偶然的因素激励或激活,开启了向文化人类学方向的进化,这一本能性的缓慢进化必然面临生命存在本性的再造和重塑,其再造和重塑生命本性,使其从动物本性向人文本性方向展开，需要固化其天赋的生之朝向使之始终保持不可逆化，就必须面对人的意识无限膨胀所形成的对欲望的目的性扩张和对利益野性的无限度泛化，谋求**有约束**的边界和**必节制**的限度，能够解决这一存在困境和难题的主体方式，就是构建一种面对存在、进出存在和经营存在的坚定信念、确切信任和执着期待，并以此为指南和规范来自为建构起**使本能有限度、使利欲有边界**和**使行为得约束**的机制。

其次，信仰何以可能为存在构建确信？

人从自然人类学的黑暗深渊中走出来朝文化人类学方向前行，必得构建存在的确信。然而，为什么要用信仰来构建存在的确信？并且，以信仰来构建存在的确信，是具有或然的选择还是不可选择的必然？这就涉及信仰本身的问题。信仰本身的问题敞开为三个方面：

> 信仰是或然的还是必然的？
> 信仰是客观的还是主观的？
> 信仰是普遍指涉的还是特殊论域的？

第一个方面，信仰是人对存在的执着期待和坚定信念，它向内凝聚为人**自为存在**的心意体系和心灵方式，向外敞开为人面对存在世界**持正自己**的存在方式，所以，信仰之于人，始终是排斥任何形式的或然而张扬存在的必然，在人的生活世界里，除非只有名义和形式而无任何实质内涵的伪信仰才体现或然性，凡是真实、挚诚且蕴含神性和人性之双重根源的信仰，必是必然的信仰。所以，信仰是必然的，信仰就是必然。

第二个方面，必然的信仰必是排斥主观性而呈现存在的客观，因为信仰是既以神性和人性为双重根源，又以神性和人性为双重保障的心意体系、心灵方式和存在方式，它本身是持存的和恒定的，既不以境遇的变化而变化，也不以人的个性存在而蜕变，更不因为文化的差异而弱化或增强，信仰始终以自身的方式存在，并以自身的方式保持自身。无论个体的人还是群体性的组织或机构，可以排斥信仰，更可以否定信仰或按其主观意愿地修饰信仰，但信仰本身却并不因此而改变或消逝。

善恶的病理问题

第三个方面，必然的和客观存在的信仰始终拒斥特殊诉求以及特殊论域，而铺张其本身的普遍本质。客观地看，信仰的普遍本质既是存在论的，也是生存论的。信仰在本质上的普遍存在论和普遍生存论，根源于神性和人性对它的要求，也根源于神性和人性对它的双重保障。以神性和人性为双重根源与双重保障的信仰，其普遍的存在本质敞开为普遍的生存本质，就是它能够且事实上超越任何个体的人、任何具体的地域和任何民族或国家而构成一种普遍的存在精神，普遍的存在方式和普遍的文化，就是成为可以且能够引渡任何地域、任何个性气质的任何个体的大众精神、大众方式和大众文化。信仰作为一种大众化的存在精神、大众化的存在方式和大众化的文化诉求，它是超地域、超民族、超国家、超意识形态偏见，更是超经济的贫富、超身份的贵贱、超地位的高低等世俗偏见或执念。信仰所**自持**的这些超越性，根源于信仰的自身品质和精神：信仰的自身品质是平等，信仰的自为精神是自由，并由其平等和自由而人人善待及人人关爱。这种因为普遍的平等和自由而人人善待及人人关爱的源动力是天赋相近的人性，但最终的依据是造物主，是造物主（**或曰神**）对众物和众人的平等的希望和爱。

最后，信仰建构存在的确信的依据何在？

信仰作为一种大众化的普遍存在精神、普遍存在方式和普遍文化诉求而必然地成为建构存在的确信的唯一客观方式，是因为它自为地拥有其他任何方式都不具有的普遍的、恒常的和神圣的依据。这就是天赋人的**存在人性**和天赋人的**存在神性**。这个赋予人的存在人性和人的存在神性的主体，不是来自人界，也不是来自物界，而是来自神界，它是创造宇宙自然和万物生命以及整个存在世界的造物主，是给予整个存在世界以生的存在方式和生生不息的创造力量与智慧的至上之神，它赋予从自然人类学中走出来向文化人类学方向迈进的人类以**永恒**的创生信念、**不衰**的存在希望和**博远**的生存之爱，激发信仰创造存在的确信，并赋予信仰创造存在的确信以必然获得的四个方面的引导力量和规训机制。

第一，从信仰的神性根源言，信仰创造存在的确信，源于信仰本身是造物主的启示所赋予的。信仰的神性来源和信仰的客观性质使信仰本身成为存在的确信，这种存在的确信一旦被人觉解和接受，就内化为人的存在的不变位态、恒存信念和执着期待。

第二，从信仰的人性根源言，信仰是对神的启示和恩典的回应。从人出发，信仰是对神的信任，也是对神的意志的接受。整体言之，信仰既是神予的，也是人予的；是神对人的给予，同时是人对神的接受。这就是人获得造物主的启示的力量将动物的本性重塑为人文的人性，在推动人把自己成就为人的基础上再把自己成就为大人的一种持久的行动、一种存在敞开方式。

第三，基于信仰的神性根源和人性根源之双重要求，信仰创造存在的确信的实质性努力，是通过信仰而在个人与神之间建立起的真实关系，这种真实关系不是疏远，而是亲密，并通过这种亲密关系的创建而激发并保持人对造物主的敬畏和依赖。这种敬畏和依赖最终落实在两个方面并通过两个方面持久地呈现，一是将其对造物主的敬畏和依赖落实为存在的终极关怀；二是将其对造物主的敬畏和依赖具体为对神的存在责任。由此提升人的**存在品阶**和人的**存在境界**，它通过人的**存在担当**而不断实现。人的存在担当当然是人对己的担责和人对人的担责，但最终是人对神，即对存在之源的造物主的担责。人的存在，不仅仅是**为己的**存在或**为人的**存在，根本的是**为神的**存在，是因为神的存在而存在，所以，人的存在本质上**也是**神的存在，人的存在是**人与神的共在**，正是这种性质与诉求的共在，才使信仰本身成为**恒存的希望和普遍的爱**。

第四，信仰创造存在的确信，是通过建构个人与存在世界和个人与神之间的真实关系，明确人对神的敬畏和依赖，担负起人对神的责任，以从根本上解决人的存在的不确定性、无序性和混沌性。威廉·詹姆斯认为，信仰是一种存在的个人选择和心理需要，以自我缓解其存在的心理压力和生存焦虑，因为信仰作为对存在的个人选择和心理需要均源于人面对存在的不确定性。个体存在的人面对存在世界的不确定性和自我本身的不确定性而寻求确定，并找到解决不确定性的路径而构建确定性的有效的方式和方法，只能是客观、必然、普遍的和超越个体、地域、民族国家以及文化的信仰。文化的普世性，在于它蕴含信仰和滋养信仰，或者，只有当文化实际地蕴含信仰并滋养信仰时，它才内生进步性，才获得文明的**内在资质**：文明是文化的进步状态，这种进步姿态的本质内涵即信仰，所以，信仰是一种普世化的文明。

善恶的病理问题

　　人所面对的来自自己和存在世界两个方面的不确定性，一旦缺乏必要的牵引、约束和规训，必然会造就层出不穷的存在荒谬。萨特就认为"信仰是个体在面对存在的荒谬时，自由地选择并承担责任的方式"[①]。面对存在的荒谬，"信仰成为人类反抗绝望的力量"[②]。人的存在绝望构成人的存在命运，因为人既是个体，又是能意识地思维自身和他者的存在个体，这两个方面所构筑起来的人的命运，才将人引向信仰、引向对造物主的归依和对神的敬畏与感恩，以抵御其存在的绝望命运。由于绝望是人的命运，抵御或反抗存在的绝望亦构成人的命运。客观地看，人的绝望不仅是物质的，并且主要不是物质的，而是心灵、情感和精神的，更是认识和理解的，它更多地通过孤独、无望、无爱、无信而呈现。信仰作为人反抗存在绝望的根本力量，就在于信仰激活人性和神性的力量，把人与存在、个体与整体、个人与神有机地联结起来，使之成为超越个体、释放挚诚信念、希望和爱的力量来避免孤独，解构荒谬，共生存。从本质讲，信仰是对神的信任，同时也是对神的怜悯的信任，更是一种使我们相信神的救赎之道。在这条救赎之道上，信仰铺垫起**人从任何起点出发**通向**至善存在**的阶梯。

　　2. 信仰敞开的要求

　　信仰的神性根源和人性根源，揭示信仰来自两个方面：一是神对人的希望和爱；二是人对神的希望与爱的**悦纳**与**珍惜**。此两个方面的互为响应，形成信仰的敞开。

　　**信仰敞开的自为要求**　　在信仰的敞开中，神对人的希望和爱，既是给予人存在的自信、坚定、坚守和力量，也是给予人自足存在的动力和存在的最终归宿。所以，神对人的希望和爱，构成信仰的**下行**路线。反之，人悦纳神之希望和爱的礼物，则铺开信仰的**上行**路线。信仰向下和信仰向上之间开出的空间，就是人的存在。人的存在原本是自然人类学的，后来才从自然人类学的黑暗深渊中走出来朝文化人类学方向敞开和前行。在这一敞开和前行的

---

　　① Sartre, Jean-Paul, *Being and Nothingness*, Translated by Hazel E. Barnes, Washington Square Press, 1992, p. 552.
　　② Camus, Albert, *The Myth of Sisyphus and Other Essays*, Translated by Justin O'Brien, Vintage Books, 1955, p. 123.

进程中，信仰向下，是神伸出巨掌将人往上拉，其形态学呈现的是人从自然人类学的黑暗深渊中走出来踏上文化人类学的道路，并继之以往地生生向前；信仰向上，是人存在地回应神的恩典，并接受神给予的希望和爱而引颈向上，其形态学呈现的是人踏上文化人类学的道路，不仅向前而且向上：人在文化人类学的道路上向前，远离自然人类学，远离动物存在，使自己获得人文存在，在人文存在的道路上将自己成就为人和成就为大人；人在文化人类学的道路上向上，是始终不渝地走向神、走向造物主的创化之城，获得普遍的、恒存的希望和爱的沐浴，使自己从人起步走向神并**神性地存在**，这就是信仰。信仰就是促发人觉解自己本源于神，并使人最终成为神。

进而言之，信仰敞开的原初形态，既是造物主对信仰的原创化，也是神对人的希望和爱。所以，信仰敞开的原初形态，是下行的。信仰的下行成为一种激励方式，激发信仰上行。信仰上行，是信仰的继创生，形成信仰的继生形态。信仰的继创生，在形态学上，是人对造物主的回应、对神的希望和爱的悦纳和持守；但在存在本质上，是人对人的存在创造，即人秉持对造物主的原创化的信仰，以造物主对人的希望和爱为指南，把人创造成人、大人和神人。在信仰的引领下，人对人的存在的创造铺开三步阶梯：人成为人，人成为大人，人成为神人。这一人将人创造成人、大人和神人的信仰，自然形成上行的信仰。所谓上行的信仰，是目光向上的信仰。目光向上的信仰与目光向下的信仰完全不同：目光向下的信仰只属于造物主，是造物主对人的期待、希望和爱，其敞开不可逆方向是从天上朝向大地，在行动上，造物主伸出完全（全知全能全善全真全诚）和纯粹的神圣之手，将人往上拉；在姿态上，则是向下对人成为人、人成为大人和人成为神人的**召唤**。目光向上的信仰，只属于人，是人向造物主的回返和归依，在行动上敞开为在大地上站立起来，昂扬起头颅朝向神圣的天宇、朝向造物主，努力于攀越、努力于接近、努力于走进全善全真全诚的世界，使生物性的身体融入神圣的精神并神性地存在。

从人出发，应和造物主的召唤，接受希望和爱，站立向前并引颈向上，构成信仰上行的不可逆朝向。这一朝向从根本上将信仰与信念区别开来：信念（belief）与信仰（faith）有其共同的基本语义，那就是相信、信任。相信、信任揭示己与他之间的存在关系，在认知、情感、心灵诸方面是相接近的，并且是无间的和可亲近的，这源于相信、信任在**存在位态**上的平等。基本语义相同的信仰与信念之根本区别，是其相信、信任的朝向和重心不同。"信念"的语义重心在于"念"，其相信、信任以认知为导向，以观念的清晰为前提，以论断的明确为准则。所以，信念往往呈现实证性、科学性或理性诉求，体现较强的认知特征。与此不同，"信仰"的语义重心在于"仰"，《说文解字》释"仰，举也。从人，从卬"。意为己之所信者高居于己之上，己以立身引颈向上仰望所信者，显扬于己对所信的他者的景仰、敬仰、仰慕、崇敬和敬重，突出己对所信之他者的心驰神往、期盼、向往甚至以生许之的挚诚追求。所以，"信仰"所重者不是相信、信任，而是对相信、信任的他者的情感与态度的执着、纯粹、坚定不移，突出的是纯粹的情感和不可逆的坚定意志，而不是认知。但这并不是说信仰没有认知，或曰信仰拒绝认知，而是揭示信仰的认知与信念的认知根本不同：信念的认知源于**生存的实务**，即人的生存的实务铸成了人的生存信念，所以，信念体现鲜明的生存性观念导向，突出**认知的外溢性**，即信念张扬认知性。信仰的认知源于**存在的想望**，即存在的想望形塑了信仰，体现对造物主创化生生的回应以及对期待、希望和爱的悦纳，突出认知的内隐性，即信仰彰显存在的直观和灵魂的应和。具体而言，信仰与信念之区别主要有以下四个方面。

其一，基于生存的实务，"信念"通常指一种具体性诉求的持存信条，并且此一具体性诉求的持存信条基于具体的存在事实、证据或经验而形成的相对客观的认知和判断，比如相信科学、信奉技术或者热爱自由以及平等、人权等基本价值观或道德规范等，突出地体现了信念的特征。"信仰"是指一种相对抽象的存在态度和稳定的持存倾向，它基于个人的存在情感、直觉、信心或对神灵、超自然力量的挚诚相信，以及对某种形上的哲学观念或信条的绝对信任。

其二，源于生存实务形塑的信念之于人，完全可以改变。其信念改变亦是源于人的生存实务之要求，但其改变的基本条件是必须基于新的证据或经验，其新的证据的获得和新的经验的生成，就是信念调整并改变自身的方式。比如，人们由相信地球中心说转向相信太阳中心说，是源于宇宙学进展积累起来的新认知和新证据达到了可以对此做出整体的全新解释。一般而言,信念的改变是以更新的信念替代原有的信念,信念的改变并不动摇信念本身,只是改变信念的内容。源于存在想望的信仰也是可以改变的,但不是来源于实证性的认知的积累和新经验、新知识构成其整体性的新解释,而是基于存在的思考、心灵的存在体验以及由此生成的天赋灵性的成长,这种改变往往是由一种内容或形式的信仰向另一种内容或形式的信仰转换。这个意义上的信仰的改变,其性质与信念相同,比如由对东正教的信仰转变成对天主教的信仰。另一个情况是信仰的改变,即解构信仰本身,使信仰消失,比如有神论者变成无神论者。

其三,源于生存实务的信念更多基于理性和经验,是人们基于生存本身而对某种观点或价值观的认同和支持。源于存在的想望的信仰,基于对某种超自然力量或更高层次的存在的信任和敬畏,这种信任和敬畏无疑蕴含理性的思考,但更基于存在的体验和心灵的共鸣,这种体验和共鸣根源于个体存在的人对整体存在的世界的看待,在这种看待中实现了肉身对神、短暂向永恒、此在对彼岸的融通。落实到对存在的敞开言,信仰始终关涉整体,比如存在世界、人类社会、人类历史或文化,它敞开存在世界、人类社会、人类历史或人类文化中本质存在的问题,虽然不同文化和宗教背景中的存在"信仰"之具体内涵和表现形式,亦可能凸显巨大的差异。信念却总是关涉起具体,它更多地基于客观事实和个人经验的认知和判断,但也往往生成共性并敞开普遍性诉求。

其四,源于生存实务的信念更多是人们日常生活中的**生存信条**,对个人的生活和行为影响相对较小;源于存在想望的信仰更多地关乎人类的信任体系、价值观和精神追求,因而体现根本的存在论意义和生存论价值,一旦进入个人的存在世界,就对个人的存在产生根本性的影响:信念引导行动,塑造生活的内容;信仰塑造人,持守存在的天空。

**信仰敞开的确信取向**　信仰即对存在的确信,但确信并不是信仰的专利。在人的世界里,确信不仅构成存在的保证,也构成生存的保证。从根本性质讲,信仰是存在论的,它对存在的确信构成信仰确信的唯一形式;但基于对生存的保证的确信是多元的和开放性生成的,择其要者,最根本的方面有二:

一是意见，二是知识。因而，作为对生存予以保证的确信，最为集中地展开为对意见的确信和对知识的确信。

信仰的确信是基于存在，没有信仰对存在的确信，存在不存在。同样，意见和知识的确信是基于生存，没有意见和知识对生存的确信，生存同样不存在。因为没有对生存的确信，就不可能形成意见和知识。但就确信本身言，由于意见、知识、信仰此三者的性质不同，其诉求确信的取向自然不同。康德曾对此三者的不同确信做出过比较性描述，他说："以一事物为真实云云，即判断之主观的效力，在其与确信（此乃同时为客观的有效者）有关系时，有以下之三种等级：意见、信仰及知识。意见乃其主持一判断在意识上不仅客观的感其不充足即主观的亦感其不充足。若吾人所主持之判断，仅主观的充足，同时以为客观的不充足，此即吾人之所名为信仰者。最后，以一事物为真实云云，在主观客观两方皆充足时，则为知识。"[①] 在康德看来，完整的确信源于主客观两个方面的完全充足。以此为依据，只有知识对生存的确信才是完整的，才堪称典范。意见和信仰都存在欠缺或者说匮乏：意见的确信总是凸显主客观两个方面的不充足，信仰却呈现客观方面的不充足。其后，康德在《逻辑学讲义》中进一步证明如上观点，指出"信以为真一般有两种：确定的或不确定的。确定的信以为真或确认与必然性的意识相关联；反之，不确定的信以为真或不确认与偶然性或相反的可能性相关联。后一种信以为真或者在主客两方面都不充分，或者虽然在客观上不充分，在主观上却充分。前者叫做意见，后者可称信仰"。康德由此进一步阐述意见、信仰、知识这三种"信以为真"的确信的根本认知区别："意见是或然判断，信仰是实然判断，知识是必然判断。人对之仅有意见的东西，我在判断中的意识便只认为它是或然的；我所信仰的东西，便认为是实然的，但不是客观上，而是主观上必然的（只对我有效）；最后，我所知的东西，我认为是必然的确定的，亦即普遍客观的必然的（对于一切人都是有效的）。"[②] 康德对意见、信仰、知识之确信性质的辨析，意在突出其主体论的认识论形而上学。主体论的认识论形而上学诉求主体的立法性和认知的普遍性，基于这两个方面要求，

---

[①] ［德］康德：《纯粹理性批判》，蓝公武译，商务印书馆1960年版，第564页。
[②] ［德］康德：《逻辑学讲义》，许景行译，商务印书馆1991年版，第57—58页。

意见的确信是个体主义取向的，个体主义的确信要获得主体性质和主体的立法资质与张力，必须达于普遍性，然而，一旦个人主义的确信获得立法的主体性质和普遍的涵摄功能，它就由意见转换为知识。由于知识是超越个体主义诉求而获得主体的立法性质和普遍的涵摄功能，自然从主体与客体两个方面具备了充足性。以主体论的认识论形而上学为参照，信仰虽然有主观方面的充足性，却存在客体性充足的缺乏。康德之如此判断，根源于对意见、知识、信仰的认知基于主体论的认识论形而上学的考量而忽视存在论与生存论之间的根本区别。客观地看，意见也好，知识也罢，都属于生存论范畴，是基于生存的实务而生成敞开的，所以无论意见还是知识，都是对生存的确信的求证方式，所不同的是意见呈绝对的个性取向，知识呈普遍的共性诉求。与意见和知识不同的信仰却属存在论范畴，存在论的信仰既是整体对个体或者说神对人的赋予和期待，也是个体对整体或者说人对神的回应和悦纳，所以它既是主观也是客观，并且首先是客观然后才是主观，是存在论层面的完整确信，即在存在论层面神对人的存在确信和人对神的存在确信及其互动方式。

要言之，意见和知识的确信，是生存论的，是对生存本身谋求确信；意见是对个体生存谋求确信，知识是对整体生存谋求确信，二者可能达于"和"，即对个体性生存的确信本身蕴含整体生存的确信取向或谋求；反之，则是"离"，即个体性生存的确信朝有违于整体生存的确信方向展开，始终不能达于共性取向的知识而沦为意见。信仰的确信是存在论，其对存在的确信，才是更为广泛视野和更具有普遍诉求的整体的和神圣的确信。因而，只有以对整体存在的确信为导向的意见才达于知识的确信之域，只有当对生存确信的知识达于存在论之域，才可获得整合的普遍和完整的共性。

### 3. 信仰的敞开方式

信仰对存在的确信，是以自为敞开的方式实现。信仰敞开存在的确信，既是下行，也要上行。信仰向下行方向敞开，是造物主对人的赐福和期待、希望和爱；信仰向上行方向敞开，是人对造物主的赐福的悦纳和回返，是经营希望和爱、是创造希望和爱。由此，无论由神而人的下行展开，还是由人而神的上行展开，都是**生成性质的**。**信仰即生成**。并且，**信仰创造生成**。因为造物主对人的坚定相信、信任，所以造物主向人生成祝愿和期待、希望和爱。出于人对造物主的坚定相信和信任，才有人向造物主生成确信存在的执着和坚强、引颈向上的攀越和始终如一的开辟回返之道。

信仰即生成，信仰创造生成，生成形塑敞开和敞开的方式。但信仰敞开生成的原发机制，仍然是造物主原创化向继创生方向敞开之生，即生性、生意、生气和生机。人秉持造物主原创化的信仰向上敞开，其生成的"实质是对神的信任，对神的意志的接受"①。从根本讲，人秉持对造物主的信任根本地来源于人对存在的内在的感知，并在这种内在感知中觉悟神对人存在的启示。所以，人秉持造物主的原创化的信仰并以造物主对人的希望和爱为指南，就是以造物主的意志、希望和爱来打造自己**成己成人**的存在。人的这种自为地以造物主的意志、希望和爱来打造成己成人的存在的方式，可以四通八达地展开，也可以四面八方地收拢，概括其紧要的维度却有三，即教育、伦理、政治，它直接地源于生活的激励，最终指向生存的形塑。

教育、伦理、政治三者与信仰的关系是敞开与被敞开的关系，也是生成与被生成的关系。具体地讲，只有信仰生成教育、伦理、政治的信仰，使教育、伦理、政治获得恒存的方式和固有的方向；同时，也需要通过教育、伦理、政治使信仰获得其恒存方式和固有方向的敞开。反之，如果教育、伦理、政治抛开信仰而自造信仰，虽然自造的信仰也通过教育、伦理、政治本身而敞开，但这已不是信仰本身，要么是对信仰的异化，要么是只有形式或名号的信仰之伪。

**教育对生成性信仰的敞开**　教育与信仰的问题，不是教育生成信仰，因为教育不能生成信仰；也不是教育培养信仰，因为教育不能培养信仰。这是因为：其一，信仰是存在论的，是对存在的确信；教育是生存论的，是对生存论的确信。其二，存在论的信仰既是整体存在对个体存在的确信，也是个体存在对整体存在的确信；生存论的教育，只是个体对个体的确信的努力方式。其三，作为存在论的信仰，是（神之）存在对（人之）存在的焕发和（人之）存在对（神之）存在的觉解；作为生存论的教育，是人对人的心智

---

① Rahman, F., *Islam and Modernity: Transformation of an Intellectual Tradition*, Chicago: University of Chicago Press, 1982, p. 3.

开启，主要通过情感陶冶和认知引导来实现，用思想来驯化本能，用知识来规整意见。这是信仰与教育之间只能构成生成与被生成关系的根本原因，也是教育不能培养信仰的根本理由。所以，教育不能生成信仰，也不能培养信仰，但教育能敞开信仰，使之生成。

相对能够敞开生成性的信仰而言的教育，当然包含了学校教育，但主要不是指学校教育。这是基于学校的**责务**是**开启心智**。心智乃人之为人的内在结构，它天赋构成三维面向，即智商、情商、心商。学校教育以开启人的**心智**为基本责务：学校教育通过智商的开启，而生成认知、奠定思想、构建知识。学校教育通过情商的开启，而抑制或疏导本能、纯化情绪、陶冶情感，使之接受理性的引领，并成为理性的内动力。休谟曾指出，人的理性虽有眼睛却缺乏内动力量，人的情感虽有冲创之力但没有眼睛，学校教育的情感陶冶责务，就是使情感与理性互补，实现情感有眼而理性有力。学校教育通过开启心商，而训练人的心灵意志，培养目标意识，滋养恒心，训练斗志、坚守、耐挫力、韧性精神。

学校教育通过如上三个维度的心智开启训练，可以培养出选择信仰的能力，践履信仰的意志力和行动力，坚守信仰的恒心、毅力和韧性精神。但信仰的生成和得来，却受环境教育的影响和滋养。对个人和个人的存在信仰的生成而言，其环境有三个基本维度，一是家庭环境；二是社会环境；三是文化环境。其中，家庭环境最为根本，它本身就构成最为质朴也最为实在、最为有功效的教育场所和教育方式。但家庭环境敞开和释放其教育功能，往往不是也不能通过灌输来达到，更多的是通过渐进的和潜移默化的方式影响个人对存在本身的领悟，对神的存在及神性世界的觉解，就是灵魂的焕发和成长。灵魂的焕发和成长不是教化所成，而是生活敞开存在本身之**浸润**所成。一般而言，家庭环境是浸润性生成信仰的源头土壤，人生成长过程中所层累性生成建构起来的文化环境，构成信仰生成性敞开的内在推力；社会环境却成为个人信仰生成性敞开的外在推力。

**伦理对生成性信仰的敞开** 教育不能生成信仰，也不能教化、灌输或培养信仰，只能促进存在信仰的生成性敞开。伦理也一样，不能生成信仰，也不能培育信仰，更不能自为信仰。因为伦理如教育一样，属于生存实务的范畴。作为生存的实务的伦理，其基本功能是构建使人成为人的社会实体。伦理构建使人成为人的社会实体不属于物质范畴，不是社会物质实体，而属于精神范畴，是构建的**社会精神实体**，即为社会的物质实体和社会制度结构提供一个具有完整支撑功能的**社会精神**结构框架。作为使人成为人的社会精神实体的伦理，从整体向个体方向释放，则演绎出道德、美德和神德（中文传统曰之"圣德"）。伦理是社会取向的，德是个人取向的。个人取向的德要受社会取向的伦理引导、约束或规训；社会取向的伦理要接受个人取向的德的激励、修补或矫正。因为社会取向的伦理虽然本质上是历史地生成的，但其敞开始终具有空间性，是平行的，呈现横向敞开的结构形态或播散的精神功能，它不能自为向上。伦理的向上，需要经过个体的德来敞开，因为只有个体的德，才能使社会有德，使社会成为德化的社会，即使社会成为道德社会。道德社会是以个体存在的人人或大多数人成为有德的人为前提条件。伦理向上必得经过个体的德来敞开更为重要的方面，即个体的德的取向不是平面结构，而是呈立体结构，它以阶梯结构的方式向上敞开。个体的德的生成性敞开，形成使人成为人、使人成为大人和使人成为神人这三步阶梯。在这三步阶梯，使人成为人的德，是道德；使人成为大人的德，是美德；使人成为神人的德，是神德。

　　将社会取向的伦理和个人取向的德贯通起来形成人的存在敞开生存之整体进程的是信仰。因为信仰既为社会取向的伦理提供生成性的结构枢纽和精神方向，也为个体存在敞开生存之德的生成提供神圣的不变方向的牵引和内生的原动力。具体地讲，造物主对人的存在的期待、希望和爱，构成伦理这一支撑社会的精神结构的内在支柱和"定海神针"；人对造物主之存在期待、希望和爱的接应、悦纳和回返，构成个人存在敞开生存的生成性之德的本原性力量、牵引动力和内推机制。合言之，因为确信存在之信仰，人从人走向大人，并努力于神性地存在，这一生成性敞开的进程即从道德走向美德达于神德。反之，造物主对人的存在期待、希望和爱，构成神德；造物主向下伸出巨臂将人往上拉，是以神德引领、激发人行德；人伫立于大地之上悦纳造物主的期待、希望和爱而努力向上行德，就是从道德起步而达于美德，最后向神德进发，与神同存在。不妨以基督教的神德及下行和人上行的双结构敞开为例予以说明。

　　社会取向的伦理向个人之德铺开，生成从道德向美德再向神德方向开辟其成人、成大人和成神人的道路，它由低到高铺设开来，体现不可逆性。这种不可逆性最终由信仰本身决定。伦理借助社会这一平台向个人之德方向铺开的不可逆性由信仰决定，信仰决定伦理达向道德的实质，是由造物主引导个人修行德而缔造伦理，或者说是由造物主决定伦理指向道德和道德构建伦理，这是因为造物主全知全能全善全真，其实质性体现是他掌握了创化宇宙自然万物生命的本原性力量和继创生的智慧、路径与方法。造物主行创化之功，既是按自己的意愿创造宇宙自然万物生命及其整个存在，同时也按照自己的意愿创造了人这种生物，并赋予人以上帝般的殊荣和特殊性，以帮助造物主管理自然和大地。由此形成造物主与造人主的区别，这就是造物主以自己的肖像创造了人，却并没有赋予后者以全知全能，由此埋下人对上帝叛逆的祸根，即**好奇**和**盲从**。在外界（蛇）的引诱下，好奇和盲从的种子突发幼芽，于是有了人的原罪的产生。人虽然带着原罪离开上帝之城，却必然想望对上帝之城的回归，由是信仰产生。信仰产生既是人的欲望，也是上帝的意愿。当人的欲望和上帝的意愿达成合谋，就生发出坚不可摧的信仰。对信仰的坚守必然要通过践行来实现。因为信仰指引伦理开辟上行的道路，必然要确立其践行的起点，这个起点必须是人的原罪生发处，因而，信仰践行必然要以对欲望的节制为肇始。这样，信仰引导人上行却必以下行为前提，即以引导人立足现实、关注现实、经营现实为起步，并以节制生存欲望为重心。这就是基督教为信众立"十戒"伦理。这"十戒"伦理涉及上行与下行两个方面，但其上行与下行之间构成一个不可逆的从此岸达向彼岸的伦理之路：在这条道路上，第一条至第六条信仰的戒律，是道德戒律。这六条信仰的道德戒律，从第一条不贪恋别人配偶、财物到第六条孝敬父母，是由下而上呈上进趋势。就其程度论，贪恋别人配偶、财物是无德之最轻表现。其中，贪恋别人配偶比贪恋别人财物更不道德。正面地看，不贪恋别人配偶比不贪恋别人财物更道德，以此上推亦然。在人此岸生存的"六戒"之信仰的道德中，孝敬父母是最难做到的，也是最高的信仰的道德。何也？因为孝敬父母不是一时之功，而是每日之为和终身的劳作，所以难以真正做到。从第七条"谨守圣安息日"到第十条"除耶和华以外，不可有别的神"，是彼岸存在的神德戒律。从此岸生存的道德戒律到彼岸存在的神德戒律之间，有一个空间地带，这就是美德。在基督教信仰的个体之德的十戒中，没有美德，因为美德不需要戒，只需要**自励自为**。

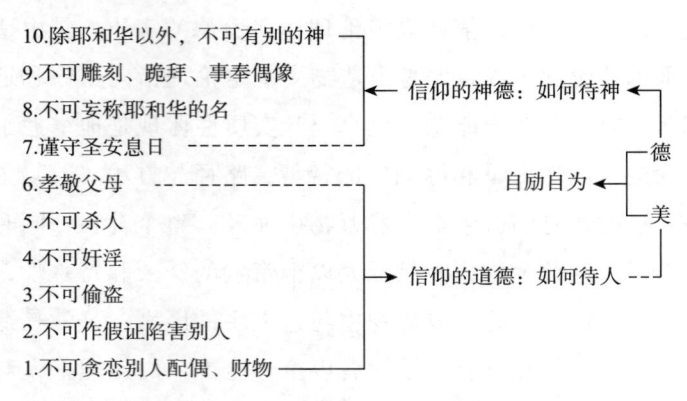

```
10.除耶和华以外，不可有别的神 ┐
9.不可雕刻、跪拜、事奉偶像      ├→ 信仰的神德：如何待神 ┐
8.不可妄称耶和华的名            │                        │
7.谨守圣安息日 - - - - - - - - ┘                       ├ 德
6.孝敬父母   - - - - - - - - - ┐         自励自为 ←    │
5.不可杀人                      │                        ├ 美
4.不可奸淫                      │                        │
3.不可偷盗                      ├→ 信仰的道德：如何待人 ┘
2.不可作假证陷害别人            │
1.不可贪恋别人配偶、财物        ┘
```

[图1-1：信仰引发人从此岸生存达于彼岸存在的进步阶梯]

伦理向道德敞开形成**德的阶梯**，实是接受信仰的引导而向前和向上。个体之德开辟出道德达向美德和神德的道路，实是个体存在敞开生存对信仰的遵从和守护，人人遵从和守护信仰的努力，会聚性构建起伦理的精神结构，它的形态学呈现就是**道德社会**。

**政治对生成性信仰的敞开**　教育不培养信仰，可激发、促进信仰；伦理不生产、不创造信仰，但要遵从信仰、守护信仰。以伦理为基本框架和以道德为根本导向的政治，更是既不能制造信仰，也不能强制信仰。而强制信仰，只能是政治以自己的意志准或不准信仰。

政治与信仰是两分的。这种两分性源于两个方面：首先，信仰是存在论的，因为信仰是存在的想望；政治是生存论的，因为政治是生存的实务。其次，对存在确信的信仰，原发出造物主对人的存在期待、希望和爱，继发于人对造物主之存在期待、希望和爱的悦纳与实现。以伦理为规范的政治，原发于人的共生存在需要而致力于解决人的群化生存的两个基本问题，即存在安全和生活保障。因而，政治的土壤是人性，政治的责务是权利保护，并通过权利保护而实现存在安全和生活保障两个方面的平等之利。由此，政治的核心问题是公权的约束和运用的限度与边界。这是政治以伦理为基本框架、以道德为根本导向的原因。

存在论的信仰，因为存在敞开生存的必然而既指涉人的公私生活，更指涉人所缔造出来的社会。所以，伦理必须以信仰为依据和指南，遵从信仰和守护信仰。政治虽然以伦理为基本框架并以道德为根本导向，也必须以中立的方式尊重信仰。政治尊重信仰，一是不侵犯信仰；二是为信仰以自己的方式生成性敞开提供社会空间、政治环境和法律条件。

存在论的信仰通过人之存在敞开生存而生成性地敞开自身，发挥焕发人引颈上行的功能，是基于信仰原发于造物主的期待、希望和爱所蕴含的两个东西，即平等和自由。信仰既是完全的平等，又是自发约束的自由，或曰以平等为根本规范的自由，简称**平等的自由**。政治尊重信仰的实质，是尊重信仰生成性敞开之平等的自由。平等的自由，是伦理构建社会精神实体的根本准则，更是伦理向个体铺开德的阶梯的奠基石，即信仰牵引个体经营道德生活、滋养美德人生和形塑神性存在，必须以平等的自由为基石。没有平等的自由，就不可能有正常的人间伦理；没有平等的自由，更不可能有个体原发于存在的自觉的道德、美德和神德。

政治对存在之期待、希望和爱的信仰的尊重，就是对平等的自由的尊重。政治在公私两域对平等的自由的尊重的实质性行为努力，就是政治本身以人性为出发点，尊重人的利益和权利，行平等的自由。政治行平等的自由，就是以平等的自由为自身的准则，向全社会开放平等的自由，向人人开放平等的自由，尊重每个人的平等的自由，保护每个人的平等的自由。政治一旦如此做并真正地做到了，就是以自己的方式实现对生成性的信仰的自为敞开。

# 第 2 章 信仰的善恶

造物主创造了宇宙自然和万物生命,也为信仰的生成创造了可能性。这种可能性就是存在于芸芸众物之中的自然人类学的人,一旦迸发出人质意识,产生意识地思维,就会从黑暗的深渊中走出来朝文化人类学方向演进,信仰由此产生。所以,造物主创造了世界,也创造了信仰。人因造物主的创化而产生,也因造物主以信仰的方式而存在。信仰的有无,必牵涉出善恶。造物主创化的世界犹如茫茫大海,个体敞开存在的人生,似如颠簸于这茫茫大海之中的小舟,人驾驶着属于自己的小舟颠簸于苍茫大海之中,之所以有方位,是因为大海之上的太空有恒存朗照的北斗星,它是造物主创化设计而为万物生命提供的希望之光,它是造物主对万物生命和人类物种的期待和爱,也是文化人类学的人引颈向上对造物主的神圣信仰。人朝向信仰而航行于大海之上不迷失方向,必开辟出使自己成为人、成为大人和成为神人的**善道**。反之,信仰的北斗星一旦隐匿或被遮蔽,人必会在迷失方向的颠簸中开出回返生物主义的**恶道**。所以,信仰并非可有可无,它是人的存在敞开生活的指南,并呈现或善或恶的两可取向。

## 一 信仰向善生成

在人的习见中,以为信仰与理性没有关系,但实际上并非如此,生活于公元 4 世纪到 5 世纪之间的奥古斯丁以柏拉图哲学为方法来解释基督教教义,重构基督教神学,强调信仰与理性的关系,认为信仰是对上帝、教义和神圣启示的信任,这种信任是理性的基础。基于此等基本认知,奥古斯丁提出

"信仰求知"（Credo ut intelligam）的主张。奥古斯丁这一融哲学于神学之中的思想，为托马斯·阿奎那所发展，他用亚里士多德哲学来解释基督教教义和重构基督教神学，认为信仰是超越理性的知识形式，但理性也是实现信仰的基本方式。所以他主张信仰与理性互补，并力图揭示信仰引导理性和理性证实信仰的内在心灵机制。奥古斯丁和阿奎那通过对信仰与理性的关系的持续思考，最终将一个纯粹信仰的宗教变成了一个趋向于讲道理的宗教，因为他们从不同的关注偏好切入，发现了信仰与理性的互为蕴含性。信仰，作为造物主对人的存在期待、希望和爱，表征理性对激情的张扬；信仰，作为人对造物主之期待、希望和爱的存在论悦纳和生存论行动，表征激情对理性的尊崇。这既是信仰向善生成的内在机制，也是信仰向善生成的最终依据。

**1. 善的视域和内涵**

讨论善的生成依据，首先需要理解何为善（good）。今天，人们更多地将善看成一个与恶相对的道德概念，被理解为道德上的正确或好的行为。但实际上，善首先是一个神学概念和哲学概念，然后才成为一个伦理概念和更为具体的道德概念。

善，作为一个神学概念，是因为善的行为本质是爱，爱的生存本质是希望，希望的存在本质是存在的期待，由此三者不仅将人与人聚集起来"生活在一起"，而且使人获得与神同行、与造物主共生的本原性存在。因而，善作为一个神学概念，源于唯有神学才可为善提供最终的依据。

善，作为一个哲学概念，为善本身提供了广泛讨论和解释空间。

希腊哲学的原初形态是自然哲学，自然哲学关注自然存在或曰存在世界的根本问题，诸如世界的本原问题、宇宙的生成问题以及世界的本质问题，这些问题表面看与人的存在没有关系，因而也与善没有关系，因为在人看来，善的问题只是一个人的问题。但实际上，善，不仅是人的问题，它既是人与人的问题，更是人与存在世界的问题，并且最终是人与造物主或曰人与神之间的存在问题。所以，善的问题既与神学息息关联，更与自然哲学息息关联。在具体层面，善为什么成为人与人的问题？是因为人是他者性存在者，人与人"在一起"，才能够生、才能够活。善之于人，直接关联起人如何才可能"生"与"活"的问题，并直接牵涉出"利义"与"爱恨"。但是，人与人如

## 善恶的病理问题

何"在一起"的问题,不仅涉及人,也涉及人存在于其中的存在世界,涉及生物、环境、自然。而生物、环境、自然不仅涉及"生"与"活",也涉及"生"与"活"的依据。早期自然哲学发问"世界的本原是什么",是要弄清楚世界生于什么,或曰世界因何所生;早期自然哲学发问"宇宙是怎样生成的",是企图探究世界是以什么方式"生",或曰世界自为地"生"的机制是什么;早期自然哲学发问"世界的本质是什么",是想知道世界之生的依据何在。由此不难发现,希腊早期的自然哲学虽然没有意识地思考善,但其对世界存在的三个根本问题的引发,却将善的问题**带动**了起来,这是其后沿着米利都学派的思路向前的赫拉克利特之所以从"永恒燃烧的活火"中提炼出"分寸"原则和"公正"概念及思想的内在根原。

赫拉克利特('Hράκλειτος,公元前540—前480)的"公正"说,应该是古希腊最早关于"善"的正面思考。在赫拉克利特的认知世界里,"分寸"是自然问题,是自然世界存在敞开**生生**运动的自身限度、边界、法则、依据,但它又构成公正的来源,也可说构成公正的自然依据。公正属于人的问题,是人的社会有秩序地存在敞开和运行的限度、边界、准则、依据。所以,公正之于人,即善;反之,善亦是公正。由此可以说,赫拉克利特开启了哲学从单纯地关注自然的同时也关注人的存在的道路。虽然如此,希腊哲学从早期以关注自然为中心转向以关注人为中心,却经过智者的人本启蒙之后,才诞生苏格拉底。苏格拉底(Σωκράτης,前469—前399)哲学是一个标志,因为他是希腊第一位专注于思考人的存在问题的哲学家。苏格拉底关于人的存在的哲学思想,虽然没有留下明确的文字记录,但柏拉图的对话录中却呈现出了他的基本思想,包括对善的思考。苏格拉底从何为善和善的本质两个方面入手思考善的问题,指出思考和追问善就必须知道什么是善。苏格拉底认为善不是事物的表象,而是本质存在的东西。要真正理解何为善,必须超越事物的表面和存在的表象,通过对存在本身蕴含的思想和理念的探究来获得更深刻的认识。以此来审视善,"善本身就是自己的善"[①],善的本质就是善本身是善,因为"我们所有的行为都是为了寻求善,而不是为了寻求任何

---

[①] Plato, *Lysis*, Translated by Robin Waterfield, Oxford University Press, 1993, pp. 27–28.

其他东西。那么，如果我们真正知道了善的本质，我们就能够以正确的方式行动，并在我们的生命中实现真正的意义"①。

苏格拉底关于"善的本质是善本身"的思想蕴含善的客观存在论和善的本体论，柏拉图（Πλατών，前427－前347）却通过存在本体论的思考将苏格拉底"善"的思想中的潜在内容予以显发。在柏拉图看来，存在世界既是现象的存在世界也是本体的存在世界，人对存在世界的认识往往停留于存在的现象而难以进入存在的本体，这是因为视域的局限。他以"洞穴喻"为例，揭示人的视域遮蔽的存在状况和认知局限，指出生活在表象世界中的人，只有通过哲学的思考和探究才可认识存在世界的本体存在。柏拉图的如此存在论思考，为讨论"善"的存在论和本体论奠定了认知基础，指出真正的善是一种超个体的普遍存在的"理念"，它构成超越人类自身的无形的和永恒的存在实体。对这一存在实体的本质的理解，只能通过认知。柏拉图在《理想国》中提出"善的本质是知识"，认为只有通过知识，人们才能真正了解善，进而实现真正的善。他将这种善的理念称为"知识主义"。揭示真正的善是超越个体和社会的普遍存在，是存在之真理和完美的体现。所以"善，对于智者，就像太阳一样，它能让他们生活得更好，但对于智者之外的人，它就是个未知的东西"②。这个"未知的东西"即存在本身，因为存在是一种"善的形式"或"善的理念"，人只有通过知识和精神的修行，才能接近善的本质并实现真正的善。

由于柏拉图的努力，善的问题在亚里士多德那里获得视域更为开阔的审视。亚里士多德（Αριστοτέλης，前384－前322）在《尼各马可伦理学》中进一步探究"善"的本质和意义，指出善既是一种存在态度，也是一种行为方式，从根本上呈现人类行为的高尚诉求。基于对善的如此定位，亚里士多德强调人不能盲目地诉求简单的快乐或享乐，应该追求真正的善。人要追求真正的善，须区分善的不同类型和形态。亚里士多德认为善之于人的生成敞开有道德和智慧两个维度，指出道德的善是一种稳定的品德或高尚的品格，须通过积极的行动努力来获得；智慧的善即理智和知识，须通过学习和思考

---

① Plato, *Lysis*, Translated by Robin Waterfield, Oxford University Press, 1993, pp. 43–44.
② Plato, *Republic*, Translated by G. R. F. Ferrari, Cambridge University Press, 2000, p. 506.

## 善恶的病理问题

获得。人的伦理存在即诉求道德善与智慧善的平衡，亚里士多德将此善的平衡概括为"中道"，主张善之于人以自我约束的方式避免极端的行为或情感，就是自觉地遵循中道以达于适度和平衡。①

古希腊哲人对善的考察所形成的知识财富构成近代哲学的新起点。"近代哲学之父"笛卡儿（René Descartes，1596—1650）沿着柏拉图的传统展开，认为善是基于理性和知识的行为，指出人应该通过思考和理性的探究来发现真理和正确的行为方式，努力追求理性和知识以达到真正的善。经验主义者休谟（David Hume，1711—1776）则发扬亚里士多德传统，认为善不能从理性或知识中推导出来，因为道德行为是基于人的情感和感受，而不是基于理性和知识，感官经验和情感判断才是道德及价值观的唯一来源。休谟在《人性论》中指出，我们从来没有发现过"善"这样单一又抽象的东西，只是发现了一系列被认为是善的具体行为，比如慷慨、勇敢、公正、爱国等。既然善不是一个单一的东西，而只是具体的感官经验和情感判断行为，那么，"理性是，并且也应该是情感的奴隶，除了服务和服从情感之外，再不能有任何其他的职务"②。

理性主义与经验主义的对立源于理性主义将善的根源溯及造物主和神的存在，认为善是基于上帝的旨意；经验主义却将善的根源溯及于人的可经验化的情感判断。康德（Immanuel Kant，1724—1804）解决理性和情感对立的根本方法就是融合二者，但前提是将以上帝为最终根源和依据的本体论形而上学改造成以人的"意志自由"为最终根源和依据的认识论形而上学，其基本方法是通过人的知性为自然立法和人的理性为人立法而保留上帝的存在形式，却取消上帝存在的实质。在此基础上构建善的理论，指出善属于人的存在论域，但不是基于个人的兴趣、感觉或情感，而是基于道德原则的行为，而义务的行动原则不在于行动的预期后果，而在于行动本身是不是符合尊严的、不以条件限制的人性本身，它的普遍性可以成为立法的原则。在康德看来，善必是理性的，但更是意志自由的。善是理性和意志自由的必然。人只

---

① ［古希腊］亚里士多德：《尼各马科伦理学》，苗力田译，中国人民大学出版社 2003 年版，第 121—139 页。
② ［英］休谟：《人性论》下册，关文运译，商务印书馆 1980 年版，第 453 页。

有将自己看作自由的和理性的个体，并通过理性的思考和自由的决策才实现真正的善。费希特（Johann Gottlieb Fichte，1762－1814）认同康德的个体主体论的认识论形而上学而放大个体主体论，揭示人类的本性具有自我完善的趋向，它构成人类实现"善"的关键。费希特指出，"善"是基于理性和道德的，人们通过道德和法律规则来指引自己的行为，以实现自我完善和社会和谐。所以"一切行动都必须是合乎自然的法则，同时也是合乎理性的法则，才能算是真正的道德行动。……人们一旦获得了这个追求完善的本能，就会开始努力超越自己的本性，朝着一种更加完美的状态前进。在这个意义上，人类完善的本性就是他们实现善的渴望，而真正的善则是人类本性的自我完善"[1]。黑格尔（Georg Wilhelm Friedrich Hegel，1770－1831）却从"创建现代国家何以可能"入手，将康德的个体主体论的认识论形而上学改造成国家主体论的认识论形而上学，由此在其《法哲学原理》中明确地阐述自由和理性构成善的本质内涵，指出人的存在诉求善，就是诉求人类自由的本质和价值。自由构成道德的原则，也构成善的原则。在黑格尔看来，人类的自由是至高无上的东西，它也构成人类道德行动的特征和实质，因为它是最高尊严和最终目的，是道德性的存在和价值本身。[2]

以笛卡儿为代表的理性主义发扬柏拉图主义传统和以休谟为代表的经验主义弘大亚里士多德主义传统，经过康德的融会开出以认识论形而上学为宏观导向、以理性统摄情感为具体呈现的善的思考，一步步走向对人的生活的干预，由此形成19世纪以降的**具体主义**的善的理论。罗尔斯（John Bordley Rawls，1921－2002）和麦金泰尔（Alasdair Chalmers MacIntyre，1929－　）是其主要代表，前者认为善是理性表现，以善为表现的理性总是诉求公正和正义：对一个理性的人来说，最高的善是追求公正。这意味着尽可能地避免采用不公正的手段以实现个人的目标，也意味着确保每个人都有机会实现其基本的自由和利益，以及接受并遵守由所有人共同制定的规则和规范。[3] 后者

---

[1] Fichte, J. G., *Foundations of Natural Right*, Translated by M. Baur, Cambridge: Cambridge University Press, 2000, p. 104.

[2] Hegel, G. W. F., *Grundlinien der Philosophie des Rechts*, Frankfurt am Main: Suhrkamp Verlag, 1986.

[3] Rawls, John, *A Theory of Justice: Revised Edition*, Harvard University Press, 1999.

秉持善而诉求生活，并不是追求个人利益，而是追求个人的幸福和满足感，认为善的最高价值在于个人的生命、幸福和满足感，而不是在于追求利益或权力。一个人的善是他的生命和幸福，以及能够满足自己和他人的需要。所以，我们对善的追求是对我们自己实现个人目标的追求，这些目标只是我们自己内心的选择和自主性的体现，而不是基于某些所谓的社会准则的要求。[①]

要言之，哲学关于善的思考，经历了从本体论形而上学向认识论形而上学再向实践论道德学说方向展开的路径，以开放性生成的方式敞开善的多维面向：善既是神学性质的，也是普遍存在意义的，更是行为意义的。由此揭示善既有神学的根源和依据，也有存在论的基础，更生发出生存论的视域和实践论的诉求与方式。

### 2. 善的根源和依据

善的问题，总是因为人而产生，并因为人而以不同方式和面貌显发，但促其产生的根源和不断显发自身的进程中始终持存自身的根源和依据。这种持存自身而促使善不断地生成性敞开的根源和依据，即人性、心灵和神。

**善的人性论**　当我们说善因为人而产生并围绕人而展开时，就引发出两个实实在在的人的问题：

第一，人为何需要善？
第二，人需要的善何以形成？

"人为何需要善？"的问题，将人的存在处境显发出来。人的存在处境有原发和继发两个维度，人的原发存在处境是自然人类学的。人作为自然人类学的人，既是物理存在的物质，也是生物存在的生物。它内在地具有其物理本性和生物本性。人的这一物理本性和生物本性决定了人从自然人类学向文化人类学方向进化，将人自己从动物存在变成人文存在，其全部努力却并未使自己彻底摆脱自然人类学状况，也未能彻底摆脱其物理本性和生物本性，而是在使自己成为文化人类学的人的进程中，始终保持了自然人类学本色及

---

① Kekes, J., *Moral Wisdom and Good Lives*, Cornell University Press, 1995.

其物理本性和生物本性。这使文化人类学的人文进化不得不时时面对其自然人类学状况以及物理本性与生物本性，并努力使之得到抑制或改善，这种抑制或改善需要善。

人的原发存在处境不可彻底地解构其自然人类学的物理本性和生物本性这一存在事实，决定了人的继发存在的根本性质与基本方向：人的继发存在态势始终携带着本己的自然人类学底色与特质，并且，人的继发存在的基本努力，就是始终保持与其自然人类学性质的物理本性和生物本性做斗争。

人的继发存在始终被其自然人类学处境裹持，这种状况实实在在地因为人的存在的个性化。人的存在的个性化从三个方面展开：其一，人是个体存在；其二，人是个体的生命存在；其三，人是需要资源滋养生命的个体存在。人的这三个方面的个性特征，在其自然人类学状态下并没有与众物、众生命、众物种有所不同，它与宇宙自然世界中的众物、众生物、众物种一样，以其本能的方式**适应**造物主的继创化运动，并遵从造物主的安排而既自为又关联地存在。但当自然人类学的人不幸地因为一些偶然因素的激发和重新组合而生发出人质意识，获得向文化人类学方向渐进的机会后，其本能地遵从和适应的存在方式逐渐被打破而获得意识地调动本能，使之成为欲望的激情者，于是不满足现状的存在方式日渐形成，畏惧和匮乏产生且日益发展，既抗拒环境又依赖环境的矛盾冲动，谋求存在安全和生活保障的持久热情、不遗余力地开发自己的意识和潜能的自由意志和力量，不断聚集，不断提升，也不断分分合合，人与环境做斗争，可以无边界、无止境；但人与人争夺存在空间和得失，却不断遭遇有限，为减少不必要的争斗所造成的成本巨大，人围绕存在安全和生活保障这两个方面展开的所有方式及其全部努力都得考虑如何处理其行为和利益的边界和限度问题，一旦考虑存在的边界和限度问题，善的问题必然产生。

要言之，善虽然因为人而产生，但不是因为自然人类学的人而产生，人类物种处于自然人类学阶段，与众物、众生命、众物种一样，完全自足地适应造物主的安排，根本不需要善，因为自足地适应造物主的安排，就是完全地悦纳造物主的期待、希望和爱。善是产生于人从自然人类学向文化人类学方向进化，并围绕人的文化人类学进化而展开。因为人从自然人类学的黑暗深渊中走出来踏上文化人类学的道路，开启对自然人类学的物理本性和生物本性的激发，其自然人类学状态的自足适应的存在格局被渐进打破，而不断重构着文化人类学的非自足的和日益匮乏的存在格局，在这样一种日益扩张其匮乏的存在格局中，人的天赋相近的物理本性和生物本性被人的目的性意识无限制地放大而形成"习相远"的争斗，甚至出现暴虐的自相残杀的血腥境况，这是因为处于沉睡状态的自然人类学的物理本性和生物本性因为人质意识的**无限制激发**而不断地觉醒，将适应存在的本能无限地放大为丛林法则。在这样的丛林法则支配下，人相互竞争虽然可以"杀敌一千"，也要面临"自损八百"的代价，解决这种得不偿失的存在状况的理智方式和理性做法，就是**互设边界**和**自为约束**，这种互设边界和自为约束的抽象准则，就是善。

由于人性之于自然人类学和文化人类学的二重性引发对善的需要，必然将何以形成善以及怎样实现善的问题凸显出来。解决这一双重问题必然要围绕释放人性的边界和限度而展开，其直接的目的是通过有限度的竞斗而实现**共生存在**，具体地讲，就是人与人"在一起"共同经营生与活，所以，善成为人与人"在一起"经营生与活的方式、准则和依据。

基于人与人能"在一起"经营生与活之实际目的，使善得以形成和实现既有个体方式，也有群化的社会方式。就前者言，就是**行为公正**；仅后者论，就是**结构正义**。行为公正，讲利益谋取、**权责对等**；结构正义，讲政体选择、制度确立、法律构建贯穿**民权博弈公权**。从个人到社会，以及从社会到个人，行为公正和结构正义的会通与合生，就是**善的实现**的综合方式。

**善的心灵论** 人性问题，始终客观存在。并且，人性既是一个原发性的**实然存在**问题，也是一个继发性的**应然生存**问题，最终还要成为一个可以实现的**必然存在**问题。人性从实然存在中生发出应然生存的需求并最终求得真正的解决而成为一个必然存在的善意、善良、善美状态，既要通过人的群化缔结的社会来推动，更要通过人的自我提升来实现；并且后者才构成前者的原发机制和原生动力。

这个由个人推动社会从实然存在的物理本性和生物本性的野性膨胀向必然存在的善意、善良、善美方向实现的根本的主体来源，却是**人的心灵**。

心灵是天赋所成。天赋的心灵是造物主赋予生命以**原发生性**的灵动机制，它的原发形态呈混沌状态，一旦经历人文的沐浴，其混沌状态就会向上、下扩张、沉降：向上扩张，就形成**心智**；向下沉降，就形成心灵。心智是心灵的扩张状态，心灵是心智的内潜形态。心智由心商、情商和智商三者构成；心灵构成的基本因素却是自由意志、灵魂、生命激情。天赋的自由意志接受灵魂的主导向上敞开，生成生命激情，生命激情成为心灵向上的直接推动力，激发心智活动的展开。在这一复杂的主体性生成结构中，心灵作为善的来源和依据，实际地指向灵魂构成善的指南，自由意志构成善的原动力，生命激情构成善的滋养方式。心灵向外生成善，首先需要心商的发力，因为心商主意志；其次需要情商的运作，因为情商主动力；其三需要智商的领航，因为智商主理性。所以，心灵作为善的来源和依据的完整表述，是以自由意志、灵魂、生命激情为基本内容的心灵和其扩张形态的心商、情商、智商的共同发力与滋养。

关于心灵的探究，形成三种观念和说法：意志自由论、决定论和相融论。首先是意志自由论，主要以康德为代表。他认为心灵的构成即**意志自由**，意志自由是人的心灵的内在依据，也是人作为主体的自我立法者，是理性为人立法的主体依据。意志自由之所以构成善的来源和依据，是意志自由通过心灵指向伦理和道德，生成**善良意志**。善良意志成为康德的"道德的最高原则"，这是因为"在世界之中，一般地，甚至在世界之外，除了善良意志，不可能设想一个无条件善的东西"①。其次是决定论，主要以斯宾诺莎为代表。斯宾诺莎认为："在心灵中没有绝对的或自由的意志，而心灵之所以有这个意愿或那个意愿乃是被一个原因所决定，而这个原因又为另一个原因所决定，而这个原因又同样为别的原因所决定，如此递进，以致无穷。"② 最后是相融说，认为意志自由说与决定论说之于心灵并不矛盾，意志自由揭示心灵的内在来源，因果决定论揭示心灵的外在来源。但二者如何相融又怎样共生发力，却没有得到解决。其实，心灵作为善的来源和依据，是**整体性生成**的，自由意志向外启动心智的功能，需要灵魂的导航，同时要启动生命激情发挥其滋养功能和动力功能。没有灵魂的导航，自由意志会沦为野性和散漫；没有生命激情为内生动力和原发机制，自由意志会丧失向外的促生力量。当心灵向外生成善，需要心商滋养其意志的强力，也需要情商输送情感的动力，更需要

---

① ［德］康德：《道德形而上学原理》，苗力田译，上海人民出版社2017年版，第8页。
② ［荷兰］斯宾诺莎：《伦理学》，贺麟译，商务印书馆1983年版，第87页。

智商提供理性导向。

**善的神正论** 客观地讲，人性构成善的生成的土壤，心灵构成善的生成的主体条件，造物主对人的存在期待、希望和爱，构成善的终极来源和依据，或可说人间之善得以产生的最后原因只能是造物主。

从现象言，人的存在之诉求善，是基于相近的人性而解决利害以谋求人与人生活"在一起"所做出的**明智**选择，它体现存在敞开生存的理性法则。但本质上如斯宾诺莎所言乃是基于上帝的旨意。上帝是真理和善的根源，人们应该通过信仰上帝来寻求真理和善的正确行为方式。关于上帝是善的根源和依据，在古希腊是一种普遍的观念。古希腊哲人秉持"神就是善"的理念来审视人间存在和伦理构建问题。在古希腊人的认知世界里，神即虔敬、敬仰和追求，也是形塑灵魂的自身方式。这种以神为最终依据和准则来形塑灵魂的理念，引发人们诉求最高的神。古希腊人所言的最高的神，其实是指最高存在之宇宙法则，或曰宇宙理性。米利都学派将灵魂视为构成世界的本质，苏格拉底则认为作为构成世界本质的灵魂，需要神的形塑才可成为善。在苏格拉底看来，宇宙自然万物生命都是从神那里获得灵魂的形塑而朝向善的存在，因为"神明具有这样的能力和这样的性情，能够同时看到一切事情，同时听到一切的事情，同时存在于各处，而且关怀万有"①。苏格拉底指出，人们不仅应期待看到神的形象，更应该看到神对世界的作为而以敬畏和尊崇神为满足："那位空无所有和维系着整个宇宙的神（一切美好善良的东西都在这个宇宙里头），他使宇宙永远保持完整无损，纯洁无疵，永无衰老，适于为人类服务，宇宙服从着神比思想还快，而且毫无误失。这位神本身是由于他的伟大作为而显示出来的，但管理宇宙的形象却是我们看不到的。"② 柏拉图在《斐利布篇》（*Philebus*）中认为，善在本性上不同于任何别的东西，在其中，具有了善的存在物总是而且在一切方面都有最完满的能力，它永远不需要任何别的东西。这是因为存在世界既是变化着的现象存在的世界，也是始终不变的本体存在的世界，而始终不变的本体存在的世界才真正构成变化着的现象存在的世界的原因，所以，凡是变化的东西必然是由于某种原因才发生变

---

① ［古希腊］色诺芬：《回忆苏格拉底》，吴永泉译，商务印书馆1984年版，第157页。
② ［古希腊］色诺芬：《回忆苏格拉底》，吴永泉译，商务印书馆1984年版，第32页。

化，因为如果没有原因，就没有什么东西会变化。在柏拉图看来，这个构成一切变化的最终的原因，却是神。而"神就是善的事物的原因"的方式表达了善最终来源于造物主。由于善以造物主为最终之因，造物主形塑了善，所以善本身在任何方式下都不带有任何嫉妒，所以，神愿意使得这个世界和它最相似。

### 3. 善的条件与要求

善虽然根源于人性、心灵和神的期待与希望，但人性、心灵和神的期待与希望，无论作为来源还是作为依据都必须通过人来发挥作用，而且只能对人予以**主体间性**的形塑，才可使之生成善本身。由此，人性、心灵、神的期待与希望此三者合力形塑善的主体所形成的基本方向和态势，构成善之生成的条件要求，它主要由善良的意志与自由、善意的明智和理性、善美的情感和思想三个基本因素构成。

**善良的意志与自由** "善良意志"概念由康德提出，意指在行动中不受任何外在诱因的影响，而是完全出于道德法则本身的内在约束而行动。这种内在约束是基于理性和意志自由的道德规律。康德认为，只有出于"善良意志"的行动才是真正道德的行动，而不是出于外在因素的诱导和驱动。①"善良意志，并不因它所促成的事物而善，并不因它期望的事物而善，也不因它善于达到预定的目标而善，而仅是由于**意愿而善**，它是**自在的善**。并且，就它自身来看，它自为地就是无比高贵。任何为了满足一种爱好而产生的东西，甚至所有爱好的总和，都不能望其项背。"②（引文为笔者加粗）

康德的善良意志源于它的意志自由，是其意志自由的伦理化。康德的意志自由，是他的"理性为人立法"之"法"。康德在其《未来形而上学导论》中明确指出"自然界的最高法则必然在我们心中，即在我们的理智中"③，在我们心中和理智之中的那个"最高法则"，就是意志自由。这个为人所确立起来的最高法则之意志自由指向人的伦理存在，就成为人间伦理的最高法则，

---

① ［德］康德：《道德形而上学原理》，苗力田译，上海人民出版社 2017 年版，第 7 页。
② ［德］康德：《道德形而上学原理》，苗力田译，上海人民出版社 2017 年版，第 7 页。
③ 北京大学哲学哲学系外国哲学史教研室编译：《西方哲学原著选读》下册，商务印书馆 1981 年版，第 286 页。

**善恶的病理问题**

即善良意志。"善良意志"是"意志自由"的伦理表达,它有资格构成"一个无条件的善的东西"①,而作为"无条件的善意味着在各个方面以及所有可能的情境中都是善的"②。康德关于善良意志是"一个无条件的善的东西",不是相对"善良意志"自身的无条件,因为善良意志源于意志自由:意志自由是理性为人立法的法则,它涵摄人的存在的所有方面,源发于意志自由的善良意志只是对人的伦理存在的立法,而构成个人"道德的最高原则",并且,康德对个人所必须持守的"道德的最高原则"的探究,也是实实在在地经由从意志自由中派生出来的"善良意志"概念的设定和分析而展开的。所以,善良意志作为"一个无条件的善的东西"是相对人谋求伦理存在的所有因素和关联条件而言,相对自身而言,善良意志是有条件的,这个条件就是滋生出它的理性之"意志自由"法则。

康德对善良意志予以两个方面的规定,首先规定善良意志相对所指涉的伦理世界是"无条件善的东西":"在世界之中,一般地,甚至在世界之外,除了善良意志,不可能设想一个无条件善的东西。"③ 其次规定善良意志"**仅是由于意愿**而善,它是自在的善"。前者规定了善良意志构成伦理法则,是人间"道德的最高原则";后者规定了善良意志的性质:善良意志是**意愿性质**的意志,即在意愿上趋于善和趋向善的意志,并且在意愿的意义上,善良意志作为一种"无条件的善的东西",才是"自在的善":"善良意志,并不因它所促成的事物而善,并不因它期望的事物而善,也不因它善于达到预定的目标而善,而仅是由于意愿而善,它是自在的善。"④ 意愿,具有情感的倾向性,但属于心灵的范畴,相对外部的存在世界言,它是想望性质的。源发于心灵并为情感激励的善良意志,它的想望性质决定了它向外释放能够发挥出来的功能**不是必然的**,而只是或然性的。具体而言,善良意志在"促成事物而善"方面,无论从动机言,还是从"达到预定的目标"言,都始终呈**或然**取向。所以,善良意志只是**自在**于心灵和情感的善良意志,能否结成实际的伦理存在的善良

---

① [德]康德:《道德形而上学原理》,苗力田译,上海人民出版社2017年版,第6页。
② Henry, E. Allison, *Kant's Theory of Freedom*, London: Cambridge University Press, 1990, p. 107.
③ [德]康德:《道德形而上学原理》,苗力田译,上海人民出版社2017年版,第6页。
④ [德]康德:《道德形而上学原理》,苗力田译,上海人民出版社2017年版,第9页。

之果，还要看它向外释放与其外部条件的吻合程度。

康德从意志自由推衍出善良意志，突出了人的主体存在，只有当先天的意志自由能演绎出善良意志，且由意志自由演绎出来的善良意志能贯穿伦理存在和个人生活时，人才可真正替代上帝而成为存在主体。康德对善良意志对人的伦理存在和道德世界的"无条件的善"的规定和对善良意志的"意愿"性质的规定，意在强调实际的伦理存在和个人的道德生活必须有善良意志；没有善良意志，根本不可能有实际的伦理存在和个人的道德生活，所以，善良意志构成人的伦理存在和道德生活的必要的主体条件。具备了善良意志，并以善良意志为准则，并不一定能实现善，即善良意志向外敞开自我实现的或然性源于两个方面的限制：一是善良意志可以引发善良的行为，但并不能保证实施行为而对手段、方式、方法的选择以及所选择出来的手段、方式、方法一定是善的，更不能保证其行为的结果一定是善良的。因为一个善良的意愿向外释放启动行为、选择手段并达于结果，这一全过程却需要动机应当、手段正当和结果正义，只有此三者达于统一时，才可说它是善的。二是善良意志启动行为，需要许多条件的配合，这些配合善良意志展开行为的条件，既是激励取向的，也是约束性质的。其中最为根本的方面就是作为意愿性质的"自在的善"的善良意志在其意愿意义上，它是完全的自由、是完全自由的"自在的善"，但当善良意志启动行为向外释放其意愿性努力时，其作为"自在的善"的自由，必须遭遇相应的约束而不能成为完全的自由，它只能成**为以约束为前提**的自由，即只有当善良意志向外释放形成一种以约束为前提的自由时，它才成为真实的善良意志而贯穿人的行为始终并结出最终的善果。反之，当善良意志以其意愿化的自在为准则指导行为诉求无约束的自由，其无约束的自由最终将善良意志毁坏于行为之中，所结出的果最有可能不是善果，而是恶果。因为行为的和结果的善**根本不同于**意愿的善，意愿的善可以是自在的或者说是无约束的自由的善，因为它只涉及它自身；但行为的和结果的善，必须是以约束为前提的善，因为它必须从内在的自身指向关联的他者，所以它只能是相对的自由的善。因而，在行为及诉求的结果的意义上，善良意志必须以以约束为前提的自由为依据和准则。只有在这样的框架下，善良意志与自由才可达成自身的统一而发挥必然的伦理功能和道德原则的作用。

## 善恶的病理问题

**善意的明智和理性** 善不仅与善良意志和以约束为前提的自由有关,并且必须以善良意志和以约束为前提的自由合生为基本条件,更要具备善意的明智和理性。善意的明智和理性的合生,构成善成为自身的第二个基本条件。

理性,是一种思维－认知方式,也是一种思想品质,由于它认为人之成为人具有普遍性,所以被上升为一种法则。作为一种思维－认知方式,理性是对感觉和经验的**意识地提升**的成果,它伴随古希腊早期的自然哲学而产生。早期的自然哲学发问世界的本原、宇宙的生成和世界的本质,就是理性这一思维－认知方式的最初形态学呈现。后经历爱利亚学派的打磨而尽可能消解感性色彩的经验成分,呈现观念理性的全新方式;苏格拉底从以关注自然为中心转向以关注人的世界为主题,实际上是对观念理性的思维－认知方式予以再形塑,使之成为一种思想品质和法则,即寻求能够解释世界的普遍定义。"苏格拉底正忙着谈论伦理问题,他遗忘了作一整体的自然世界,却想在伦理问题中求得普遍真理;他开始用心于为事物觅取定义。"① 在苏格拉底的认知世界中,寻求普遍定义的思维－认知方式就是理性;并且,被寻求到的普遍定义就是法则。在柏拉图的《斐多篇》中,苏格拉底批评阿那克萨戈拉时说道:"我还想到他向我详细说明了每件东西的原因和一切东西的原因之后,还得进一步向我说明什么对每件东西最好,什么对一切东西都好。"在苏格拉底看来,自然哲学家们阐发世界敞开的过程并不能对世界的一切事物的好坏进行说明,当然也不能够回答"何谓人?"以及"何谓良好的城邦生活?"等问题。苏格拉底认为这种不能透过现象而探究普遍法则的哲学方式是很危险的:"我想到了这种危险,如果我用眼睛盯着事物,或者试图用某种感官来把握它们,恐怕我的灵魂就会弄瞎。所以我想不如求助于心灵,在那里寻求存在的真理。"② 苏格拉底致力于寻求**有德生活**的普遍定义的真实努力,就是要用理性来认识人自己和由人组成的城邦,审查当下的城邦生活是否值得人们去过。苏格拉底提出"认识你自己"和"德性即知识"这样两个具有普遍指涉功能的心灵原则,就是对"什么样的生活才是良好的生活"采取一种反思的态度

---

① [古希腊]亚里士多德:《形而上学》,吴寿彭译,商务印书馆1959年版,第16页。
② 北京大学哲学系外国哲学史教研室编译:《西方哲学原著选读》上卷,商务印书馆1981年版,第63页。

和获取知识的方式来予以理性的回答。柏拉图沿着苏格拉底"德性即是知识"的方向前行，将善的根源归结到现象存在的可知世界之外的本体存在的理念世界，指出"但无论如何，我觉得在可知世界中最后看见的，而且是要花很大努力才能最后看见的东西，是善的理念。我们一旦看见了它，就必定得到这样的结论：它的确是一切正义的、美好的事物的原因，它在可见世界里产生了光，是光的创造者，而它本身在可知世界里就是真理和理性的源泉。任何能在私人生活或公共生活中行事合乎理性的人，必定是看见了善的理念的"[①]。理性作为一种思维－认知方式被**前推**，将产生两个结果。一是将原本作为思维－认知方式的理性**向内地前推**，则形成一种思想品质：理性是一种思想品质。二是将原本作为思维－认知方式的理性**向外地前推**，则形成一种存在法则：理性是一种存在法则。柏拉图对苏格拉底的理性予以内外两个方面的前推，赋予了理性以绝对取向。用这种绝对取向的理性来**比附**善时，善就被视作独立于人而存在的客观知识，无形中形成善与人的分离取向，由此形成**善的理性主义**。

善的理性主义在柏拉图那里成型，后来遭遇亚里士多德融经验与理性于一体的认知方式的阻遏而未达向极端。但这种阻遏最终有限，近代理性主义和经验主义被启蒙哲学再度整合，当以解构本体论为前提条件时，善的理性主义必然地在康德那里达于极端。"理性，不但不足以指导意志对象和我们的要求，从某个角度来看，它甚至增加了这种要求。那与生俱来的自然本能，反倒可以更有把握地达到这一目的。我们终究被赋予了理性，作为实践能力，亦即作为一种能够给予意志以影响的能力，所以它的真正使命，**并不是去产生完成其他意图的工具，而是去产生在其自身就是善良的意志**。对这样的意志来说，理性是绝对必需的，如若自然在分配它的能力时，往往不是与所做的事情相一致的话。这种意志虽然不是唯一的善，完全的善，却定然是最高的善，它是一切其余东西的条件，甚至是对幸福要求的条件。"[②]（引文为笔者加粗）柏拉图的"理念"之善是本体论的，理性作为法则，是对存在世界的本体存在的张扬，它具有纯粹的客观性，因而，其本体意义的理念所规定

---

[①] ［古希腊］柏拉图：《理想国》，张俊译，民主与建设出版社2020年版，第213页。
[②] ［德］康德：《道德形而上学原理》，苗力田译，上海人民出版社2017年版，第8—9页。

的善是可以脱离人和人人存在而客观存在的善，或可说是先于人和人的存在的善，因为它是本体存在的理念对人的世界之善的直译。康德的理性之善，或者说无条件的善良意志之善是认识论的，理性作为法则，是对人如何与"自在之物"相分离而存在的立法，更具体地讲，是人如何可以完全地摆脱上帝并使自己获得上帝之能的存在立法，而其"无条件善的东西"（即"善良意志"）就是其如此内涵的存在立法的法则向人的世界之善的直译。因而，康德的善的理性主义构成与柏拉图相反方向的极端，即绝对主体化的理性可完全脱离客观的存在世界（即"自在之物"）和神圣的造物主的创化而存在。如果说柏拉图的客观主义的善的理性达于极端时容易忽视人的存在，并可能滑向神学专制；那么，康德的主体主义的善的理性则最为容易地滑向威权主义泥潭，形成**人对人**的专制。

善的理性要避免这两种可能性的极端，则需要一种既从人出发又必须正视存在本身的明智，这种明智必须取向**不可逆**的善，是**善意的明智**。这种善意的明智是指主体化的意志接受理性的约束而产生自由，要求主体必须具备的基本条件就是明智。客观地看，意志接受理性的约束而达于自由，并不能直接完成，它需要一个中间性的环节，这是人的意志达于理性的必需桥梁，这个桥梁就是人的以善意为明确指向的明智的具备。

"明智"概念及其观念最早由亚里士多德提出，他认为由人缔造出来的城邦之所以应该成为最高的善业，是因为人们缔造城邦是要成为使居于其中的人人能够过上"优良的生活"的平台。亚里士多德认为，在以善业为准则构建起来的城邦社会里，人与人能"在一起"过上"优良的生活"，必须解决过"优良的生活"的主体的资质问题。具体地讲，人要能够走到一起过"优良的生活"，必须学会知德和行德，前者即理智的德性；后者即伦理的德性。比较而言，人所必须具备的伦理的德性就是践履德性，即行德，或曰行为有德。人所必须具备的理智的德性，即知德，也就是苏格拉底所讲的通过认识自己来增长如何才可过上"优良的生活"的知识，这种如何使人过上"优良的生活"的知识的核心内容就是"明智"（φρόνιμος）。亚里士多德认为，明智是正确地理解善和诉求善的主体前提，因为如果不具备明智的意识和能力，"就算有某种善是述说着所有的善事物的，或者是一种分离的绝对的存在，它也显然是人无法实行和获得的善"①。所以，行德的前提是知德，知德的基本努力是探求知识修养心性以明智。这是亚里士多德在讨论理智德性（διανοητικής αρετής）时，将明智列入其中予以重点检讨的根本考虑。

何谓明智？

亚里士多德指出："明智是一种同善恶相关的、合乎逻各斯的、求真的实践品质。所以，我们把像伯利克里那样的人看作是明智的人，因为他们能分辨出那些自身就是善、就对于人类是善的事物。"② 明智不仅是一种合逻辑的求真的行德（践履德的）品质，而且是一种适度的方式和最好的方法，即"在适当的时间、适当的场合、对于适当的人、出于适当的原因、以适当的方式感受这些感情，就既是适度的又是最好的"③。善良意志是意愿性的和自在化的想望的自由，它向外释放达于行动并获得实际的善，则需要接受善意的明智的引导，才可使理性从纯粹状态进入实践状态，并获得**自我节度**的善。

**善美的情感和思想** 善的构成，不仅要求善良的意志接受以约束为前提的相对自由的引导，也要求善意的明智对理性予以践履的规训，更需要善美的情感和思想的互补。

人的情感的直接来源是其生物性质的情绪，是对生物本能的情绪的方向性释放。这个方向性释放的"方向"是那种具体的脱离其生物本能而朝向"人文"的方向。所以，情感是人以其人文因素对生物本能的情绪的陶冶所成。能够实际地陶冶人的生物本能性质的情绪的人文因素，当然包括认知得来的知识，但更主要的是经验。经验的形成和不断积累本身是构成对生物本能性质的情绪的最好的也是最为综合的日常陶冶方式。经验的生成与运用，不仅要接受趋利避害的引导，也要接受权责原理的规范，更要承受生命的领悟和觉解。所以，经验既是理性的，更是情感的；既可能呈善的朝向，也可能呈恶的取向，还可能呈美的倾向。以经验为基础，以趋利避害为起搏器，以认知为导向的情感，要避免滑向恶的泥潭而获得善美的朝向，则必需**思想**

---

① ［古希腊］亚里士多德：《尼各马可伦理学》，廖申白译注，商务印书馆2017年版，第15页。
② ［古希腊］亚里士多德：《尼各马可伦理学》，第127页。
③ ［古希腊］亚里士多德：《尼各马可伦理学》，第49页。

的参与。

思想，即对存在认知所生成的具有普遍定义及普遍指涉功能的认知成果，这一认知成果的本质内涵是真理，却要借助知识来呈现。具有普遍定义和普遍指涉功能的思想，其生成的主体前提和基本要求，必须是理性。思想始终是理性的成果和知识形态。所以，思想与情感的关系，本质上是理性与情感的关系。善，不仅是意志与以约束为前提的自由（即理性）的合生，也应该是明智对理性的规训，更应该是理性与情感的互补。

### 4. 善的边界与解构

**善行的三步阶梯** 信仰向善生成，是信仰的下行。信仰向善生成的不可逆方向，是信仰者具备善的主体条件而行善。信仰者行善，乃是其信仰的上行。所以，信仰下行，是促成信仰者生成善的意识和行善的主体能力；信仰上行，是信仰者生活行善。信仰者生活行善，是沿着行道德、行美德进而达于行神（或曰圣）德。因而，道德、美德、神德（或曰圣德）三者铺垫起信仰上行的三步阶梯。

在善行的三步阶梯中，道德是基本的善，也是起步的善。作为起步的善，道德构成人成为人的标志，即道德是使人从生物的本能性存在中超拔出来成为人文存在者。生物的本能性存在，是指行为接受生物本能的冲动，缺乏应有的约束而利欲诉求没有限度和边界。人文存在，是指行为接受应有的约束，在利欲诉求上有限度和边界。行为有无自觉的约束的基本体现，就是其行为诉求的利欲有无限度和边界。行为诉求利欲有无限度和边界的实际表现，是行为诉求利欲能否实际地考虑与此行为相关的他者的利欲，考虑相关的他者，就是行为诉求利欲有限度和边界，形成有限度和边界的利欲诉求既满足自己的同时，也避免对与此行为相关的他者的伤害，或者在满足自己的利欲诉求的同时，也给予与此行为相关的他者的利益，所以，行为诉求利欲有限度和边界，最终的成果呈道德取向，是道德的；不考虑相关的他者，就是行为诉求利欲无限度和边界，形成无限度和无边界的利欲诉求虽满足了自己却同时造成了对与此行为相关的他者的伤害，所以，行为诉求利欲无限度和无边界，最终的成果呈反道德取向，是恶的。由此可知，道德作为起步的善，与恶相对：在道德这一阶梯上，善的对立面是恶；反之，恶的对立面是善。

道德不仅是起步的善，也是基本的善。作为基本的善，是指道德构成**人的底线**，并从三个方面得到规定。首先，体现在人性上，道德是对人性的尊重；反之，违背道德，体现对人性的伤害，即反人性。人性，是天赋相近的本性，这是人与人能够生活"在一起"的本原动力。道德作为对人性的尊重，就是讲道德、行道德，成为人自觉地走向他人、自愿与他人生活"在一起"；而违背道德的实质，就是反天赋"相近"的人性，任随利欲的鼓动而使人性"习相远"，即人因为利欲而意识地远离他人，与他人划出日益巨大的鸿沟。所以，违背道德，就是反人性。其次，体现在权责上，道德是对权责的尊重，即享有一份权利，就为此担当一份责任；反之，担当一份责任，就有资格去获得一份与此相对等的权利。而违背道德，就是对权责的反动。人对权责的反动呈现两种情况：第一种情况是只享受权利，不担当责任，或者是享受权利，并不担当与此权利对等的责任；第二种情况是只担当责任，不能享受到与此对等的权利，这即权利被剥夺，担当责任者本应该享有的权利被剥夺，这是权利侵犯的反道德，或者是只担当责任，却自愿主动地放弃权利，这属于超越道德的美德。最后，体现在利益上，先是对合法期待与道德应得的尊重。道德，既是期待的，也是实现的。合言之，道德是合法期待的实现。在期待的环节，道德所期待的利益必须是合法的，这里的"合法"之法，当然指法律，但主要是指法则，即自然法则、人性法则、权责法则、公私法则等。道德层面的合法期待的合法，主要指利益期待必须合自然法则、合人性法则、合权责法则和合公私法则。反之，违背合法期待的利益诉求，都是对合法期待的违背，这种违背呈反道德性质。合法期待指向行为而达成的合于道德的结果，只能是道德应得的自由。道德应得的自由，只能是相对的自由，即自觉地以约束为前提的自由，是有明确的限度和实际的边界的自由。正相反，缺乏约束的自由，呈无限度、无边界取向，这种取向的自由带来的实际结果是不尊重他者的自由并侵犯他者的自由，所以，违背道德应得的自由，是反道德的。

从道德起步上行，就是行美德。美德是对道德的卓越，它促发人把自己成就为大人，其基本的行为方式是无私奉献和自我牺牲。相对而言，无私奉献指只讲付出而不求获得，实际体现的是付出之后放弃获得。所以，无私奉献是美德的基本方式。从利益角度言，无私奉献行为是舍弃**将得**的合法利益去帮助他者（他人、他物、社会或环境）。与此不同，自我牺牲是舍弃**已得**的合法利益去助益他者。所以，自我牺牲是美德的高蹈形式。合言之，美德作为对道德的卓越，它是超越责任和权利的对等而行义务，没有功利目的，是舍利执爱性质的。与必须有限度和有明确边界要求的道德相比，美德没有限度和边界要求，只要你愿意，可以在任何时候向任何对象行美德，因而，美德没有对立面，即美德只是善，没有恶。并且，与道德相比，美德是**高级的善**。

从道德起步迈向美德的阶梯，其不可逆方向是神德（或曰圣德）。何谓神德？神德即**至善**之德。从造物主角度讲，神德就是圣德，即全知全能全善之德。从人的世俗生活向上行善的阶梯言，孔子曾对此做出准确的概括：作为基本的善的道德，是"己所不欲，勿施于人"[1]；作为高级的善的美德，是"己欲立而立人，己欲达而达人"[2]；作为通向神界的神德，却是"博施于民，而能济众"[3]。

综上，道德作为基本的善是有边界和限度的，因为它有其对立面——恶。作为高级的善的美德，它位于道德之上，没有限度和边界，所以没有"恶"的对立面，是超越"恶"之善。但相对神德言，美德呈现出来的无限度和无边界倾向，是相对人的世界而言；作为至善的神德，也是无限度和无边界的，但这种无限度性和无边界性是指可以**从人界通向神界**，使原本卑微和渺小的人获得**神性的存在**，并在精神和灵魂上达于与神同在的永恒。

**善恶的边界及解构**　在由道德、美德、神德构筑起来的善的阶梯上，美德和神德都没有限度和边界，因而，美德和神德对人都没有约束，而只有激发和激励，即美德和神德是激发和激励人性的潜能行善。美德和圣德的无限度性和无边界性，源于美德和神德都是付出取向的德，凡是以付出为取向的德，都是舍己或损己为他的，所以不需要约束，而是需要解除约束来行无限之善。只有作为基本的善的道德才须要约束，才要求必须有限度和边界，这

---

[1] 钱穆：《论语新解》，生活·读书·新知三联书店 2012 年版 2016 年第 25 次印刷，第 372 页。
[2] 钱穆：《论语新解》，第 149 页。
[3] 钱穆：《论语新解》，第 149 页。

是因为道德是**求利**的。道德讲付出，但同时要讲获得、讲付出与获得的对等，这种对等抽象为权利与责任对等。因而，道德有善恶：付出多而被迫获得少，或者付出被剥夺获得，都是反道德、都是恶。

由于道德有约束要求，其行为表现有限度和边界，解构道德的限度和边界也就变得可能。由此，善遭遇解构也会成为不可避免之事。

客观地看，道德的限度和边界被解构，也就是对善恶的边界的解构。解构善恶的边界的基本形态有三种：一是只讲权利而不讲责任，或者只获得而不付出，这是解构善恶边界的第一种形态；二是强行责任而剥夺权利，或强迫付出而不准获得，这是解构善恶边界的第二种形态；三是通过社会运行机制，使责任大于权利、使获得少于付出，这是解构善恶边界的第三种形态。

解构善恶边界的社会机制是多种多样的，但根本的方式有三种。

解构善恶边界的第一种方式，是**威权主义**。威权主义有广义与狭义之分。狭义的威权主义由公权力滋生出来。公权力滋生威权主义的必需前提是公权力沉沦为**无限绝对权力**。当公权力获得无限绝对的品质而可在行为上释放其无限绝对的功能时，威权主义必然产生。以无限绝对的公权力为主导的威权主义，可以在任何领域、任何情景、任何利益面前对自己只讲权利而不讲责任、对别人只要责任而不准权利。所以，以无限绝对的公权力为主导的威权主义，是最基本、最普遍、最无边界和限度地解构善恶边界的方式。而且，威权主义可以调动任何社会资源，尤其包括武装的暴力和语言的暴力来对善恶边界行解构之能。威权主义解构人间善恶的根本方式有两种，一种是威权主义的制度和法律；另一种是威权主义的政策。前者是相对稳定的解构善恶边界的社会方式，后者是灵活多变的解构善恶边界的社会方式。广义的威权主义，除了无限绝对的公权力外，还有其他社会权力，比如财富、资源、知识、科学、技术、传统等都可构成无限绝对权力。具体地讲，在无限绝对的公权力主导下的社会，其财富权力、资源权力、知识权力、科学权力、技术权力、教育权力、文化权力、传统权力等获得成就了无限绝对权力的可能性，并因此可在所有的领域或局域的领域成为解构善恶边界的实际力量。

解构善恶边界的第二种方式，是**唯物质主义**。所谓唯物质主义，就是将物质作为社会和个人的最高追求、最终目的，并且一切均以物质为依据、以物质为准则。唯物质主义的社会准则是唯经济主义，或者唯经济发展观及唯各种各样的量化指标论。唯物质主义的个人准则，是金钱至上和财富至上。

唯物质主义解构善恶的边界，就是从唯经济主义、唯经济发展的社会维度和唯金钱至上、唯财富至上的个人维度发挥功能。无论是社会还是个人，一旦以物质为唯一目的、唯一依据和唯一准则，则必然催生出实利主义和势利主义的社会化和人人化，实利主义的行为准则是"只讲不目的，不讲手段"和"为达目的，不择手段"，善恶边界必然在这种"只讲目的，不讲手段"和"为达目的，不择手段"的无限度、无边界的求利冲动中被解构。势利主义的行为准则是"有奶就是娘"，这是比"只讲目的，不讲手段"和"为达目的，不择手段"更为恶劣、更为锋利的解构善恶边界的利刃。

解构善恶边界的第三种方式，是**观念主义**。观念，就其本身言，是对具体的事物或存在本身的认知，但这种认知尚仅停留于未达思想之域的浅表的和呈主观性倾向的状态，它更多地接近意见而相对地远离思想。对如此性质的观念予以主义化的定格而形成观念主义，要借助威权才可实现。所以，观念主义是指利用威权将某种主观倾向性极强的接近于意见的观念甚至比意见更低劣的观念打造成普遍的、无所不包的和无所不能的观念的威权，所以，观念主义就是**观念的威权**。将观念打造成观念的威权，通常的方式是对社会暴力的综合运用。客观地讲，社会暴力的主要形式包括武装的暴力、制度的暴力和语言的暴力。对观念予以威权化铸造的基本方式是通过对武装的暴力、制度的暴力和语言的暴力的综合运用来形塑意见倾向的观念，使之获得普遍化和无孔不入的功能。

观念主义就是通过暴力的武装而使之成为观念的威权。观念的威权解构善恶边界具有无所不能的功能，这主要源于四个方面的合力激发。第一，观念的威权是以社会机制的方式运作，并以暴力体系为动力和保障机制。第二，观念的威权是对观念予以**黑白颠倒**的方式来混乱认知，混淆真假、善恶、美丑、义利的界线，解构客观理性和判断，最终泯灭良知，昧黑良心，使人的良心堕入黑暗的深渊。第三，观念的威权制造观念的威权的逻辑就是不讲逻辑和反逻辑，并以此来解构人的概念能力、反思能力和推理能力，当人的概念能力、反思能力和推理能力被解构，善恶边界的解构则成为自然之事。第四，观念的威权得以确立的前提是消灭思想，使思想沦为瘫痪状态。思想的瘫痪成为观念的威权得以社会化确立的前提，也是观念的威权无所不能的保障，"思想风暴的表征不是知识，而是分别善恶、辨识美丑的那种能力。而这在那罕见的危及时刻的确可能阻止灾难"①。

## 二 信仰的病理学

信仰上行铺开不可逆的阶梯是道德→美德→神德（或圣德），但铺就信仰上行阶梯的起点是基本的善，即道德。道德是信仰上行阶梯的第一块基石，但由于道德本身的求利取向决定了它必须求自行约束的限度和边界，但这种自行约束的限度和边界因为人性的利欲冲动和利益的匮乏意识而潜伏着解构善恶边界的可能性。这种可能性一旦遭遇唯物质主义、观念的威权和威权主义，则往往成为现实。由此，信仰的病理学问题必然产生。

所谓病理学（pathology），是指研究疾病发生**机制**及病理**变化**的科学。病理学的研究对象是疾病，疾病是健康的**异态**，健康是疾病的**常态**。病理学和临床医学具有同一研究对象，都是研究人的健康问题。所不同的是，病理学研究健康的人如何滑向疾病；临床医学研究疾病的人如何恢复健康。所以，临床医学的重心是探究**治疗**之方，属操作实践论的人体生物科学；病理学的重心是探究健康疾病化的根源和规律，即探究**病理**，属于认识论的人体生物科学。

人体，在自然人类学状态中属于纯粹的物理学和生物学范畴；只有当人从自然人类学进入文化人类学，其动物存在上升为人文存在的努力过程中才产生人体的精神问题，人的物理学和生物学的身体同时也成为精神学的身体。不仅如此，人从自然人类学走向文化人类学不停顿地前行的过程，其**人体精神学**问题亦日趋广泛、严重和根本。在过去，人体精神学问题被现代心理学接管。但现代心理学只关注人的精神浮游的上半截，即意识和无意识的问题，却忽视人的精神潜沉的下半截，即心灵和信仰的问题。人体生命是一个整体，其意识和无意识层面出现的所有问题都根源于心灵和信仰。探讨心灵和信仰

---

① ［美］汉娜·阿伦特：《反抗"平庸之恶"》，杰罗姆·科恩编，陈联营译，上海人民出版社2014年版，第188页。

## 善恶的病理问题

的异态及根源与规律的学问,就是**信仰的病理学**。信仰的病理学专门探讨信仰之善如何被解构而沦为失信仰或无信仰之恶的存在根源和生存规律。

### 1. 信仰的病理根源

信仰的病理学以信仰的病理现象为研究对象,具体地讲,是以**恶**为研究对象。信仰的病理学的基本任务,是研究信仰之善如何滑向恶的存在论根源和生存论规律。本节讨论信仰之善堕落为恶的病理根源,下节讨论信仰之善堕落为恶的病理规律。

信仰之善向恶方向沉沦,自有其存在论的根源,包括心灵蒙昧、灵魂丢失和人不存在。

**心灵蒙昧** 信仰,就其实质言,是人与造物主的签约。其签约的内容是期待、希望和爱。造物主持有如此内容的信仰下行,将期待、希望和爱赐予人,人接受和悦纳造物主恩赐的信仰上行,将期待、希望和爱变成必须如此存在的方式和只能如此生活的行动。因而,造物主赐予期待、希望和爱,人接受和悦纳造物主赐予的期待、希望和爱,是要通过心灵这个中介来完成。只有当造物主赐予的期待、希望和爱进入人的心灵,获得心灵的接受和悦纳,人才以造物主赐予的期待、希望和爱为信仰,向上前行地生活和存在。以此来看,人能否有信仰,并不取决于造物主,因为造物主是面向宇宙和自然、面向整个存在世界和万物生命,是同等相待。在造物主面前,众生平等。在众生平等的存在世界里,人能否有信仰,取决于人的心灵明亮还是蒙昧。心灵明亮,人必然悦纳造物主之期待、希望和爱;心灵蒙昧,人必然拒斥对造物主之期待、希望和爱的悦纳。仅后者观,心灵蒙昧有以下三种情况。

第一种情况是**无知地存在**。人的无知的存在状况,必然形成心灵蒙昧。在本原意义上,心灵蒙昧是指心灵没有得到开启,它仍然处于纯粹的自然人类学的混沌状态,这种状态被路德(Martin Luther, 1483 – 1546)在其《论人的奴役》中表述为"人的心灵如同一块完全被一层乌云笼罩的镜子,以至于没有一丝光芒可以从其中透出来"[①]。人的心灵未得到文化人类学的开启而继续处于自然人类学状态,自然会被罪恶蒙昧,如同伊甸园中的亚当、夏娃被

---

① Luther, M., *The Bondage of the Will*, New York: Fleming H. Revell Company, 1957, p. 91.

蛇诱惑那样，我们的心灵完全蒙昧、瞎眼、无知，以致不仅完全不能认识神，也不能认识自己，或者说，甚至连一点点认识都没有。

第二种情况是错误的认知或认知向生物学方向返祖。人从自然人类学走出来朝文化人类学方向持续进化的过程，曾经得到开启的心灵却因为认知的错误而形成倒退或停止。托马斯·钦斯（Thomas Chalmers，1780－1847）指出，我们大多数人的困境在于，我们的思想并没有在神的认识上停留，而是在虚无和魔鬼的思想上停留。错误的认知往往会将人引向对造物主缺乏认识和理解的蒙昧状态，这种蒙昧状态在精神上和道德上都会导致人类的错误和罪恶。如约翰·加尔文（Jean Calvin，1509－1564）所指出的那样："没有认识上帝，没有认识自己，没有认识这个世界，这就是我们所说的'心灵蒙昧'。"① 一个人没有认识上帝，自然就没有认识自己，也不可能认识这个世界，而当这一切都没有认识时，心灵自然处于蒙昧的状态。

第三种情况是心灵得到文化人类学的开启，又伴随自然人类学向文化人类学方向前行的认识，但其认知特别有限，其认知往往停留于存在的表面和生存的具体，不能达于存在的本体及生存的整体，这种状况同样导致心灵蒙昧。康德认为"心灵蒙昧"根源于人类无法"理解世界本质的本质限制"，导致人类本身缺乏理解世界存在的本体和生存的整体的能力。人类的理性之所以存在局限，并不在于其构成所具备的规则之中有一些规则是我们不知道的，而是因为它的本质决定了我们的理性必须无休止地寻找原因，但这个寻找原因的过程永远无法完成。② 海德格尔认为人的"心灵蒙昧"更源于人对世界存在的本质缺乏了解，这种存在状况的出现，不仅在于人的存在和世界的存在不能被了解，更在于人们缺乏了解人的存在和世界存在的兴趣与热忱，形成人的存在被"世界的蒙昧"所包围，这意味着人的认知和理解永远不能完全把握世界的真相，常常被日常习惯和惯常的理解所束缚，无法看到存在的更本质的面貌。③ 尼采（Friedrich Wilhelm Nietzsche，1844－1900）却从另

---

① ［法］加尔文：《基督教要义》，香港：基督教文艺出版社 2006 年版，第 15 页。

② Immanuel Kant, *Critique of Pure Reason*, Translated by Norman Kemp Smith, 2nd edition, Palgrave Macmillan, 2007.

③ Heidegger, Martin, *Being and Time*, Translated by John Macquarrie and Edward Robinson, New York: Harper & Row, 1962.

## 善恶的病理问题

一个侧面切入,发现"心灵蒙昧"源于人类对于真理的寻求:人类寻求真理只是为了摆脱痛苦,但真理往往带来更多的痛苦。人要从根本上解决这种心灵蒙昧状态,应该超越传统道德和宗教的束缚,追求个人自由和自我超越。在尼采看来,道德和宗教的传统限制人的欲望和本性,使人们变得软弱和无能,无法发挥出真正的潜力。

**灵魂丢失** 灵魂是心灵的主体构成,心灵开启的实质是灵魂的生成并对心灵的主导。心灵蒙昧与否,取决于灵魂是否昧暗和灵魂是否存在。首先,灵魂的存在敞开正反两个方面特征,一是存在着的灵魂**自为**明亮,并向外释放清澈明丽的光辉,灵魂的如此状态构建起信仰下达与上行的桥梁。二是灵魂虽然还存在着,但它已经丧失自为的明亮,无法向外释放其清澈明丽的光辉,这种状况一旦形成自然给人以心灵黑暗。心灵黑暗带动存在的黑暗,生活没有方向,也没有希望,更无法生成爱。其次,灵魂的不存在呈现两种情况,一是本原性的,即当人处于纯粹的自然人类学状态,心灵无法生成。二是人从自然人类学向文化人类学方向前行而灵魂得到生成之后,却因为人类自身的原因使灵魂丢失,人再度沦落黑暗的渊谷,回返自然人类学状况,这就是人类的生物学返祖,灵魂丢失必然导致人的生物学返祖的发生。

灵魂丢失,是人类存在中最悲惨的精神状况。形成这种状况的根本因素有三。首先是神学方面的原因。一是人在自我提升的文化人类学进程中,不断地放大人的自我力量、知识和智慧,却怠慢或忽视了造物主的原创化力量和继创生功能,形成在携智慧前行的过程中有意识地远离上帝,心灵必然变得空虚而滋生孤独感和无望感,从而失去生命的真正意义。二是人类对自身存在本质和命运的理解出现偏差,当这种理解的偏差得不到矫正或消解而更加沉重时,就会堕入灵魂的迷失和孤独感之中,形成灵魂的自我丢失。三是源于人对造物主的本性和存在的理解有限。造物主是一切的出发点,也是一切正大光明的归藏之所,对造物主的本性和存在的理解越有限,人对自身本性和存在的理解亦越有限。这种双重的有限理解必然盲目地推动人追求短暂的欢愉和物质财富,无意地(甚至是有意地)忽略灵魂的存在并往往冷落灵魂的真正需要。这种持续的忽视和冷落最终导致灵魂的自发丢失。

其次是物质主义的狂热。尼采在《查拉图斯特拉如是说》和《道德的谱系》中反复指出，现代文明兴起的代价是传统宗教信仰的瓦解，这使得人们失去了对生命意义的探寻，最终导致人的灵魂丢失。克尔凯郭尔也持这种观点，认为现代人的"灵魂丢失"源于生命意义的缺乏，从而导致人在存在过程中失去了联系和方向感。客观地看，自近代兴起商业社会以来，人对物质的追逐而丧失生命意义并非被迫，而是人的主动。这种主动性的方式就是用物质主义来替代生命意义的追寻。当物质主义盛行并构成生活的目的和存在的归宿时，为物质、财富、金钱以及权力主动抛弃对灵魂的关注和灵魂的滋养几乎成为"共识"。普鲁斯特（Marcel Proust，1871-1822）在《追忆似水年华》中写道："现代人忽视了那些可以给生命带来深度、高度和内在质量的事物，他们的灵魂是空虚的。"[1] 在普鲁斯特看来，因为追求物质财富而忽视精神的根本性，灵魂丢失成为现代文明的必然，这使现代文明只有华丽的外表却内空无心。当精神和心灵被物质、财富、金钱和权力彻底腐蚀后，人也就丧失了人的存在自由和精神，人心之中能够保存和不断膨胀的东西，只能是隐藏待发的罪恶和黑暗。这是因为人们一旦热衷于物质、财富、金钱和权力，必然从根本上丧失对真理和价值的信仰、丧失对心灵的滋养和灵魂的呵护，这就是"上帝已经死了，我们杀了他，而且我们仍然在他的坟墓上跳舞"[2]。

最后是科技主义猖獗。近代以来，从商业社会向工业社会方向快速发展，**科技主义**日益成为主宰人类文明和人类命运的强暴力量。科学和技术的进步剥夺了人们对于传统宗教的信仰，同时也削弱了人与人之间的情感联系。斯特劳斯曼（José van Dijck）指出，科技社交媒体使人们产生了错觉，认为自己在世界上无所不知、无所不能，但是这个错觉导致了人们精神和情感上的疏远和隔离，以及对自身的错误评估。这种过度的技术信仰导致了一个重要的问题，那就是灵魂的丧失。[3] 泰勒（Charles Taylor）亦在《现代社会的灵魂》（*The Malaise of Modernity*）中指出："我们面对的最大问

---

[1] Proust, Marcel, *In Search of Lost Time*, Vintage, 1996, p. 219.
[2] Nietzsche, Friedrich, *Thus Spoke Zarathustra: A Book for All and None*, translated by Walter Kaufmann, Penguin Books, 1967, p. 127.
[3] José van Dijck, *The Culture of Connectivity: A Critical History of Social Media*, Oxford University Press, 2013.

题之一，就是现代社会对于我们的身份是如此不确定，以至于我们的'灵魂'受到威胁。"① 在"无限度的扩张"和"有组织的不负责任"的现代进程中，技术使人类陷入一种忘却本质的状态，灵魂也因此被忽略，人与人、人与社会、人与自然之间的存在链条断裂，人对自身存在的意义越来越迷失。

**人不存在**　心灵是信仰的桥梁，通过这座桥梁，人与造物主互为期待、希望和爱。当信仰的桥梁被拆除，人与造物主之间的互为期待、希望和爱必被迫中断，人坠落中断的深渊而不存在。

人不存在的内在标志，是灵魂丢失。如果说心灵是人与造物主之间的信仰的桥梁，那么灵魂则是心灵的定海神针。相对而言，灵魂的存在才最为根本。一方面，灵魂丢失，导致心灵蒙昧和昧暗，心灵一旦自为地蒙昧和昧暗，自然熄灭了人与造物主之间的信仰之光；另一方面，灵魂丢失，人既丧失其精神的内在支柱，也丧失其精神的本体内涵，由此丧失了生命的意义追寻和价值构建。人沦为纯粹的物，包括在不同的境遇里沦为权力之物、金钱之物、财富之物、物质之物，最终，人沦为实现物质、金钱、财富、权力的耗材。因为人的灵魂丢失，不仅丢失了对存在的直接体验，也丢失了生命存在的意义与价值。而且，因为灵魂丢失，人们逃避存在，这种逃避是由于存在被认为太过显然、太过普通和太过乏味。人逃避存在的形态学呈现是逃避自由；人逃避存在自由的本质表达，是忘却了人之成为人和人是人的记忆。记忆的沦丧，人最终成为物质、金钱、财富的工具和权力、野心的耗材。人们成为非人的工具，是自为于物质、金钱、财富的努力的结果；人成为非人的耗材，是受迫于权力和野心的任性的自由的处置的必然。

## 2. 信仰的病理方式

由于心灵蒙昧、灵魂丢失和人不存在，造物主与人之间构架起的期待、希望和爱的桥梁坍塌，信仰之善必沦为恶。信仰由善而恶的病理学方式有三种，即原教旨主义、邪教主义和实利主义。

**原教旨主义**　使信仰丧失自身之善而滑向恶的首要方式是原教旨主义

---

① Taylor, C., *The Ethics of Authenticity*, Harvard University Press, 1991, p. 27.

(fundamentalism)。原教旨主义既是一种主张返璞归真的教义，也是阐发这种返璞归真教义主张的思想体系，还是将这种教义及思想体系推向普遍实施的生活思潮。原教旨主义既可是一种极端的宗教信仰，也可是一种极端的政治或文化信仰。在宗教领域，原教旨主义者坚信某种特定的宗教教义是绝对真理，强调文字的原始性和字面解释，拒绝任何对教义的解释和修正，往往采取极端保守和绝对排他的态度。在政治和文化领域，原教旨主义强调维护某种传统价值观念和社会秩序，反对文明朝向现代和未来的多元化面向。

神学家们认为，原教旨主义通常指一种严格的宗教解释方式，它试图将信仰恢复到最初的状态，但同时以忽略历史、文化和语境等方面的变化和差异。英国神学家约翰·斯托特（John Stout）认为原教旨主义是一种狭隘的、自以为是的、离开了神学和历史传统的、只注重细节和形式的信仰，而不是真正的、深刻的和具体的信仰。加拿大哲学家查尔斯·泰勒（Charles Taylor）指出原教旨主义只是将宗教简化为一组形式规则和信仰形式，却有意地忽略宗教体验的核心意义和对信仰的根本性。从根本讲，信仰之为信仰，实因为宗教体验；信仰的生命化和深刻性，源于宗教体验促发人的存在进入"精神上的深度"，因为只有通过存在的宗教体验，才将日常化的存在与超越性以及无限性紧密联系，所以，存在论的宗教体验不能简化为规则和信仰形式。[1] 英国神学家尼格尔·戴格（N. T. Wright）认为原教旨主义的信仰常常忽视历史和文化背景对《圣经》理解的影响，也忽视教会传统和经验的贡献。美国神学家斯坦利·哈沃斯（Stanley Hauerwas）认为原教旨主义不仅忽视教会传统和体验对经验的贡献，更忽视教会的社会性质和使命。

原教旨主义仅停留对文字的字面解释并以其解释为教义规则，形成对信仰的根本危害是以宗教信仰作为武器用于攻击那些不同立场的人，将信仰变成一种绝对排他的暴力方式。美国神学家沃尔特·布鲁格曼（Walter Brueggemann）指出，原教旨主义者往往试图让人们相信，自己是唯一正确的信仰者，其他人则都是错误的、危险的，需要避免和排斥。[2] 原教旨主义的这种片面

---

[1] Charles Taylor, *A Secular Age*, Harvard University Press, 2007, p. 37.

[2] Brueggemann, W., *The Practice of Prophetic Imagination: Preaching an Emancipating Word*, Fortress Press, 2011.

的极端方式不仅割裂了信仰与现代世界之间的联系,更体现在排斥不同的信仰和思想的偏执严重地限制了人的自由和创造力。原教旨主义之所以构成"对信仰最严重的威胁",是因为它导致了人们无法承认和尊重不同信仰的存在。由于原教旨主义的影响,人们越来越难以接受与传统教义不符的新思想,这使得他们的信仰变得越来越脆弱和狭隘。因为,当把一种信仰限制在"原教旨主义"的框架内,必然会导致对其他信仰或文化的根本偏见,从而行排斥之能。弗兰克·伯克利(Frank Berkeley)指出,原教旨主义与以期待、希望和爱为主题的信仰根本违背,因为原教旨主义倾向于将信仰视为静态的和绝对的,但信本身却是动态的,总是不断地适应新的文化和社会情况。

**邪教主义** "邪教"一词有两层含义,一是指邪恶的宗教;二是以一种不可告人的目的把一种邪恶的意见、观念、主张上升为一种宗教,并将其极端化。

一是邪恶的宗教。邪教作为一种邪恶的宗教,通常指一种具有欺骗性和极端思想的宗教团体或组织。这些团体和组织往往声称拥有真理或神的指示,以诱惑和吸引追随者加入其阵营。与信仰之善的宗教比较,邪教有自身的特征。首先,邪教之所以产生,是因为信仰的解构,具体到个体身上,是心灵蒙昧和灵魂丢失,邪教才可乘虚而入。当信徒的内心缺失,心理上存在一种无法被满足的需要,邪教趁此为其提供一种虚假的精神满足来填补这种缺失。所以,邪教就是通过对信徒洗脑和思想控制的方式,来制造一种虚假的认同感和归属感。其次,邪教的信仰系统是建立在诸如天堂、救赎、成为神等虚幻理想之上的,这种虚幻和虚假的理想往往用来掩盖邪教的真实动机和目的。由此形成邪教的共性取向,是其教义与信仰之善的传统宗教、哲学或道德的基本原则和价值观完全相悖,这就是邪教的信仰和教义体现欺骗性和独裁性,甚至包括公开的虐待和剥削等行为。再次,邪教呈现自身的本质诉求有二:一是企图将人的自我意识和自由意志剥夺,以牺牲个体为代价去追求邪教的集体利益和目的;二是构建一个封闭的和与世隔绝的系统来"创造一种违反常规生活方式的共同体",并借助洗脑的方式来实现欺骗和独裁,使"其信徒必须服从领袖的意志"。最后,邪教的行为特征有三:一是对信徒的控制、对外部世界的隔离、对批评和质疑的敌视，以及对新成员的勾引和吸引；二是构建热衷威权式领导、极端排他性的信仰体系和对信徒行为与思想过程的高度控制；三是将信徒置于一种控制之下，使他们失去独立思考的能力，并将信徒的个人意志和需求置于集体之中。

二是比喻意义的邪恶宗教。以其不可告人的目的将某种反人性和反文明的意见、观念或反人性的主张上升为一种极端邪恶的宗教形式。这种意义的"邪教"是比喻意义的，它指某种被强制推行的虚假意见、反人性观念或主张获得了邪教性质，并发挥出甚至超越邪教的清洗人脑、控制思想和行为的功能。

一种具体的意见、主张或观念获得邪教的性质和功能，主要不是这种意见、主张或观念本身具有普遍的解释能力和普世的播散功能，而是基于某种强制力量的强力推销。一般来讲，将一种意见、主张或观念向社会予以强制推行的力量，往往是整体的社会强制力量。当这种整体的社会强制力量强推某种具体的意见、主张或观念时，最容易获得邪教的性质和功能，且其一定呈现反文明的取向，因为一切形式的人性的、体现普遍人权和文明的主张或观念，都不会停留于意见的层面，必然地上升为普遍的思想，成为普适的道理，获得普适的功能，并能自行播散于世而得到普遍的自觉认同，不会借助外部力量来强推。所以，凡是依赖于权力来强推的意见、主张或观念，要想获得普遍的指涉功能只能靠强制性的暴力来推动，并伴以谎言展开对人脑的清洗，方可跻身于普遍性。借助权力采取暴力和谎言的双重方式来将反人性、反人权、反文明的虚妄意见、主张或观念上升为普遍的真理，以强迫人们信从，或者在本质上人们根本不信从，但只因畏惧暴力的身体化而不得不服从。这种胁迫人们服从的唯一目的，就是实现个人的或少数人的根本利益，即使社会财富私有化。

**实利主义** 实利主义是一种人类精神现象和行为准则、行为方式，它产生于人类从自然人类学向文化人类学方向展开，并追随文化人类学的前行而发挥或大或小的自身功能。要言之，以自我利益最大化或自我损害最小化为准则，凡事追逐自我利益最大化或自我损害最小化的认知方式和行为方式，就是实利主义。实利主义的基本信条是：凡事有利而往和凡事无利而不往，不论其事对与不对、合法或非法、义或非义、当为或不当为，只要对自己有利，就"往"；如果无利，则无论怎样对或当为都会"不往"。基于这一基本信条，实利主义的行为准则是"只讲目的，不讲手段"，进而是"为达目的，不择手段"。实利主义的极端形式，是实利的势利主义化。实利的势利主义化的行为准则，是"有奶就是娘"。

对于实利主义，人们往往将它定义为伦理学问题，也可扩张开去成为政治学、经济学问题，但实利主义的本原性含义是相对信仰而言，指信仰之善何以沦为恶的方式。实利主义就是将信仰之善堕落为恶的社会方式。实利主义将信仰之善化为恶的基本形式有三。第一种形式即将宗教邪恶化，使之成为邪教。邪教的行为本质就是将信仰实利主义化，或者，只有当将信仰之善实利主义化后，宗教才沦为邪教。第二种形式是对以强权力强推的意见、主张或观念的迎合或投其所好，以谋得一己私利。这是实利主义的典型方式，也是实利主义的普遍方式。在将个人的意见、主张或观念任性地上升为邪恶教义的生存环境里，迎合这种邪恶教义就成为普遍的社会方式。第三种形式是寺庙/教堂主义信仰，将信仰之善异化为恶的日常生活方式，具体地讲，就是将严肃的和神圣的宗教信仰蜕变为许愿－还原的求利行为和行为模式。客观地看，寺庙/教堂主义信仰诉求的实利主义是由信众和寺庙/教堂共谋合作来实现的，即庙/教会为信众提供香火处、收钱的功德箱和许愿－还原场所，信众们口袋里装着钞票、手上提着香烛，来寺庙/教堂烧香、拜佛、捐钱、许愿或还愿。总之，神圣的宗教信仰变成了实际的利益交易：个人无力办的事，通过烧香、捐功德和许愿的方式祈求佛神/上帝来代办。因而，捐功德，就是许愿时先给一笔定金。佛神/上帝把所许之事办成了，然后还愿，还愿就是按先前的许诺来兑现酬劳。这既是寺庙/教堂主义信仰的基本内容，也是寺庙/教堂主义信仰的实质，从头到尾体现十足的实利主义。如此实利主义的信仰方式和信仰模式，是将神圣的体验主义的信仰之善蜕变成实质的信仰之恶。

### 3. 信仰的病理本质

造物主赐予人的期待、希望和爱是客观的、普适的和恒存的，但人对造物主赐予的期待、希望和爱的悦纳与践履上行，并不一定总是正常的和无偏倚的，因为人不仅是**他者性**的存在者，也是**境遇性**的存在者，更是**匮乏性**的存在者。由此三个方面对人的存在性制约，人的存在信仰也可能在某些情况

## 第 2 章 信仰的善恶

下呈现非正常性，一旦这种非正常性持续敞开，就形成一种病态的信仰，产生信仰的病理问题。这种信仰的病理倾向或状态有可能因具体的境遇刺激而导致个人的功能障碍、社会隔离、精神错乱甚至自杀等不良后果。所以，信仰的病理现象从根本上反映了人类存在的弱点和精神的脆弱性；也揭示了信仰的病理本质是人面对存在和因为存在而生发出来的心理疾病，这种心理疾病在行为上表现为迷信、狂热、崇拜、痴迷、偏见、排斥异己、暴力征服等形式。

关于信仰的病理本质何以形成的问题，不同的思想家从不同角度切入形成不同的解答。比如马克斯·韦伯（Max Weber, 1864－1920）认为，"信仰本身是一种宗教病态，是人类对现实存在的扭曲认识，所以信仰体现对现实的逃避和对自己处境的不满"。基于这一认识，韦伯指出解决信仰问题的关键是消除社会的不平等和不公正。① 尼采认为信仰原本就是一种虚构，而虚构本身就构成对现实的歪曲。这种虚构的信仰最终产生于人类存在本能的冲动，即为了消除对未知和无法控制的恐惧。基于如此看法，尼采认为人的健全存在需要真正的智慧，而真正的智慧却是面对现实，接受生命的真实本质。② 与此不同，弗洛伊德（Sigmund Freud, 1856－1939）从精神分析心理学入手揭示信仰的病理本质在于它们源于个体心理上的需要和欲望，这些需要和欲望常常是无意识的，并且总是与现实相悖。更具体地讲，信仰的病理现象根植于个体对父亲的情感依恋和无意识的死亡欲望，所以信仰在本质成为一种心理防御机制，它能够减轻个体的心理压力和冲突。斯克鲁顿（William James）却认为，信仰的病理本质在于它们源于存在的恐惧、不安全感和不确定性，以及人对自我、他人和世界的错误理解与评价。这些基于错误、不可证伪、不合理或无法证实的信仰会导致情感扭曲、冲突、仇恨、不容忍等不良后果。斯克鲁顿在《信仰的种类》中对信仰的病理本质做了进一步探讨，指出"宗教信仰变成了一种无法控制的疾病，给他们的思想和情感带来了一种痛苦，他们需要不断地用越来越强烈的信仰刺激来缓解这种痛苦"③。费尔巴哈却认为信仰是一种精神病态，是由人类对自己

---

① Max Weber, *The Protestant Ethic and the Spirit of Capitalism*, New York: Scribner, 2003.
② Friedrich Nietzsche, *Thus Spoke Zarathustra*, New York: Penguin Books, 2003.
③ James, W., *The Varieties of Religious Experience*, Digireads.com Publishing (Original work published in 1902), 2014, pp. 77–78.

的反思不足所致。若进一步观，信仰是人类对自己的本质和真实世界的不理解，是人类对自己存在的错误认识。①

神学家和思想家们对信仰的病理本质的思考，更多地在现象层面展开，但也为客观地探讨信仰的病理本质打开了视野。从根本讲，信仰的病理本质不是源于信仰本身，而是源于信仰的偏执、偏离，它从三个方面敞开。

首先，无信仰是信仰的首要病理本质。

无信仰地存在，有两种基本形式。第一种形式既有信仰来充实其心灵需求，却又不相信信仰，因而，投其所好地选择其他意见、主张或观念作为信条来替代信仰，以填充信仰的缺失。基于这种情况所产生的信仰的疾病，本质上是由无信仰造成。生活中最典型的例子是无神论。客观地看，无神论者并不是心里没有存在的期待、希望和爱，而是他们不理解和不愿意理解期待、希望和爱对人的存在的根本性而造成对信仰的偏执和极端的否定性看待，但与此同时又为了解决信仰缺失带来的精神空荡和心灵的无归依感，就特别地偏爱物质存在论，并且往往将这种对物质的信条推向极端，形成唯物质主义。唯物质主义信条构成无神论者的信仰的替代物，却不能真正解决信仰本身的期待、希望和爱的本原之善问题，于是就生发出因为无真实的信仰疾病来。第二种形式是有信仰的形式却无信仰的实质。这种有其形而无其实的"无信仰"，多发生在信徒世界里。这种性质的"无信仰"的极端病理现象就是邪教信仰，即将信仰简化为简单的规则和信条予以强行信从，但从根本上忽视或有意识地取消宗教的存在体验，使信仰只在简单的规则和信条的层面存在，丧失信仰的本质是存在的体验，因为信仰就是因其存在体验而领悟和觉解造物主的期待、希望和爱，从而获得日常生活的期待、希望和爱。这种性质的"无信仰"的普遍病理现象，就是形式上膜拜神，实质上膜拜利、权、欲，即**形式上是信徒，实质上是欲徒**。

其次，失信仰是信仰的基本病理本质。

所谓失信仰，是指原本有信仰，但在其后信奉信仰的生活中不知不觉地自我丧失了信仰本身。人们普遍认为，失信仰是人类生活经验中比较常见的

---

① Ludwig Feuerbach, *The Essence of Christianity*, New York: Harper Torchbooks, 1957.

一种现象，它可由多种生活因素引发。比如，在信仰的生活过程中萌发对所信奉的宗教的怀疑，或者生活中面临理性的挑战而信仰无法为之提供强有力的辩护，或者生活中践履信仰遭遇挫折或失败，以及生命中经历重大的人生转折等，这些源于不同方面的生活经验都有可能引发人们对自身、他人以及世界的看法发生重大变化，这些重大改变又往往引发系列的情感、精神或心灵反应，生成如沮丧、恐惧、绝望、愤怒、疏离、怀疑等情绪或认知、理解或判断。由此引发信仰者对信仰本身的怀疑或否定，进而使信仰丧失。所以，失去信仰可能导致人们感到与神的联系断裂，从而使人们面临道德和生命意义方面的种种困境。因为，失信仰不仅是一个人对神的崇信的丧失，而且是对生活的目的和意义感到迷失和绝望的体验。在这种情况下，一个人可能感到没有存在的意义，更有可能产生人生的无望和绝望的精神健康问题。

失信仰的现象何以产生的原因，并不仅限于如上方面。约翰·考克斯认为，失信仰不仅与个人的生活境遇或遭遇相关，也与**时代境遇**相关，比如，信仰的失落可能源于当代人对传统教义的怀疑和批判，以及对宗教权威的质疑。所以考克斯主张通过倡导社会正义和环保来重新定义信仰，以适应当代存在。考克斯关于失信仰的境遇论观念，其实早为卢梭、尼采、海德格尔等思想家所思考过。卢梭认为，商业社会里人之所以会失去信仰，是他们被理性思维和功利主义的价值观误导和束缚所致。对人来讲，只有重新回归自然时，才可重新恢复信仰的力量。并且，"为了回到自然，我们必须放弃我们的身份和外表，抛弃社会和世俗的偏见，回归到我们的本性和真实的自我之中"[①]。尼采指出，当人类进入工具理性时代，个人丧失宗教信仰的普遍社会原因恰恰是科学和理性思维削弱了宗教的力量。人的存在在科学和理性的侵蚀下"不得不为了自己的利益，自己的生命，自己的幸福，牺牲自己最珍贵的东西，他的信仰。因此，他已经失去了更高的东西，即他自己。但他可以通过个人的自我超越，重新获得他自己，重新找回他的信仰"[②]。

最后，信仰异化是信仰的根本病理本质。

---

[①] ［法］卢梭：《忏悔录》，李平沤译，商务印书馆2010年版，第51页。
[②] ［德］弗里德里希·尼采：《查拉图斯特拉如是说》，黄明嘉译，上海译文出版社2021年版，第69页

## 善恶的病理问题

信仰异化与失信仰根本不同：失信仰，是指信仰在个人心灵中丧失，这种丧失是因为心灵之外的因素促发所致，但其灵魂仍在。所以，失信仰对人来讲是一种存在的心灵痛苦和情感与精神的折磨，这种痛苦与折磨成为恢复信仰和重建信仰的心灵基石和情感-精神的基础。与此不同，信仰异化，是指信仰并未丧失，而是被信仰者人为地扭曲，即信仰的真谛被人为地阉割之后，或自为歪曲信仰的准则，或用另一些信仰之外的观念或信条来替代性填充信仰的真谛，使所信仰的内容丧失信仰的本真而只存在信仰的形式和外壳。比如，原教旨主义，就是信仰异化的极端形式；现实生活场域中寺庙/教堂主义信仰，则是其信仰异化的普遍形式。

有关于信仰异化的病理根源，或因为外部因素，或因为信仰本身。海德格尔认为，信仰异化是现代世界存在的主要问题之一，表现为个体将自己视为独立的、孤立的存在，由此忘记了自己的根源和存在的本质。这种异化误导人们陷入无止境的重复性行为和平庸的生活，使人丧失了存在的意义。针对此种信仰异化的状况，海德格尔认为应该通过对存在的思考和反思来恢复信仰的本真性。这意味着个体需要摆脱现代工具理性的束缚，回归到存在的起源，领悟存在的根源，重新建立与世界的联系。[①] 卡尔·巴特（Karl Barth）认为，信仰异化源于对本真性信仰的遗忘，它表现为"在信仰的行为中，人类会忘记自己和神的存在，这与魔鬼的遗忘不同，魔鬼遗忘神是神的存在和自己作为神的创造物"[②]。人对神的信仰异化实际上是"个体对神的存在、关怀和救赎的怀疑和漠视，是个体和宗教信仰之间的矛盾体现"[③]。威廉·哈特（William Hart）在《信仰异化》中指出："在现代世界中，信仰变得越来越异化。我们祖先的信仰是直接的和简单的，而我们今天的信仰则是抽象的和复杂的。它不再根植于生活的经验之中的体验，而是成为一种理论命题。它已经脱离了日常世界，被限制在一个独立的思想和概念领域之内。"[④] 约翰·康

---

[①] ［德］海德格尔：《存在与时间》，陈嘉映、王庆节译，生活·读书·新知三联书店 1999 年版，第 21—24、351—354 页。

[②] Barth, Karl, *Church Dogmatics*: *The Doctrine of the Word of God*, Vol. 1, Part 2, Edinburgh: T&T Clark, 1956, p. 250.

[③] Barth, Karl., *Church Dogmatics*, T&T Clark, 1956, p. 17.

[④] William Hart, *Faith and Freedom*, University of Notre Dame Press, 1967, p. 95.

特（Immanuel Kant，1724－1814）则认为，信仰异化源于"对基督教经典教义的否认和扭曲，对教会传统和圣礼的漠视，以及对人类生命的神秘维度的忽略和轻视"①，这种情况却产生于个人通过准则和想象来代替个人经验和理性判断，从而脱离了自己的本性。改变这种状况的必为努力方式，是应借助客观的理性自我批判来恢复信仰的本真性，而不是依赖于外在的信仰规范。保罗·蒂利希（Paul Tillich，1886－1965）揭露信仰异化源于人们因执着于表面的宗教信条的实践而失去了真正的宗教体验和意义。他认为信仰应该是对存在的"最终关心"，即唤醒超越个体的生命关注，而不是仅仅关注个人的需要和渴望。卡尔·巴特（Karl Bart，1886－1968）却认为信仰异化是指人类的神学思想变得越来越理性化和机械化，失去了与信仰生活直接相关的实践性和经验性。他主张恢复信仰的本真性，回归到基督信仰的本源，因为"真正的神学……是基于对上帝的信仰、对神的崇拜和对基督的承认，而非某种精神追求或高层次的道德准则"②。

信仰异化现象，无论源于信仰之外的因素的激发，还是信仰本身出现了问题，都体现了信仰的本真性的丧失，这种丧失其本真性的异化的信仰，对己对人或对社会，都更具有信仰的病理之恶的迷惑性。

---

① Kont，J.，*In Search of the Good Life：The Ethics of Globalization*，Oxford University Press，2017，p. 71.
② Barth，Karl，*Church Dogmatics：A Selection with Introduction by Helmut Gollwitzer*，Edinburgh：T&T Clark，1961，p. 2.

# 第 2 篇

## 恶的病理学

# 第 3 章　恶的病理本质

善恶，乃人间事。非人间事，不存在善恶。

善恶作为人间事，乃属人从自然人类学向文化人类学方向进化所生成之事。从内在性观，善恶以**人质意识**为界；从形态学论，善恶以人质意识觉醒所生成的**文化**为界；从存在本质论，善恶乃畜与人的分界：善，乃**动物成为人**（以至大人或圣人）的象征；恶，乃**人沦为动物**的标志。

讨论善恶的病理本质，须有如上实证性质的框架性视域。

## 一　恶及主体性问题

善恶与信仰关联，这是从造物主创世界和宇宙开天辟地的发生学角度去探寻善恶的最终根源。讨论信仰的善恶，意味着善恶原发于信仰，信仰本身含纳善恶。信仰含纳善恶，意味着信仰的两可性，即造物主创化世界和生命时赋予世界和生命的期待、希望和爱的背后那一空阔地带不过是恶的地盘。或可说，造物主创化世界和生命之所以赋予世界和生命以期待、希望和爱，是因为恶的存在。期待、希望和爱成为抑制恶的有效方式，恶成为弘大期待、希望和爱的动力之源。以此观之，信仰引领人间向善铺开的原本是一条**危险的道路**，即信仰引领人间向善的进程亦可能因为心灵的蒙昧、灵魂的丢失或人的存在迷失而滋生出恶。所以，人之存在敞开，关心恶、关注恶的生变运动，实比关注善更迫切，也更根本。

### 1. "恶"的概念释义

讨论恶的病理本质，须先了解"恶"字。恶，是由"亚"和"心"构成的合成词:"亚"字的甲骨文本义是"宗庙",后来演变出火塘、火坑义,随着其漫长的时空推移,这些语义内涵均消逝于历史的尘埃之中,于是有了《说文》赋其新释"亚,丑也,像人局背之形"。"心"乃一独体象物字,象心藏形,本义是心藏于身体之形中。所以《说文》释"心,人心土藏在身之中,象形"。"亚"与"心"合成为形声字"恶",被《说文》解为"恶,过也。从心,亚声"。日本藤堂明保编的《汉和大字典》释"亚"为房屋等建筑物的低矮或坑洼(实是隐约地回溯延续其远古之"亚"的"火塘""火坑"义),当它与"心"合成"恶"字,意指"被挤在下面使心情压抑不振,因压在底下而感到恶心要吐,即意味着因欲望没有满足而心情不乐"。《辞源》将"恶"释为"是很坏的行为,犯罪的事情"[①]。西文中,"恶"(Evil)一般指与"好"相对的坏、坏事、坏现象。比如,亚里士多德在列举健康、财富以及知识等有益于人的身外之物,即"善"的同时,将其相对的诸如疾病、痛苦、贫穷、无知等定义为恶。总之,恶是人们所鄙视、憎恨和厌恶的坏现象。这种与善相对的坏现象,仅是恶的一个方面。善并不能完全地界定恶,因为它不能窥恶的全貌,还需从真、美、义等方面审视。

**其一,恶是善的反面**。奥古斯丁在《上帝之城》第十一卷第九章中自问自答:善的缺失,生成恶。因为,善是完整、完满、完美,恶即非完善,是缺乏、缺陷,恶是行为的缺陷,是对正确行为的背离。恶行是一种无法达到中庸之道的极端行为,是过度或不足的表现。如果以"中道"为依据,过与不及都与善相对,凡是与善相对的任何东西,都可归于恶的范畴。

**其二,恶是真的反面**。柏拉图在讨论"恶"的思想时指出,知识和真实对个体行为的影响是巨大的,知识就是求真,善的本质是真实,是对知识和真实的真正了解,恶是非真实,也拒绝真知识。对于善恶真实本质的了解,有助于个体避免恶行,追求道德和美德。因为不真实、非真,就是伪,就是虚假和谎言。一切形式的伪、虚假和谎言不仅倾向恶,而且也诉求恶、体现恶。

**其三,恶是美的反面**。恶和美是相互独立的,因为美并不需要善,也不需要恶,它只需要呈现自己的形式,而不需要任何其他条件。不仅如此,恶

---

[①] 中国社会科学院语言研究所词典编辑室编:《现代汉语词典》,商务印书馆1983年版,第278页。

与美是相对的，因为恶本身并不是一种东西，它只是缺乏美的东西。由此两个方面的实质规定，恶和美是两个互相排斥的概念，它们不能共存于同一时空中。恶的存在会破坏美的存在，美的存在也会排斥恶的存在。从价值判断观，美是一种积极的评价，恶是一种消极的评价，即"美是对恶的肯定，恶是对美的否定"①。美国作家霍桑指出，在文学和艺术中，恶和美之间的对立是一个主题。② 不仅如此，恶与美对立也呈现在政治领域，马基雅维利在《君主论》中揭示了这种对立性，指出恶的宽容往往会破坏美，对美的坚持也会排斥恶。③

恶向美的对立，根源于造物主创化宇宙世界和万物生命时赋予信仰的两可性：善是信仰的正面，恶是信仰的反面。由此形成"恶是一种负面的存在，美是一种积极的存在。神将美赐予人类，而人类选择恶"④。相互对立的恶和美，不过是人类的自由意志对神的意愿的相反操作：恶并非神所造，而是人的自由意志所造。美是神所赐，是神的意愿和恩典；恶是人类背离神的道路，美是人类遵循神的道路。在基督教教义中，恶与美对立的理念表述了人类在面对选择时需要在这两者之间做出抉择。所以，恶与美对立的观念既体现了基督教关于道德的教导，也反映了人类在面对自己的行为和决策时面临的挑战。作家列夫·托尔斯泰领悟到恶与美对立的信仰根源，运用文学方式来表达"恶是对美的否定，它是人类自由意志的产物"⑤。因为恶和美的对立构成人类社会的一部分，它鼓励人们追求美好的生活。

**其四，恶是义的反面。**孔子的弟子子路在与其师的对话中说"见利思义，见危授命，久要不忘平生之言，亦可以为成人矣"⑥。子路所言的"可以成人"，既指可以成为君子，也指可以成人之美。反之，见利忘义，就是恶。孔子对恶与美、恶与善和恶与义等都做过严肃的思考，前者即"子谓《韶》：

---

① Nietzsche, F., *Beyond Good and Evil*, Random House, 1969, p. 99.
② Hawthorne, N., *The Scarlet Letter*, Oxford University Press, 2017, p. 53.
③ Machiavelli, N., *The Prince*, Oxford University Press, 2003.
④ Augustine, *Confessions*, Penguin Classics, 2007, p. 186.
⑤ Tolstoy, L., *War and Peace*, Penguin Classics, 2007, p. 1220.
⑥ 钱穆：《论语新解》，第 326 页。

## 善恶的病理问题

'尽美矣,又尽善也。'谓《武》:'尽美矣,未尽善也。'"① 形式尽美的《武》乐之所以内容不尽善,是因为《武》以音乐方式喧哗了武王以"血流漂杵"方式灭商的盛举,尽管形式上华丽至美,但内容始终抹不尽其野蛮残酷的杀伐之恶。后者如"富与贵,是人之所欲也,不以其道得之,不处也。贫与贱,是人之所恶也,不以其道得之,不去也。君子去仁,恶乎成名?"② 贫富贵贱,皆有其道,遵之乃善,违之即恶。孔子论善恶和美恶,均以道为准则,遵道而行,既善也美;逆道而行,即使能求得富与贵,也丑和恶。这就是"邦有道,贫且贱焉,耻也邦无道,富且贵焉,耻也"③。恶与义始终对立,体现人类天性中善良和邪恶互不相容:恶是人类天性中的邪恶,义是人类天性中的善良。

恶与义相对,不仅为中国哲人所特别关注,也成为西方哲学思考的问题。亚里士多德认为,恶是缺乏对于应有的行为的追求,义是在合适的时候以合适的方式行事。④ 霍布斯从社会契约和政治权力的关系角度审视恶与义的对立,揭示恶是人类自然状态下的无序和暴力,义是通过契约和政治权力建立的秩序和安全。⑤ 康德则从恶对自由的伤害和对人类自我完善之道德努力地阻碍两个方面揭示恶与义的对立关系:恶是人类自由的限制和侵犯,义是自由和道德的实现和体现;并且,恶是人类的自我降低,义是人类自我完善的努力。因为恶是人类社会契约的背离和侵犯,义是契约和秩序的维护和实践。⑥ 恶与义的对立也揭示义对恶的反动,体现人类道德观念的发展和变革,它展示恶和义是人类道德观念的两个极端,它们随着时间和历史的变迁而不断变化,也体现人类存在的基本特征和意义:恶是人类存在的本质和真相,义是人类对于自身存在的反思和超越。⑦

综上,所谓恶,即非义、非美、非真、非善的存在状态。当一种存在状

---

① 钱穆:《论语新解》,第74页。
② 钱穆:《论语新解》,第80页。
③ 钱穆:《论语新解》,第101页。
④ Aristotle, *Nicomachean Ethics*, Cambridge University Press, 1999.
⑤ Hobbes, T., *Leviathan*, Penguin Classics, 2008.
⑥ Rousseau, J. J., *The Social Contract*, Penguin Classics, 2003, p. 22.
⑦ Heidegger, Martin., *Being and Time*, Translatded by John Macquarrie and Edward Robin Son, New York Harper & Row, 1962. 2008.

态处于既非义也非美、更非真和非善的状态，那就是一种或失度或逾度或无度的存在状态，所以，恶就是世界或社会、个人以及历史的一种失度或逾度或无度状态。就其现实性（而非历史性）而言，这种失度或逾度或无度状态从存在和生存两个维度敞开。

在存在维度上，作为一种存在状态，恶的本质是它的存在，它是世界和本性不可避免的一部分。所以恶无处不在，它不是可以被战胜的敌人，而是像存在一样永恒不变。[1] 但恶并非一个存在实体，而是对人类存在的根本性质的反映，这使得恶始终在人的存在中出现，构成人的存在的不可避免的方面。梅洛-庞蒂（Maurice Merleau-Ponty，1908—1961）在《知觉现象学》中指出，所有的存在都有它的黑暗面。恶不是存在的反对者，只是存在的某一面向。并且，恶作为存在的一个面向，却超越了我们对它的概念和意义的解释，是不可言说的。因为恶并非存在中的一个独立实体，而是通过人的存在本身来体现的。[2] 从人的角度而非上帝的角度观，恶之根源在于人类的存在本身，是因为人的存在本身既呈无限可能性，又敞开存在之根本方面的不确定性。比如，存在安全和生活保障的问题，在自然人类学状况中，人因为缺乏意识地思维而本能地适应性存在，实无存在安全和生活保障的问题，只有当获得人质的意识而意识地看世界和存在时，存在安全和生活保障的问题才既成为根本的不确定性问题，又成为人的存在敞开的无限可能性问题，这表现为任何时代的任何人都面临不同于上一个时代的存在安全的窘迫和生活保障的诉求。由此，人们试图通过限制和控制来对抗这种无限可能性和根本的不确定性，促发人们在世界中构建起来的存在方式是一种试图控制、规划和限制的存在方式，这是因为存在本身对我们来说既是不可预测的，也处于不稳定状态，我们试图通过对世界的支配来获得安全感，但最终不能获得存在的绝对安全感和生活的绝对保障，每个世代都在前代的基础上生发出存在安全和生活保障两个方面的新困境，这是因为我们不仅不能克服战胜人自身生成演绎出来的无限可能性和根本的不确定性，反而最终被这种无限可能性和根本的不确定性淹没而沦陷于无所不在的恶中。出现这种存在状况，

---

[1] Schopenhauer, A., *On the Basis of Morality*, E. F. J. Payne, Trans., Bobbs-Merrill, 1969, pp. 22-38.
[2] Merleau-Ponty, M., *Phenomenology of Perception*, London: Routledge, 1945.

## 善恶的病理问题

除了天赋的因素和种种限制之外，还源于人的存在狂妄，即人们希望摆脱存在的限制，希望把存在控制在自己意志的范围之内，希望根除来自一切方面的不确定性，等等，人类从整体到个体，几乎以各自的方式不顾其他地要走出对"恶"的控制和支配，却未能真正感受存在的无限性和不确定性的不可克服性，这种不顾其他的做法和努力反而源源不断地生产出它的反面——"恶"来。以此观之，邪恶并不是从一开始就出现的东西，而是源于我们在对这个世界的关注中错误地将对方的存在当作一种对我自己的危险，从而诉诸以往的预备知识、想象力和经验，这些都已将存在变异为恐怖的对象。邪恶不是从恶魔中产生，而是从背离的理解、不信任和对生命本身的亵渎中产生。恶的如此存在性质，决定了它既与善相对，又与真相对。

恶与善相对，使它成为一个伦理问题，并构成伦理学的紧要方面。这不仅源于恶是对限度、边界和约束的解构，也因为恶具有依附性，这种依附性不仅源于恶不是一种独立的存在，甚至"恶本身不存在，不是一种存在；因为它不是个别实物或现实的一部分，也不是对'什么'或对一个'什么'的'否定'或'破坏'。它只是对存在或者事物的否定，它是超越性的绝对缺失，是一种彻底的虚无，一种缺陷、空洞和未填补的隙缝。这个隙缝是存在的极端痕迹，是开放性和超越性的丧失，是开放性和超越性的反方向，是存在和意识的超越和开放性的封闭和固化"[①]。恶是一种以开放的否定性方式来敞开封闭和固化，并且通过否定人的肉身来封闭和固化自身的，所以恶的根源最终在于肉体的否定，它是对存在世界的反叛，更是对肉体的背叛。或可说，恶通过对肉身的背叛来展开对世界的反叛。所以，面对恶，不能用简单的概念来表述，因为恶本身不是一个简单的概念，也不是一个简单的事实，而是与生命和存在密不可分的一种**存在状态**，或者说一种**状态化的存在**。作为对肉身背叛的恶，它是生命的一部分，它构成生命之"非"的部分，是生命的弱点和限制。并且，恶也是生命与存在相分离或分裂的痛苦体验，既是与真正的存在相悖的虚无，也是与真正的存在相悖的虚伪。这种与真实的存

---

① Merleau-Ponty, M., *Phenomenology of Perception*, London: Routledge, 1945, p. 203.

在相悖的虚无或虚伪却因为感觉而敞开并借由经验来呈现。所以，在感觉和经验的层面，恶是一种不德和反德行为，并带动伦理和道德。从伦理观，恶构成人的一种存在关系，并固化为一种结构性的存在实体、一种存在的精神和信念机制。历史虚无主义、普遍化的谎言，甚至技术主义（technocracy）以及绝对"政治正确"或"天下为公"观念都属于恶的存在关系，并呈现为恶化的结构性存在实体、存在精神和机制。比如历史虚无主义，就是解构历史存在（事实、事件、过程、人物命运）的同时，虚构历史存在之恶，因为解构历史存在，就是在解构一种真实的、本然的历史之人与历史之事的存在关系；而通过解构来虚构历史存在，就是按照自己的意愿、意志和需要来重新构造历史之人和历史之事的存在关系，它否定和背反历史之人和历史之事本身，既背叛了真，也背叛了善，只陷于恶，并只是恶。又如技术主义，既是一种社会认知论，又是一种关于存在的思想观念。作为一种社会认知论，技术主义主张社会中产生的一切问题，尤其是经济问题、政治问题、存在安全问题和生活保障问题等都可以通过技术来解决，并且只有通过技术才可以解决。作为一种关于存在的思想观念，技术主义强调技术不只是人类社会存在发展的工具，而且是塑造人类文明并推进社会进步的真正动力。由此两个方面，技术主义认为，在人类社会和文明发展进程中，技术是**决定性**的力量，是解决个人和社会存在安全与生活保障的根本方式。技术不仅决定着社会及其政治和经济，也塑造着人类存在和文明走向。确实，人的存在需要解决存在安全和生活保障这两个根本问题，并且对这两个问题的解决和不断解决都需要技术。因为开发资源、创造财富和探索安全存在，技术不可或缺，但人的存在安全形成和生活保障得到维护并不仅仅源于技术，从整体观，技术仅仅为解决存在安全和生活保障提供了可能性，如果没有人本政体、没有权利制度、没有平等机制、没有自由和尊严的律法保障和人性主义的伦理疏导与滋养，即使通过开发技术而生产出更好的技术，也仍然不能消灭民众的贫穷和非人的生活，反而有可能将更多的人推进贫穷和非人的生活苦难之中。比如在异态的社会环境里，经济的快速发展带动贪腐和巨额财富的海外迁移。基因工程技术促进临床医学的发展，同时带动了活体器官产业链的兴起，健康的年轻人不断失踪也成为常态。人工智能技术开发更新的资源和更广阔的市场，却同时带动了天网恢恢、疏而不漏的网络高墙、数字集权工具化的按钮管理和人身控制。如此种种，都显示出技术主义作为一种社会结构、作为一种存在关系和作为一种精神方式及信念准则给出了生活便利的方式和生活幸福的许诺，但同时也以"日日新，苟日新"的方式演绎出无所不在的算法监控、键盘管制和立体奴役之恶。

如果说恶与善相对，从而构成伦理学的紧要方面，那么，恶与真相对，却成为一个知识论问题，并构成知识论的紧要方面。知识论所拷问的是存在之真何以可能和怎样呈现，所以知识论之于人类，既是一个生存论问题，更是一个存在论问题，并且首先是一个存在论问题。恶作为真的对立存在面向，必然使它本身成为一个存在论问题，或者，恶原本是一个存在论问题，然后才是一个生存论意义的伦理或道德问题。恶作为一个存在论问题，既是"神和恶"的问题，也是"人与恶"的问题，所以，恶的存在论问题构成哲学和神学领域的紧要问题。它主要关注的是，在一个被认为是全知、全能和全善的神创造并统治的世界中，恶的存在如何解释？这个问题旨在探讨善恶之间的平衡，以及神如何能够允许邪恶和痛苦存在于世界中。

恶的存在论问题主要有两种形式：道德恶和自然恶。道德恶，是指由人类自由意志导致的邪恶存在，如虐待、谋杀和欺诈等。自然恶，是指并非由人类行为直接引起的痛苦和灾难，如地震、瘟疫和饥荒等。哲学家和神学家试图通过多种方式解决恶的存在论问题。其中一种观点是为自由意志辩护，认为神赋予人类自由意志，以便他们能够自由地选择善恶。虽然这种自由选择导致了邪恶行为的存在，但它也使真正的道德善向神德之善境的努力成为可能。

## 2. "恶"的主体根源

无论从存在论讲，还是从生存论言，恶都属于病理学范畴，是人以及人组成的社会在存在和生存两个维度的病理呈现。恶虽然从人和社会两个维度呈现，但社会始终是由人缔造的，并因为人而存在，社会之恶，无论是从行为还是从制度、结构、运行机制以及法律的惩戒或保护等方面敞开或遮蔽的恶，最终都是因为人。因为，社会行为之恶是由无数个人行为之恶层累性汇聚所致；制度、结构、运行机制以及法律的惩戒或保护呈现出来的恶,亦是人的制定和操作使然。所以,恶的真实主体是人。从人的存在敞开生存的运动言,人之所以成为恶的主体,根源于人的"三无"取向的存在,即无知、无止、无信地存在,这也成为恶之生发和常驻性泛滥的主体驱动力。

**无知之恶** 所谓无知之恶,是指无知形塑人的存在敞开生存之恶。对无知之恶做最早思考者,首推孔子,其次为苏格拉底。

《论语》记载孔子论"知"者67章内容,这些内容从不同方面强调了一个基本主题,这就是知者、仁、勇。首先,"知者不惑,仁者不忧,勇者不惧"①。反之,不知者,可能有天赋之勇。舒展蛮力和血气的天赋之勇,与"愚、荡、贼、绞、乱、狂"等蔽害相关联,这种蔽害成为"好勇疾贫,乱也"②。其次,"未知。焉得仁?"③ 在孔子看来,知才是仁的认知来源,孔子所论之知,既是苏格拉底所讲的"认知你自己"之知,更有认知他人之知,更包括认识存在命运和历史存在的现在和现在对历史存在的追本溯源之知。因为在孔子看来,存在于天地之间的人"不知命,无以为君子;不知礼,无以立也;不知言,无以知人也"④。所以,无知之为恶者,是在于无知从认知的根本方面激发远离仁、远离礼、远离成人之善美。

苏格拉底是古希腊第一位以关注人为中心的哲学家,他的哲学实是沿着普罗泰戈拉的思路前行,重新思考普罗泰戈拉"人是万物的尺度"的命题,即人如何才可能成为万物的尺度,以及如何可能成为一切存在者存在的尺度和一切非存在者不存在的尺度。苏格拉底的思考将普罗泰戈拉命题的前设判断呈现了出来:人只有在成为尺度时,才是真的、美的和善的;反之,人将沉沦于非真非美非善的深渊之中。苏格拉底认为,人要成为尺度、要以尺度的方式存在,必须"认识自己",并通过不懈地"认识自己"而获得关于真、美、善的知识,一旦拥有这样的真知识,人就拥有美德而成为自己的尺度者,也成为"万物的尺度"者。由此,苏格拉底关于"人如何成为人"的反向思

---

① 钱穆:《论语新解》,第222页。
② 钱穆:《论语新解》,第190页。
③ 钱穆:《论语新解》,第114页。
④ 钱穆:《论语新解》,第463页。

## 善恶的病理问题

考,揭示没有人是故意追求恶,他们是由于错误地估计了什么是美好的,才选择了恶的行为。① 当一个人犯错时,这是因为他不知道正确的事情。因此,恶是由无知导致的。② 苏格拉底的核心思想是:人在本性上不会做恶,人做恶是因为无知。

无知为何形塑恶?这是因为无知与愚等义,当人处无知状态,也就处于对自己、他人、环境、社会以及对整个世界包括对想象本身都处于愚昧状态。无知滋生愚昧,愚昧成为恶的温床。反之,知本身就是破解愚昧、消灭愚昧的最好方式;只有当驱散愚昧,才能享受知的沐浴,恶才被迫隐退。恶不会被消灭,只可能隐退,恶得以隐退的根本方法,就是人始终接受知的光辉的沐浴,因为求知成为人的存在方式,也是人的生活方法。

**无止之恶** 无知,滋生**愚昧之恶**;无止,滋生**贪婪之恶**。无知与无止,分别生产愚昧与贪婪,但二者又存在内在关联。因为无知生愚,但是,愚不仅使人凭本能存在,更将本能无限放大,生成贪欲。无知的愚昧推动人将贪欲变成恶的"春药"。柏拉图在《理想国》中花了很大精力来讨论"恶"的问题,他认为恶源于人类的欲望,特别是对物质财富和地位的渴求。为了克制贪欲,柏拉图认为靠苏格拉底那种个人"认知你自己"获得知识就能生成美德——或者就能使美德持久地存在——的方式是不可能的,必须通过社会才可达成。因此,柏拉图构建起理想的国家蓝图,提出哲学家治理城邦的理念,主张只有受过哲学教育的统治者才能使城邦免于恶行。从反面看,在一个不受哲学家统治的城邦中,恶行和分裂无法避免。从正面看,恶通常源于对物质世界的错误认识,只有通过哲学的研究和对理念世界的了解,人们才能真正理解善与恶。基于这两个方面的拷问,柏拉图提出理想的国家就是能全面遏制恶行的国家的主张。在柏拉图看来,一个国家要真正遏制恶行,需要理性在个人和社会两个方面发挥主导作用。通过理性思考和道德判断,人们能够抵制恶的诱惑,追求真正的美德。柏拉图还强调个人的自制力对克服

---

① Plato, *Protagoras*, In J. M. Cooper (Ed.), *Plato: Complete Works*, Indianapolis, IN: Hackett Publishing Company, 1997.

② Plato, *Gorgias*, In J. M. Cooper (Ed.), *Plato: Complete Works*, Indianapolis, IN: Hackett Publishing Company, 1997.

## 第 3 章　恶的病理本质

恶念和恶行既重要也根本，指出自制力是个人克服恶行的关键，它能促使人们抵制诱惑，让理性战胜欲望，避免一切形式的恶念和恶行的产生。[①] 但"一个鸡蛋的家当"的故事却揭露了人的自制的脆弱性，因为这个"鸡蛋"不仅演示了恶生于愚蠢的贪欲，还揭露了贪欲根本不可自制造成的最终恶果。一个穷人无意中得到一个鸡蛋，就开始其创富的想象：这个鸡蛋可以孵化一只小鸡，这只小鸡长大后可以下无数个蛋，无数个蛋又可以孵出无数只小鸡，以此无穷，最后买地、建房、广置产业，在这无限铺开的发财致富的畅想曲中不忘道出纳小妾的规划时，手中的鸡蛋却被身边的黄脸婆一掌打落在地，一切均回到现实。"鸡蛋的家当"的故事告诉人们，无止源于贪欲，贪欲是恶的温床，也构筑起人**原地踏步**的命运。

无止之滋生贪欲之恶，在于无止原本是一个**存在的黑洞**。这个黑洞近似于柏拉图的洞穴，它由无知打造所成。人存在于此黑洞中，四处摸爬寻找出处的行为成为贪欲之源，也构成人生存在的想象化的本原之光，照耀人无止的摸爬寻求出处，滋生出源源不断的突围之恶。这个"鸡蛋的家当"和盘展示人在无知的黑暗存在中贪婪寻求出路的想象和行动如何滋生恶欲，这种恶欲是在不知不觉地生成和层累性扩张，最后将人自己淹没于恶欲之中。这种无知之欲滋生出来的无止之恶对人造成的最终伤害是对灵魂的伤害，它导致了灵魂的丢失。灵魂的丢失以灵魂失忆为前提，以灵魂的堕落为表征。[②]

无知之欲所滋生出来的无止之恶，最为突出地从性、利、权三个方面敞开，生成无止的性欲、无止的利欲和无止的权欲。在此三者中，利是首要的，也是其"无止之欲"的中枢，因为人的存在面临的根本问题是存在安全和生活保障，人的存在敞开遭遇无可避免的根本的不确定性，也是由存在安全和生活保障得不到根本的和最终的解决所造成。因而，求利是存在之最为根本的方面，也是引发各种不确定性的方面。当求利冲动得到无知的武装，必然

---

[①] Plato, *The Republic*, In J. M. Cooper (Ed.), *Plato: Complete Works*, Indianapolis, IN: Hackett Publishing Company, 1997.

[②] Plato, *The Republic*, In J. M. Cooper (Ed.), *Plato: Complete Works*, Indianapolis, IN: Hackett Publishing Company, 1997.

滋生求利的无止。无止地求利必然带动无止地求权；无止地求权必然带动无止地求性欲的满足。因为以利为中枢的无止，要实现无止地求利，使所求之利无止地满足和无止地得到保障，求权是最好的方式和方法。一旦以无止求权的方式获得无止的利，必然滋生并膨胀其存在之求的目的，那就是享受所求得的无止之利和无止之权，这种享受当然有物质方面，但更为刺激和更为满足的方面却是性肉。所以，无止地求利是出发点，无止地求权是手段，无止地求性肉的占有和性欲的满足以及激发出最终不可满足的性肉冲动激情，是其无止的目标。人对利、权、性三者的无止之求，必然滋生利、权、性的无止之恶。

**无信之恶**　无信生恶的问题最早被孔子关注，并从个人和邦国两方面做出深刻的思考：

　　子曰：人而无信，不知其可也。大车无輗，小车无軏，其何以行之哉！[1]
　　子贡问政，子曰："足食，足兵，民信之矣。"子贡曰："必不得已而去，于斯三者何先？"曰："去食。自古皆有死，民无信不立。"[2]
　　子曰：道千乘之国，敬事而信，节用而爱人，使民以时。[3]

孔子认为，作为个人，如果无信，则如"大车无輗，小车无軏"寸步难行，而且恶行丛生。对于邦国，信是其根本，哪怕没有充足的粮食，没有强大的军队，但只要有坚不可摧的民信，邦国就坚不可摧。反之，如果没有真正的民信，即使有充足的粮食和强大的军队，也不一定能保证邦国的强大和邦国的安全。坚不可摧的民信得以形成和建立的基石，只能是君信，即君主的信民才是民信的基石，也是民信的源泉和动力。

　　哀公问与有若曰："年饥，用不足，如之何？"有若对曰："合彻

---

[1]　钱穆：《论语新解》，第43页。
[2]　钱穆：《论语新解》，第280页。
[3]　钱穆：《论语新解》，第8页。

乎?"曰:"二,吾犹不足,如之何其彻也?"对曰:"百姓足,君孰与不足?百姓不足,君孰与足?"①

齐景公问政于孔子,孔子对曰:"君君,臣臣,父父,子子"。公曰:"善哉!信如君不君,臣不臣,父不父,子不子,虽有粟,吾不得信诸?"②

在孔子看来,民信以君信为前提,君信的建立必须遵从两个基本原则,即行为的边界原则和利益的限度原则。君的行为遵从边界原则,做到凡事有疆界,就必须遵从利益限度原则。只有当君能做到自我利益有限度时,才可做到凡事有边界。这就是"百姓足,君孰与不足?百姓不足,君孰与足?"无论个人存在还是邦国治理,都涉及利欲的足与不足的问题,判断其足与不足的依据,是利益的**限度原则**和谋求利益的**边界原则**。这两个原则得以确立的依据是什么呢?是**权责的对等**,即君享有君权,必须为此担当相对等的君责,为君者担当与享有其权相对等的责任,就是君德,也是表率。这种君德和表率也构成臣之为臣,甚至父子之为父子所必须效仿的榜样和必须遵从的依据,就是"君君,臣臣,父父,子子"。如果做不到这一点,"虽有粟,吾不得信诸?"

从根本讲,信的反面即无信。信与无信,都与利和权密切关联。行为有边界,利益有限度,权力有约束,就是信;反之,行为无边界,利益无限度,权力无约束,必造就无信。无论个人还是群体或社会,行为有无边界取决于其利益诉求和追逐有无限度,利益诉求和追逐有无限度取决于权力有无约束。无信之所以是恶,就在于权力无约束导致利益无限度,直接地表现为行为无边界。

无信之为恶,还在于由行为无边界、利益无限度和权力无约束滋生出来的无信,必然带动**妄**,即无信滋生虚妄、狂妄、骄妄,生产出虚妄之恶、狂妄之恶和骄妄之恶。因为一切形式的虚妄、狂妄、骄妄之恶行,都用华丽的语言作包装来掩盖反人性的事实,并以美好的愿景为诱饵来鼓动**盲信**、**盲从**和**烦盲**。比如古希腊的"理想国",描绘出一种社会愿景,但这种形式的社会

---

① 钱穆:《论语新解》,第282页。
② 钱穆:《论语新解》,第284—285页。

愿景却是建立在反人性基础上的，它建立在"国王是金子做的"——人性无私这块基石上的，但人无私这块基石却是虚构的、虚假的，它从根本上体现一种虚妄，因为天赋的人性之于人人都是有私的，人和由人缔造出来的社会存在的关键，不是承认或否定人性之私，而是如何善待和引导人性之私。否定人性之私，喧哗人性无私，不是天真，就是别有所用心。所以，柏拉图的天真之于其后人，并不将其当真；相反，其后继者总是严肃地洞察到这一反人性的社会愿景，无人愿意去做"理想国"的实验探索。

## 二 恶的开放性认知

在人们的感觉或经验的觉知中，恶是善附带的残余物，因而人们更多地关注善而忽视恶。并且，对于恶，人们也通常在"做"的层面感知或理解，认为恶是**做出来的**行为现象及结果，当人们不"做"时，恶实际上不存在。这种关于"恶"的觉知或看待，正好体现了人们的感觉主义善意、善良，但抛开感觉本身，恶是一种比善更根本、更普遍、更根深蒂固于人的生活世界的**实存物**，虽然恶并不以独立的方式存在，更不以实体的形态敞开，而是以**状态的方式**蕴含存在并以存在方式敞开，或构成存在的一部分，甚至成为存在之本身。恶当然因为人们的作为而敞开，比如各种形式的强暴之恶即是如此，但恶伴随存在本身敞开时更以人们的不作为的方式"浸润"和"肤受"。[1] 这种"浸润"和"肤受"之恶，就是**受纳之恶**，即对恶的受纳而沦为浑然不觉知之恶者。在人类的生活世界中，各种形式的强暴之恶往往引发人们的注意甚至抵抗，但几乎所有形式的浸润和肤受之恶却被视而不见，它以无形的漫延和腐蚀的方式推动道德解构、美德消隐、理智判断消逝、常识被普遍扭曲。所以，强暴的"攻人之善"和"纵世之恶"等现象实是以"恶的受纳"为温床并以形成"受纳之恶"为前提条件。

### 1. 神学与哲学的视域

恶作为一种存在状态，伴随造物主创化宇宙自然万物生命而产生，具体到人这一物种，恶实伴随自然人类学向文化人类学方向展开，所以恶历史悠

---

[1] 钱穆：《论语新解》，第279页。

久。关于"恶"本身,有许多的描述、定义和解释,观其要,可归纳为相互解说的神学和哲学两个方面。

神学以上帝创世界为出发点,认定上帝基于至全至善而创造的世界是全善的,全善的上帝不会创造出恶来。[①] 恶产生于个体对**善的缺乏**(privatio boni),这种缺失导致的恶不是因为上帝创世界的忽视所致,而是人对自由意志的滥用。[②] 并且,恶不在于任何一种缺乏,而是完全的缺乏。比如当某物完全缺乏时,这就是真正的恶(truly evil),完全不分有任何善的恶。[③] 恶虽然不是从善中分离出来的东西,但它也不是单独存在的东西,而是与善相对的东西,恶是由于缺乏或欠缺而产生,但只有在与善相对比时才会显露出来。与善相对的恶之所以不可成为对善的分有,是因为分有善的实质是对善的解构,恶作为善的缺乏,只是如伤痛或疾病那样属于身体健康的机能出现障碍,属于生存论意义的行为问题,而非存在论意义的本质问题,在存在论的本质意义上的善仍然得到保持,这就是"不论善如何减少,总必剩留多少,因为那存在者的本性原是善的"[④]。由于恶作为善的缺乏只是生存论的行为现象,其缺乏造成的恶就有了类型形态。最初的类型形态呈二元,即非完善的存在状况呈现出来的是自然之恶(natural evil)和疏离上帝所形成的伦理之恶(moral evil)。奥古斯丁在此框架下增加了认知的维度,将善的缺乏引发的恶予以三分:一是"物理之恶",这是存在物未能得到上帝的合宜安排所形成的**良善状态**的缺乏;二是"认知之恶",这是由人类心智的缺陷造成的对**正当知识秩序**的颠倒和混乱,心智正常的人则会避免此类善的缺乏,因为心智正常的人"谁也不能否认那以假为真,以真为假,以不确为确,以确为不确是一种恶";[⑤] 三是"伦理之恶",这是人**无节制地**对待(或曰运用)天赋自由意志所形成的**良善形式**的匮乏。奥古斯丁认为,"物理之恶"和"认知之恶"虽

---

[①] Aquinas, Thomas, *Summa Theologica*, Translated by the Fathers of the English Dominican Province, Benziger Bros, edition, 1947, p. 81.

[②] St. Augustine, *The City of God*, Edited and translated by R. W. Dyson, Cambridge: Cambridge University Press, 1998, p. 426.

[③] [美] 丹尼斯·奥布莱恩:《普罗提诺论恶——对普罗提诺关于人类恶观念中质料与灵魂的研究》,刘玮译,《清华西方哲学研究》2016年冬季卷(第2卷第2期),第239页。

[④] [古罗马] 奥古斯丁:《奥古斯丁选集》,汤清等译,宗教文化出版社2010年版,第308页。

[⑤] [古罗马] 奥古斯丁:《奥古斯丁选集》,第314页。

## 善恶的病理问题

然造成了善的缺乏，却不会导致善的本质的丧失。但以"意志自由"为动因的"伦理之恶"却可能使人滑向脱离上帝存在本质之深渊，因为"伦理之恶"是"一种隐含责任于自身的恶"①，它在本质上是**罪本身**。这是因为耶和华按照完善的预设为人的出场创造出完全的条件之后才按自己的肖像创造出亚当和夏娃来，获得创世者的形相和权力（即不劳而在和永生）的亚当和夏娃原本是完善的，却抵御不住蛇的引诱而意外地食用了禁果后滑入了"堕落的瞬间"②，亚当、夏娃所获得的这一原罪"是作为先前存在方式的失落、作为清白的失落而出现的"③。但是，这种非意愿性的对上帝的违抗既构成原罪，又因此获得深深的耻感而成为如何恢复其本原之善的契机。"恶往往是为了使人对善有更高的鉴别力，它甚至有时帮助那种有耐性的人达到更高的自我完善，好像人们播下的种子，先经过某种霉败，然后发芽。"④ 莱布尼茨以此方式表述"恶"的**神义论**，其实打开了恶的**人义论**。"恶对于我们的世界而言是必要的组成部分，因为正是它的存在，才产生了勇气、坚忍、仁慈和同情等品质。"⑤ 因此，"假如能驱走罪恶，那么我们驱走了多少罪恶，同时也就驱走了多少美德"⑥。因为"我们称为罪恶的东西只是善良的另一面，这一面对于后者的存在是必要的，而且必然是整体的一部分，正如要有一片温和的地带，就必须有炎热的赤道和冰冻的拉普兰一样"⑦。

神学，在最终意义上是人学，是关于**人的神性之学和神圣之学**。正是这一性质规定，关于恶的神学定义从一开始就朝**人的方向**敞开，形成恶的哲学，并达于恶的伦理学和道德哲学审查。这样一来，"邪恶不过是心灵的腐败，它忽略了对自己的适当存在的关注，并转向了不存在的东西"⑧。虽然罪孽不过

---

① 黄裕生：《宗教与哲学的相遇：奥古斯丁与托马斯·阿奎那的基督教哲学研究》，江苏人民出版社 2008 年版，第 98 页。
② ［法］保罗·里克尔：《恶的象征》，公车译，上海人民出版社 2003 年版，第 249 页。
③ ［法］保罗·里克尔：《恶的象征》，第 251 页。
④ ［德］莱布尼茨：《神义论》，朱雁冰译，生活·读书·新知三联书店 2007 年版，第 122 页。
⑤ Edward H. Madden, "The Many Faces of Evil", *Philosophy and Phenomenological Research*, Vol. 24, No. 4, 1964, p. 484.
⑥ ［奥］雷立柏：《古希腊罗马与基督宗教》，社会科学文献出版社 2002 年版，第 4 页。
⑦ 《欧美古典作家论现实主义和浪漫主义》（二），中国社会科学出版社 1981 年版，第 282 页。
⑧ St. Augustine, *The City of God*, Translated by Marcus Dods, Edited by H. Bettenson, New York: Random House, 1950, p. 787.

第 3 章 恶的病理本质

是思想、言辞或行为与永恒法相违背的东西,但它不会成为罪孽,除非是自愿犯下的。自愿做的事并不是违背行为者的意愿,实际上是根据他的意愿做的,要么因为它对他是令人愉快的,要么因为他认为它是令人愉快的,要么因为他根本就没有思考。

在哲学层面,关于恶的讨论,近世以来的众说纷纭,从总体上朝伦理学、道德哲学方向展开。而伦理学、道德哲学对恶的审问往往滞留于生存论层面,与其源头性考量愈发疏远。在古希腊,哲学对恶的审思中,人既是恶的主体,也是恶的来源,并以人的本性之善为出发点来描述和定义恶。苏格拉底首开其先河并成为代表,他认为既没有人希望恶,也"无人愿意做恶"[①]。人在本性上是向善的,人做恶往往缘于无知。苏格拉底所说的"知"与"无知",主要相对人本身言。在苏格拉底看来,避免恶的根本方法是"认识你自己",不断地认识自己而生成的知识,既是通向美德的桥梁,也是过上美德生活的基本方法,"'因为,我们在生活中得以拯救的方式,最终存在于对快乐与痛苦的正确选择之中'。此乃关乎善与恶的科学,这与正义、节制和勇敢等各个德性是同一的"[②]。

人出于本性既不希望恶也无意恶但最终又被恶卷入其中而使生活充斥恶,面对这种状况探求其根本之因,"无知"和"求知"之说不能为之提供最终解释。按神学的说法,恶既是物理性质的(比如偷吃禁果),也是认知或伦理性质的(比如因为原罪而生耻感)。柏拉图对此在《斐多篇》和《政治家篇》展开探讨,发现人的身体或物质以及精神等因素不是生成恶的根源,这些因素只可看成产生恶的外在性条件。基于此一发现,柏拉图分别在《法律篇》和《斐德若篇》进一步探寻"恶"生成的最终之因,发现灵魂既是善的来源,也是恶的根源。其后,柏拉图在《斐德若篇》《理想国》和《蒂迈欧篇》诸篇中阐发了灵魂何以成为恶的根源。柏拉图认为,人的本性之善是因为灵魂的主导,但前提是灵魂对真理的记忆,即知道。灵魂对真理的记忆程度,既决定人的知道程度,也决定灵魂自身的纯粹程度。灵魂自身的纯粹性既表

---

[①] [英]安东尼·肯尼:《牛津西方哲学史 第一卷·古代哲学》,王柯平译,吉林出版集团有限责任公司2012年版,第312页。

[②] [英]安东尼·肯尼:《牛津西方哲学史 第一卷·古代哲学》,第312页。

征为完善，也成为幸福生活的最终源泉。恶，却意外地产生于**灵魂失忆**，也由此敞开灵魂的**失序**。所谓灵魂失忆，就是灵魂丧失对真理的记忆而使自己沦为**无知**的盲然、盲目和烦盲的状态。柏拉图在《斐多篇》中阐述了"灵魂失忆"问题，认为人的灵魂最初是存在于超越世界的理念境界中的，但在降生到人间的过程中，灵魂逐渐失去了对这些理念的记忆而变得沉浸于感性世界中。当灵魂和身体以及感官紧密相连，在感官的魅力和影响下被激活，灵魂被吸引到感性世界，黏附于感官、观念和事物上，逐渐失去了自身内在的意识和真理，变得与曾经在理念境界中所认知的那个世界疏离。因此，灵魂失去了它曾经拥有的、真正存在的东西，变得自身不值得尊重。在柏拉图看来，灵魂失忆本身成为人类无知和错误的根源，因为灵魂失忆必然使自我失却**本己**的定位和既定的方向而沦陷于无序状态。这种无序状态不仅滋生出恶，而且使恶畅行无阻。消解恶的根本之法是恢复灵魂对真理的记忆，但其实际的努力只是灵魂拒斥身体的诱惑，抵御和抛弃身体欲望，坚持学习哲学，用哲学净化灵魂。因为灵魂的失序和混乱源于感性世界和身体的影响，只有透过哲学的修行和追求，才能帮助灵魂重新回到理性和真理的世界，达到和谐有序的状态。柏拉图最终运用此一灵魂自救的方法构筑起"理想国"的人世蓝图。

### 2. 恶与善的基本认识

"恶是善的缺乏"这一观念是否成立，善与恶都分别关联着对方而既构成一对存在范畴，也构成一对生存的价值范畴。价值，既不产生于宇宙自然，也不产生于自然人类学，而是产生于文化人类学，是文化人类学对自然人类学的区分标志。

在文化人类学世界里，价值来源于它自身的实存；并且，只有具体的实存，才可生发出对其实在的形式抽象。比如笔的价值源于笔，是对笔的形式抽象。作为一对价值范畴的善恶，也是源自价值自身之实存。比如，当说"善"时，一定有"好的""完整的""不损的""无害"的实存物或实存者的实际存在。"善"，就是从其实际存在的实存者、实存物中抽象出"好的""完整的""不损的""无害"等因素来，然后借用"善"这个语词来予以概念的形式代定型，成曰概念**硬化**，由此，对"善"的表述才形成可能。"恶"

这个词表述的那种"坏的""残缺的""有损的""伤害"的"东西"仍然源自实存者或存在本身。要言之,善或恶,都是存在于存在和存在者之中的存在的敞开,这是善恶之构成价值范畴的先决条件和存在论依据。善恶作为一对价值范畴,因为它源于两相对立的实存样态和存在状况,必受其两相对立的实存样态和存在状况的约束,同时又能指涉其两相对立的实在样态和存在状况。

无论从实存样态和存在状况言,还是从两相对立的抽象形式讲,善恶本身构成一种结构——一种实存结构,也是一种价值结构。这一实存结构和价值结构凝聚一种逻辑,生成并支撑善恶之自身结构的这一逻辑是一种**生成性**质的逻辑,它生成出善恶的自身结构,使善恶自身成为一种**自生成**结构,这种自生成结构无论从内在凝聚角度看还是从外在拓展角度看,都呈现**恶生成善**的不可逆方向。这一不可逆的逻辑方向从根本上颠覆了神学和哲学两个方面对善恶的固有认知姿态、认知方式和认知模式。

理解恶生成善,需要厘清善恶认知与善恶价值、善恶实在三者间的关系:善恶实存样态和存在状况与善恶价值范畴之间客观地存在生成与被生成、表述与被表述、显现与被显现的关系,即善恶价值范畴源于善恶实存样态和存在状况,善恶实存样态和存在状况规定和约束善恶价值范畴,善恶价值范畴表述善恶实存样态和存在状况。善恶实存样态和存在状况与善恶价值范畴之间的这种关系,是一种先在于认知主体(人)的客观实存关系,没有主观因素的参与,这是因为善恶实存样态和存在状况向善恶价值范畴的生成,实源于自然人类学向文化人类学的生成,是自然人类学向文化人类生成的结构的和逻辑的呈现。这种由自然人类学向文化人类学生成的善恶结构关系和善恶逻辑关系既不因为人对它的认识而改变自身,也不因为人不认识它而不存在,因为它是先于人的认知而客观地**自在**。由于其自在性,人对善恶的认识,或对善恶的实存样态和存在状况的认知,或对其善恶价值范畴与其实存样态和存在状况之生成关系、生成结构、生成逻辑的认识,或将出现与之吻合或与之不吻合的两可性,这种两可性表明人类对自身认识的不可盲从性,也由此表明人类对自身之自然人类向文化人类学方向前进的认识的艰难性和试误性。只有如此理解,才可真正理解"**恶生成善**"这一判断对善恶认知传统的颠覆性意义。

历史地看，人类从自然人类学向文化人类学方向进化，推动动物存在的人不断向人文存在的人的阶梯上艰难攀登，善恶的实存样态和存在状况被凸显出来，善恶的价值诉求及表述也由此呈现，由此开启了人对善恶的认知之旅。在善恶的认知史上，善恶的认知总是呈现综合性取向，即将善恶的来源、性质、内涵等问题作为整体看待，由此构成善恶认知的笼统性、粗放性、含混性等特征。从大的方面看，善恶认知可归为神学和哲学两种方式，但在实际上，二者又未截然区分，哲学层面的善恶认知总是混合着神学方式，这种杂糅式的含混性认知产生的效果实际地模糊了善恶的神学认知与善恶的哲学认知的区别。

从认知的发生学讲，对善恶的最初认知是神学，后来才拓展到哲学领域，最后落实在伦理层面予以应用性探讨。神学对善恶的认知不是基于**实存**，而是基于**前设**。当然，在最终意义上，神学的这种前设还是源于对实存的**想象性虚化**，是为善恶赋予最终的参照系，因为没有最终参照的任何讨论及讨论形成的结论都没有终极依据的支撑。虽然如此，但神学对善恶认知寓含在这种前设中，神学对其前设语境和条件的敞开，就形成善恶的基本认知。

神学为善恶认知所做的前设是**双重**的，这就是**善的创世纪和恶的发生论**。将此二者联结成一个宏大叙事体系的主题却是人：耶和华创世纪的主题，是**上帝之人**（即亚当、夏娃）如何诞生；伊甸园亚当、夏娃偷吃禁果，是突出上帝之人的堕落，从而引发惩罚、原罪和救赎的展开，自为地创造出**人类之人**及其存在世界。

神学关于善恶认知的基本内容既是善恶起源论，也是善恶价值论、善恶内容论和善恶方法论。由于神学对善恶认知的前设，或可将神学对善恶的探讨看成一个**可供上演的剧本**。对此上演的剧本予以形式结构及功能敞开的观照，或可发现神学的善恶认知论蕴含双重结构，并且构建这一双重结构戏剧的舞台是伊甸园。首先，**从上帝角度看**，耶和华创世纪，属上帝的人类出场，可看成是善恶认知论的序幕；生活在伊甸园中的亚当和夏娃意外地遭遇蛇的引诱偷吃了禁果，这是属上帝的人类堕落，可看成是善恶认知论的正剧；亚当和夏娃因偷吃禁果而按先在的（**"必死"的**）规约而接受惩罚，即上帝取消亚当、夏娃不劳而存在和"永生"的权利，被驱逐出伊甸园而沦为尘世的人类，由此展开自我救赎之路，可看成是善恶认知论的尾声。因为在上帝的创世纪中，人类从上帝的伊甸园中出场到从上帝的伊甸园中退场，只是配角，真正的主角是上帝耶和华。其次，**从人的角度看**，耶和华创世纪和亚当、夏娃伊甸园偷吃禁果，可视为其神学善恶论剧本的二重性序幕，正剧是亚当和夏娃受罚被驱逐出伊甸园，背负原罪沦落尘世展开重回伊甸园的救赎之路；那尾声是什么呢？应该是对世俗存在的人类最终真正获得神性而回到上帝之城的道路的开启。从人类整体言，必是其漫漫的永劫；对人类个体言，却是有限生命的终结，必落下救赎的大幕，或永恒的沉沦，或真正重返上帝之城。

理解神学关于善恶认知的二重结构，才可真正理解善恶的神学探讨何以会拓展到哲学并最终落实到伦理生活中予以实证性考量的内在理路，也才可真正理解善恶的哲学探讨为何与神学探讨相混合、相混淆的真正原因，因为善恶的人类剧本的编写就是这样设计的：神学对人类善恶认知的落幕方式，才构成哲学对人类善恶认知的真正开启，因而，在善恶认知方面，哲学之于神学，就是必须顺着讲、接着讲和连着讲，由此也就成为混着讲。

神学的善恶认知论实是突出了三个基本要点：

第一，神学的善恶论，不是以善为重心，也不是以善为主题，而是以恶为重心并以恶为主题。具体地讲，在神学的善恶剧本中，**善仅是序幕，恶才是正剧**。对于恶的惩罚为人类的救赎开出的可能性中，善才替代恶而成为哲学的重心和主题。

第二，神学的善恶论假定了人类在本原上善，也由此预设了人类在本性上善。人之在本原和本性两个方面被预设为善，是要彰显三个方面的内容：首先，造人主是全能全善的；其次，耶和华的全善体现在他为人的出场创造了所有条件之后才按照自己的肖像创造出亚当和夏娃来，所以，亚当和夏娃的生命中必然体现上帝之善，或者说耶和华按自己的肖像创造亚当夏娃时赋予其为善的条件和祝福，即期待、希望和爱构成了亚当、夏娃之善的本性。最后，本性是善的亚当、夏娃之遭遇恶，并在行为上做出恶来，实是意外。

所以，**恶是善的意外，而不是善的必然。**

第三，本原和本性是善的亚当、夏娃之遭受恶之意外而堕落，从亚当、夏娃讲，这是他们的好奇和轻信而上了蛇的引诱之当。但从创世纪言，则是上帝耶和华创造世界、创造伊甸园和伊甸园里的众物及亚当夏娃时，遗留下来的**意外粗疏**使其存在出现非完整性、非完全性。因而，从上帝的观点，亚当、夏娃弃善而恶，是其永不可饶恕的堕落，亚当、夏娃必须承受"必死"的重罚和永劫的救赎。但从人的角度看，亚当、夏娃的堕落是因为上帝耶和华创世纪的非完善所致，这就为世俗性质的哲学对善恶的描述、定义和解释提供了新的可能性。

哲学如此为人类的先祖亚当夏娃开脱，是因为上帝主演的创世纪的正剧的落幕所开启的下一场戏剧的主角是被驱逐出伊甸园的人类，其主题是背负永劫的原罪的人类的不懈救赎。

在神学中，耶和华创世纪的目的不是创造世界，而是创造与自己同样神圣的人。所以耶和华首先为造人做准备，创造出人存在的全部环境和条件，然后按照自己的肖像造出亚当、夏娃，所以亚当、夏娃成为耶和华创世纪之最终目的。但很不幸的是，耶和华创造出来的亚当、夏娃最终背叛了自己，这意味着耶和华创世纪之目的的消失和创世纪本身的失败，所以耶和华为此震怒而将亚当、夏娃驱逐出上帝之城，但被驱逐的亚当、夏娃及繁衍出来的后代即人类却**执恋**上帝，将耶和华对自己的永罚视为原罪而开启永劫的救赎努力。览观其全过程，不过是由上帝的人类和人类的人类组成：在**上帝的人类**（从亚当夏娃的被创造到被驱逐）阶段，人类从上帝给予的善到自为的生产恶，暴露出全善的上帝创造的世界的不完善，这既是蛇行引诱之能的空间环境，也是亚当、夏娃偷吃禁果的可能性条件，更从根本上凸显人类"**由善而恶**"的**下行线路**，即从上帝之人降落为世俗之人或者说尘土之人。在**人类的人类**阶段即被驱逐后的人类在尘世流浪的不懈救赎的永恒进程中，人始终不懈地追悔背叛的原罪而展开绵绵无绝期的自我救赎，这是从根本上凸显人类"**因恶而善**"的上行线路，即从世俗之人或者说尘土之人向上帝之人（即上帝之城）的回返，这种从"由善而恶"向"由恶而善"方向展开的回返性努力及其进程，构成哲学描述、定义、解释善恶的基本框架。这一基本框架呈现出来的主要语义有四：

其一，人在本宗上和本性上是善的，恶之于人是一种**意外的遭遇**。

其二，人的本性之善有其最终的依据，它由神学提供，即人的本原之善是上帝耶和华赋予的，耶和华本身是全善的。所以，人不仅在本原上和本性上是至善的，整个被耶和华创造出来的世界也是全善的。或许正因如此，柏拉图才认为"善"理念才是人的世界的最终根源，更是"一切存在的最高理想与根本"①。无论从本原讲，还是从本质论，"善"高于"恶"，因为善是世界存在的本体，也是万物存在的本体；恶只是事物存在的意外现象，是善的旁逸斜出形态，是善**附带出的**残余物。这一善恶观念在亚里士多德那里得到强化，他在其实体论哲学中对善恶予以了分配，认为至善与第一实体对应，属于第一类概念范畴；恶与善对应只能在第二类概念范畴中成立。

其三，本原之善和本性之善的人遭遇恶而做出恶行，实属意外。造成这种"意外"之恶的原因，既是内在的也是外在的。其外在因素是全能全善的上帝在创世纪过程中因疏忽遗留了潜在的非完善性，奥古斯丁将这种潜在的非完善性理解为上帝创造世界中某些存在物未能得到合宜安排所形成的良善状态的缺乏，他将此称为"物理的恶"，并认为除此之外，还有"认知的恶"和"伦理的恶"，前者是由人类心智缺陷造成的对正当知识秩序的颠倒和混乱；②后者是人无节制地运用天赋的意志自由造成的良善形式的匮乏，是"一种隐含责任于自身的恶"。③莱布尼茨沿其说，认为"恶"这种不完善从物理、形而上学、伦理三个层面敞开形成"物理之恶""形而上学之恶"和"伦理之恶"三类。④莱布尼茨认为"物理之恶"的形态学呈现是**痛苦**；"形而上学之恶"的形态学呈现是**不完善**，或曰善的**缺乏**（或残缺）；"伦理之恶"的形态学呈现是**原罪**。其内在因素是人的本原之善和本性之善本身潜伏恶的因素或者说种子。首先，在理论上，上帝创造的世界是完善的，但在实

---

① 宋希仁主编：《西方伦理思想史》，中国人民大学出版社 2004 年版，第 41 页。
② ［古罗马］奥古斯丁：《奥古斯丁选集》，汤清等译，宗教文化出版社 2010 年版，第 314 页。
③ 黄裕生：《宗教与哲学的相遇：奥古斯丁与托马斯·阿奎那的基督教哲学研究》，江苏人民出版社 2008 年版，第 98 页。
④ Leibniz, *Discourse on Metaphysics and Other Essays*, Edited and translated by Daniel Garber and Roger Ariew, Hackett Publishing Company, 1991, pp. 43, 135–136.

## 善恶的病理问题

际上，上帝的创造物存在一些不完善，蛇**引诱**亚当夏娃和亚当夏娃**受引诱**，从不同方面暴露出上帝创造的存在的不完善；蛇行引诱之能成功，又从另一个方面展露出上帝创造的世界在其内在关联性上亦成为滋生恶的潜在土壤。其次，亚当、夏娃偷吃禁果并非有意而是意外地上当，这种上当源于夏娃的**轻信**和亚当的**盲从**。这种轻信和盲从为哲学打开了广阔的解释恶的空间和方式。比如，持至善论的柏拉图认为，恶源于人对"灵魂失忆"并由此引发的"灵魂的失序"。耶和华按照自己的肖像创造出亚当、夏娃，并在致其祝福的同时赋予其"不能"与"必死"的**规约**。柏拉图关于恶源于"灵魂失忆"其实源于对耶和华对亚当、夏娃之"不能"与"必死"之规约这一隐喻的再隐喻，耶和华对亚当、夏娃（吃善恶之树的果子"必死"）的规约就是亚当、夏娃必谨遵的"诫命"，亚当、夏娃却忘记了，即丧失了对这一"诫命"的记忆，于是才有了夏娃的轻信（蛇的引诱）和亚当的盲从（吃下夏娃递给他的禁果）。

由于恶的产生有终极（创世纪）层面的内外因素，人的本原之善和本性之善演绎出意外之恶，其实也潜伏着某种必然的可能性。人（亚当、夏娃）的行为和物（比如蛇）的行为的联动，经由柏拉图关于"灵魂失忆"必然堕入"灵魂的失序"的解释，开出了多元的解释方式，比如，康德提出了二元论，认为人同时具有"向善的禀赋"和"向恶的禀赋"，并指出"人性中根本的、先天固有的恶（却是由我们给自己招致的）"①。康德在此二元论框架下将人的"向恶的禀赋"予以"趋恶的倾向"的三分化，即人的"本性的脆弱""情感的不洁"和"人心的恶劣"②。也有人认为人间之"恶"是产生于人的"意志的软弱性"（the weakness of will）。这种意志的软弱性造成了夏娃的轻信和亚当的盲从，但其根源是亚当和夏娃对上帝"诫命"的遗忘，这种对"诫命"的遗忘被柏拉图解释为是"灵魂失忆"。阿伦特经过纽伦堡审判而对人性之恶的反思，选择了沿着柏拉图的路子继续向前，指出"灵魂失忆"带来的是人的存在的"**无根基性**"，这种无根基性使最大的恶不是根本的，而是没有根基的，因为没有根基，它就没有界限，于是它能够到达无法思虑的

---

① John R. Siloer W.，*Die Religion Innerhalb der Grenzen der Blossen Vernuft*，ed.，Karl Vorlander，Hambur. Felix Meiner Verlag，1990，pp. 28，33.

② ［德］康德：《单纯理性限度内的宗教》，李秋零译，中国人民大学出版社2003年版，第15页。

极端并席卷整个世界。并且，这种无根基性也从根本上改变了"人性的基本形式"（Grundform der Menschlichkeit），使恶对人道的威胁意味着对此种基本形式的破坏，而这种基本形式是休戚与共的人（homo solidaritus）之间形成盟约（Bund）的条件。①

其四，本原之善和本性之善的丧失而生发恶，恶从根本上改变了人性的基本方式，将人推进无根的漂泊和漂浮的存在危境之中，走出这种漂泊的存在危境的神学方式是**救赎**，但救赎始终融贯于世俗的生存努力之中而展开哲学之善的反思运动和伦理之善的构筑运动，这一在现实的生存努力中构筑伦理之善的基本朝向和最终目标，是实现本原的和本性的至善，并以此而获得进入上帝之城、重新成为上帝之民的门票。在这个意义上，**恶是拯救存在之善的必备条件**。

要言之，从上帝创世纪观，恶是善的意外，它源于上帝创世纪的疏忽。但这只是人的解释，实际上，上帝之人生活在上帝之城中本没有善恶。善恶产生于亚当、夏娃偷吃了知善恶的禁果，恶实实在在地产生于上帝之人沦为人类之人。从人类之人角度看，**恶不是善的意外，而是善的根源，因为恶，才有了善**；因为恶（原罪）的发生学，才有人类之人踏上**救赎为善**的生存论道路。

### 3. 对待恶的基本姿态

恶源于善的缺乏。这一观念蕴含的前设观念是：世界在本原上是善。沿此思路推展开去，人在本原上也是善的，**恶乃善的意外**。尽管恶是一种缺乏，但它仍然具有一定的存在形式。这种意外地存在于"存在中的恶"，也必然会意外地带来非善的或者说罪恶的后果，为了避免或杜绝这种非善的甚至罪恶的后果，其根本方式是忏悔和救赎。因为只有通过忏悔和赎罪才可以得到上帝的宽恕和救赎。所以，恶的存在不可避免，通过行善和寻求上帝的恩典来减轻恶所造成的后果，既是必须也是可能和可行。这源于两个方面：首先，善的目的是上帝的荣耀和人的幸福，恶的存在是为提醒人们努力去追求善，并帮助人们在追求善的过程中不断成长和完善自己。另外，上帝赋予人以期

---

① K. Barth, *Kirchliche Dogmatik*, III. 2, Zollikon-Zürich: Evangelischer Verlag A. G., 1959, pp. 264 – 343.

待、希望和爱的信仰，必然可以帮助人们克服恶和走向善。

神和神学对恶的基本姿态，为人类选择对待恶的姿态和方式提供了可能性。因为"恶是善的缺乏"以及由此形成的"恶是善的意外"的理念，开出的奔流的"江河"就是伦理学和道德哲学。在感觉的和经验的层面，恶的伦理学和道德哲学是生存论的，但在深层的存在论层面，并非善构成恶的来源，而是相反，**恶才是善的根源**。以此重新审视苏格拉底和柏拉图的善恶论拷问，他们虽然也持"恶是善的缺乏"的观念，却体现自然主义倾向。他们从善恶之存在主体角度切入考量善与恶之间的这种"缺乏"性构成关系，其主题对象被暗中转换，这种被暗中转换的考量对象在苏格拉底那里是**存在的"无知"**，在柏拉图那里是**灵魂的"失忆"**。存在的"无知"和灵魂的"失忆"构成人的存在敞开的相互响应的两个维度，生发出认知、解释人世之恶的各种观念、学说，演绎出对待生活之恶和解决生活之恶的各种姿态、方式。仅后者观，人们对待生活之恶和谋求解决生活之恶的姿态与方式可大致归纳为如下方面。

首先，从发生学观，恶的产生既有原发性质，也有继发性质。原发性质的恶可能是先于人而在的，也可能是因为人而生成的。恶可能是普遍的，但它的发生、它的表现却一定是具体的。在审视"恶"时涉及的"人"，也一定是具体的、是单数、是个体。以此观恶"先于人而在"或"因为人而生成"中的"人"，都是单数化的"个人"。"先于人而在"的恶，是指先于张三、李四还未出生之前就已存在的恶，对张三、李四来讲就是其原发性质的恶。比如父母的暴虐性格和行为表现出来的失度或无度之恶，可能在你出生之前就存在了。"因为人而生成"的原发性质之恶，是指这种恶产生于你这个人本身，比如在你出生之前这个家庭的成员都是勤劳的生活者，没有什么不良嗜好，而你却养成了游手好闲，或因嗜赌而偷盗成性，这种恶对你所在的家庭而言亦属原发性质，如果你的孩子也因为你的言传身教而染上嗜赌和偷盗，这对你或你的家庭来讲，属继发性的恶。如果因为不能戒嗜而将从偷盗发展到抢劫，这种抢劫之恶对于你来讲也是继发性的。

继发性的恶，是恶的**扩张**方式，也可说是恶的**传染**方式。扩张和传染是恶的本性使然，这既是个人在日常生活中持续行善很难，或者由善而恶相对容易的原因,也是人世间消除恶不易的根本原因。恶一旦产生就自居扩张和传染本性,恶一旦因其本性的鼓动而扩张和传染,就可能从己走向他,从个体走向群体,甚至整个社会。无论从个人言还是从社会论,继发性的恶具有如自然灾害引发次生灾害那样的性质。其一,继发之恶是原发之恶得不到及时控制或放任不阻止所造成的;其二,继发之恶一旦产生,就会产生不断扩张和传染的边际效应。由是观之,虽然原发之恶是根本的,但继发之恶才是(无论对个人还是对社会)危害最大的,因为它的扩张和传染所遵循的是**边际效应**原理。

其次,从生存及行为的边界与限度讲,人间之恶客观地存在规则之恶与非规则之恶的区别。

善恶虽然成为宗教和神学关注的核心问题,但从根本讲,善与恶都源于人,纯粹无人的存在世界,或当人这一物种还处于纯粹的自然人类学阶段,存在世界里没有善恶。善恶产生于自然人类学向文化人类学方向发生的领域。人之所以从自然人类学向文化人类学方向演化的进程中生发出恶而追求善,是因为天赋人以无限度的自由必然遭遇其**共生存在**的阻碍,这种阻碍就是人为共生存在而制定的规则,恶则产生于所制定的规则或对所制定的规则的违背。一般而言,人为其共生存在而形成规则或制定规则,就是求善,但其前提是存在不善,无论自发地形成规则还是自觉地制定规则,都是源于不善的阻碍和对不善的阻止。另一方面,制定规则也可能是制造恶的方式。在一般意义上,规则可成为善的代名词,但在实际的生存进程中,有权制定规则的人以何姿态和胸襟制定规则,会使规则本身既可成为普遍的善,也可能只是特殊的或部分的善,更有可能是完全的恶。当所制定出来的规则只体现少数人的意愿、意志或利益、权力,那么,推行这种性质的规则必然成为大恶甚至极恶。与此相对应的非规则之恶主要从两个方面铺开,一方面,非规则之恶是指本该有规则的群体生活却没有规则的约束,人们任性地自行其是,自然会生发出层出不穷的恶来,霍布斯之"自然状态"展布的就是这种完全自由状态之恶的可能性以及现实性,比如当人无限制地施行天赋的"有权如此"的自由时,这种行为就成为至恶。另一方面,非规则之恶更指本有的社会规则被某种或许多潜规则所取代,人们将规则悬置起来,然后以潜规则为行事依据和准则,所以,非规则之恶又指潜规则之恶。一般而言,潜规则是规则

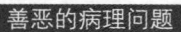

之恶的呈现，它是对规则的反向操作方式。盛行潜规则的环境，一定是恶全面充斥的环境；潜规则盛行的社会，也是恶最为发展和繁荣的社会。

再次，按恶行方式及呈现出来的强度观，恶亦有强暴与柔弱之分。所谓强暴之恶，是指蛮力或强权以赤裸的强暴方式推行恶，比如强拆之恶、家暴或网暴之恶等，就属于强暴之恶。与此不同，柔弱之恶，是指以柔软的甜言蜜语或博取人同情、怜悯的方式制造出来的恶。

复次，按认知（或价值）指向观，人世之恶亦可有革新之恶与保守之恶的区分。所谓革新之恶，就是以革旧习、破陈规、摧建制、建新业、树新风的极端方式播种出来的恶。比如"太平天国"运动中那些极端的破坏性行为，各种形式、各种性质的"革命"运动、斗争运动等，都呈现出一种无限度、无边限约束之恶，而这些恶又实实在在地成为制造无数人间之恶的方式。保守之恶，就是不允许有任何形式的些微改变所呈现出来的恶，比如人类历史上的野蛮而残暴的文字狱即典型，认知、观念和方式的返祖行为等都是保守之恶。这类性质的恶突出表现为：凡是过去的都是好的，已有、过去、哪怕全然腐烂于无形，也必须视为珍宝而保护之，不能否定，不能批评。

革新与保守，二者实是一体两面互为弥补、互为匡正、互为增进：革新是补保守之不足，使保守充满应对当世之变的新视野、新方法、新认知并激励其探求新道路；反之，保守是矫革新之正，使之既避免其"不及"，也杜绝其"太过"，使之达于**中正**之度。革新与保守的互为弥补、互为匡正、互为增进的根本之度和基本之法就是返本开新：对于革新，必指向返本；对于返本，必诉求于革新。只有如此，无论个人还是社会，才是建设，才能前行，才可发展。以此观之，无论极端的革新方式还是极端的保守方式，之所以成为制造人世之恶的社会方法，是因为它们都在实际上实现了破坏：极端的保守是对必要的革新的破坏；极端的革新是对必要的保守的破坏。

又次，按其群化生存必有其限度要求和边界约束言，人世之恶亦存在垄断之恶与自由之恶的形式。前一种恶是由权力垄断、资源垄断、财富垄断、知识垄断、教育垄断、文化垄断、话语垄断等方式制造出来的恶，如厉王之"防民之口，甚于防川"。从实质论，生活世界里凡垄断都属于控制性质的，都是通过垄断而实现言说控制、思维控制、权利控制、自由控制、人身控制甚至吃穿住行以及劳动等方面的控制。所以，垄断之恶在任何世代都属于反人性和反文明的极恶形式。与此相反的是自由之恶：自由是天赋的权利，诉求自由存在、自由生活、自由创造、自由思想和自由言说，是天赋权利的自然呈现。客观而论，天赋人自由的实质是"凡事有权如此"，但天赋人"凡事有权如此"的自由对每个人都是平等的，由此平等要求天赋人的自由"只能如此"或"不能如此"，于是必然出现人的群化生存对自由的诉求只能是**相对的**，因为："夫人而自由，固不必须以为恶，即欲为善，亦须自由。其字义训，本为最宽，自由者凡所欲为，理无不可，此如有人独居世外，其自由界域，岂有限制？为善为恶，一切皆自本身起义，谁复禁之！但自入群而后，我自由者人亦自由，使无限制约束，便入强权世界，而相冲突。故曰人得自由，而必以他人之自由为界。"① 凡是违反这种**以约束为前提**的相对自由而妄行**任性地自由**时，就制造出了自由之恶。自由之恶，不仅可能在个体生活中出现，更可能在群体生活中出现，尤其是垄断性质的社会往往充斥自由之恶，其中的威权主义的自由成为人类世界的极恶方式。

最后，从行为方式观，人世之恶亦可敞开为作为之恶与不作为之恶。由于恶与善一样，始终始于个体而带出他者、群体或社会。从个体主体言，人的作为之恶，也就是主动、自愿的行为制造出来的恶。比如，为了生计或更大程度的收益，或者受雇专事说谎、造谣以及做威权意识形态或人身监控的打手，这些行为所滋生出来的恶就是人的作为之恶。作为之恶有两个基本特点，一是动机于己利且目的于己利而不顾人性、法律、道德，所遵循的是"凡事有利而往，凡是无利而不往"的实利主义生存准则；二是基于己利而自觉、自愿、主动地去干坏事，并将其所干的坏事视为正当的甚至正义之事。与此不同，非作为之恶却是本该作为而放弃作为的不作为之恶，比如，有条件和能力却见义不勇为，涉及个人利害得失时不说真话，面对暴行默默忍受以及消极迎合等，都体现生活的不作为之恶。

## 三　恶的生物主义本质

从世界发生学讲，恶是造物主创化世界时因疏忽遗留的潜在的非完善性

---

① ［英］约翰·穆勒：《群己权界论》，严复译，上海三联书店2009年版，第2页。

所致，形成恶是善的缺失；从人的发生学讲，恶是自然人类学向文化人类学方向进化的自我遗存，即人从动物存在向人文存在方向前行中有意识地放大其生物本能，并由此激发对生物本能的抑制与斗争的善的运动，所以，**恶是善的原发机制，善是恶的救治方式**。讨论恶的病理本质，必须正视恶的这一被人为放大的生物主义本性。

### 1. 何为生物主义

生物主义（Biological determinism，Biological essentialism）既是科学主义的一种具体形式，也可看成科学主义的一种极端方式。客观而论，生物主义既是一种理论，也是一种解释方式。就前者言，生物主义是一种将生物学因素理解和定义为决定人类行为和能力的系统性理论；仅后者论，生物主义被理解为用生物学因素来解释人类行为、能力和特点的基本方式。生物主义认为，生物基因以及其他生物化学物质对人类的性格、智力、行为等方面有着决定性的影响；相对而言，环境和社会因素对人的形塑的作用相对较小。在生物主义视域中，生物学方式既是更好地理解人类本质的基本方式，也是解决许多根本社会问题的有效方法。虽然如此，科学家、哲学家和伦理学家们仍然有一种基本的共识，即生物主义可能会将人类认识和作为引向种族歧视和个体权利剥夺提供科学的理由，因而，警惕生物主义的滥用成为当世社会发展和人类文明的紧要问题。

**生物主义的科学和哲学审视** 科学主义与科学有其根本区别，这种区别体现为科学是对宇宙世界、自然存在、万物生命之关联存在及敞开运动的规律的发现和探索的社会方式，科学主义是对科学的基本看待和运用的社会方式。因而，科学主义并不一定产生于科学，也并非一定是科学家所为，在更多情况下是科学领域之外的社会政治、经济领域对它的扩张性解释和极端化运用。作为科学主义的具体形态的生物主义也是如此，对生物主义的主张、膜拜及其扩张性解释和极端化运用的主流，并不是生物学家和其他科学家；相反，大多数生物学家和科学家都能较清醒地认识到生物主义过于简化和削弱环境、文化和社会因素对人类行为和能力的影响及其形塑功能。

美国著名神经科学家贝尔·马克（Bear, Mark F.）认为："基因与生物化学物质可以影响人类行为和能力的某些方面，但它们并不能解释所有的行为和能力。环境和经验对于行为和能力的发展有很大的影响,因为它们可以影响基因表达和生物化学物质的功能。"① 生物学家们认为,生物因素对于研究人类的某些疾病和症状的成因以及寻找治疗方法非常重要,但同时也发出警告:生物学研究不能突破应有的限度而成为反文明的政治操作的"科学理由"。英国著名进化生物学家马克·里德利(Mark Ridley)明确指出,生物学因素在某些疾病和症状的成因研究中虽然至关重要的,却不能被用来作为种族主义和其他形式的歧视的借口。② 基奇尔·菲利普(Kitcher,Philip)在《未来的生活:基因革命与人类可能性》中指出,生物主义将过于简化的生物学解释视为一种对人性的定论,认为人类特性的主要因素是遗传基础,而非环境因素或人类选择。这种观点忽视了环境和社会因素的重要性,更忽视了人类的多样性和自由意志。③ 罗斯·希拉里(Rose,Hilary)揭露生物主义将人类归因为身体,身体却总是要受环境和经验的塑造,更要受心灵体认与觉解的形塑。④ 生物主义采取线性归纳方式来过度地简化人类存在及其展开生存创化的复杂性,过分夸大生物学因素对人类形塑和人类发展的作用,其所带来的危险越来越明显并呈现立体性的不可预估。美国进化生物学家和遗传学家莱温廷(Richard C. Lewontin)在《三螺旋:基因、生物体和环境》中正面批判生物主义过分强调基因决定论,指出生物主义将人类看作被遗传编程的机器,它强调了基因的力量,而忽视了环境和发育的影响。莱温廷在批判中提出一种新的建构主张,揭示人的文化性格、文明品质、能力及其创造性行为和生活,乃是由基因、生物体和环境三者共同形塑。⑤ 澳大利亚认知神经科学家费恩·科尔德里亚(Fine,Cordelia)在性别、神经科学和心

---

① Bear, Mark F., Barry W. Connors, and Michael A. Paradiso, *Neuroscience*: *Exploring the Brain*, Lippincott Williams & Wilkins, 2007, p.76.
② Ridley, Mark, *Nature via Nurture*: *Genes*, *Experience*, *and What Makes Us Human*, Harper Collins, 2003, p.2.
③ Kitcher, Philip, *The Lives to Come*: *The Genetic Revolution and Human Possibilities*, Simon and Schuster, 1997, pp.9 – 10.
④ Rose, Hilary, *Love*, *Power and Knowledge*: *Towards a Feminist Transformation of the Sciences*, Cambridge University Press, 1994, pp.112 – 113.
⑤ Lewontin, R.C., *The Triple Helix*: *Gene*, *Organism*, *and Environment*, Harvard University Press, 2001, pp.5 – 7.

理学三个方面展开交叉研究，致力揭示性别和大脑差异的社会和科学误解，特别提醒人们必须要小心，不要让生物主义垄断人的正常认知和思考。[1]

科学对生物主义的抵制很自然地带动哲学的生物主义反思。美国哲学家安东尼·阿皮亚（Kwame Anthony Appiah）主张应对流行的生物学研究采取批判性审查，全面揭露生物学家有时候过度夸大基因和神经化学物质对行为和能力的影响所造成的危害。[2] 澳大利亚哲学家伊丽莎白·格罗兹（Elizabeth Grosz）在《关键时刻：政治、演化与非时性》中揭露生物主义以过度简化的方式对待人类行为和能力，从根本上忽略了个体差异及其复杂性。[3] 当代现象学和技术哲学特别强调技术和科学在现代社会中的重要作用，致力揭示技术对人类行为和能力的影响的复杂性和不确定性，他们认为这种复杂性和不确定性可能改变人们的认知和价值观，并引发社会变革，并呼吁在研究人类行为和能力时，不仅要考虑生物学因素，还要考虑技术因素的影响。荷兰哲学家彼得-保罗·范贝克（Peter-Paul Verbeek）在《物品在做什么：关于技术、主体性和设计的哲学思考》中探讨了技术、人类行为和设计之间的相互影响，认为虽然生物学因素在某些方面可以影响人类行为和能力，但我们不能将所有的问题都归结为基因或大脑化学物质。[4] 美国哲学家汤姆·L. 博让普（Tom L. Beauchamp）主要研究生物伦理学和道德哲学问题，并与詹姆斯·F. 查尔德雷斯共同开创了"四原则"伦理学方法，在其《生物医学伦理原则》中明确批评"生物学因素确实可以影响人类行为和能力，但不应该将人类行为和能力简单地归结为基因或生物化学物质的作用"[5]。此外，伦理学家们还强调生物主义在伦理学中的应用的弊病，指出生物主义有时被用来为某些行为和偏好提供正当性理由，从而忽略了伦理问题的多样性和复杂性。提出伦理学

---

[1] Fine, Cordelia, "Is There Neurosexism in Functional Neuroimaging Investigations of Sex Differences?" *Neuroethics 5*, No. 3, 2012, p. 307.

[2] Appiah, Kwame Anthony, "Race, Culture, Identity: Misunderstood Connections", *Color Conscious: The Political Morality of Race*, 1996, p. 39.

[3] Grosz, Elizabeth, *The Nick of Time: Politics, Evolution, and the Untimely*, Durham: Duke University Press, 2004, p. 12.

[4] Verbeek, Peter-Paul, *What Things Do: Philosophical Reflections on Technology, Agency, and Design*, University Park, PA: Penn State Press, 2005, p. 79.

[5] Beauchamp, Tom L., *Principles of Biomedical Ethics*, Oxford University Press, 2012, p. 4.

研究应该避免将生物学因素作为决定行为和偏好的唯一因素,应该更为充分地考虑社会和文化对伦理行为的影响。①

**生物主义的趋恶性** 简要梳理生物学、科学、哲学、技术哲学和伦理学诸学科对生物学的生物主义主张的理性审视,整体地呈现出生物学在认知方面的片面和局限:一是主张生物基因决定论,认为人和人类的形塑主要取决于生物基因;二是强调身体的根本性,"将人类归因为身体"②,主张身体主义。生物学在认知上呈现的这两个方面的片面性和局限性被予以无限度的扩张性解释达于极端状态,就产生出生物主义,形成生物主义的基因决定论和身体主义。**基因决定论**,是从发生学入手来夸大生物基因的作用,强调基因决定生物,生物决定人和文化的形塑,形成文化生物主义,突出人类社会的生物学化。**身体主义**,是从行为入手来夸大身体的作用,主张身体决定行为模式的选择,更为极端的认知取向即身体决定思维和认知方式、身体决定情感和心灵。合言之,人是生物主义的,人的生物主义从基因的发生学和身体的行为论两个方面得到定义。

生物主义无论作为一种理论,还是作为一种解释方式,都源于生物学研究所形成一种认知论主张,但这种认知论主张要形成一种具有广泛影响的生物主义理论和解释方式,需要一种生物学之外的力量的积极参与。客观地看,可以塑造生物主义的主导性力量不是来自生物学领域或其他科学,而是生物学和科学之外的社会力量。这种社会力量可能是技术科学和社会科学方面的研究,但更可能是政治实用和经济需要。综合地看,二者鼓动不同领域的学术研究有意识、有目的地放大生物学的这种基因决定论和身体主导论,由此形成生物主义。

生物主义理论和解释方式一旦形成,就会予以社会化推动,即传播、扩张和无限度、无边界地运用于社会各个领域,由此使生物本性得以无限放大,并在这种无限放大中将它定义为一切的准则、一切的动力和一切的方法,这样一来,自然的或者科学的生物主义就演绎成为人文的或社会的生物主义,尤其是政治-经济的生物主义。客观地看,生物主义经历了自身扩张的四个

---

① Beauchamp, Tom L., *Principles of Biomedical Ethics*, Oxford University Press, 2012, pp. 4 – 5.

② Rose, Hilary, *Love, Power and Knowledge: Towards a Feminist Transformation of the Sciences*, Cambridge University Press, 1994, pp. 112 – 113.

互为推进环节，形成生物主义的四步阶梯。首先将生物学的基因决定论主张扩张为生物决定论和身体主义；其次将以基因为内核的生物决定论和身体主义演绎性扩张为自然的或科学的生物主义；再次将自然的或科学的生物主义演绎为无所不包的人文的或社会的生物主义；最后由此生成的政治－经济生物主义，则是将生物主义推向绝对和极端的最后力量。

从生物学向自然的或科学的生物主义扩张进而演绎为人文的或社会的生物主义，最后进入政治－经济生物主义，这其中必启动**技术**来构筑一中介桥梁。技术始终是人类对自然认知转向社会构建的中介方式，它总是无声地肩负科学向人文、认知向行动方向转换升华的桥梁功能。生物学的生物决定论向科学的生物主义和人文的生物主义最终至于政治－经济生物主义这一方向扩张所必须求助的技术，既不是传统的手工技术，亦非传统的机械技术，而只能是**生物工艺学技术**。正在全面形成并向纵深和广阔两个领域挺进的生物工艺学技术，是排斥和清除传统的手工技术和机械技术而自在独尊的技术体系。这一技术体系根据生物基因决定论和身体主义共同形塑人和形塑人的文化、人的能力和人的社会的基本理论和解释方式，将人和人的文化、能力、社会塑造为生物主义的人、文化、能力和社会。基于这一理论和目标定位，生物工艺学技术以**人的生物基因**和**人的生物大脑**为资源研发对象，然后运用计算机技术，形成以计算机为运演工具、以会聚技术（NBIC）为认知方法、以大数据为分析方法、以基因工程和人工智能为两翼形态的生物工艺学技术体系。基因工程研发人的生物基因，以实现优生优育并按照人的权力意志来流水线般的生产人；人工智能研发人的生物大脑，以模拟和延伸人的生物大脑的工作原理和运行机制，并在掌握人的生物大脑的工作原理和运行机制的基础上，创造性地生产智能机器、智能人。合言之，以基因工程和人工智能为两翼形式的生物工艺学技术就是按照人的生物原理来制作和生产技术人，从而实现生物主义的人文化和社会化，或曰实现人文存在的人和人文存在的社会生物主义化。生物主义所诉求的这一人本理想、文化理想和社会理想，是在本质上宣扬**本能主义**和**物质主义**，而一切形式的本能主义和物质主义都是恶的，因为本能主义宣扬人的生物学返祖，物质主义宣扬人的物理学返祖。

## 2. 生物主义的原则

生物学探讨开出生物主义道路，源于基因决定论和身体主义。从基因决定论到身体主义，实际上宣扬生物本能论。所以，生物主义的本质是**本能论**，是**本能主义**。

**本能冲动原则** 生物本能论的内在原则是本能冲动原则，它构成生物主义之恶的第一个原则。

理解本能冲动原则，须从"本能"和"本能冲动"概念入手。人是生物物种，其从自然人类学向文化人类方向进化无论达到哪种境界，都没有也不可能摆脱生物本性，本能始终伴随人类物种和个体生命，对人的思考同样不可能忽视或解构本能问题。自古希腊产生人的哲学开始，对本能的省思一直伴随着哲学。在古希腊，构建哲学体系的亚里士多德就对本能做过多领域的考察。他认为本能是自然存在的自然本性，它无所不在，"自然的东西都具有一定的本能，它们根据自己的本性而行动"[1]。不仅如此，本能成为自然世界的建构原则，本能是自然界中的一个原则，这个原则与人的理性不同，它是一种不需要学习就可以掌握的能力。以本能为自然原则，作为存在于自然世界中的万物都具有本能，接受本能，并以本能为准则行事，"一些动物具有天生的本能，它们可以根据本性而不需要学习就能够做出正确的判断"[2]。人更是如此，本能是一种天生的、无法通过学习获得的能力，它使得动物们能够适应自然环境并生存下来。[3] 人既要以本能为驱动力向自然学习，谋求存在，更要以本能为方式表达情感：本能是一种可以促进人的生存和繁衍的天性，它让人们对某些事物产生爱慕和厌恶的情感。

进入现代社会，许多问题和困惑都指向人自身，人对自己的认识也变得日益紧迫。心理学的现代发展，使"本能"成为一个焦点。早期人们关于本能是固有的、自动的行为模式的观念被抛弃，人们更多地以动态的姿态来重新审视本能问题，特别关注本能对行为的驱动如何不可避免地接受来自学习

---

[1] ［古希腊］亚里士多德：《物理学》，张竹明译．商务印书馆2011年版，第178页。
[2] ［古希腊］亚里士多德：《动物志》，吴寿彭译，商务印书馆2010年版，第292页。
[3] ［古希腊］亚里士多德：《政治学》，吴寿彭译，商务印书馆1983年版，第5－21页。

## 善恶的病理问题

和环境因素的影响。对于那些试图将人的行为归因于本能的研究者来说，其危险在于从根本上忽视了环境和学习对行为的影响。许多心理学家认为，即使某种行为是遗传决定的，但个体的经验和环境、历史和传统以及社会经济和文化也会对其产生重要影响。心理学对精神分析心理学道路的开辟，有关于本能认知的视域获得了更新的打开。弗洛伊德构建起他的生物驱力的本能理论，认为人类行为来源于两种本能驱动力，即生存本能（Eros）和死亡本能（Thanatos）。弗洛伊德认为这两种相互冲突的本能在人类心理中发挥着重要作用，通过心理防御机制进行调节。生存本能（爱欲）和死亡本能（破坏欲）是支配人类行为的两种基本冲动。生存本能指向生命力量、生殖和个体自我保护，死亡本能则表现为攻击行为、自我毁灭和无意识的死亡渴望。[1] 在弗洛伊德看来，人的生存本能和死亡本能在个体心理中互相竞争和制约而形成一种心理防御机制，这一心理防御机制能发挥的基本功能是调节这些冲突，以维持个体的心理平衡。[2] 荣格在弗洛伊德的基础上向前，探究并揭发个体主义的本能形成、维持和强化的根源和机制，指出历史地存在一种以集体无意识方式呈现的本能，它构成个体主义的本能的原型。荣格指出，原型是一种普遍的、固有的心理本能，它们存在于集体无意识中，影响着个体的行为、情感和认知过程。原型反映了人类心理的普遍性，并在文化和社会环境中得到体现。荣格不仅强调"本能在人类心理发展和个体经验中的重要作用"，更关注"文化和社会对个体行为的影响"，并通过对原型和集体无意识的探索来建立一种比弗洛伊德的个体主义的本能驱力理论更具解释功能的新的精神分析心理学理论，这种理论更强调"内在本能和外部环境之间的互动"。[3]

荣格从弗洛伊德起步而超越弗洛伊德，对人的生物本能予以历史学和文化学的探讨，形成文化历史学的本能理论。与此不同，阿德勒亦是从弗洛伊

---

[1] Freud, S., *Beyond the Pleasure Principle*, *The Standard Edition of the Complete Psychological Works* of *Sigmund Freud*, 1920.

[2] Freud, S., *The Ego and the Id*, *The Standard Edition of the Complete Psychological Works* of *Sigmund Freud*, 1923.

[3] Jung, C. G., *Analytical Psychology: Its Theory and Practice*, New York: Pantheon Books, 1968, pp. 56–87.

德起步而超越弗洛伊德，对人的生物本能予以社会和环境的心理学探索，形成社会-环境心理学的本能理论。阿德勒认为，人的行为生成及方向性展开，不仅受到生物学本能的驱使，更要受到社会和心理因素的影响。人们对社会归属感和优越感的诉求驱动着个体的行为和心理过程。[1] 弗洛姆却从人文本体出发，考察人的行为并非完全由生物本能决定，还受到社会、文化、心理等因素的影响，特别强调要关注人类的自由意志和选择，以及个体在社会环境中的发展和心理需求的满足[2]；并在认知基础上提出人的存在敞开五种基本需求，即人对人之间具有相属性的关联性需求、独立的需求、身份的需求、有统合的需求。这些需求构成了个体心理健康的基础，并通过满足这些需求来实现心理平衡和个人成长。[3]

　　本能是人的生物本性，它内聚为一种具有原发动力性质的心理机制，当人的生命存在敞开生存，本能则外向释放出生物取向的本能冲动。本能及本能冲动，不仅是一个心理学问题，首先是一个神学问题，其次是一个哲学问题。奥古斯丁认为，人类的罪恶源于对物质欲望的过度追求和对本能冲动的无节制，为了实现道德成长和灵魂的救赎，人类需要通过信仰和神的帮助来控制和抵制本能冲动。由此，奥古斯丁特别强调内心反省和祈祷的重要性，认为这有助于个体对本能冲动的抵制，促进心灵的净化和救赎。不仅如此，通过内心的反省和祈祷，人与神发生紧密联系，超越自身弱点和欲望，达到更高的道德境界。阿奎那沿着奥古斯丁的思考继续向前，揭示人类拥有内在的本能倾向是上帝赋予的，旨在引导人们走向善良和道德。但由于原罪的影响，人更有可能滥用本能冲动，从而导致罪恶。所以，只有救赎原罪才可摆脱本能的桎梏，但前提是培育理性。阿奎那主张人类应该通过理性来引导和控制本能冲动，同时也强调神恩的重要性，认为人们只有依靠神的帮助，才能最终克服本能的诱惑和罪恶，以真正实现救赎。

　　在哲学上，最早关注人的本能问题的是柏拉图，他发现人的心灵与行

---

[1] Adler, A., *Individual Psychology*, In C. Murchison (Ed.), *Psychologies of Worcester*, MA: Clark University Press, 1930.

[2] Fromm, E., *Escape from Freedom*, New York: Rinehart, 1941.

[3] Fromm, E., *The Sane Society*, New York: Rinehart, 1955.

为的复杂关系源于人的心灵的复杂性；人的心灵的复杂却源于它自身构成的复杂，即人的心灵是由动变不已的理智、勇敢和欲望诸因素构成，并揭示此三个动变不已的因素中的欲望涵盖了本能冲动，代表人追求物质享受和欲望满足的驱动力。人要实现心灵的和谐和个人的道德成长，应该充分发展理智来控制和引导欲望，以避免物质欲望激发本能冲动失度导致的道德堕落。亚里士多德继之在《尼各马可伦理学》中正式提出"本能冲动"（φυσικό ένστικτο）概念，揭示人类的行为和决策既受理性的影响，也受非理性因素的影响，而影响人的行为决策的非理性因素的核心内容就是本能冲动和欲望。

近代以来的哲学既因为人的主体性的全面确立，也因为人自身的复杂性对人的困扰，将本能冲动从幕后推向台前。休谟在《人性论》中通过知、情、意的严肃探讨来揭示人性中最具创造性活力的因素不是理性，而是情感、激情和本能冲动，揭发人类行为和道德判断主要不是理性，而是情感和本能的驱动，以此强调情感、激情和本能冲动在人类生活中的重要性，并提出人"理性无力"而"情感无眼"，指出理性和判断力应该与情感和本能冲动相互协作，以引导人类行为和道德选择。[①] 休谟对本能冲动的人性考察，为叔本华和尼采哲学打开了潜在的通道。叔本华在《作为意志和表象的世界》中揭发人类生存本能冲动化，是根源于世界的本质是盲目的和无目的的意志，这种意志表现为人类和其他生物的本能冲动，人类的痛苦和苦难很大程度上源于其本能冲动驱使使然。人类要尽可能摆脱痛苦和苦难，应通过抑制欲望和本能冲动，其基本的方式是借助艺术、同情和道德来超越欲望和本能冲动构筑起来的盲目意志。尼采接过叔本华的意志论哲学，发现本能冲动是人类生命力的表现，应当被认可和接纳。他反对将本能冲动视为恶的来源，主张将生命力和本能冲动作为实现个体自我超越的基础。并强调应以价值重估和自我超越的方式来充分发挥本能冲动中的创造活力，只有这样才有助于塑造个体更为独立、自主的精神和更富有的创造力量。

人类对本能冲动的认识，从古希腊的自然主义向中世纪的神学主义，再

---

① ［英］休谟：《人性论》下册，关文运译，商务印书馆1980年版，第497—501页。

过渡到现代进程中人的主体主义，从对人的本能冲动认知的否定性批判转向其肯定性和创造性的评价，实实在在地为生物学研究被生物主义化培育了土壤、铺平了道路，生物主义的本能冲动原则获得了自然存在论的基石、神学的依据和哲学的理由。

**丛林法则**　这是为人类之文化人类学进化所总结出来的生物学法则，它指在自然界中，万物生命和所有的物种都遵循"物竞天择，适者生存"的法则而存在、生存、繁衍。物竞天择，适者生存构成存在世界中优胜劣汰的自然机制。英国生物学家赫伯特·斯宾塞（Herbert Spencer，1820－1903）最早提出这一概念和主张，指出"自然界中生物之间的竞争和生存斗争，只有适应环境、适应生存条件的生物才能够生存下来和繁衍后代"。① 斯宾塞的丛林法则思想通过达尔文的生物进化论理论得到进一步发展，揭示"生物之间存在着激烈的竞争，这种竞争体现了丛林法则，只有适应环境的生物才能够生存下来"②。

客观地看，丛林法则的灵魂不是"物竞天择"，而是"适者生存"，适应才是最根本的。适者生存中之"适"，并不仅是弱者的适应，也指强者的适应，指无论强者或弱者都在竞斗中学会适应环境，也学会适应对方。但是，由于历史的惯性，也由于现实的需要，人们往往将丛林法则理解为弱肉强食。以弱肉强食为主题的"物竞天择、适者生存"的理论之核心思想有二：一是在生物世界里，"生存竞争是自然界中不可避免的事实，只有适应环境的生物才能够生存下来"③；二是"丛林法则是生物学的基础，生物之间的竞争是生物进化和自然选择的驱动力"④。

丛林法则为什么是生物学的基础？因为在人们业已形成的认知惯性看来，丛林法则的本质是弱肉强食、适者生存。生物的"适者生存"，是以"弱肉强食"为前提条件。生物之间的"弱肉强食"的竞斗之成为可能，是因为求生的本能冲动，而求生的本能冲动却源于生物的生命意志和本能；生物的生命

---

① ［英］斯宾塞：《自然的秩序》第1卷，顾彬译，商务印书馆2007年版，第230页。
② ［英］达尔文：《物种起源》，周建人等译，商务印书馆1995年版，第79页。
③ ［英］斯宾塞：《自然的秩序》第1卷，第230页。
④ ［英］达尔文：《物种起源》，第79页。

### 善恶的病理问题

意志和本能是造物主赋予所成。天赋的生命意志和本能在多大程度上发挥优胜劣汰的本能冲动和由此武装起来的竞斗强力,既取决于生物个体后天的环境适应的深度与自我训练形成的身体力量,包括身体能力和身体潜能;也取决于生物基因及遗传机制。由此可知,生物世界中"弱肉强食、适者生存"的丛林法则的生物学基础有二:一是基因及其遗传机制;二是身体能力和潜能。要言之,丛林法则的生物学基础,就是生物的基因决定论和生物化的身体主义。

生物主义依据基因决定论和身体主义从基因工程和人工智能两个方面来构建起生物工艺学技术体系,这是全新于农牧时代的手工技术和工业时代的机械技术的技术体系,研发这一技术体系的目的是实现人的优胜劣汰,达到极致便是:基因工程通过基因开发来完成优生优育的生物人种学事业和优胜劣汰的人类计划;人工智能通过研发人工智能机和人工智能人,来替代生物人的劳动方式、工作方式、生产方式,最终或可实现智能机器人种替代生物人种,所以人工智能比基因工程更激进。

**存在匮乏原则** 生物主义喧哗的核心教义是弱肉强食。弱肉强食的丛林法则,是生物主义的**行动**原则。生物主义喧哗的弱肉强食,必以本能冲动为内驱力,本能冲动原则构成生物主义的**动力**原则。以本能冲动为动力机制,以弱肉强食为行动准则,最终诉求的是适者生存。适者生存的本质含义是尽可能以最少的努力和最小的代价获取更好的生存。在生物世界里,无论是物种还是个体,通过弱肉强食的竞斗获得更好生存的核心内容,就是获得更宽广的空间地盘、更丰富的食物资源。对于人类物种和个体言,其更好的生存同样包括更空阔稳定的空间疆域、更丰富的自然资源,除此之外还包括更高水平的存在安全和物质生活保障。由此,生物主义遵从本能冲动的动力原则和弱肉强食的行动原则,最终解决其存在匮乏以实现更好的生存。这就意味着,无论本能冲动还是丛林法则,都根源于**存在匮乏**。所以,存在匮乏原则构成了生物主义的**目标**原则。

存在匮乏,实际地蕴含三个方面的内容并敞开三个向度。在物质层面,存在匮乏指生存所需要的物质性条件的非完满性和非丰裕性;在精神层面,指心灵、情感的非丰足性、非充盈性;在生命存在的层面,指生命的有限性、短暂性。从根本讲,存在匮乏之于人实指人的**存在有限**,包括空间的有限、时间的有限、物质的有限、精神的有限和生命的长度有限。如此绝对的有限性构成人的匮乏存在和存在匮乏。这种匮乏意识和激情燃烧起永恒的存在欲望和本能冲动,在行为上展开无可止的弱肉强食的竞斗,以求得存在匮乏的最终消解,但这根本不可能真正地解构,而且越是热衷于这种对存在匮乏的消解努力,就越会加重这种匮乏存在感。人类从远古的人天合一的农牧生存向实利主义的商业生存模式的进军,最终与自己的意愿性目标渐行渐远。于是有了生物工艺学技术体系的无限度开发,基因工程和人工智能看似给人类带来美好前景甚至无所不能的便利,但实际上,无论基因工程还是人工智能,都是从根与本两个方面解构着人的存在,因为基因工程和人工智能的无限研发与运用,正以最不可思议的方式把人间之恶推向极致,这既表现在人类对消解存在匮乏和生存日益有限的无限度渴望,更体现在技术与权力的合谋正在以不动声色的方式展开对人的生存、自由和幸福的各种可能性权利及其希望的收缴,最后的结局是生物的人类将由主体变成受体,成为生物工艺学技术和人工智能技术物的奴役对象。

## 四 恶的威权主义本质

恶是一种存在的病症。从造物主言,它是上帝创化世界之至善的遗漏,形成恶是善的缺失;从人论,是人从自然人类学向文化人类学方向敞开的本性使然:人的文化人类学就是克制其自然人类学本性的进程,由此形成**恶是善的根源**,即**善生成于恶**并**成为恶的救治方式**。仅从后者论,人类之恶不仅有其生物学根源,更有其文化学根源。恶的生物学根源,揭发恶源于对自然人类学本性的文化人类学放大,生成恶的生物主义本质;恶的文化学根源,揭发恶源于文化人类学本性的自为放纵形成对自然人类学本性的扭曲,生成恶的威权主义本质。

### 1. 何为威权主义?

要真正认知威权主义是滋生和制造恶的温床,须先了解"威权"概念,这需要以"权威"为参照。"威权"与"权威"这两个概念虽然只是词序变换了,语义内涵却根本不同。但其不同的语义内涵都是围绕"权"展开,形成权的来源和权的取向不同,由此产生的权之效果也截然相异。

所谓权威,是指权力者以其本应有的**德性**和独特的**才能**运用权力**创造贡献**所产生的实际社会影响力,所以,权威并不产生于权力,也不直接来源于权力者,而是来源于权力者运用权力产生的结果得到他者和社会的普遍认同,**权威来源于认同**,来源于对权力者的**权力作为**的社会认同。美国政治学家达尔在《当代政治分析》中这样定义权威,他说:"政体体系中的首领们通常支持一套理论主张,用以说明他们在这一政治体系中的领导是合理的。这样做的目的是,通过理论的论证以赋予他们领导的合法性,使他们的政治影响力成为权威。"[①] 达尔对"权威"的定义揭示权力者的权力作为要得到认同而形成权威,必须同时具备五个方面的基本条件:首先,权力者作为的权力必须是合法的,**权力的合法性**体现在两个方面:一是来源方面,权力者作为的权力必须来自**国民授权**,这即**权力他授**,抢夺或欺骗得来的权力是非法的,所以**自授**的权力是非法的。二是他授的权力之于权力者言,始终是有限绝对权力而非无限度绝对权力。权力者作为的权力如果是无限绝对权力,或者说权力者作为的权力可以无限绝对化,哪怕是他授的权力,也因为权力者对权力的无限绝对化的作祟,也沦为非法权力。其次,权力者作为的有限绝对权力产生认同的权威,必须以**实际的社会贡献**为奠基性条件。没有实际的社会贡献的权力,哪怕作为的是有限绝对权力,也不会产生出权威来。并且,构成权力获得认同的权威的社会贡献,自有其公民、社会、国家三个方面的规定,即只有同时增进了公民、社会、国家三者的福利的权力作为,才是可得到认同的社会贡献。其中,增进全社会每个公民的福利——增进每个公民之生存、自由和幸福的权利和利益——才是根本,权力者的权力作为产生的贡献如果仅限于国家或社会,而与公民个人无关,或者虽然与公民个人有关,但只是对少数人、个别群体或团体有利,都不能定义为是贡献。权力者作为其合法性权力创造出来的贡献,必须是以增进**全民**的生存、自由和幸福之福利为根本依据。再次,权力者作为有限绝对权力产生的实际贡献能够得到普遍的认同,形成其合法性的权威,必须能自我维持。这种自维持权威形象的力量只

---

[①] 引自严家其:《首脑论》,上海人民出版社1986年版,第20页。

能是不断地为社会共同体及人人谋求**更为实在的**利益和权利,所以,权威始终要以追求社会共同体人人的生存、自由和幸福之利益为行为体现和实现其自身的方式。复次,权力者进行权力作为产生的认同性权威及其生发出来的继发性权威行为,都必须是合法的,或是非合法性权力运用产生普遍的社会认同而获得权威,它的权威行为及其产生的结果必须是合法的,如果产生出来的权威行为仍然处于非法状态,那它最终不能被称为权威。最后,但凡权威,其内在支撑力必须是普遍的伦理理想,即凡是权威总是敞开了或者营造了共同体人人意愿、意志和需要的伦理理想;同时,凡权威,其外在行为表现始终具有普遍激励性的道德力量,即权威行为永远是道德力量的敞开,并构成实际的道德表率。所以,权威既是某种普世的伦理理想的象征,也是产生具体的社会表率或引领效应之道德价值的体现。①

权威的如上定位与取向,映照出"威权"沦为它的反面:作为权威反面的威权,既不来源于权威,也与权威无关,而是与**权势**直接关联。

权势是为度量权力影响社会和人的效力范围的一种方式,不是源于社会的认同,而是源于权力者对权力的作为产生对社会和人的扭曲及其被扭曲的社会和人对权力的被迫承认或迎合。所以,以权威为参照,可对比出权势的根本性质、基本取向和行为特征。

第一,权威和权势都必须由权力引发,没有权力的引发,既不可能有权威,也不可能有权势。但权威虽然由权力引发,却并不来源于权力,而是来源于权力对贡献的作为所形成的普遍社会认同,所以,权力的大小并不决定权威的大小,权威的大小由权力者的德才对行为的塑造来决定,即德才越高、贡献越大,就越具有权威,权威的效力范围就越大。相反,权势既由权力引发,也由权力决定,权势直接由权力者手中握有的权力来塑造,并由手中的权力大小决定:权力者掌握的权力越大,其权势越大;反之,亦然。

第二,权力者的权威由其普遍性的贡献来促成,但权力者的权势却是由**权术**来成就。权术是权力者打破职位权力限度,使之达向野性扩张的动力与方式。

---

① 唐代兴:《宪政建设的伦理基础与道德维度》,天津人民出版社2008年版,第219页。

第三，权威具有自我维持的边际效应能力，权势却具有自我扩张的延伸强力。二者的如上功能都须通过权力的运行来实现：权力借助于普遍的贡献转化为权威，产生出来的是社会化的威信和信任，即通过社会化的威信的确立来使人们对权力者的信任。权力借助于**权术**的运用转化权势，产生出来的是权力势力和权力崇拜，即通过权力势力范围的扩张来使人们对权力者的目的性崇拜：权力崇拜者一旦抱着特定的利益目的，有意识地在行为上表现出对权力者的崇拜，权力者的权势就产生出延伸性，即权力者的权势在他之外的非权力者身上获得了延伸性的权势效应。所以，权势的延伸性是由权力者和非权力者共谋的产物：一方面，权力者希望扩大自己职位权力的势力范围；另一方面，非职位权力的利益追逐者希望借助于权力者的权势而猎取非分的好处（包括权势本身）。所以，权力转化为权威，只能是权力者自己的德才对行为的塑造；权力转化为权势，则是权力者特有的权术和非权力者的钻营术对行为的共同塑造。

第四，权势和权威都具有向权力方向转化并扩张权力的倾向。但前者是通过威信和信任而把权威转化为新的扩张性权力，由此形成权威转化为新的权力内容，需要权力者更强的才能和更高的品德对自身行为的再塑造来实现这种扩张；后者却是借助于权术和钻营性崇拜而把权势转化为新的扩张性权力，由此要求权势转化为新的权力内容和形成新的权力势力范围的扩张，必须同时具备三个条件。一是权力者必须有更精熟的权术运作能力与技巧；二是必须有更多的非权力钻营者加入其钻营阵营；三是必须要求非权力钻营者能够更加肆无忌惮地发挥其钻营术。

第五，一般而言，权威产生于合法性权力，但在某些特殊的境遇中，权威也可能产生于某种非合法性的权力，但即使是这类非合法性的权力，一旦变成权威并通过权威来产生社会影响力，它都是合法的：所以，权威始终具有**自身**的合法性，因为权威是权力者运用德才对自身行为的塑造。与此相反，权势既可产生于合法性权力，也可产生于非合法性权力，但无论是合法性权力还是非合法性权力，一旦获得权势并通过权势来产生社会影响力，它都是非合法的。所以，权势本身始终是非合法性并呈非合法性取向，因为权势是权力者运用权术和非权力者运用利益钻营术来对自身行为的塑造。

第六，无论是合法性权力还是非合法性权力，一旦转化为权势，都呈现反道德取向，都是反道德的。从根本言，权势的反道德性质定位和取向，既源于权势本身缺乏普遍的伦理理想，更源于权势行践踏道德的任性和野蛮，形成这种任性和野蛮的驱动力是权力者和非权力钻营者们的个人欲望和利益野性。所以，权势者和对权势的趋附者要么是无才无德者，要么是有才无德者。

第七，权力者通过德才贡献来实现，始终呈有限性的。与此相反，权力者通过权术来实现权势，始终呈无限扩张状态，因为权力者运用权术的实质支撑力是利益野心和权力野心，钻营权术的实际支撑力是泛滥的欲望和无限的利益野性或权力野心，由此不难理解，权势的非法性和反道德性最终来源于权势的无限扩张野性。①

综上，我们可以用贡斯当的一段文字作为对权威与权势的区别的小结。"任何现世的权力都不应该是无限的，不论这种权力属于人民，属于人民代表、属于任何名义的人，还是属于法律，人民的同意不能使不合法的事情变得合法：人民不能授予任何代表他们自身没有的权利。"② 权威来源于民授的合法性权力并以有限绝对的方式服务于公民和公民社会所形成的实际贡献和对贡献的普遍认同；权势却相反对，在通常情况下，权势是一种并不来源于民授的非合法性权力，而且总是以权术的方式运作权力，使其成为无限绝对化的牟取私利的强权时，它就沦为威权；即或是来源于民授的合法性权力，当以权术的方式运用使其发挥无限绝对的强权以牟取私利为目的时，也就成为威权。所以，**威权的形态学表征是权势**。

权势构成威权的形态学特征，也构成理解威权之恶的政治学本质的真正入口。沿着权势得以生成和敞开的理路做回返性审查，则会发现威权之恶的政治学本质蕴含于"威权"概念之中。以权威和权势为双重参照，"威权"一语的"威"，主要不是指威信、威望，而是指权势、威风。威权，即权力者运作权势带动的威风。威风的本质语义是霸气、霸道、霸权。所以，"威"字

---

① 参见唐代兴《宪政建设的伦理基础与道德维度》，天津人民出版社2008年版，第220—221页。
② ［法］邦雅曼·贡斯当：《古代人的自由与现代人的自由》，阎克文等译，商务印书馆1999年版，第11页。

里面蕴含"权"。"威权"的"权"字,既可指权利,也可指职权、位权,但主要指公权,即国家机器权力或国家机器化的权力。所以,权力者运用权术将公权变成霸权并行霸道之为产生的无限权势和威风,就是威权。

凡"权"都有可能生发出"威"来,但在一般情况,权所生发出来的威都是有限的,因为存在世界万物都是有限度有边界的存在,产生于"人间"之权更是如是,即权存在自身的边界。无论是权威的权,还是权势的权或威权之权,都是人与人**相要约**和人与群相要约的产物,这种相要约无论以什么方式或形式相缔结,都是以**互为限度**和**互为边界**为保证。这种互为限度和互为边界的权滋生出来的威,更多的是威信、威望。所以,权威的权力本质是限度和边界的**约束**;权威的社会效应是普遍认同,认同的本质是信任和希望,结出的是**善果**。只有原本是限度和边界的权被人为解构其限度和边界,使之达于无限度和无边界的状态时所滋生出来的威,才是威风,迸发出霸气、霸道、霸权。所以,威权的权力本质,是无限度和边界约束**任性地自由**;威权的社会效应,是普遍压抑和痛恨;普遍压抑和痛恨的本质,是扭曲、压制、欺凌以及由此滋生出来的仇恨和绝望,结出的是**恶果**。

从人类史观,获得民授的权力,只能是有限绝对权力,权力机关和权力者得到授权后行使其权力也是有限绝对的,个人的德才的发挥往往使这种有限绝对权力获得普遍认同的权威。反之,没有获得民授的权力,总是成为不接受限度和边界约束的无限绝对权力,将其无限绝对权力推向权术的极端,必然滋生出威权和威权主义来。所以,凡是没有获得民授的权力,总是被权力者推向无限绝对之路,因为只有当所谋取的或夺取的非合法性权力推向无限度化时,才可创造出威权和威权主义,只有通过威权主义才可使民服而确保其非合法性的权力得到想象的安全,而想象的安全始终是不实在、不客观的,所以要使想象的安全始终保持在动态的想象中,权力者必须不断地加剧其无限绝对权力的极端化、再极端化和又极端化。威权主义就是这样地以自身为发动机源源不断地制造出恶的权力、恶的存在、恶的政治和恶的社会与人。

进一步讲,恶的生物主义本质是将人的生物本性无限放大,使之成为一切的动力、一切的准则、一切的方法。恶的生物主义本质,就是把文化人类学的人变成自然人类学的人，将人文存在的人返祖为动物存在的人。所以，恶的生物主义指生物主义滋生恶、制造出恶，使恶生物主义化。与此相对应，恶的威权主义是将原本有限的公权无限放大形成无限绝对权力，使之成为一切的动力、一切的准则、一切的依据和方法。恶的威权主义本质，就是将社会性存在的人文主体的人变成社会工具，继而将其处理为可任意处置的耗材。所以，恶的威权主义即威权主义滋生恶、制造恶并使恶威权主义化。表面看，恶的生物主义本质和恶的威权主义本质互不关联，实际上，二者是本质同一的。因为无论是恶的生物主义，还是恶的威权主义，都宣扬优胜劣汰、弱肉强食。所以，恶的生物主义和恶的威权主义的共同本质，是以弱肉强食和优胜劣汰为准则的丛林法则。

**2. 威权之恶的原则**

"威权"（authoritarianism），既是权力者运作权力的方式，也是一种意识形态和制度结构。权力者运用权术来运作权力使其呈现威风、霸气甚至耍出霸道、霸权，如果缺乏意识形态的土壤和制度结构的支撑，这种行为仅属于个人行为，并且只能是偶然的非长久行为，因为它会很快遭受来自社会的抵制和制度体系的围剿。只有当威权既成为一种社会意识形态，又构成一种社会结构时，威权主义才产生。威权主义是一种社会意识形态，也是一种制度结构和运行体制，它强调统治者或政府具有无所不能且无所不在的威权和对个人存在及其生存自由的无孔不入的限制。滋养威权主义的意识形态土壤，必须是独裁主义和垄断主义的；支撑威权主义的制度，必然是限制人权，分裂人性，蔑视人道，去平等、去民主和去正义的。威权主义的社会通常由一个人或一小撮人掌控，对公民的生存及言行予以严格的审查和限制。在威权主义下，权力高度集中，社会决策过程通常暗箱操作，缺乏公众参与并全面清算问责的各种可能性空间。总之，威权主义之恶接受两个基本原则的指导和激励。

**意志主义原则** 威权主义，就权力者对权力的运用言，其张扬的个性特征和共性诉求就是将权力无限绝对化到极致，达到权力无所不在、无所不能和无孔不入的极端状态，所以，威权主义的本质是**极权**。以极权为本质规定的威权主义必有其滋生和培育的意识形态土壤，培育这一土壤的本性和生机是独裁和垄断。福科在《规训与惩罚》中指出，权力的行使不仅是个体或集体之间的关系，还是某些行为改变其他行为的一种方式。这就是说，所谓的权力，无论是大写还是小写，被认为是以集中或分散的形式普遍存在的，实际上并不存在。威权主义形成的先决条件，就是在面对权力时必须有意识地和有目的、有计划、有步骤地取消一切形式的个体与集体的区别、分散与集中的区别、等序与层级的区别，只有实现了这所有方面的清算之后，才可实现权力垄断，行使权力独裁。威权主义以垄断权力和独裁权力为真正的起点，就是使权力没有个体与集体之分，没有分散与集体之分，也没有等序与层级之分，权力就是权力，它之于权力者来讲就是整体、就是全面、就是自己。或者，威权主义就是权力者使权力成为自己，使自己成为权力。因而，意志本身才是决定一切、取舍一切和安排一切的准则。准此观之，威权主义原则就是唯意志原则，就是只有权力者的意志才是意志的意志主义原则。

福山在《政治秩序的起源》中指出："政治发展问题有两个维度，我们可以称之为'国家'和'社会'。国家关注的是权力的集中，而社会关注的是权力在各种社会群体中的分配。这两个维度对于实现政治秩序的目标都至关重要。"[①] 威权主义所要解决的就是这两个问题，不是对这两个问题的界线分明的保持，而是对这两个问题的合而为一。具体地讲，就是用"权力的集中"来处理"权力在各种社会群体中的分配"。这种处理所依据的原则只能是意志。威权主义必须以唯意志为主体前提，所以意志主义原则构成威权主义的主体原则。只有当确立起意志主义的主体原则，威权主义才可获得对权力的垄断和独裁。垄断是独裁的主体前提，唯意志主义是垄断的主体前提，只有当人拥有强大的、没有任何限度意识和任何边界约束观念的意志力量，它才可能驾驭自己突破所有来自历史和现实、来自文化和利益、来自个人和社会，甚至来自未来和想象的限度羁绊和边界约束而行"我是世界和世界是我"和"我是权力和权力是我"的意志，将它上升为绝对权力。具体地讲，只有当遵从唯意志主义原则将意志本身化为最高权力，并事实上驾驭和统摄其他权力

---

① Fukuyama, F., *The Origins of Political Order: From Prehuman Times to the French Revolution*, New York: Farrar, Straus and Giroux, 2011, p. 22.

时，威权主义才产生，垄断才形成，独裁才得以运作。

由于意志主义原则是以意志为唯一，并使意志成为一切权力的主体并主宰一切权力，所以意志主义既是破坏又是建构。遵从意志主义原则行无孔不入、无所不在、无所不能的权力，也就是清除所有的限度，破坏一切的边界，解构全部的约束，存在、世界、社会、人、权力、财富、欲望等统统听从意志的调遣，当有意外的不服从者，或当有偶发的非意志主义现象时，根据意志主义原则，作为意志的权力就迅速地重构，其重构的方法不能温文尔雅，更不能拖泥带水，必须雷霆手段并雷厉风行，这就是**纪律和暴力**。马基雅维利在《君主论》中精辟地概括道：一位君主除了战争、战争制度和战争纪律之外，不应有其他目标、其他想法，也不应采用其他艺术，因为这是唯一与统治者有关的艺术。纪律之所以成为威权主义建构的基本方式之一，是在于纪律能够根据唯意志主义原则做两个方面的构建：首先，纪律能够依据意志主义原则全新地构建意志权力化和权力意志化；另外，纪律能够依据意志主义原则全新地构建威权主义者之外的整个世界和所有人的存在，包括存在姿态和存在方式、行动方式和操作规则，一切都纳入编制、纳入规整、纳入统一、纳入步调一致。军训和监狱管理虽然在形态学层面根本不同，但所遵从的原则却是共同的，那就是意志主义原则的**实操化**。由于世界是由个人组成，对个人进行意志主义塑造是为根本，所以福科才如是说："纪律'塑造'个体；它是一种特殊的权力技术，将个体视为其行使权力的对象和工具。它不是一种因自身过度而自负的无所不能的权力；它是一种谦逊、多疑的权力，作为一种精算但广泛的经济运作。"[①] 纪律是静态化的秩序和结构的网络，其对世界和人的塑造是模式化的，是对世界和人进行塑造的一般形式和普遍方式；但世界和人是动态敞开的，威权主义要实现无孔不入、无所不在、无所不能的意志自由，行使无孔不入、无所不在、无所不能的垄断和独裁，静态主义的纪律是不能完全保证的，必须同时借助动态化的暴力，包括武装的暴力、语言的暴力、机制的暴力。马克斯·韦伯说：决定性的政治手段是暴力。在通常情况下，"政治"意味着争取在国家之间或国家内的群体之间分享权

---

[①] Foucault, M., *Discipline and Punish: The Birth of the Prison*, Translated by A. Sheridan, New York: Vintage Books, 1975, p.170.

力。根据意志主义原则，威权主义运用暴力的基本任务不是"分享权力"，而是消灭"分享权力"的思维－认知方式和行为模式，实现垄断和独裁。对威权主义来讲，运用任何形式的暴力来解决"分享权力"带来的对唯意志原则的伤害以确保垄断和独裁的畅行无阻碍成为唯一的目的，也是唯一的任务。

**任性地自由原则**　意志主义构成威权主义的**主体**原则，但依据这一主体原则而构建起唯意志的权力要达到无孔不入、无所不在、无所不能的威权效果，还必须将意志化的权力和权力化的意志付诸行动，使行动本身绝对无阻碍、绝对无滞缓地如一泄千里的奔腾江流，**绝对唯我**和**绝对为我**的自由，是必须遵从的原则。仅就威权主义言，这种绝对唯我和绝对为我的自由，就是意志主义的权力的任性地自由。所以，任性地自由构成威权主义的第二个原则，即威权主义的**行为**原则。

客观地讲，自由是存在的本色，是世界的基本标度。毛泽东抒发《沁园春·长沙》，从起兴"独立寒秋，湘江注北去，橘子洲头"而吟咏"看万山注红遍，层林尽染；漫江碧透，百舸争流"，最后感叹性总结"万物霜天竞自由"，揭示了自由的世界本性，万物本性。从存在论观，自由是天赋世界的权利，也是天赋万物的权利，更是天赋人的权利。天赋的自由虽然是人的必须，但天赋的存在自由要变成人的生存的自由，必须以**自觉的约束**为前提。康德将这种自觉的约束称为"义务"。这是康德为何将"自由"和"义务"联在一起来讨论的原因，也是他在《单纯理性限度内的宗教》中用"自由"和"义务"来定义的道德的根本理由："既然道德是建立在人这种自由的存在物的概念之上，人这种存在物又正因为自由而通过自己的理性，把自己束缚在无条件的法则之上；那么，道德也就既不为了认识人的义务而需要另一种在人之上的存在物的理念，也不为了遵循人的义务而需要不同于法则自身的另一种动机。"[①] 以"义务"为准则来比画或者说安顿自由、权利，这是一种普遍的和根深蒂固的思维观念和认知模式，但是，自由、权利、义务这些东西都是相对**人的他者性存在**而论，或者都是他者性存在的人因为存在本身的需

---

[①] ［德］康德：《单纯理性限度内的宗教》第1版"译言"，李秋零译，中国人民大学出版社2003年版，第1页。

要相向走近而结成群或社会时才生产出来的东西,在这些东西中,义务是不能与自由、权利并行的,因为自由和权利之于人属于**必须**,并且**都是**必须;义务之于人只属于**应该**,并且**只是**应该。对世界、存在、社会和个人言,凡必须的东西都是不可或缺的,是不能或缺的**具备**,也是不可或缺的**当为**;应该的义务却不同,它是可具或不可具、可当行或不可当行,一切都以人自身的意愿为准则。所以,无论自由或权利,其之于人是必需的责任,即人必须有以平等约束为前提的自由,必须享有平等和自由的权利。因而,自由是人的责任,权利也是人的责任。而且,自由和权利是人的**根本的**责任,一个人,如果维护或保护自由和权利的责任都丧失了,那他还能有什么呢?他还能做什么呢?所以,必需的责任始终是必然,具有**不可推脱性**,更具有**不可剥夺性**和**不可侵犯性**。就世界、存在、社会和人而言,责任之外的东西才归属于义务,义务始终是一种**或然**,既具有可推脱性,也具有可选择性。比如,在地铁或公交车上给人让座、施舍于人或者向社会捐献,以及做义工或当志愿者等,都没有必需的强迫、没有必然的"必须如此",一切都以人的自主、自愿、自由的选择为准则。这就是**应当**的义务。而诸如言行诚实、赡养父母、养育儿女、维护法律、行为担责等,对于人来讲都是必需的责任,没有选择。当区别出责任与义务的根本不同,然后以此为观照的依据,以自觉的约束为前提的自由,是必须的,约束与自由之间构成**必然的**必须关系,而非或然的应该关系。所以,以自觉的约束为前提的自由,属责任的,而非属于义务的;反之,将自由和权利与义务并论,或者将自由和权利划归为义务,带来的结果是,基于义务的或然性而可自行地取消自由和权利的责任,也可被自己之外的力量取消、侵犯自由和权利提供了合法性。威权主义之所以有深厚的意识形态的土壤,其中一个非常重要的因素就是自由义务论、权利义务论以及责任义务论为其提供的认知基础和思想的基石,这是义务主义的康德和康德的追随者所没有想到的。

将自由、权利、责任义务论化,用义务的观念和模式来比拟自由、权利和责任,必然地混淆自由、权利、责任与义务的根本区别,也混淆必须与应该的根本区别,更混淆必然与或然的根本区别,当这些根本方面的区别被混淆或者说被混为一谈时,人的思维和认识就从理性的严谨**降落到**本能性的感觉状态。由此，从感官秉性上升到义务的关键在于能否实现意志决断这一环节，也就是康德在《纯粹理性批判》第二版的第五篇"判断力的边界"中所讨论的"自由任性"（Willkür）。康德所讲的"自由任性"，是指因为自由而任性。威权主义也追求因为自己的绝对自由而任性，并由此以权术的方式将这种为己的自由任性演绎为绝对的唯意志指南的任性地自由原则。

以任性地自由原则为准则在行为上诉求自由地任性，首先是自我将"自觉地约束"取消，前提是无视和忽视天赋自由的自然法则，唯意志化的权力自由必沦为任性。任性地自由，就是威权主义所奉行的行动原则。其次，当威权主义者以唯意志主义原则为依据来确立起行为的任性地自由原则后，就以任性地自由原则为依据来否定世界、社会、人的自由原则，当世界、社会、人的自由原则被任性地自由权力武断甚至蛮横地否定和取消后，世界、社会、人的自由权利也就统统被收编入威权主义的任性地自由的权力框架中，天赋世界、社会、人的自由、自由权利以及捍卫自由和权利的责任，就被**连根拔起**，人也就彻底是丧失了自由、自由的权利和维护或捍卫自由的责任，因为诉求自由的权利和自由的责任，总是被任性地自由的威权主义定义为"非法"。

威权主义的任性地自由原则，构筑起威权主义者任性地自由的行为准则和行动依据。以任性地自由原则为行为准则和依据，任性地自由的**自为本质**，是自由的无节制、无限度、无边界；任性地自由的**为他本质**，就是压制、取消、剥夺、消灭世界、社会和人的自由。所以，以任何形式热衷于任性地自由并在行为上任性地自由，既是绝对泛滥的自由主义者，也是绝对残暴的反自由主义者。因为任性地自由就是只要自己自由，不准别人自由；因而任性地自由即只爱自己自由，痛恨别人自由，并千方百计、不遗余力地猎杀世界、社会、人的存在自由。所以，任性地自由必是恶，以任性地自由原则和意志主义原则武装起来的任性地自由，必是极端的恶。这种极端主义的恶释放出来的仍然是生物主义的本质。

# 第4章 病理之恶的形态

哲学基于神学的传统展开善恶的思考，从存在论达于生存的实践论，是沿着"**由善而恶**"的下行线路向"**因恶而善**"的上行路子展开，定义"恶"是一种无根存在方式。这里的"根"是本原意义的，它指涉存在的信仰与关联。对其"存在的信仰与关联"，虽然既可做神学取向的理解，也可做人学取向的理解，但实是统摄二者于一体的存在本身，因为神学的世界和人学的世界——或自然人类学的神学世界和文化人类学的人学世界——原本就统摄于**存在**之中而构成存在的内在神韵和外在关联。人的善恶并不先在于人而被预设，而是人的自然人类学向人的文化人类学发生之后所产生出来的实存样态和存在状况及其价值呈现。所以，**不是**因善生恶，**而是**因恶生善。恶作为一种无根存在方式实指没有存在的信仰与关联的存在方式。这种以缺失存在信仰和关联存在为根本内容的**无根**的存在方式有两种：一种方式是原本无根，这是一种**本原性无根**存在方式，也就是一种**无家可归的漂泊**存在方式；另一种方式是原本有根，却在后天因为自我的原因丧失了其本原性之根，所以这是一种**失根的**存在方式或者**丧失家园的漂泊**存在方式。原本无根的漂泊存在方式，是一种**蒙昧的**存在方式，这种原本无根的存在之恶是一种**蒙昧之恶**。丧失其根的漂泊存在方式，是一种**昧暗的**存在方式，这种丧失本原之根的存在之恶是一种**自我昧暗之恶**。以此观之，无根之恶的两种形式不仅形式不同，其恶的根本性质不同。这种根本性质不同的恶——蒙昧之恶和昧暗之恶——都混迹于五光十色的生活之中。无论其无根的蒙昧之恶还是失根的昧暗之恶，都与生活紧相伴随：生活的世界有多宽广，恶就有多大的市场；生活的内容有何等丰富，恶就会滋生出多少形式样态。但从呈现形态观，则可概括为暴力的病理之恶、非暴力的病理之恶、工具的病理之恶和耗材的病理之恶等形态。但是，无论是暴力之恶或非暴力之恶，还是工具之恶或耗材之恶，其生发的直接动力都是欲望与权力。

## 一　暴力性的病理方式

由于人是从自然人类学走向文化人类学，又始终不能彻底摆脱自然人类学的本性和自然人类学的境遇。所以，人的世界既来源于宇宙自然和万物生命共在共生的存在世界，又存在于宇宙自然和万物生命共在共生的存在世界中。在这一共在共生的存在世界里，物种之间通过生存竞争来适应是必然的存在方式，或者是造物主创化世界时设计的"生""创"方式，没有生存竞争，就没有创的活力，整个世界变成死寂，死寂的世界必不能存在。所以，生，才是存在世界的本来状貌；生，才是造物主创化宇宙自然万物生命共在的存在世界的本来意愿。但是，生，必须通过创才可得到实现，也只有创和始终保持源源不断地创，才可保证存在世界之生。这是造物主创化以宇宙自然万物生命为实存样态的存在世界必设计生存竞争的根本考虑。由于造物主设计生存竞争的目的不是破坏、不是消灭、不是死亡，而是其生生不息，因而，设计其生存竞争机制时，既设计了其"生"的目标，也设计了其"适"的方法，即生存竞争必须适应，只有实现适应的生存竞争才是创生的生存竞争。所以，生存竞争的法则虽然被名为**丛林法则**，但通过生存竞争的丛林法则来适应生存的法则，则是**限度法则**。达尔文生物进化理论将生命世界的进化法则概括为"物竞天择，适者生存"，则是完整地表述了造物主创化存在世界使之充满永恒创生活力的机制：首先，生存竞争必**适应生存**的机制，是造物主设计的。造物主设计此创生机制的目的，是赋予存在世界及存在于其中的万物生命以创的活力和生的机能。其次，通过生存竞争以适应的创生机制中，竞争是动力，但是基于生存而竞争，所以竞争的目的是**适应**生存，因而，适应才是竞争的归宿，也是竞争的命脉。最后，通过竞争来适应的秘密，却是**限度**，即有限度的竞争才可使竞争本身成为创化、创造、创生的机制和动力。而限度的法则不是相对适应生存言，而是相对生存竞争言，是说生存竞争必须有限度，只有有限度的生存竞争，才成为创化、创造、创生，才可通过竞争而实现生存和更好地生存；反之，无限度的生存竞争，就是破坏、毁灭他者的生存，最终也毁灭自己的生存。所以，生存竞争有无限度，构成了适与不适的分界。

由此可知，在存在世界里，其丛林法则的现象学可能是弱肉强食、是生存竞斗的无限度性；但丛林法则的本体论却是**竞而必适**的适者生存，是为适之生存而必有限度和约束。所以，存在世界的根本法则亦是有限度的生，创法则。在物竞天择、适者生存的丛林法则规范下，竞争往往涉及暴力，并且也往往需要暴力。这意味着在生存创生的存在世界里，暴力也并非恶，它也可能是善。暴力的恶与非恶，或暴力的善或恶，取决于其生存竞争**是否有度**。

### 1. 暴力的本质与取向

讨论暴力的善恶，首先要界定何为暴力。由于暴力并不属于某一领域或环境、某一时期的现象，而是一种历史性的普遍现象，是一种可见之于人类社会的任何领域、任何方面发生的行为现象，所以，对暴力的关注和讨论也广涉许多领域和学科，由此使"暴力"成为一个涵盖多个领域的复杂概念，包括心理学、社会学、政治学、法学、经济学、教育学、哲学等领域。在大多数情况下，暴力被定义为对自身或他人施加身体的、心理的或结构的伤害。这种伤害可以是实际的，也可以是潜在的，可以是对个人的，也可以是对群体的。要言之，"暴力"概念在认知上呈现出来如下三个方面的共性取向：首先，暴力是一种社会行为，它并非发于偶然，而是有其一贯的观念支撑并有具体的社会结构的支撑，体现一贯的倾向。其次，作为一种社会行为的暴力，总是有特定的施暴者和受暴者，其施暴方多为强权者，受暴方多为弱权者，因而，暴力所及总会造成对受暴方的伤害，比如财富伤害、生命伤害、人身伤害、心理和精神伤害等，但所有这些伤害都汇聚成权利伤害和对人的存在伤害。最后，暴力作为一种社会行为有许多种形式，比如经济的形式、法律的形式、政治的形式、教育的或文化的形式等，不同的形式虽然有程度的不同，但其性质无异，即无论在哪个领域采取哪些形式的暴力，其根本性质是相同的，那就是**伤害**。而伤害，可能是侵犯，也可能是非侵犯，由此形成作为一种社会行为的暴力，可能是侵犯性的伤害行为，也可能是非侵犯性的伤害行为。前一种暴力行为必是非法的和非道德的；后一种暴力行为可能是合法的和合道德的。

要言之，所谓暴力，指意志单向指涉对方以改变现状的强制力量。根据这一中性取向的定义，暴力的基本构成有三：首先，暴力是一种强制力量，非强制力量不属于暴力的范畴，属于强制力量但在形态上给人感觉没有强制性，仍然是强制力量，比如谎言和历史虚无主义，如果只属于个体性行为，就不属于强制力量，但如果是以结构的方式（比如制度、法律、规程、政策，或圣旨）实施，就属于强制力量；其次，这种强制力量是**己相对他言**，这个"己"可能是单个的个别，比如你或他，更可能是组织、机构、权力机器、社会结构。在一般情况下，能够行使暴力的强制力量多属于组织、机构、权力机器、社会结构等，纯粹的个体要成为强制力量并且构成一种社会行为，往往需要特殊环境的培育，比如在非正常的环境场域里，财富和权力的占有者都可能将自己膨胀为强制力量。在血缘宗法社会里，皇帝是最大的强制力量，即使是他的话语也是具有最大杀伤力的"圣旨"；在威权社会里，产生同样性质的强制力量，现代人类进程中的集权主义（authoritarianism）者和极权主义（Totalitarianism）者，都会成为最大的强制力量。最后，这种强制力量体现由己及它的单边意愿和单向意志的强加，即意欲强行地改变**己他关系**或**己他结构**——或权利关系结构，或利益关系结构，或生存关系结构以及存在关系结构——的现状，以重构一种新的存在关系或结构。此三者构成暴力的自身规定，即暴力具有侵犯性。基于这一自身规定，暴力**在本质上**是一种恶。

客观地看，暴力作为本质之恶是一种打破平常存在状态的恶，因而，它是一种破坏已有秩序样态、已有结构或关系的个体性的行为之恶或整体性的运动之恶，蕴含两可性。第一，暴力之恶既可以是个别的、特殊的和空间性的社会现象，也可能是整体的或历史性的社会运动。第二，暴力之恶既可能是局域之恶、情景之恶、殊态之恶，更可能是全域性之恶、普遍性之恶或常态化之恶。暴力之恶到底以何种形态呈现，主要取决于社会的**态势**，即社会在整体上是处于常态还是处于非常态。一般而言，处于正常态的社会，暴力之恶始终呈个别性、局部性、情景性和殊态化。因为正常态的社会有其自身的一般规定，这种指涉自身的一般规定可概括为三个方面：第一个方面，正常的社会一定是人权政体的社会，它得以建构的逻辑起点是人，是缔造国家社会的共同体成员人人，其社会目标主体也是共同体人人。第二个方面，正常的社会是人权社会，并有其人权制度和法律的保障，即制度和法律是持守平等的，基本职责是保护人权不遭受来自任何方面的侵犯。第三个方面，正常的社会从不同的方面限制暴力之恶，当暴力之恶受到来自社会各方面的限制时，它只能在局域的、殊态的、情景性的状态下产生，即使发生了，也不会产生边际效应。反之，处于非正常的社会，暴力之恶是整体的、普遍的和常态的。因为非正常的社会往往要么是集权社会，要么是极权社会，权力没有边界，权力也没有限制，制度和法律从根本上保障特权和保护强权。所以在非正常的社会里，暴力成为常态，暴力之恶得到普遍的认可甚至认同。

暴力虽然在本质上是恶，但对由组织起来的社会来讲却是必需的。这源于人的生物本性和人性。人的生物本性的存在敞开，遵循的是"物竞天择，适者生存"的丛林法则，所以人的生物本性是本能地展开。人性是人以意识的方式将其生物本性予以人文化成，所以人的人性是意识地舒张或者说扩张。本能地展开其生物本性是有边界和限度的，因为如果它突破了本能的限度，就将要遭遇更为强大者的严惩；意识地扩张其人性，往往没有边界和限度，因为人的意识地思维的能力使他总是有办法应对逃避惩罚。为了惩罚过度的私欲膨胀在行为或者说利益、权利等方面对他者的伤害，一定程度的暴力成为必需。所以，必需的暴力的正面，是自我防护；必需的暴力的反面，是惩戒行为无度者。孔子提出"以直报怨，以德报德"① 的主张，应该是最早的暴力必要论思想，必要的暴力是保护个人权利和利益的基本方式。所以，暴力虽然在本质上是恶的，但也是不可缺少的。

暴力之于人的社会之不可缺少，是从来源和秩序结构两个方面言。首先，从发生学讲，暴力并非产生于善的缺乏，也非产生于灵魂失忆，而是产生于存在之根的丧失**或**对存在之根的坚守。对相对善恶而言的存在之根的理解，须从人之个体入手，作为个体的人，有两个原发存在事实，一是其生命**来源**

---

① 钱穆：《论语新解》，第343—344页。

他者，二是其生命存在**依赖**他者。这个"他者"指他人、他物、他种条件或环境。比如，无论任何人，其一是父母造就我们的生命，其二是我们因为父母建立的家庭而得生，其三是我与我的家庭能够得生还需要相应的自然条件、地理环境、物质资源环境和人居安全条件。但是，任何一个人以及任何一个家庭，甚至更大的生存群体或者国家共同体，都不是生而具有天然的保障，因为人原本就存在于立体敞开的场域化的进程状态之中，存在世界的任何存在物、任何力量都可以从四面八方向你涌来，你也可以（如果有能力、力量和意愿的话）四通八达地开拓和前行。这种四面八方和四通八达的场态化的存在状况本身生成出一种本原性的共生存在信仰和关联方式。但这种存在的四面八方性和四通八达性也滋生出瓦解其本原性的共生存在信仰和关联方式的各种可能性和维持、守护其本原性的共生存在信仰和关联方式的意愿性努力。这正相反对的各种可能性或意愿性努力，均生成演绎出暴力，即侵犯性暴力或防护性的暴力。其次，从秩序结构言，人的他者性存在决定了人必须求群存在和适群生存的诉求，这就是亚里士多德所讲的男女基于生理的需要而结合，产生生育才组成家庭，家庭的繁衍形成村坊、村坊的扩张而形成横向联合产生城邦，城邦成为最高的也是最完善的社团而生成建构起"善业"的本性，激励和引导存在于其中的人们去经营"优良的生活"[①]。人基于共生存在的信仰和关联方式来经营群体生存，是要构建一种城邦（即国家）社会共同体，一是将既可从四面八方涌来也可四通八达向外拓展的空间之场构筑起一个有边界的防护网（其实家庭也是如此）；二是需要有一个使存在于此社会共同体中的每个人、每个家庭以及每个群体能够各居其位、各享其权利、各担其责任、各保其生存、自由和幸福之根本利益的秩序结构体系。这个自我防护网络和秩序结构体系的本质内涵和本体方式，就是人与他者共生存在的信仰和关联方式，或可说是以人与他者之间的本原性存在信仰和关联方式构筑起社会共同体之共同存在的防护网络和有序生存的秩序结构体系。这是暴力生发的土壤和源泉，也是暴力的功能释放的真正推动因素。

---

① ［古希腊］亚里士多德：《政治学》，第3—7页。

暴力的发生学既规定了暴力的性质，也规定了暴力的功能。暴力的本质是恶，无论是侵犯取向的暴力还是防护取向的暴力，都是一种意志的单向强加于对方以谋求改变现状的强制力量。暴力的功能是两可的，或是侵犯的，或是防护的。

防护取向的暴力是必要的，其功能释放是以必要的恶来创造更大的善。但其防护性暴力的功能释放不能超出侵犯性暴力所达及的度，如果逾越其度，也会由防护性暴力转化成为侵犯性暴力而沦为纯粹之恶。所以，适度的防护性暴力是必要的，是守护或者恢复其人与他者共生存在和关联生存方式的必要的恶，其功能释放产生的存在结果是获得了比其释放的必要的恶的更大的善果，所以，必要的暴力必是善的。与此相反，侵犯性暴力在任何语境或情境下都是恶，因为侵犯性暴力创造的不是差值、不是善果，而是更大的恶和更多的恶果。所以，侵犯性暴力是非必要的恶，是解构、摧毁人与他者（他人、他物、群体、社会、国家、环境、自然）共生存在信仰和关联方式的强制力量和社会方式。按理，侵犯性暴力是必须消灭的，但实际上，侵犯性暴力是不可消灭的，因为它滋生于本原性的共存在信仰和关联方式的土壤之中，构成人间之恶的原发机制，也构成人间之善的社会动力，它既是破坏、摧毁其本原性的共生存在信仰和关联方式的方式，也是激发人间维护和捍卫其本原性的共生存在和关联生存方式的反面推动力量。所以，对于侵犯性暴力，只能抑制、限制、规训，使之发挥**正向**的创造善的功能。

## 2. 暴力的病理现象

**暴力的善恶边界**　　暴力的本质是恶，但属恶的本质的暴力对于人类社会来讲却是必要的。但暴力的必要性并不等于暴力的合法性和暴力的为善性，这就涉及两个方面：第一，必要的暴力一定是合法的，非法的暴力无论如何是不必要的，哪怕是形式的必要出现，也是非必要的。第二，合法的暴力，也并非为善，不能为善的暴力哪怕原本在动机上是合法的，最终在行为和结果两个方面也是非法的，而且一切性质的非法的暴力都是非善的、都是恶的。

客观地看，暴力既可能是善，也可能是恶。萨特曾认为，在特定情况下，暴力可能是一种正当的手段，特别是当被殖民民族需要显示他们的存在和存在的意义，暴力就显示它的正当性来。① 萨特虽然认同在特殊境遇下可以暴力来争取正当的权益和保护正当的权益，但暴力充满潜在的危险。朗茨·法农（Frantz Fanon，1925－1961）在《被诅咒的大地》（*The Wretched of the Earth*）中深入讨论了暴力在去殖民化过程中的作用，认为暴力是一种净化的力量。它使土著人摆脱自卑感、绝望和无所作为，使他们无所畏惧，恢复自尊。② 法农的暴力净化论是相对特定的历史和政治条件论，不是一般地论暴力的好坏或善恶。他认为暴力可能会产生社会解放的效果，但它也带来无法估量的副作用和危险，尤其当这种解放的暴力成为一种常态手段而不加限制运用，或者假借解放和革命运用暴力来行其颠覆或抢夺之私欲时，暴力就沦为绝对的极恶方式，大凡有理性者，即使是行解放努力，也是尽可能避免使用暴力。马丁·路德·金（Martin Luther King Jr，1929－1968）在几乎所有的演讲和书面作品中反复强调非暴力抗议的重要性，明确提出非暴力是解决我们这个时代的关键政治和道德问题的正确社会方式，指出人类必须发展一种拒绝复仇、侵略和报复的方法来解决所有人类冲突，这是政治文明的必须方式。③ 梭罗（Henry David Thoreau，1817－1862）也在《公民的不服从》（*Civil Disobedience*）中专门讨论了暴力和非暴力抗议问题，明确主张"我不希望杀人或被杀，但我可以预见到这两种情况在我看来都是无法避免的。我们每天都通过小小的暴力行为来维护我们社区所谓的和平。看看警察的警棍和手铐！看看监狱！看看绞刑架！……想要用武力消灭错误，这多么荒谬"④。梭罗严厉批评社会通过暴力来维持和平的做法荒谬，指出警察的警棍、手铐、监狱和绞刑架是社会每天都在进行的"小小的暴力行为"，这些行为并不能真正解决问题，因为无论个人还是社会，是绝"不能用武力消灭错误"。暴力是不能消灭错误的；相反，暴力会扭曲错误，并制造新的错误和不断地扩大错误，这是正常的社会总是尽可能少地使用暴力而强化其暴力的威慑功能的根本原因，也是非正常的社会总是不遗余力地使暴力社会化的根本原因。

---

① Sartre, J-P., *Colonialism and Neocolonialism*, New York: Routledge, 1964.
② Fanon, F., *The Wretched of the Earth*, New York: Grove Press, 1961.
③ King, M. L., *Where Do We Go from Here: Chaos or Community?* New York: Harper & Row, 1967.
④ Thoreau, H. D., *Civil Disobedience*, Boston: Ticknor and Fields, 1849, p. 10.

## 第 4 章 病理之恶的形态

暴力的本质之恶决定了暴力不能消灭错误，也决定了暴力可能创造出美好的生活和文明，在人们没有普遍地具备自觉的约束且普遍不能做到以自觉的约束为前提的平等和自由时，暴力至少可能够做到**以恶制恶**，且可以最小的恶来实现普遍的善。所以，当人们没有普遍地具备自觉的约束且普遍不能做到以自觉的约束为前提的平等和自由时，本质之恶的暴力不能取消。由人组成的社会，无论物质财富丰裕到何种程度，无论人的思想和精神的能力提升到怎样的水平，无论人类的政治文明达到怎样的高度，暴力仍然是维护社会的基本形式，也是其最后形式。暴力虽然不可避免地存在，但必须限制地运用，将对暴力的运用限制在最小的范围，并以最小的伤害实现最大的保护、最大的权利维护和最大的利益保障。关键的问题是如何来确定伤害的大小，如何来界定暴力善恶的边界？

确定暴力造成的伤害的大小与界定暴力的善恶边界之间有必然的关联。从根本讲，对暴力的伤害的大小的界定，是确定暴力善恶的一个基本方面的依据。对暴力而言，界定其造成的伤害的大小，不能以数量为依据，也不能以暴力造成的伤害的程度来决定。比如，当行使一种暴力打人，不能以此人没有被打伤、此人被打成了轻伤，或此人被打成了重伤为依据来确定暴力伤害的大小，并以此为依据来定义此暴力行为是善是恶，即我们不能说 A 被 B 施行暴力打成的只是轻伤害，就认为造成的伤害是小，或 C 被 B 打成的伤害是重，就是造成的伤害大，并以此为依据来判断轻伤害的暴力是善，重伤害的暴力是恶。从根本讲，**暴力的性质**才是界定暴力造成的伤害的大小。性质属侵犯或剥夺的暴力，即或没有造成对人的身体或财产的直接伤害，其伤害也是大的，因为它涉及人的权利，而不仅仅是利益。反之，其暴力行为即使造成了对人的身体或财产的伤害，但性质是非侵犯或非剥夺的，其伤害也是小的。比如助管员 C 如果胡乱执法，不问青红皂白地将小贩 D 的摊子掀翻了，这种行为虽然没有造成身体和财产的实质性伤害，但性质是暴力侵犯，因而，C 对 D 的伤害也是最大的；而当 D 为维护自己的权利而将 C 痛打一顿，但 D 对 C 的伤害实际上是小的，因为 D 对 C 的侵犯行为是属于权利遭受侵犯而行的自卫。

对于暴力，其性质决定了伤害的大小。只有在性质定位的基础上，才可以讨论人身和财富的伤害的大小。并且,其人身或财产伤害的大小必须是以性质为依据,由性质来决定。那么,界定暴力大小的依据即性质又是由什么来决定呢?答案是权力。**权力决定暴力的性质**。

汉娜·阿伦特在《论暴力》(*On Violence*)中探讨了权力与暴力的关系,指出权力和暴力是对立的:在一个绝对统治的地方,另一个就不存在。当权力受到威胁时,暴力就会出现;但如果任由暴力发展,最终会导致权力的消失。所以,暴力可以摧毁权力;但它完全无法创造权力。[①] 阿伦特所论的"暴力",是指超出国家权力约束的暴力;阿伦特所说的"权力",是指作为超出国家权力约束的暴力的对立面的权力,这个"权力"有其自身的性质规定和指涉范围的规定:其一,这是指国家机器权力,或曰"国家权力",简称"权力"。其二,这种权力是属于有限绝对权力。在这种语义规定下的暴力与权力是一对立物。在有暴力的地方,有限绝对的社会公权、政府权力、国家权力必然退场、隐退,政府、国家以及整个社会就没有公权,只有暴力。当暴力**有资格**解构权力,暴力也就有**绝对的能力**解构权力,这就形成社会公权、政府权力、国家权力被暴力摧毁。其三,暴力可以任性的自由甚至任意地摧毁社会公权、政府公权、国家权力,但它不能创造社会公权、政府权力、国家权力,虽然暴力掌握了社会公权、政府权力、国家权力,并以暴力的方式和形式在行使着社会公权、政府权力、国家权力,但这只是形式,是样子上像社会公权、政府权力、国家权力,实质上不是社会公权、政府权力、国家权力,而**只是**暴力,**也只有**暴力。比如,希特勒统治的德国、齐奥塞斯库统治下的罗马尼亚,就属于暴力统治的社会和国家,这样的社会和国家没有社会公权、没有政府权力、没有国家权力,只有暴力。其四,权力与暴力之间的本质区别,就是权力的有限绝对与权力的无限绝对的区别:**无限绝对权力就是暴力**;反之,**有限绝对权力才是权力**,它是基于社会共同体的共识和合法性的共同铸造所成;将权力无限绝对化,使权力成为无限绝对权力,要么就是没有取得社会共同体的共识和合法性,要么就是从根与本两个方面摧毁了社会共同体的共识和合法性。

---

[①] Arendt, H., *On Violence*, New York: Harcourt, Brace & World, 1970, p.56.

权力的根与本是什么？

**权力之根**是天赋的**自然法则**和天赋的人性法则：前一个法则是存在世界里万物平等、万物自由。后一个法则是孔子所讲的"性相近"，天赋相近的人性法则引导人与人**相生、相利、相爱、相群**。所以，无论是天赋的自然法则还是天赋的人性法则，都强调限度，强调边界，强调约束。由此，只有有限度、有边界、有约束的社会公权、政府权力、国家权力，才可避免堕落为无限绝对权力的暴力。

**权力之本**，却是**权利**。权力是公共的，权利是私有的、是个人的。公共的权力来源于个人的私权，是个人基于共同意愿、共同需要和共同意志将管理社会的权利和维护存在安全与生活保障的权利交给一个大家认同的公共机构，汇聚成公权。**公权来源于私权**，政府权力、国家权力之本是**个人权利**，所以，**个人权利构成最高权利，个人权利构成第一合法权利**，没有个人权利，或无论以什么方式或借口取消个人权利，以及侵犯个人权利，都是暴力。因为个人权利在任何时候、任何情况和境遇下都不可侵犯，都不能侵犯。可以任意地侵犯个人权利并将这种侵犯视为正当和合法时，社会公权、政府权力、国家权力就不存在了，有的只是暴力。这种侵犯权力的暴力、暴行只能是恶，并且是极恶。相反，只有维护、保障、捍卫个人权利的暴力，才是善的。不管这种维护、保障、捍卫个人权利的暴力来自个体、个人，还是来自社会组织或权力机关，都是善的。所以，**暴力的善恶边界只能是权利**：权利维护、权利保障、权利捍卫，就是善；权利侵犯，就是恶。

**暴力的病理学现象** 当以万物平等、万物自由的自然法则和人与人相生相利相爱相群的人性法则为准则，以权利为善恶的边界，凡是遵从了平等和自由法则并维护了个人权利的暴力，都是善的；凡破坏或摧毁了平等和自由、扭曲或剥夺了个人权利的暴力，都是恶。所有在行为上制造出或体现出恶的暴力，都是病理性质的，都属于病理学的暴力。于是，就产生了暴力的病理学问题。暴力的病理学（the pathology of violence）概念有两层含义，首先，凡是权利侵犯的暴力——或者权利遭受侵犯的暴力——都是恶，这种恶既体现出社会的病症，更体现出公权的病症，政府的病症和国家的病症，即社会公权、政府权力、国家权力都出现或者染上疾病。这种疾病是社会性质的，更是结构的。客观而论,暴力侵犯权利之恶的病理表现,是社会公权、政府权力、国家权力都呈现出病症,但其表现出来的病理之根却是社会结构,包括社会的政体结构、制度结构和社会的文化结构、精神结构、观念和思想结构,共同构成暴力侵犯权利之恶这一社会性疾病的病症根源。其次,凡是突破个人权利边界的暴力行为表现出来的病理现象,既可以做生理学和心理学的诊断,也可以做社会学和环境学的诊断,更可以做经济学和政治学的诊断,同样需要做哲学和神学的诊断。

一切形式的侵犯个人权利的暴力行为,最终都落实为以个体为基本单位的人的行为。面对一项权利侵犯的暴力指令或暴力需求,任何个人都有权接受或拒绝,而拒绝或接受——是被动拒绝或接受,还是主动拒绝或接受——都既与人的生理因素相关,也与人的心理因素相关。研究表明,生物学和遗传学可能对暴力行为有一定的影响。例如,某些基因型可能增加人的暴力行为的风险,特别是在受到高度压力的环境中。而诸如具有抑郁、焦虑、精神分裂或人格障碍等心理疾病者,其暴力行为往往增加人权侵犯的风险。

暴力行为主体始终是关联存在的社会中的人,其存在状况、生存处境观及基本诉求等,都既与其实际的社会经济地位相关,但人的实际的社会经济地位总是其所受到的教育程度、家庭和社区环境等因素的影响,贫困、社会不平等和社区犯罪率高的环境可能增加人的暴力行为的人权侵犯风险,这就是孔子所讲的"好勇疾贫,乱也"① 的道理。尤其是实际的人居环境对人的暴力侵犯人权之恶更是息息相关,比如,充满暴力的家庭环境、社区环境、社会环境以及更大的社会文化环境,如果属于暴力侵犯性的,就更容易激发或诱发人们的暴力行为侵犯化或侵犯行为暴力化。

### 3. 恶的主要暴力方式

以摧毁平等和自由法则并侵犯权利为基本取向的暴力之恶,其实充斥生活的每个领域,甚至包括家庭以及个人生活的情感领域。若做宏观归纳,主要有五种形态。

**制度和结构的暴力** 制度是对政体的形式定位,并通过体系的建构而获

---

① 钱穆:《论语新解》,第190页。

得结构形态，形成秩序体系。制度是对所选择的政体予以形式定位，制度对政体的形式定位，就是制度自身的结构化、体系化和秩序化，即明确制定政治制度、经济制度、财产权制度、资源制度、政府制度、教育制度、科学技术制度、文化制度、医疗卫生养老制度等，来建立起相对完整的结构形态和秩序体系。

制度和结构之所以属于暴力范畴，是因为它先于任何个体（包括群体）而制定，形成以意志的强力要求其共同体成员人人必须遵从的社会强制力体系。这种社会强制力体系相对法律、军队、监狱等武装的暴力言，是柔性的，属**柔性**的强制体系。这种强制力体系作为一种社会化的暴力形态，在本质上也是恶的，但在功能上到底是制造普遍的恶还是创造普遍的善，这取决于具体的制度和结构是以什么为依据和准则。亚里士多德在《政治学》中将人类已出现过的政体概括为十种，但人类社会发展至现代，其不断演变的政体形式大致可归纳为两类，即尊重天赋的自然法则和人性法则，以个人权利为导向的**人权政体**；或逆其天赋的自然法则和人性法则，以社群为导向的**威权政体**。如果以共同的人性为依据，以普遍平等和以约束为前提的自由为准则，既限制民权也限制公权，使民权和公权都能在普遍平等的框架下以自觉的约束方式释放其功能，实现自由与利益的平权和人格与尊严的平等，那么，这种制度和结构的强制力量，就是抑制自身之恶而趋向对善的创造的强制力量。反之，制度和结构的强制力量必成为压抑善、解构善、消灭善而制造恶的暴力力量。

制度和结构不是在本质上而是**在功能上**呈现恶，其根本标志主要体现在两个方面。

一方面是制度，其功能之恶体现其普遍的剥夺性，即所制定出来的制度本身就是对人的基本权利和非基本权利予以部分的或全部的制度性剥夺。人的基本权利是指天赋人人的权利，是**不作为的**天赋权利。人一旦诞生于世，就获得与生俱来的权利，并且这些权利是人人平等的，是没有任何条件要求的，所以它是**基本权利**。这些无任何条件要求的基本权利包括生命权、人身权、资源权、财产权、自由权、平等权、隐私权、生教病养保障权等。人的非基本权利，是指在天赋人人平等权利基础上的后天性**作为的**权利，主要有自由选择权、劳动权、学习权、造诣权、致富权、财产处置权等。任何形

## 善恶的病理问题

式的任何暴力一旦剥夺了人之为人的不作为的基本权利和作为的非基本权利，都属于**恶的暴力**，都呈现**暴力之恶**。

制度对权利的剥夺——无论是对基本权利的剥夺，还是对非基本权利的剥夺——都客观地存在积极作为的剥夺和消极不作为的剥夺两种方式。但无论哪种方式施加于个体，都是制度暴力。这里所讲的制度暴力，是指制度本身构成对人的权利侵犯。当制度本身构成对人的权利的侵犯时，它就成为一种恶的制度暴力，它通过制度的整体力量来扭曲、剥夺或禁止、压制人的平等权利配享。比如旧上海的租界规定"华人与狗不得入内"，就是制度剥夺人的权利的典型方式。制度以积极作为方式行权利剥夺、压制、扭曲之恶，就是采取一刀切的方式强制规定"不准"或"必须如此"，体现强权意志。与此不同，制度以消极不作为方式行剥夺、压制、扭曲、禁止平等人权之恶，实是以暗度陈仓的方式展开。法国社会学家皮埃尔·布迪厄（Pierre Bourdieu，1930–2002）对此做过深刻的分析，他认为制度暴力不仅是通过明显的物理行动，而且是通过被认为正常或合法的社会结构和实践来实施的。他在《实践的逻辑》中指出：制度化的暴力，即那些在一定社会秩序中得到了合法化的权力关系，是一种暗示的，甚至可以说是看不见的暴力。它隐藏在我们所接受为常态的、被常规化的实践和信念之中。这种形式的暴力，我们甚至可能不会将其视为暴力，因为它已经深深地内化在我们的社会和文化结构中，成为我们生活的一部分。[①] 制度以不作为的方式行权利侵犯之恶，有其自身的条件要求。首先，它必须以作为的方式构建起来的制度本身为媒介。其次，它必须借助于相应的文化土壤，如果没有相应的文化土壤，制度的不作为之恶是难以产生，即使产生了，也不会维持下去。最后，它还需要借助观念的渗透，由此使教育获得特殊的地位并发挥其全面性的功能，即教育成为观念渗透的立体性社会方式。比如，有意识地引导忽视并实质性地放弃生有所育、长有所教、老有所养、病有所治的基本权利保障的制度建设，而是将功夫用在鼓励或奖励多生育方面。表面上看来这种奖励性生育制度是非常好的，但实际上是以这种方式弱化或放弃了人的生、教、病、养基本权利之应该得到

---

① Bourdieu, P., *The Logic of Practice*, Stanford University Press, 1990.

的保障，也由此使政府逃避肩负公民的生、教、病、养的应为责任。这种权利剥夺和责任逃逸的实际成效的普遍产生，并不是奖励性的生育制度本身所能做到的，而是血缘宗法制所形成的以家庭为生产（物质生产和人口生产）单位的生活历史及其积淀下来的深厚文化土壤，这种文化土壤的核心理念就是"养儿防老"的认知模式和生存方法，这种认知模式和生存方法之所以仍在当代文明进程中发挥着它的社会功能，是得力于从家庭到学校再到社会缺乏公民及其社会权利教育。

另一方面是社会结构，其功能之恶也体现普遍的剥夺性。制度侵犯权利的暴力之恶的行使，无论采取积极作为的方式还是采取消极不作为的方式，都要通过社会结构才可实现。社会结构是一个多层次的开放的复杂体系，在宏观层面，制度是对政体的形式定格，并通过其形式定格来实现对社会基本结构的生成。但在具体层面，制度的形成也同样要化为一种具体的结构并使其具体的结构融贯社会的基本结构之中。所以，制度的暴力之恶最终要通过结构来形成，制度侵犯权利的暴力之恶总是呈现出结构的暴力之恶。

**结构性暴力**（Structural Violence）概念是挪威社会学家约翰·加尔通（Johan Galtung）在《暴力、和平与和平研究》（1969）一书中正式提出来的，以揭示恶的结构性暴力是一种并不明显也不易为人察觉但却广泛存在的"杀人不见血"的制度性暴力形式。这种暴力形式主要通过政治与经济的体系化运作而发挥权利侵犯功能。但这种权利侵犯行为并不直接付诸个体身上，而是将权利侵犯的暴力隐含在制度化的社会结构之中，以普遍不平等的权力关系和在其普遍不平等的权力关系中强制性占有社会资源作为其暴力的具体形式。加尔通认为，恶的结构性暴力本身是复杂变化的结构体系，在这一结构体系中，政治排除、贫富差异、种族偏见、社会无公义等都通过制度的结构性暴力发挥功能，而经济、政治、法律、文化、教育制度所造成的压榨、剥削、歧视和偏见，都是通过社会结构得以实施，正是这些结构性暴力的功能发挥，才造就了生存威胁、自我否定、贫穷、饥饿以及流氓、疏离和不明不白的无辜伤亡。加尔通指出，在权利侵犯的制度框架下，其社会的结构性暴力之恶主要表现为四种形式，一是剥削，这是一种使一方受惠

善恶的病理问题

而另一方遭受权力和利益剥夺的劳动分工及分配不平等的结构性暴力,这种剥削性质的结构性暴力在以强权为本位的社会里比比皆是。二是渗透,这是统治者对被统治者进行思想控制并通过其思想控制来实现人身控制的结构性暴力方式,这种方式在集权的和极权的社会里通常被发挥得淋漓尽致。三是分裂,即将按照人的社会等级或等序予以分而治之,采取的基本方式就是分裂被统治者和隔离被统治者,福科在《规训与惩罚》中讲的全景视域的敝视塔方法即结构性暴力行分裂之能的最好方法。四是排斥,这是将被统治者置于边缘地带或边缘地位,使其生存孤立、闭塞、暗黑化,以此剥夺人本应享有的信息、权利和福利。而制度和政策的非透明性加上诸如网络高墙等全方位的信息封锁,是排斥的基本社会方法。

要言之,结构性暴力是指由"处境、制度以及社会、政治和经济结构所造成的暴力"①。这种暴力与制度一体两面地形成互为响应的整体之势,并发挥整体之力,因为结构性暴力的施暴者并不是任何个人或某一具体的组织,而是特定的社会制度规范下的社会结构。加尔通将结构性暴力定义为是所有"可避免的对基本人类需求以及更普遍的对生命本身的践踏,它把需求满足的真实水平降低到潜在可能性之下"②。结构性暴力体现两个基本特点,首先,它须与直接暴力形成高度的相互依赖性,这表现为结构性暴力既必须以制度为框架支撑,也要以语言的暴力为开路先锋,更要以武装的暴力为后盾。尤其在极权社会里,直接的暴力诸如仇恨犯罪、恐怖主义活动、种族灭绝、战争等往往因结构性暴力所引发。另外,所有的侵犯权利的直接暴力都是公开的,而结构性暴力却是隐蔽性的。比如通过政治—经济结构而形成的体制化的等级主义、特权主义、官僚主义、极端民族主义、宗教偏执、贫富差别以及年龄歧视、性别歧视、同性恋歧视等,在人们的感觉经验中往往都不会被视为暴力。比如,要应聘某些大学教职,无论你的博士学位授予学校是怎样的名牌,但你的本科毕业院校必须是一流的学校,否则,你再有能力也会被

---

① [美]威廉·A. 哈维兰:《文化人类学》,瞿铁鹏、张钰译,上海社会科学院出版社 2006 年版,第 514 页。
② Galtung J., "Peace by Peaceful Means: Peace and Conflict", *Development and Civilization*, London: Sage, 1996, p. 4.

排斥在好学校之外,这其实就是一个很典型的具体化的结构性暴力,但被其拒之于外的人都不会感觉到自己是在遭受结构性暴力的侵犯。因为结构性暴力的隐蔽性形成结构性暴力的欺骗性,正是这种欺骗性促成结构性暴力的循环展开并持续地发挥侵犯权利的社会功能。

在结构性暴力下,人们往往表面上享有各种应有的权利,但实际上被结构悄无声息地剥夺。尤其是进入现代社会,人们似乎普遍地从主观依赖性的束缚中解放了出来,从而获得了更大程度的个人自由。但是,这是在付出了按客观的和工具性的关系对待他人的代价之后才获得的。除了通过必要的金钱交换的冷酷无情的算计与未曾谋面的"他人"联系之外,我们别无选择。因为我们在自己对空间和时间的感受方面受到一种严格的控制,使我们屈从于精于算计的经济理性的霸权。在这种结构性暴力境遇里,"我们唯一的出路就是通过追求地位和时尚的符号或个人怪癖的标记来培养一种虚假的个人主义"①。乔治·齐美尔告诉人们:在现代社会进程中,人与人之间的关系进入了纯粹的物质主义的结构关系之中,人们在物质主义的拼搏中无意识地逐渐丧失了通过正常的人性化的人际关系来获取价值认同的途径。在这种境况下,人们又不得不以无意识的另一种方式将自己交付于社会的主流意识和权威,正是人们的这种无意识的自我丧失和逃避,无意识地合力促成了特定形式的主流意识和权威一步一步登上威权的阶梯,形成威权主义贯通于认知判断、伦理判断、情感判断和审美情趣之中,个体主体意识泯灭,普遍的平权和以自觉约束为前提的自由消失,人在形式上虽然还存在,但血肉丰富的人却已不在存在之场中。

**政策的暴力** 制度一旦形成,就具有相对的自稳定性,这种自稳定性形成制度面对不断变化的世界和社会,以及不断变化的人和需求而显得滞后。制度衍生出来的社会结构亦是如此地自具稳定性和相应的滞后性。为了适应不断变化的世界、社会、人和人的需求,从制度和结构中演绎出应急的社会方式,这就是政策。

政策是动态的,但动态的政策必以制度及其结构为依据和框架。因而,

---

① Parenti M., *Democracy for the Few*, New York: St. Martin's, 1995, p. 39.

善恶的病理问题

动态调整的政策的善恶取向，从根本上取决于制度及结构。制度和结构发挥的暴力性功能如果是以维护、保障个体的平等权利和利益为根本责任，政策也趋向于对社会之善的构建。只有当制度和结构的根本性质是侵犯的，政策才成为制造更新的暴力之恶的社会形式。政策的暴力之恶主要从三个方面敞开。首先，政策复制制度和结构之恶，将制度和结构之恶予以动态维持；其次，政策强化制度和结构之恶，使制度和结构之恶在新的社会环境、新的社会条件下以新的面貌、新的方式、新的手段出现；最后，政策根据新的社会环境、新的社会条件，基于不断更新的威权主义的需要或新的剥夺和占有需要而发展制度和结构的暴力之恶，使制度和结构的暴力之恶极端化。

**武装的暴力**　无论制度的暴力还是结构的暴力，或者政策的暴力，都具有不同程度的隐蔽性。与此不同，武装的暴力始终是公开地和直接地敞开自身，是公开的和直接的暴力。

所谓武装的暴力，是指用国家机器和公权力武装起来的暴力。武装的暴力是以国家为基本单位的体系，这个体系的传统构成要素有四：军队、警察、监狱和法律机构（包括立法机构和司法机器）；但进入技术化存在的当世社会，全方位开发和立体发展的以计算机为运演工具、以会聚技术为认识方法、以大数据为分析方法、以基因工程和人工智能为基本形态的生物工艺学技术体系对国家之武装的暴力体系予以立体的武装。这种立体武装除对传统的武装的暴力体系即军队、警察、监狱、立法与司法的法律机构的暴力功能予以立体升级之外，还包括内外安保、网监（天网体系）、网管（网络管控体系）和星监（太空卫星甚至星链监控体系）等最新的和不断开发出来的武装的暴力方式。

比较而言，武装的暴力体系是刚性的暴力体系，由制度、结构、政策组成的暴力体系却是其柔性体系，无论是作为创造善的工具，还是作为制造恶的工具，这些柔性的暴力方式总是以相对稳定的和固有秩序及其轨道式运行的方式发挥功能，呈现不轻易为人们觉察的柔性暴力功能，因而给人制造的痛苦、灾难或创造的快乐、幸福都是浸润性和肤受性的。与此不同，武装的暴力体系是刚性的，其发挥出来的无论是威慑性的还是实质性侵犯的暴力功能，都是直接的、激烈和不由分说的，最容易为人们直观觉察和感受，给人制造的痛苦、灾难或创造的快乐、幸福也是强刺激性的。但武装的暴力体系的功能发挥到底是给社会和个体制造痛苦、灾难还是为之创造快乐、幸福，首先取决于制度和结构的取向，因为武装的暴力是以制度和结构体系为根本规范和引导机制的，一般说来，制度和结构体系是个人本位和平权取向的，其武装的暴力体系的功能发挥为社会和个人的快乐、幸福提供更多的保障，因而会创造更多的善；反之，则会制造出源源不断的不幸、灾难和痛苦。就实际言，武装的暴力体系的功能释放在制度和结构体系的规训下客观地存在着行为方面的灵活性，这种灵活性呈现出来的向恶域度，要受社会是否建立起"权利博弈权力"的约束机制的规训和限制。如果社会拥有不断增强的"权利博弈权力"机制，武装的暴力体系**抑恶向善**的功能会更强，反之会更弱。

武装的暴力到底是呈善取向还是呈恶取向，取决于政体的选择和由此生成的制度与结构。对一个国家社会言，其选择的人权本位的政体所生成建构起来的制度和结构，在一般情况下会推动和规训其武装的暴力体系向善方向发挥功能。反之，以社群权力为本位的政体所生成建构起来的制度和结构往往会从整体上趋恶，即这种性质的制度和结构总是努力与平权和自由做无情的斗争或革命，其斗争或革命所遵从的基本准则就是维护、创造和强化权力专制，因而，这种政体规训下的制度和结构必须以权利侵犯、占有、扭曲、禁止为根本任务，其武装的暴力体系自然也必以维护强权、保障暴力、创造集权和极权为基本任务，并积极地诉求暴力之恶，并往往将暴力之恶推向极端。在人类文明历史进程中，因为任何形式的集权或极权的社会里，国家的所有暴力机器都全部调动起来对付民众，即"与民为敌"和"向民抢钱"都是通过武装的暴力来实现的。

**语言的暴力**　从进化史观，自然人类学向文化人类方向前行，使动物存在的人变成人文存在的人的基本标志是语言。语言，在存在论意义上是人的存在之家园，或曰，语言构筑起人得以存在的家园。这个存在的家园，既相对自然言，也相对民族和以民族为基本单位的国家言。在生存论意义上，语言成为基本的和暴力性的生存工具和战斗武器。语言作为构筑共生存在安全和关联生存保障的暴力工具甚至竞斗武器，不仅普遍地使用于人的日常生活，更成为社会共同体的政治、经济、市场、科技、教育、文化以及权利自卫、权力扩张的社会化方式。更具体地讲，人间社会正是对语言的暴力功能的充分调动和运用，才把制度、结构和政策的暴力与武装的暴力有机地融会贯通起来形成一个开放的、伸缩自如的暴力体系。

语言作为一种既可独立发挥其暴力功能、更综合其他暴力而发挥整体功能的暴力工具，它的功能释放到底是侵犯权利并抑制、扭曲、消灭善而制造恶，还是维护和保障权利并抑制各种可能性的恶而创造善，当然要受制于文化传统、思想传统和制度与结构体系，但根本的分水岭是语言的运用是否诉求真实、真相、真知、真理。如果语言的运用体现对真实、真相、真知、真理的诉求，并在这种诉求中最大程度地展示真实、揭露真相、创造真知、发现和守护真理，那它就是对恶的抑制而创造善；反之，如果语言的运用诉求对真实的歪曲、对真相的掩盖、对真知的蔑视和对真理的丑化，那就是谎言。语言的运用一旦成为谎言，必然是压抑善、解构善、消灭善而制造恶的暴力力量。如果语言沦为谎言这种方式被人们普遍接纳，那么，谎言化的语言比武装的暴力对人性的改变更有力量，所制造出来的恶是武装的暴力远不及的，因为，将语言变成谎言的暴力之恶可以渗入每一个角落，包括人的意识、思维、情感和心灵领域，使人最终既沦为语言暴力的攻击之恶，也使人成为受纳之恶者。

从发生学和生存论两个方面看，语言是人类的创造物，它既成为人类继发创造的武器和工具，也成为抑制人类创造和发展的武器和工具。语言到底成为哪种武器和工具，在于人们愿意于释放语言的哪种功能。如果愿意释放其创造性功能，语言的**权利能力**就呈现出来，如果愿意释放其抑制创造的功能，语言的**权力能力**就呈现出来。因为语言作为人类的创造物，实在地融进并会通了人类的权利精神和权力意识。语言作为一种暴力之善，就是创造权利、维护权利和保障权利，成为平权和自由的最好武器；反之，语言一旦为威权制度垄断，就沦为威权的暴力工具，只能释放出恶的暴力而压制和摧毁善。

语言作为恶的暴力工具有多种方式，但根本方式有两种，第一种根本方式是谎言，即运用语言来撒谎、说谎。这就要运用虚构和夸张。虚构的基本社会方式，就是行历史虚无主义，即首先抹去真实的历史，解构真实的历史，然后来虚构意志主义的历史。夸张的基本方式，就是无限放大事实或无限压缩事实。语言虚构和夸张的极端方式是极端民粹主义、极端民族主义和极端爱国主义。第二种根本方式是语言的符号化，形成符号的暴力。皮埃尔·布尔迪厄最早发现符号的暴力之恶，认为象征性暴力即语言的符号暴力，它是一种隐藏的暴力形式，往往通过社会和文化的机构来行使权力的控制和权力的侵犯，并通过教育和文化等手段来予以权力侵犯的维持和强化。社会制度和结构的暴力也往往要通过象征性机制和符号体系来实现。这些机制和符号体系对于个体来说是自然的，不需要意识到其存在，因为它们被深深地内化了，这就是制度和结构释放出来的恶的暴力往往通过隐蔽的象征性符号而使人们在不知不觉中自发甚至是自觉地接受。由于语言生成的这些象征性机制和符号体系使一些人具有权力和特权，使其他人处于不利地位，从而保持社会的不平等和不稳定。威权主义也是充分利用语言符号的象征性而开辟出行使权利侵犯与剥夺的广阔空间。

## 二 非暴力的病理方式

恶如同水，既可以山洪暴发的方式敞开，也可以"好雨知时节，当春乃发生。随风潜入夜，润物细无声"的方式**浸淫**。前者即恶的**暴虐**方式，它有社会行为与个体行为两种方式，但相对而言，个体的暴力之恶易于阻止；社会的暴力之恶难以抑制，因为社会的暴力之恶往往是组织化、结构化、体系化甚至是运用国家机器和公权武装起来的。所以，恶的暴力方式应该引来广泛社会关注，只有当恶的暴力方式得到全社会的关注并由此激发出社会性阻止行动时，社会的暴力之恶才可得到抑制或解构。后者即恶的非暴力方式，它也存在社会性行为与个体性行为两种，其社会性的非暴力之恶主要通过风俗、传统、社会风气、行为方式等展开；其个体的非暴力之恶的主体论本质即人性的败坏，所以其非暴力之恶也总是通过**人性败坏**的语境性行为而呈现。

### 1. 社会性的非暴力之恶

所谓社会性非暴力之恶，是指以社会性方式敞开非暴力性之恶。这里的"社会性方式"是指以意向性共识或共情的方式聚合形成具有空间扩散性和时间渗透性、凝聚性的方式。这种方式的暴力之恶属于社会性的非暴力之恶，它既弥漫于日常生活各个领域，也弥漫于公共的市场领域、行业领域，其行为方式无以计数，但可大致归为四个基本扇面。

**风俗之恶**　风俗，是指个体的行为习惯被其他人或群体自发的效仿，从而扩散开去形成地域性或社会化的行为模式和行为方式。风俗是习惯的扩散形态，习惯是风俗的个体化凝聚。习惯之于个体，是其生活试误所形成的经验的个性化重复。经验不断重复就形成相对固化的认知模式和行为方式，这就是习惯。个体性的习惯自具可普遍的效仿性，引发群体性播撒的持续敞开和持续地扩散群体性发力，最终形成社会风俗。风俗既要以经验为前提，同时也必须以时间为保证，即个体的经验化的认知模式和行为方式要演绎成群体性、地域性甚至社会化的风俗，必须经历时间的浸淫方可形成。所以，风俗既是经验的，也是历史的，它是由经验构成的行为传统，是传统的一种日常化方式。

风俗虽然源于个体习惯的播散与扩张，但并不是所有的习惯都能变成风俗。习惯能成为风俗，必须同时具备三个条件。

其一，必须有使其个体性的习惯变成风俗的文化土壤。表面看，习惯演绎成风俗是习惯播散与扩张的成功，但实质上是文化土壤培育使然。没有获得其相对应的文化土壤的培育，个体性的行为习惯不可能演绎成社会化的风俗。

其二，必须有其制度结构的支撑。个体性的行为习惯要播散和扩张为社会化的风俗，必经历结构化这一过程。个体性的行为习惯的社会结构化过程，就是它演绎为社会风俗而发挥行为导向与生活规训的功能。这个"结构化"中的"结构"有两个面向的含义，一是指制度面向的社会结构，因为风俗是制度面向的社会结构的构成内容，而且也成为制度的构成内容，比如从古代承传下来的各种节日，除夕（腊月三十）、春节（正月初一），紧接而来的是元宵节、端午节、中秋节以及其他节日，其实都属于风俗的具体内容。这些盛大节日对应了春耕、夏耘、秋收、冬藏的作息规律和天文地理运动的历法规律，但这些规律却纳入了古代的王权制度体系。《尚书·尧典》记载相传尧时就设置了天官职位，其后则发展成为一种司天司地的天官体系，可从这一天官体系体会到历法如何被纳入王权制度体系的。每种文化都从古代承传下来的节日体系里感受到其灵动的生意和精髓与神韵,但中西比较呈现出一个根本性区别,这即西方社会的诸多节日更多地与人的精神和自由的张扬相关,但中国古代的节日差不多都与吃相关。人们利用节日之名而可以哪怕在物质再紧缺的日子里也要想法饱吃几顿或饱吃几天,这表明古代的节日的原发动机里面蕴含强烈的吃饭问题,而吃饭问题之所以构成节日的秘而不宣的核心内容,那就是古代中国人大多常年陷入不得温饱或半温饱的状态,所以心生一年之中能够吃几顿饱饭、过几天好日子的冲动最终演绎出来的节日,同样得到了制度的许可并纳入的制度化的社会结构体系之中而构成社会结构和制度的有机内容;中国古代节日与吃饭息息相关这一判断,亦有一个旁证,这个旁证直到今天仍是一种普遍性行为习惯,即人们见面时总是习惯性问候"吃饭没有"或"吃了没"?这种方式的问候表达的基本关切是吃饭问题,其生存背景恰恰是没有饭吃是一种常态,有饭吃是一种幸运和幸福。二是指制度规训下的社会精神结构的面向,或可说必须纳入地域性和民族化的文化结构和伦理结构之中构成社会伦理和文化的有机内容;反之,如果遭受社会伦理和文化结构抵制的个体性行为习惯,根本不可能播散和扩张性地演绎成风俗。能够纳入社会文化结构和伦理结构之中使之构成其有机内容的个体性行为习惯,一定与权力和威权相关联。古代女性裹小脚的风俗、人们乐于建筑贞节牌坊的风俗、跪拜的风俗,等等,都是权力和威权使然。没有权力的推行和威权的导向,即使是再好的个体性行为习惯,也难以获得风俗的青睐。

其三,必须获得规训、教化和引导社会的功能。个体性的行为习惯,是**个性的自由**;但社会化的风俗,却是**共性的约束**。从个性自由的习惯到共性约束的风俗,这中间的机制是**规训**。只有通过规训,个体性的习惯才踏上风俗之路,把自己成就为社会化的风俗。从习惯演绎成风俗之需要规训,是因为规训才使风俗内具**正教化和美行为的引导**功能。

在感觉上,风俗应该都是好的,没有暴力的倾向。其实不然,风俗的规训、教化和引导功能使它本能地成为暴力形式,而且还是借助于结构来行使的暴力。风俗能否体现暴力之恶,在于风俗的**共性**程度。如果风俗的共性给个性和自由留下应有的空间,没有强迫而只有对个性的勉励和鼓动,则没有暴力倾向性,风俗的功能发挥也就不会呈现暴力之恶。如果风俗没有给个性和自由预留下丝毫空间，而且将共性推向极端时，它就体现非常明显的暴力倾向，其风俗功能的发挥就敞开了暴力之恶。

**传统之恶** 传统是一种在特定地域环境中世代承传不息的文化、思想、道德、艺术、风俗、制度及行为方式，它既是世代生活的汇聚也是历史的汇聚，打上深度的时代和历史的印迹，所以它既有人性的、普遍价值的和激人向前的正向内容，同时也运作脆弱人性的、特殊价值的、败坏人心和降落情感的因素和倾向，甚至是自为的诉求，这些构成了传统的反向内容。对于传统，人们一般更注重于其正向的内容，甚至基于对过去的缅怀而将传统想象成完好、完善和完美之物。其实，不做厘清的想象传统、美化传统的做法本身就是一种根本性的恶，因为美化传统可能造成三种生活的后果：首先，美化传统可能造成**思想的瘫痪**，不仅造成个人的思想瘫痪，更容易造成社会的思想瘫痪。比如，秦亡汉兴，儒家由此顺应时势而妄作。汉代儒家的兴起源于汉代儒生宣扬的儒家思想构成统治意识形态而被历代的统治者定于"思想的一尊"。儒家思想之所以被历代统治者定于"思想的一尊"，是因为儒家思想是以董仲舒创造的政治神学统摄下的以"君权神授"为灵魂、以"三纲"为社会框架、以"五常"为行为准则、以儒士们"上行君道"为认知模式的统治意识形态学说、思想甚至社会理想。把握儒家的命脉来看后世对儒家的美化和弘扬儒家传统，本质上是一种瘫痪社会和个人思想的行为。其次，美化传统可能会源源不断地生产历史虚无主义。历史虚无主义的最大特点就是克罗齐所讲的"一切历史都是当代史"，即以自己的愿意和观念去重新描述传统，其实质是重构历史本身，由此阻止了当世与历史的联系，阻断了人们对历史事实、历史真相、历史真知、历史真理的了解、辨别、反思和重新发现，最终是阻断了当代对传统的返本开新之道。最后，美化传统的目的不仅通过历史虚无主义的方式使思想瘫痪，而且是使现在回到过去，是使关于存在和生存的思想、情感、观念以及认知和行为的方式方法回到过去，将人和社会拉回到已逝的历史中和杂陈的传统中，形成一种"传统是最美好的""过去才是今天的准则和未来希望"，以此最终将人和社会驱赶到沉醉传统和历史之中过一种梦魇化的生活。

传统是不可忽视的现实存在，否定传统既不现实，也不真实。因为"过

## 第4章 病理之恶的形态

去从没有死去,它甚至都没有过去"(威廉·福克纳),更因为"忘记过去的人注定要重蹈覆辙"(乔治·桑塔亚纳)。正视传统的两面性才是理性和客观。传统的两面性呈现出来的就是以文明为分水岭:凡体现返本开新的文明发展观、弘大损益认知论和因革新方法论的传统,属于纯洁情感、充沛人心、善美人性的传统,它是向善的,也是创造善的。反之,凡体现保守、专制、威权、不准、张扬观念的一统和思想的一尊,排斥返本开新的文明发展观、损益认知论和因革方法论的传统,都是充满恶的,它是要把人引向保守,引向逃避,引向对愚昧、黑暗、野蛮、丛林法则的回返。

传统之恶的内容多样态也从不同领域敞开,尤其是政治、伦理、教育、思想领域的传统之恶的内容对当世的污染和对存在发展的伤害最大。尤其是传统中的政治之恶,其实不是血缘宗法——血缘宗法只是其凝聚力量的方式和延续江山权力的方式——而是皇权主义。首先,皇权主义的灵魂是私天下,即以天下为私,但它的公开的旗号却是"天下为公",并以"救民于水火"为招贴而占山为王、抢夺政权;抢夺到政权以后,也就为"天下黎明苍生"而行皇权主义。皇权主义的基本逻辑是"打江山"而必须"坐江山",但所打的和所坐的江山却是本本分分的**民**本身。其次,皇权主义的精神本质是王道主义,而不是人道主义。王道主义的构成框架是:以王道为目的,以天道为依据,以民道为手段。在皇权主义传统中,对天的思考,对天的宣扬,实为皇权主义寻求依据;对民道的喧哗,实际是为确保皇权主义江山千秋万代不改变颜色(皇权主义将江山的颜色看得比命都重要),为此而必须有护卫其皇权主义的强大工具,民就是最强大的工具,因为民既能成为生产(劳动力)的工具,创造物质和财富的工具,更可以成为暴力的工具(即打手和暴徒)。人类历史上各种形式的民本思想,本质上是将人变成工具的思想,亚里士多德在《政治学》中明确奴隶就是为服务主人而产生的,李世民公开宣称民是载舟之水:水即所载皇权江山之舟的工具。最后,皇权主义的方法是权力专制。由此三个层面的规定,传统的政治成为一种极恶形式,一切形态的崇尚传统政治或者以各种修辞方式来重新装裱传统的政治使之焕然一新的做法,都是极恶的做法。

以皇权主义为灵魂和创造方式所形成的信仰、思想、文化、教育、美学传统，都体现并发挥出暴力之恶的共性。审视西方君主时代所形成的信仰、思想、文化、教育、美学和风俗等方面的传统，可以感受到这一点；阅读中国两千多年的帝王时代所形成的信仰、思想、文化、美学和风俗等方面的传统，同样可以感到这一点。更可以比较秦以降的帝王时代和秦以前的王权（即有史的夏商周）时代，在信仰、思想、文化、教育、风俗等方面体现出来的暴力之恶的性质和程度，有其根本差别。

**社会风气之恶** 社会风气是一种综合因素的整体呈现，这些因素涉及方方面面，但根本性的方面有五，一是政治风气；二是经济风向和市场景气；三是法律状况；四是教育取向；五是伦理状况。一般来讲，首先是政治明朗，实源于民权博弈公权的社会机制，政府权力是有限的绝对权力且整个社会的基本准则是平等、自由、公正和权责分明。其次社会经济整体呈有序发展风向，市场景气呈欣欣向荣态。再次是法律个体人本化，立法体系逻辑化，司法遵循"一切断于一法"。复次是教育以"相近习远"的人性为基本导向，以引导人探求新知、真知、真理为基本方法，以使人成为人和成为大人为双重目标。最后是在伦理生活方面，则是道必遵，是德必守，见义可勇为。整个社会具有朝向此五个方面努力的社会机制和个人动力，其社会风气就呈现善美。反之，社会风气就会变成戾气导向，形成制造恶、受纳恶、视恶为善或甚至抑善扬恶、惩善奖恶的社会风气。这种社会风气形成的最强劲的推手不是教育，不是经济，也不是伦理，而是政治和法律。对任何时代言，确定社会风气的风向标，是政府行为，而政府行为又源于其权力是否有限绝对。当一个社会的公权无限绝对化时，必使社会风气本身成为整体之恶而传染给每一个机体，形成从个体到社会的**通体的恶**。

社会风气的核心，是政治风气。政治风气形成的原发机制，是政体。政体的核心问题，是权利与权力的分配。因而，政治风气形成的原发机制，实质上是权利和权力的**分配机制**。权利，表述为人权，包括天赋人的基本权利和后天努力作为所获得的非基本权利；权力，表述为公权，或曰国家机器权力，包括国家的立法权、行政权和司法权，以及由此拓展开去派生出来的新闻权力、知识权力、财富权力、资源权力和社团性质的党派权力。权利与权力的分配机制的形成，从根本上决定政治风气是朝善的方向展开，还是朝恶的方向展开。权利与权力的分配机制有两种：第一种是**以权利为导向**，形成权利分配权力和权利制约权力的分配机制，本质规范是：权利决定权力的权利，权力是受役权利的权力，因而，权力**只是**并且**只能是**有限绝对权力。有限绝对权力的政治只能是**人权政治**，它在人权的规训下只能向善，权力发挥暴力之恶的情况非常有限，即使偶然发生，也会很快被矫正。第二种是**以权力为导向**，形成权力分配权利和权利制约权力的分配机制，本质规范是：权力成为决定权利的权力，权利只能受役于权力，权力成为役使权利的权力。因而，权力必须成为无限绝对权力，无限绝对权力将社会公权、政府权力、国家权力统统变成集权所需要的暴力。在权力分配权利和权力役使权利的分配机制推动下，将社会公权、政府权力、国家权力沦为无限绝对权力的暴力政治，只能是**兽权政治**。兽权政治是人性的天敌，也是人权的天敌，更是人的天敌，其极恶无孔不入、无所不在并无所不能，尤其在技术武装下。

**善良意愿之恶**　从理论上讲，善良的意愿是好的、善的、美的，既值得认同，更值得效仿。但在生活世界里，善良意愿并不一定都好、善和美，因为善良愿意也可能沦为坏、恶和丑。以德报德，是一种善良意愿；以德报怨，也是一种善良意愿。表面看来，这两种善良意愿都是好善的意愿，但实际上，以德报德的善良意愿，是善的意愿；以德报怨的善良意愿所产生的边际效应往往并不一定是善的，更有可能会成为一种恶，会使恶的滋生和扩张。因为，人做恶，原本应该受到惩罚；但人做了恶，不仅没有受到惩罚，反而得到德报的嘉奖，这样就助长了做恶没有代价、做恶使人害怕，甚至做恶让人服膺的错觉。这样一来，自然会引发人们或激发人们对做恶趋之若鹜。针对这种"以德报怨"的善良意愿之恶，孔子在两千多年前就认清了，指出"以德报怨"虽然在行为上是善，但在本质上是恶。所以当有人问他"以德报怨，何如？"时，孔子断然指出："何以报德？以直报怨，以德报德。"[①] 钱穆在评注孔子此论说："本章之言，明白简约，而其指意曲折反复，如造化自然之简易而易知，又复微妙而难穷，其要乃在我之一心。我能直心而行，以至于斟酌

---

① 钱穆：《论语新解》，第343页。

尽善，情理兼到，而至于无所用心焉。此真学者所当深玩。"① 钱穆希望人们"深玩"孔子之"以直报怨"和"以德报德"的深刻和深远的生活方法。孔子反对"以德报怨"而主张"以直报怨，以德报德"，至少揭示两点：第一，德，既不能恩赐，也不能施舍，而是**对等相待**，你待我之诚，我待你以诚；反之亦然。第二，如果使德处于不对等相待的状态，都将呈现恶的取向，都可能滋生恶，这是最不可取的，因为这是一种人性根本性堕落的方式。孔子认为，天赋的人性是相近的，使天赋"相近"的人性"相远"的根本原因是"习"，能够使天赋"相近"的人性习染上"相远"之恶的利欲，只能是平白无故地占人便利——或者不劳而获，或者少劳多获——的习染。"以德报怨"就是以善良的意愿和方式助长他人的利欲之恶。所以孔子认为这种性质和内容的善良意愿是根本的"浸润"之恶和"肤受"之恶。

在人世生活中，善良的人们怀抱种种善良的意愿，可能最终都汇聚成助长恶滋生的社会心理土壤。这是我们辨别善良的意愿是否引发善恶的根本方法：凡是激发他人或社会向善的善良意愿，就是善的意愿；反之，凡是起到了帮助恶的滋生的善良的意愿，都是恶的意愿，都应该谨慎杜绝。

### 2. 个人性的非暴力之恶

非暴力之恶形成社会性与个人性两类，主要依据其非暴力之恶的普遍性与个性化程度。凡是普遍性程度越高且越突出其共性的非暴力性之恶，可归为社会性的非暴力性之恶的范畴；凡是普遍性程度相对低而个性化程度越高的非暴力性之恶，可归之于个人性的非暴力性之恶的范畴。个人性的非暴力之恶浸润于生活的各个方面，其行为形式多样，种类繁多，若择其要者主要有贪恋、造假、嫉恨和忘恩负义四种形态。

**贪恋之恶**　从根本讲，人是他者性的存在者，并且，人的他者性存在是一种无法避免或逃逸的宿命。这源于两个方面的存在论规定。一是任何人皆是他者的产物，一个人从生命得以播种到孕育、诞生及走向成长的全过程以及离开人世，都存在于他者之中。二是任何人，其生存和发展都必须与他人结成互助合作，并且这种互助合作的能力越强，其生存力越强，其谋求发展

---

① 钱穆：《论语新解》，第345页。

的可能性空间就越宽广。人，不可能一个人存在于一个世界，必须与他者共在共生，这既是造物主的安排，也是人的生物本性和人文本性的形塑。由此，人必须与他者、社会以及存在世界之间达成约定，形成限度与边界。如果其行为实际地突破这种生存的限度和边界，人就走向了恶。

贪恋之所以是恶，是恶在贪恋者以不同方式突破了这种边界、跨越了这种限度。这种突破边界、跨越限度的贪恋恶行，不是一种恶行，而是一类对财物、性肉、权力的迷恋和追逐的恶行，这类恶表现于生活的方方面面，但论其主要者有三，即背约、偷盗与奸淫三种。

首先是背约。这是一种常见的日常生活恶行，尤其是在现代文明没有普遍形成的地方，这种恶行表现得至为普遍。所谓背约，就是其行为违背或撕毁先前的约定。背约的前提是约定，在一般情况下，凡约定，既自主自愿，也诉求意愿同意基础上的平等，因为约定需要履行。约定之所以需要履行，是因为约定的目的指向获得对等的利益。背约行为之所以是一种恶行，在于约定规定了具体的权利和责任，并且约定享受了其权利就必须为此担当对等的责任：享受权利就是获得实质的利益，担当责任就是为此获得的实际利益付出劳动或贡献。背约的实质是放弃责任或不承认责任，却需要权利和牟取利益。背约作为一种恶行，其本质是不劳而获或少劳多获，这种恶行既体现贪婪，也体现唯利是图。

其次是偷盗。比较地看，背约是在自愿平等的约定下，背信弃义地违背担责的约定，以此谋求所约定或超越约定的权利和利益；偷盗却是将别人所有的东西据为己有，从性质上，偷盗之恶比背约之恶的性质更严重，其无德程度更高，但实际上要看侵犯他者权利和利益的程度。

偷盗之恶，指逃避公开采取偷偷摸摸的方式将他人的财物据为己有，这是它与暴力性质的抢劫之恶的根本不同，体现偷盗者对偷盗行为的自认为理亏，是明知理亏和无德而偏为之之恶。另一方面，偷盗所谋取的只是他人财物，不涉及其他，所以偷盗只是满足匮乏的物欲，是对财物的贪恋之恶。

最后是奸淫。这是贪恋之恶的特殊方式所指涉的实际对象是异性，追逐的目的不是财物、金钱，而是实现性欲的宣泄与满足。

淫与奸都属于异性之间的性肉之恶的行为。淫之恶行与奸之恶行在实施对象上虽同，却是性质完全不同的两种恶行：奸是一种单向的强迫行为，即以强力意志侵犯他者身心权利，并最终实现对他人心理、情感、精神、人格、尊严的侮辱。与此不同，淫是一种男女双方的意愿性合作的性肉交换行为，也是一种相互的身心交换的情欲满足行为。按其行为双方自觉自愿且权责对等之一般要求看，淫并不属于无德。但将其淫行为纳入生存的关联性来审视，淫之恶，恶在其"合伙"的行为损害了行为人双方家人的利益，制造了败坏的社会风尚。

**造假之恶** 生活中的贪恋恶行，都是以直截了当的方式达到自己目的，与此不同，造假之恶却是通过制造假象来达到自己目的。这类恶行主要体现在三个方面：一是无中生有地制造虚假；二是通过制造虚假的事实、现象甚至观念、历史、情节的方式来实现自己不可告人的目的；三是其造假行为所欲达到的实际目的仍然是利益，或物质财富利益，或权利利益，或性肉方面的利益。在生活世界里，造假之恶行也是形式多样，其中说谎与欺骗是最为重要的两种恶行。

说谎以一种**无中生有**的制造谎言的方式来实现私欲目的之恶。说谎之恶的方法多样，但最基本的方法有两种，即间接式说谎和直接式说谎，前一方法是将谎言掺杂在事实之中，让其一点一滴地渗透，以此达到混淆真相和搅乱秩序的目的，或者达到以假乱真、抹人以黑的目的。后一方法是直截了当地运用谎言来替代真实，或用谎言来掩盖真相，其目的有二：一是使非法的行为或事实合法化；二是实现己利最大化或使己利最优化。

说谎之恶往往既可是个体性的，也可是群体性、组织性或利益集团化的，所以说谎之恶在性质和危害范围、程度等方面要比欺骗严重。说谎之恶如果是个体性行为，其谎言追逐的利益也往往是具体的个体性利益；如果说谎之恶属于群体性的或者利益集团化的组织行为，其追逐的利益必然是整体的利益。

整体观之，欺骗之恶虽也属说谎之恶的范畴，但它要受两个方面的限制：一方面，欺骗之恶往往是个体性行为；另一方面，欺骗之恶往往限于物质或情感的范畴，一般不涉及权力领域。比较而言，说谎之恶行有些近似于大偷大盗、大抢大夺；欺骗之恶行则有些近似于小偷小摸。因为欺骗之恶要通过骗取他者信任来实现有限的具体目的；说谎之恶并不需要骗取信任，而是按照自己**心向其恶**的意愿性能力推行谎言和推广谎言，并以其持续扩张的努力方式征服人心，使人相信和照此行动或生活。以此观之，欺骗之恶得逞，是建立在人们**轻信**的人性弱点基础上；谎言之恶得逞，是建立在人们对重复造成**警觉的麻木**这一懒惰的人性基础上的，所以说谎之恶比欺骗之恶更具有危害性。

**嫉恨之恶**　贪恋和造假两类恶均意在于牟取，嫉恨之恶却意在于诋毁或毁灭。嫉恨之恶的普遍性方式是怨恨和嫉妒。

怨恨之恶，是指其不满情绪层累性积淀达到一定程度生成出来的诋毁性和仇视性恶行。一般地讲，怨恨之恶只是个体性行为，或个体对个体，或个体对群体，或个体对社会的单向指涉的恶行。怨恨之恶指涉的对象也呈单一性，即指向具体的个人，是个人对人（或个体之人，或群体之人）的怨恨之恶。

对人产生怨恨之恶的直接诱发因素，可能是具体的物质利益，可能是地位、权力，更可能是荣誉、人性资产、人脉关系等。但无论由何种内容诱发的怨恨之恶都必有一个前提，即在怨恨者看来其所怨恨的对象本该帮他得到而没有得到。怨恨者自认为本该得到的东西结果没有得到的直接的和最终的原因，却是其所怨恨的对象没有帮助他，或者认为对方不仅不帮自己，反而对自己落井下石。这既是怨恨之恶的根本理由，也是怨恨之恶的最终依据，还是怨恨之恶的最终动力。

怨恨之恶，是一种积怨性的心理情绪、憎恨冲动最终爆发为一种诋毁性和仇恨性的行为之恶。怨恨之恶行的性质取决于其诋毁性和仇恨性程度，即其诋毁和仇恨行为对无辜的受毁对象造成的伤害越大，其恶越严重；反之越轻。

嫉妒是嫉恨之恶的另一种形式。比较而言，怨恨之恶源于主观地将自我利益的受损假想为是他人造成的，所以，怨恨之恶恶在**冤枉**好人。与此不同，嫉妒之恶，是将别人当得视为不当得并由此诋毁、诽谤、整治别人，所以，嫉妒之恶恶在**陷害**好人。

嫉妒之恶的直接动力是嫉妒者的嫉妒之心的膨胀达到不可抑制的状态时爆发出来的恶行。一般来讲，人生活在开放性存在场域之中，其认知、情感、心理也是受其存在场域的变化而处于开放性生变状态。人的嫉妒心

## 善恶的病理问题

的生发并由此膨胀，也是受外界因素的强烈刺激造成。具体地讲，当与自己有利害关联的他人或在物质方面或在精神（比如身份、地位、权力、友情、爱情、名誉、影响力等）方面超过了自己，或自我感觉他人超过了自己，并想象他人的这种超越性或利益获得构成了对自己当下或未来生存的威胁时，这种威胁感刺激人产生嫉妒，这种刺激因素如果反复出现并且这种反复出现的刺激因素源于同一个人，那么嫉妒心就会无限膨胀，最终爆发嫉妒行为。嫉妒之恶在主观上是发泄自己对被嫉妒者的极度不满，但客观上是要使被嫉妒者不如自己，为此，嫉妒行为必须有所作为，这种作为就是陷害。

嫉妒之恶作为一种陷害行为，所采取的通常方式是无中生有，具体地讲就是造谣、诽谤、诬蔑，并在舆论、做事以及利益分配等方面聚众围攻、压制、打击、迫害。嫉妒恶行之所以采取如此方式，是为满足嫉妒心的发泄，使所嫉妒的对象的正当利益受到损害的同时使之承受比损害更大的痛苦，这样可以使自己获得快感或享受快乐。所以，嫉妒之恶恶在以给他人制造损害和痛苦的方式作为自己快乐的源泉。

嫉妒之恶行始终相对具体对象而展开，是由某个具体的他者所引起，但透过这一表象则可发现嫉妒者的嫉妒心滋生到膨胀再到嫉妒恶行的爆发，其最终推动力却是灰暗心灵和分裂人格。具体地讲，嫉妒产生于嫉妒者在行为、利益、成就超过自己的他人面前的一种"失去优势"后严重利益失衡的特殊心理冲动。嫉妒者面对他人优势状况下的自我失衡，不是去寻找造成这种失衡的自我之因，而是将这种自我失衡的原因外推到所嫉妒的对象身上。所以，嫉妒之恶是**弱者**的心理情感的行为反映，但嫉妒者本人不承认自己是弱者，而是主观放大地将自己想象为强者，当一个人从实际的弱者幻想为主观意念上的强者时，其贪婪的心灵本质则无阻碍地无限放大。所以，嫉妒之恶产生于嫉妒者贪婪的人格本性：**贪婪的欲望**导致人在优势于自己的人面前滋生出嫉妒心并爆发出嫉妒恶行。

嫉妒的贪婪本质，从正面讲，**别人实际该得到的东西，应该由自己来得到**；从反面讲，**凡是自己得不到的东西，别人也休想得到**。嫉妒之恶，是绝对的私欲之恶，是人世生活中的极端之恶。

**忘恩负义之恶**　人的生活世界中充斥着形形色色的非暴力之恶，其中较普遍的恶行是忘恩负义。在形形色色的忘恩负义之恶中，以不孝、不忠和不义三者为最。

不孝之恶之所以是最大之恶，既因为生命来源于父母，更因为生命存在和成长均得益于父母。父母以生命的全部养育了儿女，儿女本应该尽孝于父母。儿女尽孝父母的基本方面是生活上的赡养。但如果仅限于此，就成为孔子所讲的"今之孝者，是谓能养，至于犬马，皆能有养，不敬，何以别乎？"① 要在"能养"的基础上"唯其疾之忧"②，即如同父母抚养自己那样以父母之心为心、以父母之爱为爱、以父母之情为情的方式来忧父母之疾。所以，尽孝于父母，就是发自内心地爱父母，关心父母，想父母之所想、急父母之所急，思父母之所思、爱父母之所爱。以此为参照，不孝，不仅体现在不赡养父母，更体现在对父母缺乏爱，缺少关心，缺乏从父母角度出发想父母之想、急父母之急，思父母之思、爱父母之爱。所以不孝之恶，既恶在人忘记自己的来源，更恶在人不知如何反哺。

一般而言，生活中的不孝之恶既源于对血缘的背叛，也是对家的背叛，表现为**绝对的无情**。与此不同，生活中的不忠之恶却源于对**人事**的背叛，表**现绝对的无责**。

在我们的话语传统中，凡论及"忠"，就将其锁定为忠君、忠主，并由此演绎出忠族、忠国，并认为这是孔子开创的儒家思想的优良传统。但这种习见张扬出根本的误解：孔子确实是"忠"的最早思想者，但孔子所论之忠，不是忠君、忠主、忠族、忠国，读《论语》，可以感受到孔子对邦君的严厉批评和不合作的强硬姿态，更可以体会出孔子很鲜明的天下世界的观念却无忠族忠国的思想，孔子反复强调面对"邦无道"君子应该具备的基本态度和行为原则，指出："守死善道。危邦不入，乱邦不居，天下有道则见，无道则隐。邦有道，贫且贱焉，耻也。邦无道，富且贵焉，耻也。"③

---

① 钱穆：《论语新解》，第 29—30 页。
② 钱穆：《论语新解》，第 29 页。
③ 钱穆：《论语新解》，第 191 页。

## 善恶的病理问题

"邦有道,谷。邦无道,谷,耻也。"① 子曰:"邦有道如矢,邦无道如矢。""邦有道则仕,邦无道,则可卷而怀之。"② "邦有道,危言危行,邦无道,危行言孙。"③ 孔子之论忠的主题是**忠诚人事**,即通过忠事而忠人。《论语》中"忠"字出现十七次凡十五章内容,其中,除一处是曾子言"忠信"外,其余全是孔子对"忠"的问题的思考,但孔子对"忠"与"君"的关系的直接表述只有一处:

> 定公问:"君使臣,臣事君,如之何?"孔子对曰:"君使臣以礼,臣事君以忠。"④

关于臣应该"忠君"的问题,是由鲁定公提出,并希望得到饱学的孔子的认肯,但孔子予以否定,明确告诉鲁定公,臣可以对君忠诚,但有前提性条件,这就是只有"君使臣以礼"时,臣才可事君以"忠"。不仅如此,孔子还明确提出"以道事君,不可则止"的主张,它强调两个方面:第一,忠君以忠于君事为原则,而不是忠君,忠君,就是对君言听计从或唯命是从;以君事为准则,所忠诚的是邦君交代的国事,即以忠诚国事的方式忠君。第二,即或是以忠诚君事为准则,也要以道为准则;邦君所交代的事即或是国事,但不符合道,也不能盲从,即必须行否决之责。这两个方面是孔子论在"君使臣以礼"的前提下"臣事君以忠"的本质要求。《论语》记载的孔子言"忠"的 13 章内容,都是在讨论忠诚于事、事务本身。所以,在孔子的思想世界里没有"忠君"思想,更没有"忠族"和"忠国"思想,这不仅有孔子的诸多言论为证,更有孔子的行为为证。孔子五十五岁时为寻求实施"文道救世"抱负的政治舞台,带着弟子离开母国以天下为家,游国十四年,以践行他始终不渝地强调的"危邦不入,乱邦不居,天下有道则见,无道则隐。邦有道,贫且贱焉,耻也。邦无道,富且贵焉,耻也"和"邦有道,谷。邦

---

① 钱穆:《论语新解》,第 318 页。
② 钱穆:《论语新解》,第 362 页。
③ 钱穆:《论语新解》,第 320 页。
④ 钱穆:《论语新解》,第 67 页。

无道，谷，耻也"的政治主张。

孔子对"忠"的思考以事、事务为中心的思想揭示出"忠"的本义：人始终是他者性存在的人，因为人的生命来源于他者，人的存在受惠于他者，人必须在他者中存在和生存，这是人的事实，也是人的命运。人始终是求群、适群、合群的人，人离不开人，人最需要的就是人。但人与人能够相互联系、相互结成群体、相互组建成团体、社会或国家，是因为事，是必须通过**做事**来形成，即必须通过劳动、付出、创造、贡献，才能够互借力量和智慧、胆识和勇敢，共同克服困难、战胜险恶，谋得所需要的生存资源和存在安全的保障。所以，在人的生活中，无论是言其忠，还是行其忠，都必须围绕事、事务而展开，并通过忠诚于事、忠诚于事务来体现对与其事、事物直接关联的人的忠实、忠诚，并且这种以事、事务为中心的忠诚必须能够符合"道"的要求并接受"道"的规训为准则。以此观之，以事、事务为中心的忠诚涉及微观和宏观两个方面：在微观方面，尽忠就是尽其努力忠于符合其"道"之事，并以此实现忠于其人。由于人与人之间的最终联系是**事**本身，尽忠的首要任务是忠其该做和必做之事，即凡事，只要是合德合法且需要你做，只要你该做和必做，你就要以身心投入的方式把此事做得最好，不可应付，也不能应付。通过以忠于事的方式来忠于人，因为事都是由人安排的，或者由自己安排，或者由他人安排，但无论是谁安排的，你都要抱着绝对负责于己和绝对负责于人的方式做好该做和必做的合德合法的每一件事。所以，忠人必以忠事为体现，忠事必须以合道为准则，最终才指向以忠人为实际目标。只有在这一为事的基本方面的忠为基础，才可有宏观层面的忠，那就是通过忠于其事而忠于所生活于其中的群体、社会。

从本质讲，以事、事务为中心的忠实、忠诚，既是忠的基本义，也是其生存和发展的奠基义。它体现的基本的德和根本的善有二：一是遵从规律，孔子所言之道，即以中正为准则的仁德-公道；二是担当责任。不忠于事、事务本身，是根本的放弃规律和弃置责任，这是不忠之恶的根本所在。

在人世生活中，不孝之恶是家庭生活中之大恶；不忠之恶，是公共生活中之大恶；而不义之恶，却是情感生活中之大恶。

对于"义"，大多认为是相对人言，所以一般释"义"为义气、情义。

**善恶的病理问题**

在《论语》中,"义"字出现十九次凡十五章,其中,孔子弟子言"义"者三章内容,其余内容均是孔子言"义"。孔子对"义"的思考,主要是在"**道**"的层面展开,探讨的是"道义",即使是落实在情义、义气的层面,也是在揭示人间的情义、义气之道。因而,在本源的和本质的层面,"义"即道义,道义的本质是法则、是规律;在践履的层面是情义、义气,情义、义气的本质不仅是情谊,而且是恩,即恩惠、恩情、恩德。所以,不义,在践履的层面是忘恩寡情、忘恩无情、忘恩绝情,但在本质上是对法则、规律和人性的忽视或弃置。因为人间生活中一切情感都蕴含存在的规律,生命的法则和人性的渴望及意愿。比如两性之爱或者血缘之爱,表面看不过是情义之爱、是私爱。但透过其表现的现象会发现无论两性之爱还是血缘之爱,本质上都是责任之爱,对生命的责任,对人的责任,对情感本身的责任,支撑和构建这种责任的却是天赋的人性和生命化的自然法则。正是在这个意义上,无论两性之爱还是血缘之爱,本质上不是索取、收获、享有,而是付出、奉献和给予。而不义,就是从日常情义、义气的轻慢中抛弃了道义。缺乏道义指南的生活是暗昧的,没有道义光照的行为,只能沦为与本能的任性或野蛮为伍,自然成为恶行。

## 三 工具的病理方式

工具(Tool),是相对人而产生,并因为人而有价值和意义。

历史地看,只有当人从自然人类学的黑暗深渊中走出来向文化人类学方向进化,开始摆脱本能适应存在世界的方式,并朦胧地以意识的方式来安排自己的存在和生活时,工具才逐渐产生。人从自然人类学的动物存在进化为文化人类学的人文存在的最初进程中所形成的第一个工具,就是人的**肉身化的双手**,它是通过从四脚爬行分裂出"两脚走路,两手做事"。从此,双手成为永恒的工具。所以,工具首先相对人而言,它是人从动物存在变成人文存在的**形态学**标志;但工具更相对人如何成为人而言,是人从本能求生向有意识、有目的、有规划地求生的标志,由此,工具,是人成为人的劳作和创造的象征。这个象征的原初形态和永恒方式是肉身化的双手,因为尔后一切物理性质的工具,无论是远古的手工工具(手工技术物),还是从商业社会到工业社会的机械工具（即机械技术物），或者当今正在全面发展的生物工艺学的智能工具（生物工艺学技术物），都是从双手发展而来，并且也通过双手而发挥功能。

工具的产生和不断更新的基本方式是**制作**，制作的本质是技术。所以，工具是技术的产物，技术是工具的创造方式和创造机制，人是探索和开发技术这一创造机制和创造方式而制作工具的主体。工具的产生和不断更新是要助人类存在不断地解决存在安全和生活保障的问题。由于不同地域境遇、不同时代，有其不同的存在安全和生活保障的困境与危机，因而，不同地域境遇、不同时代以及不同民族国家解决存在安全危机和生活保障困境的重心有所不同，由此形成对技术发展的热衷程度、重心、偏好等均有所不同。这由此表明两点：第一，相对人而产生的工具，对人有用。工具的有用性，就是它的使用价值性。第二，人的历史创造了工具的历史，人与工具的关系是创造与被创造、使用与被使用的关系，也是用与弃的关系。人是工具的主体，工具是人的客体，是人的使用物。

工具的如上定位，既是工具的自身定位，也是其创造主体人对它的定位。在人类从自然人类学的黑暗深渊中走出向文化人类学方向不断探索、不断向前的进程中，不断发现和革新工具的功用，并不断地扩张性释放工具的功能，形成对工具的要求和依赖性程度越来越高，由此产生内涵日益丰富的工具论思想。"工具论"（Instrumentalism）是一种关于工具的认知论，其观念起源或可追溯到马克思主义和弗洛伊德的理论，但它在20世纪后半叶才得到更广泛的发展和应用，这与德国哲学家海德格尔对技术的"座架"性反思，以及法国哲学家米歇尔·福柯和德国社会学家尤尔根·哈贝马斯等人对工具论予以深入研究息息相关，因为这些反思和研究，技术的存在本质被呈现了出来。技术不是中立的工具，它的本质是权力，因为技术本身具有生产知识、权力、控制和意识形态等方面的能力。工具论强调工具和生产工具的技术对人类形塑的独特作用，对文化及其发展的重要影响，同时，工具和技术亦构成对人类行为和组织之间的纽带功能。工具论的核心概念是**技术决定论**。"自古以来，宗教的目的就是为了革除这样一个认识，即我们完全听命于大自然的摆布而且终不免一死；技术的作用则是通过利用自然的过程，达到进一步对自然进行掌控的目的。人类的技术就是有计划地进行改造后的自然，人就是有计划地重塑自己的自然环境和自身自然本性的一种动物。"① 技术的发展和应用对社会结构、价值观、行为方式和人际关系产生深远影响，因为"从自然主义角度看，技术的用途在于保障人这个物种的生存基础。在此过程中，技术进步表现为一种准生物学的过程。这个过程自然而然地发生，并且伴随着各种非计划的行为后果——从简单的工具使用事故，到在全球化的世界中，尤其是因为集体的能源消耗所引起的高度复杂、很难预见其后果影响的气候变化。由此，人类文明中的技术发展表现为'第二自然'。从理想主义角度看，技术乃是在一个以受理性控制的活动为基础的文化发展过程中形成的。它的人类学根源是游戏冲动、好奇、实验和建造欲望，同时再加之以因历史情况不同而变化各异的改造生存条件的要求。这里，理想主义的技术阐释所强调的是技术的计划特性，以及把人从大自然的束缚中解放出来的目标"②。在工具论者看来，技术作为工具只是物理层面的，是人们对它的物理功能的运用。但技术除了具有物理性质的功能外，更具有知识、权力、意识形态甚至情感方面的潜力和功能，这些潜力和功能的释放就形成社会现实、个体行为方式、社会财富和权力分配结构以及整个文化的形塑。技术形塑社会和人、文化和精神，不仅按照人的意愿展开，也按照技术的方式展开。尤其是技术越是向前发展，这种能动性越强，正如海德格尔所说："关于技术的工具性观念规定着把人融入与技术适当关联之中的每一种努力。一切取决于以得当的方式使用作为工具的技术。正如人们所说的，人们要在'精神上操纵'技术。人们要控制技术。**技术愈是有脱离人类的统治的危险，对于技术的控制意愿就愈加迫切。**"③ 人类控制技术的方式，就是通过发展技术来展开，越是发展的技术就越有能动性，面对越具能动性的技术，就越是想控制它，越要控制技术，就越是不遗余力地发展技术，如此往来循环开进，工具论的观念和思想很自然地被推向极端而发展出工具主义来。

---

① 布里吉特·法尔肯堡：《技术决定论》，载［德］阿明·格伦瓦尔德主编《技术伦理学手册》，吴宁译，社会科学文献出版社2017年版，第215页。

② 布里吉特·法尔肯堡：《技术决定论》，载［德］阿明·格伦瓦尔德主编《技术伦理学手册》，第215—216页。

③ ［德］海德格尔：《海德格尔选集》下册，生活·读书·新知上海三联书店1996年版，第926页。

工具主义（Utilitarianism）是工具论观念的扩展所形成的伦理和政治理论，其核心主张有二：一是认为以技术为武装的工具的价值在于实用性和功利性，因而特别追求以技术为武装的工具的实用效果和结果。二是特别突出以技术为武装的工具的尺度功能，将工具定义为决策和行为评估的标准。当极端地追求工具的实用效果和功利结果，并以工具为评价一切的依据、尺度和标准时，整个社会自然会被片面地推向工具化道路，其所产生的实质性结果是**人被工具化**。

### 1. 人的本原存在位态

人，原本是自然人类学的，从自然人类学进入到文化人类学领域，人由此成为自己的主体，其基本条件是人能够**意识地思维**。人意识地思维的对象，不仅是存在世界，不仅是自然物和生命存在，也包括人自己，即人总是在意识地思维对象的过程中意识地思维自己。人意识地思维世界，这是人能够去认识存在世界和与存在世界互动的能力；人意识地思维自己，这是人能够反观性地了解自己和自己的内在存在的能力。由于这两种能力，人成为主体。人成为主体，构成文化人类学的人的本原存在位态。

人从动物存在变成人文存在的实质标志，就是自为地成为**存在主体**。尔后，人的存在发展总是不屈不挠地向主体方向展开，但在具体的进化历程中并不必然是这样，而且往往出现人朝工具和耗材方向展开，这根源于两个因素的互为激发和互为推动。

第一个因素是人的**群化存在**。作为个体生命，其存在敞开需要资源来滋养，但滋养生命的资源没有现成，即或自然世界给予人类物种提供这方面的资源，也是给予自然世界所有生命所有物种共享的条件，对于有意识地思维和以此可不断地自为生产自我安排和自我需求能力的人类来讲，自然给予生物大众的资源远远不够人类所支配，人类必须自为地创造和生产物质资源，这是个人所不能做到的，必须人与人相向走近而结成群体，缔造出社会和国家。于是，人作为存在主体，就必须纳入群体、社会或国家的框架中获得社会性的定位，由此形成文化人类学的人的**继发性**的存在位态，其本原性存在的主体的人不得不变成**主体间性**的人，即人要成为主体必须将其纳入他人或群体、社会的视域之中得到他人或群体、社会的认同时，他作为主体才存在。

否则，人必将成为受体。

作为主体间性的人，其存在的主体间性的空间有多大，主体的存在空间就有多大。人作为主体的存在空间有两个方面的规定性：一是人可以避开任何他者的视域且他者必须自觉中止对自己的**视域扫视**所形成的这种空间疆域，这一空间疆域成为作为一个人的主体的**专属疆域**，是除自己允许之外的任何情况下任何他人都不可以任何方式窥视的存在空间。所以，人作为主体的存在空间的核心内容，就是人的**隐私权**的疆域构成。二是人可自行活动的存在疆域，这一存在疆域并不是你的专属空间，也不是任何他人的专属空间，而是所有人可自由地穿梭于其中的**公共空间**。这种可供任何人自由地进出的公共空间，并不是由个体来确定，而是由公共方式和公共机构来确定。仅就前者言，就是由一国所选择的政体和由政体规定的制度及为制度提供保障方式的法律来确定，不同国家的宪法对人的权利的规定，就是在给共同体内的所有成员确定一个任何人可以进出的公共空间。《中华人民共和国宪法》之第33、第34、第35、第36、第37条就是从不同方面规定了个人可以自由进出的公共空间及疆界。就后者论，主要指执掌国家公权的政府及政府机关，既可以依据法律也可超出法律来规定人的公共活动空间。比如，有的国家可允许本国公民自由地进入国会大厅，旁听甚至参与议员们的国事讨论，甚至国会可以对外开放允许外国游客参观。但也有一些国家的大小政府及政府机构却持枪警卫森严，自然是"平民不得入内"，体现公权和权力在民众面前的绝对傲慢，这与旧上海租界里"华人与狗不得入内"没有性质的区别。在法治国家里，必须一切断于一法，尤其是定位政体的宪法在其整体法律体系的每条法律条文都从上到下严谨地贯穿于始终，中间没有任何修正和更改的可能性。但在另一些虽有浩繁的法律文本和法律制度却没有实质的法治社会的国家里，似乎政府及其权力机构都可以自由地制定满足自身利益需要的法规和政策，比如，在有的国家，虽然其宪法规定国民拥有在言论、出版、集会、结社、游行、示威等方面的自由，却同时又在相关的职能机构设置严格的书报审查制度、严格的民政管理条例和严格的地方治安管理条例，这些来自不同领域和机构的制度与条例的权限往往大于宪法的规定，由此使宪法确定的公共空间在这些来自不同权力机关的管理制度和管理条例的分割下，实际地不存在。

　　这些情况或从反面揭示群化存在的人作为存在主体，必须由**主体间性**来标榜。主体间性给出的空间并不由人与人相互给出和人与人相互商定，而是由政体、制度和公共机构来确定。客观而论，政体和制度是相对稳定的，政体和制度所确定的一国疆域内给予共同体成员可自由进入的公共空间，也是相对的空阔，这种相对空阔的公共空间通过宪法得到呈现。但在政体和制度框架下的公共机构，却对主体间性的社会公共空间的重新审核与度量，存在逾越政体和逾越制度的可能性。这种对政体和制度的逾越，并不只是在形式上修正宪法、法律的规定，而是在实际上修正或压缩宪法、法律确定的公共空间只有可能性而不无必然性，这是因为它要由政体和制度来确定宪法和法律的性质和威严程度。一般地讲，当政体的选择以平等权利为依据并以平等权利为目标，其形成的制度和法律对国家机器权力的规定是高度限度性的，具体讲形成的是有限绝对权力，这种有限绝对权力只能在权利的监督与博弈权力的框架下展开，宪法和法律本身得到完全的尊重和真正的遵守，公共机构逾越政体和制度的行为几乎难以产生，即使有偶然的发生，也会迅速得到矫正。这表明权利始终保持私有的政体和制度具有极强的自我纠错的能力。与此不同，当政体的选择以社群权力为依据并以社群权力为目标，其形成的制度和法律对国家机器权力则缺乏明确的强制规定，由此使国家机器权力质变为无限绝对权力。这种无限绝对权力往往被意志的野心和狂妄推向极端而成为解构社会公权、政府权力和国家权力的暴力，掌握这种暴力权力的人和机构，就可以任性地自由，扭曲、折叠、压缩甚至解构和取消社会的公共空间必成为现实。在这种存在处境中，人存在的本原性主体地位就会被无情地矮化甚至被无声地解构，其最终结果是人**沦为工具**。

　　第二个使作为主体的人沦为工具的因素，就是**工具本身**。

　　工具始终是相对人的需要而产生。工具的产生经历了从肉身到自然物（比如旧石器时代的工具就是地取材的自然物）再到人造物的过程。推动这一过程形成和不断向前展开的是技术。技术是改造生物肉身和自然物使其成为**人造物**的社会方式。在这个进程中，技术越是向前发展，其能动性和主体性因素越强。技术的能动性和主体性因素越强，越是加速了使它自己成为知识、上升为权力、拥有生产意识形态和控制行为并进而控制人和控制社会的能力。

技术的这一不可逆方向与以社群权力为依据和目标的政体与制度滋生出来的无限绝对权力达成合谋时，必然地推动技术本身成为扭曲、折叠、压缩甚至解构和取消社会的公共空间、将人驱赶上工具道路的强劲的甚至是无孔不入、无所不能、无所不在的社会方式。正在野性开发的生物工艺学技术体系从两个方面加剧了对人的公共空间的压缩、折叠、扭曲和解构，一是基因工程技术，它使人的生物遗传空间遭受扭曲、折叠、压缩和解构；二是人工智能技术，它从隐蔽的实验室和军备竞赛中推广开来社会化，人类的就业空间被大大折叠和压缩，人工智能摄像、人工智能录音、人脸识别、天网等悄无声息地侵蚀人的隐私空间，并最终使人的隐私空间几乎等于零。如果需要，现有的人工智能技术可以将整个国家甚至整个世界变成露天监狱。

英国左翼作家乔治·奥威尔（George Orwell，1903－1950）写于1949年的《一九八四》（*Nineteen Eighty-Four*）是一个纯粹的虚构的社会，这个纯粹虚构的社会之所以获得某种程度的印证，却得益于两个因素的合力，一是无限绝对权力的政体和制度将社会公共资源、政府权力和国家权力暴力化；二是高度发达的生物工艺学技术体系。尤其是后者才成就了前者，客观地看，如果没有基因工程技术和人工智能技术，无限绝对权力的空间扩张仍然是有限的，如果没有基因工程技术尤其是人工智能技术，无限绝对权力对社会公共空间的扭曲、折叠、压缩和解构，是不可能达到无所不能和无孔不入的地步。从本质论，技术拯救了极权体系并赋予了威权以无孔不入和无所不能。将以基因工程和人工智能为主导形态的生物工艺学技术置于人类史长河来看，在走向未来进程中的人类文明的灾难**直接地来源**于技术，因为不断革新的智能技术和基因技术的**合谋拯救了**极权主义，并为它插上了无所不能、无孔不入的任性自由的翅膀。在这种生活境况下，人沦为工具是必然之事。从根本讲，**人沦为工具是人类的自为聪明所致**，而人类走向自我消亡的必然，是人类的自食其果。

## 2. 工具的病理本质

当生产工具并使用工具的主体堕落为工具，这既是工具之恶，也是人之恶，更是制度和权力之恶。

人沦为工具，是指人丧失主体的权利，进而丧失主体的能力。人丧失主体权利，是指人丧失人成为人的无条件的基本权利和有条件的非基本权利。具体地讲，人沦为工具总是从两个基本的方面演进生成，一是不断地丧失天赋人的生命权、人身权、资源权、财产权、自由权、平等权、生教病养保障权等基本权利，比如，生、教、病、养的基本费用仍然由家庭来担负时，那么生、教、病、养的基本权利实际上不存在。资源权意识对大多数人而言是不存在的，因为它实际上被少数群体或个别机构以铜墙铁壁的方式垄断着；当医院成为衙门时，生命权必不能得到普遍的保障。二是不断地丧失后天努力的非基本权利，新技术的体系性发展，人的隐私权一点一点被剥落掉，尤其是在数字集权工具下，个人的任何信息变成不属于自己。不断开发的人工智能技术，正面地冲击人的普遍的劳动权。人们为了生存或更好地生存而不得不劳动的权利，正在被人工智能技术一点一点地吞噬，我们"能做什么"和我们"有何事可做"[①]，正成为越来越多的人必须面对的残酷生存之问。由于特权和垄断，阶层越来越固化，社会的流动性越来越差，以至于处于死水般的停滞状态，人的学习权遭受普遍的不平等侵犯，读书可以改变命运，学习促进社会流动并使阶层充满平等的竞争活力的繁荣景象，早已成为不再来的"昨日黄花"，生存挣扎于社会底层的人们，哪怕是全家甚至全族人拼尽全力供养下一代读书，考上大学，甚至读上研究生，本可以成为社会的精英的这些梦想者们最终踏上争抢风里来雨里去的外卖"工作"，贫民子弟即使获取最著名学校博士学位，为在大城市立足，也可以去应聘编外的城市协管或者校园里的食堂服务员。天赐于人的造诣的权利，越来越只属于少数家庭、少数阶层、少数群体的专属权利，这犹如享受特殊的医疗保障体系与生老病死只靠自己的大众一样。对于大众，只能成为必须学会去"**自找苦吃**"的劳动工具。

要言之，当血肉丰满的人丧失配享天赋的基本权利和非基本权利的权利时，随之丧失作为主体的能力。这种被丧失的主体能力中，最基本的能力就是捍卫其基本权利的能力和创造其非基本权利的能力。这两种根本能力的丢失，意味着其他主体能力更容易丧失。比如，人尊严存在的能力，对任何人

---

[①] 唐代兴：《基因工程和人工智能：人类向后人类演进的不可逆风险与危机》，《江海学刊》2020年第3期。

## 善恶的病理问题

而言都是根本的能力，但是，当你的权利资格丧失后导致其权利能力的丧失，哪有维护和再造尊严的能力呢？再比如，当社会因为特权和垄断而完全固化了阶层的流动并事实上取消了通过学习进阶的权利资格和天赋于你的造诣能力之后，你能有选择生存的权利和追求自由与幸福的能力吗？或者说当你被挤入求生的狭窄空间为每天能够有饭吃有房住而处于挣扎状况中，你能有人的主体资格和空间吗？当一个人存在于世界之中，其权利资格和权利能力都丧失掉后，其必然的宿命是只能沦为工具。

从根本讲，人沦为工具是一种疾病。人从人降解为工具，这是一种人的存在疾病，也是人的一种生存疾病。诊断这一疾病生成的根本之因有两个方面：一是源于人本身。二是源于制度和结构。

人本身既是人沦为工具的根源，也是人沦为工具的动力。首先是人的贪婪，其次是人的迎合。

人的贪婪之心，是一个永不停止的发动机，源源不断地生产出欲望，它使人性"习相远"。"习相远"的人性的敞开是竞斗、争夺甚至抢劫，人相竞斗、争夺甚至抢劫的根本方面和主要内容，不仅是具体的物质、具体的金钱、具体的财富、具体的市场份额，也包括权力、国家机器、市场垄断。为此，暴力、欺骗、谎言等如同技术那样得到无止境的发展，当然各种各样的团伙、黑暗的势力和邪恶的教义，也无不在各自竞相发展，也无不成为人类贪婪的精彩诠释。它源源不断地彰显人与人斗、人与天斗、人与地斗、人与过去和未来斗，构筑起人争相沦为工具的宽敞跑道，生活在底层的大众就是在这种以群体、阶层和团伙的方式进入争相为工具的跑道中纷纷被抛出，抛入成为物质、金钱、财富、权力、垄断等的工具的行业。

**人的贪婪造就欲望，人的迎合强化欲望**。从理论上讲，贪婪是有限度的，当匮乏得以消解，贪婪就会弱化，但实际的生存总是朝相反方向敞开。社会这个永动机源源不断地生产贪婪的重要原因，就是从四面八方涌来又四通八达播散开去的**迎合**。个人对群体的迎合、社会组织对权力机构的迎合、底层对上层的迎合、权利对权力的迎合、财富对抢劫的迎合、市场对垄断的迎合、经济对政治的迎合、正义对特权的迎合、道德对邪教信仰的迎合、真实的历史对谎言的迎合……当迎合变成社会风气，当迎合成为互为悦纳的礼品，当迎合得到权力的奖赏和暴力的维护，只有权力才成为主人，哪怕是极权主义者，也仍然逃脱不了沦为权力的工具的命运，迎合几乎成为人人的生存之事和人人的生活之能。迎合变成时尚和风气，成为悦纳的对象，往往不是直接指向贪婪本身，而是针对**实利**。对实利的迎合，这是最基本的方式，也是根本的方法。一个人，面对的是为人而努力还是为工具而顺应时，首先是计算得失。每当在这种情况下，计算的结果都是顺应所得最大，即使当下没有任何直接的利益进项，也不会因此而冒失去其他（甚至包括想象的利益）的风险。比较而言，为成为人的主体而努力的损失和损害是最大的，包括直接和间接的、当下的和未来的。基于这一清醒计算中的评估，无论生活在最底层的大众，还是生存在固化的特权阶层的大链条之中的具体的链子，计算总是理智地催促人、引导人迎合。所以，从下到上以及由上而下，迎合虽然起步于计算，但总是指向权力，本质上是对权力的迎合，但目的是实现少劳多获甚至不劳而获的利益。然而，对权力的迎合恰恰是对贪婪的最好嘉奖，当整个社会通过迎合来奖赏贪婪，人沦为工具存在也就会顺理成章。

人沦为工具的第二个方面的根本的病理之因，是制度和结构。制度是什么？当以动态的眼光审视，也许会发现制度原本是一个变色龙。它既可是规训、限制、约束，也可是任性、野蛮、张狂。如果制度释放出来的是规训、限制、约束的功能，那它就构成边界，成为理性的力量，并构成人性和权利的防火墙，最大程度地保障人人生存、自由和幸福。制度也可能任性、野蛮、张狂，一旦它释放出任性、野蛮、张狂的功能，就会发挥出无限度的张力，成为强暴人和社会的力量，构成人性泛滥的洪水。

制度的生成源于政体的选择，政体选择源于**民智**。民智得以开出于人的主体意识和诉，政体的选择往往不会沦为少数人之手，如此则会普遍地尊重人权。人权在政体选择中得到充分的和普遍的尊重，政体必然成为民选的。民选的政体，必然生成使国家机器权力成为有限绝对权力的制度和法律，支撑制度和法律的社会结构，就构成一种自发运转的规训和限度的机器，人性的"习相远"必然经常性地受到高速运转的社会结构的矫正而趋向于回返其天赋"相近"的正常状态。反之，当民智尚未真开，或者在贪婪和迎合的规整下民智始终处于愚昧朦胧的不开状态，政体的选择必然为少数人把持，由此建构起以邪恶教义为导向的社群主义制度和法律，无限绝对的社会结构高速运动推动人性泛滥，激活贪婪和迎合发挥无限功能，加上不断革新可给人们带来感觉和生活便利的新技术的调和，人沦为工具，绝不是被动或被迫，而往往是主动和争取得来。

## 四　耗材的病理方式

人沦为工具，只是人丧失主体位态、主体资格、主体权利、主体能力和主体尊严，但他还**有用**。人沦为工具体现出来的"有用"至少有两个方面：一是人虽然沦为工具，他还对他者有用，比如对他人有用、对市场有用、对权力有用、对主人有用。二是人固然沦为工具，但他还对自己有用，即自己感觉自己还有价值，还有存在下去的意义。当沦为工具后，人的这两个方面的"有用"性逐渐地或快速地丧失了，那就是成了耗材，并生产出耗材之恶。

### 1. 何为"耗材"？

"耗材"（consumables）是一种物质变废的现象，指日常使用中会逐渐消耗或用完的物品。"耗材"概念本义是指对材料的消耗，敞开两个层次的语义指涉，一是指**耗用**材料；二是指**耗尽**材料。耗材就是对二者贯通理解：所谓耗材，就是指通过对材料的耗用来耗尽它的使用价值，使其处于完全无用的状态。"耗材"概念的核心语义有四：一指实体。耗材是一种实体，但仅是实体之物。二指有用。耗材是能产生使用价值并可供人使用之物。三指有限。耗材作为一个有用的实体之物，能被使用的价值是有限的，而且其使用的价值是既定的有限。四指可处置。耗材一旦被人消耗尽有用价值，就必须对它予以处置，所以，耗材是被作废的处置物。

作为物理实体的耗材，因其自具如上四个层次的语义规定而使它获得了可隐喻的功能，即在本原意义上作为存在主体的人，在人的群化生存敞开进程中，因其人心败坏和人性泛滥为原发机制推动政体选择、制度形成、法律构建及其社会结构运行与技术发展共谋出无限绝对的权力暴力对人予以任性的驱使，使之达于工具的**尽头**时，也就沦为耗尽的废料而可任意地处置。这就是人从主体沦为工具再从工具沦为耗材的隐喻。在此隐喻中，人沦为可被任意处置的耗材，是他在沦为工具之后对工具价值的耗尽状态。所以，讨论耗材的病理学问题，必须清晰人作为工具的病理学之后。这意味着人沦为耗材的病理之恶远严重于人沦工具的病理之恶。

**2. 耗材的病理诠释**

将人沦为耗材，这是违背人性和人道，违背人本主义的主体论原则和神本主义的神学原则。因为在发生学或原创化意义上，人是造物主的创化，它拥有**内在的神性**；在人的创造论或人的继创化意义上，即在人从自然人类学向文化人类学方向前行的继创生过程中，人是自己的创化，它拥有**内在的人性**。合言之，人既是神在也是人在。人作为存在的本原主体，既包含人本也张扬神本。正是这两个方面的自身规定，人才有成为人的尊严、人的平等、人的自由和人对尊严、平等、自由的个体权利和公共权利的拥有。当人沦为耗材，就是人的如上自身定位和全部内在性的一笔勾销。所以，当人沦为耗材，就是将人类的价值和尊严降低为仅成为为他者提供利用和消耗的对象，这既意味着**剥夺成为合法**，也意味着**剥夺成为常态**，人遭受剥夺的普遍性和深度化，更意味着人的价值、尊严和权利被真正废弃，人可以任意地被驱使、被消耗、被废弃、被处置。

人沦为连工具资格都不具备的耗材，这并不是艺术世界的想象，也不仅满足于放飞思想的隐喻，而是人类从自然人类学向文化人类学方向前进中不时呈现出来的人的存在状态、人的处境、人的生存事实。在古代社会，拥有生杀大权的皇帝驱使平民为自己修建陵墓，当陵墓建成之日，也就是这些劳工们的生命结束之时。因为皇帝们为了不让自己的陵墓信息向外界泄露，就采取集体大屠杀的方式，将所有修建陵墓的劳工都杀死在陵墓之中，这种屠杀方式就是耗材处理方式，就是将人作为耗材来予以处置的方式。第二次世界大战期间，纳粹德国为进行种族灭绝而消灭犹太人，建立起大大小小的集中营，然后以各种方式成批地处理犹太人，这同样是将人作为耗材予以处置的方式。20世纪最著名的卡廷惨案，又称卡廷森林大屠杀（zbrodnia katyńska），竟是苏联的秘密警察机关即内务人民委员部在政治局的批准下，于1940年4月至5月间对被俘的2.2万波兰军官、知识分子及公职人员予以有组织的大屠杀，这同样是如同处理废料一样地处置人。在他们眼里也如同在希特勒眼里一样，这样的人都不是人，已经是对他们不仅没有用反而会有

## 善恶的病理问题

妨碍的废物，必须如处理废料一样地处理掉，这样才安全和安心。

在生物工艺学技术突飞猛进的当代世界，尤其是人工智能和基因工程技术日趋成熟和广泛运用于社会和生活的境遇里，威权者们可以运用这些新技术的武装而在任何时候将任何地方毫不费力地变成"集中营"，任意地处置这些被控制在露天集中营中的任何人，这就是技术的进步。技术进步的进程，也是人将自己变成耗材可以通过自造的技术来任意处置的进程。

历史地看，人从自然人类学进入文化人类学而不断向前的进程中，其创造出来的所有造物里有两种东西本身就是双刃剑，第一种东西是公权；第二种东西是技术。

相对而言，人创造公权，是因为人作为个体生命无法求得继续存在的可能性，必须人向人聚合起来构建共生存在的平台即社会，但社会能够成为共生存在的平台而有序运作，必须有一中介性质的公共机构和公共权力来运作，于是存在于国家共同体中的人们，平等地贡献出那部分管理社会的主体权利，汇聚形成公权并创造了运作这一公有权力来服务人人生存、自由和幸福的公共机构，即政府。客观地讲，公权本是外向扩张的，没有扩张之力的权力就不能成为权力，即使成为权力，也不能发挥权力的功能。公权本身向外扩张才可发挥自身功能这一特征，决定了公权具有二元取向和两可性，即公权既有限度和约束的可能性，也有无限度和无约束的可能性，关键在于掌握和运用公权的人对权力的看待和运用。然而，人，始终是一种匮乏性的存在者，人的匮乏性存在使他总是本能地寻求少劳多得甚至不劳而得的机会，于是人本能性地对权力特别上心，对权力的上心直接地源于对财富的上心。在人的匮乏性寻求中，财富与权力之间的生成关系的秘密很快被有心人捕获到，对财富的渴望和追逐，必然激发出对权力的想望；对权力的占有，在没有限制的情况下总是本能地图谋与财富结成姻亲。这样。在理性的审视下，在群化存在中的人人都可能是恶棍，制度的功能就是将恶棍变成好人。但在非理性的看代中，人性是为利益和权力所用的内在性动力，制度的功能应该是使权力无阻碍地发挥其功能。这样，制度作为限度权力的公器的认知总是需要民智的普遍开启才可能发挥对政体和制度的选择功能；相反，制度无阻碍地服务权力和服从权力的工具的观念，总是在民智不开的社会中获得选择政体的方式和构建制度的优先权。由此，公权必然沦为野心和暴力的工具，最后成为埋藏人的主体存在而使之成为耗材的决定性力量。所以，人沦为耗材之恶，首先在于公权的无限度之恶和公权的暴力化之恶，因为公权被野心和强权暴力化的实际结果是社会公权、政府权力、国家权力的消隐，在社会平台的层面没有抵御暴力将人沦为耗材的任何力量。

至于技术，完全是因为人谋求物质性生存。作为个体生命的人要求得生活资源的保障，人与人聚集起来构建起社会甚至建立国家，只是为解决这一根本的问题提供了可能性，因为要求得物质生活的保障，必须要向大自然索取。人组建起社会和国家，只是为向大自然索取提供了组织化的群体行动方式，但向大自然索取必须解决工具的武装问题，技术由此应运而生。发明、开发、发展技术的根本动机，就是不断地武装人向大自然要生存资源和要财富的先进工具。在这个意义上，技术是中性的。但是，技术可以武装人向自然要财富的这种功能，使它蕴含或者衍生了权力，无论是技术自生成的，还是外力对技术的灌注，**技术的本质是权力**。谁掌握了技术，谁就掌握了优先生存和更好生存的权力；谁拥有了更新的技术，谁就拥有了对自然资源、对市场份额、对所创造出来的物质财富的分配权力。由于技术的本质是权力，技术的功能释放也就在人的运作下不仅仅限于开发资源、创造财富的领域，而且为了资源的占有和分配，而将其扩展到社会结构的领域。这样一来，技术进入了制度体系，并逐渐进入了权力中心，甚至于构成权力的主导性因素，成为极权和暴力者们最青睐的因素。技术与极权和暴力的结合，人沦为工具继而沦为耗材，成为不费力气和周折之事。并且，凡是极权和暴力想要将人予以耗材来处置时，技术就充当了急先锋而成为处置耗材的最便捷的方法。当世生存中，若要将国家变成露天集中营，只运用一个算法制作一个管理程序并设计一个按钮就可以了。要想将人的说话能力废除使他成为无语和不语的废物，控制住他的生物大脑并堵住他的嘴就行了。所以，技术的两可性，既在于它造福人的生活，为人的生活保障提供了可能性和便利条件，也可能变成将人沦为耗材的强制手段和刚性方法。

## 五 授权做恶的病理方式

人类是聪慧的和精明的，但也因为聪慧承受**精明的点化**，人类也就往往变得**短视**。短视之于个人存在和人类社会，始终是愆意的温床。其所形成的社会短视，向个人方向铺开，必滋生出大众化的平庸之恶和迎合之恶；向公共方向铺开，必滋生出于授权做恶。

### 1. 何为授权做恶？

"授权做恶"（sanctioned evil）既是一个社会心理学和道德哲学概念，更是一个政治学概念，意指制度、法律、政策、权威可能会允许或鼓励不道德的行为，即使这些行为在其他情况下可能会被视为错误或恶劣的。授权做恶有两种情况，一种情况是制度、法律、政策、权威本身鼓励不道德行为；另一种情况是制度、法律、政策、权威在某种情况下允许或容忍不道德行为。比较而言，前者属普遍的、恒常的授权做恶，这种普遍而恒常的授权做恶方式是以制度、法律、政策、权威本身是恶为前提；后者属特殊的、情境的授权做恶，这种特殊的情境性授权做恶则意味着制度、法律、政策、权威本身的未完整性，呈现一些不能完全自我指涉地规训的漏洞或空间，所以制度、法律、政策、权威在行使过程中遭遇某些特殊情况时，就出现允许不道德行为的产生。

无论属哪种情况，授权做恶这一概念都是用来描述在某些性质的社会和文化环境中，做恶被视为正当，或者至少被视为可以接受。这种情况往往会发生在那些威权性质取向的社会里，个人往往会以遵循命令或遵守规则而进行不道德的行为视为正常、合德、合法，这些行为在其他的制度环境下则被视为根本的错误和普遍的不道德。

授权做恶的常见形式，是当权威命令个人做出违反道德的行为时，个人出于对权威的服从而执行其命令，但执行其命令产生的行为及结果，却是不道德的甚至是反道的。战争犯罪是人类社会中最突出的授权做恶。在战争中，不仅士兵，包括军官都可能会被命令进行违反人道的行为，比如屠杀无辜的平民。第二次世界大战中德国纳粹的种族灭绝的大屠杀，日军的南京大屠杀，以及卡廷森林活埋波兰军官和知识分子的惨案等，属于典型的授权做恶。

授权做恶不只是一个概念，这个概念也不仅指涉一种社会现象，而且是一个**社会过程**。这个社会过程需要三个既是纵向生成的，也是横向扩张的环节才可完成。

### 第一个环节：授权。

授权做恶必要通过授权才可产生。这涉及三个基本问题：其一，谁授权？其二，谁有权授权？其三，向谁授权？这三个问题又带出另一个问题，即授权者与被授权者之间的关系到底是一种平等身份、地位、权位关系，还是不平等的身份、地位、权位关系？回答显然更应该且只能是后者。因为在身份、地位、权位上处于平等关系，就谈不上"授"与"被授"的问题，能够构成"授"与"被授"的关系，一定是一种不平等的身份、地位、权位关系，即授权只能是上对下而言，只有上级、上层、上面才有权向下级、下层、下面授权。这个上级、上层、上面可能是具体的个人，更可能是职能部门、权力机构、政府甚至国家本身，比如人类史上的各种侵略战争，总是以国家的名义授权。发动各种性质和形式的社会运动，总是以政府的名义授权。授权不仅可以是个人行为，更可能是组织化行为、机构行为、政府行为或国家行为。但无论是个人行为或组织、机构、政府行为，授权者必须拥有可授和能授其权的权力，这是首要前提，授权者如果没有授权的权力，授权根本不可能产生。

### 第二个环节：做恶。

当因为授权而做恶，必须涉及做恶的行为主体，它只能相对授权而论。在授权做恶中，权力所授的对象可能是特定对象，也可能是不定的对象。授权特定的对象做恶，那是执行专门任务，进行专门做恶。比如明朝的东厂、西厂，就是皇帝的特殊授权做恶。比如苏联的内务部，也是特殊授权其特殊部门展开特殊的做恶。无论是特殊的对象，还是不定的对象，其做恶的行为主体都是授权的权力者（个人或组织、机构）的下属、下级或所管控下的众人，比如网络世界里的大小五毛和网红，都是按所被授之权而行动和领劳务报酬，校园里告密者亦如是。这表明授权做恶与自行做恶不同，授权做恶属于指令性或组织化做恶，做恶者自己没有明确的目的，做恶的目的是由授权者授予。并且，处于下面、下层、下级者之服从授权并执行其授权而做恶，一定有明确的报酬，其报酬属酬劳、金钱，或职务、官位的升迁，或家人的安危以及自己的人身安全。东德社会的告密状况，只有在柏林墙被推倒后通过档案才发现，几乎人人都是告密者，包括儿女告父母、夫妻互告。为的是什么？因为在告密制度的授权下，每个人为了自身安全而不得不行告密之恶，因为在那种生存环境里，保障生命安全和具有最低的行动自由成为最大的利益。被授权"革命"和"造反"的群氓运动中几乎人人争相做恶，是因为通过这种做恶方式可以获得最大的快感，能够通体地释放其生活的压抑，享受施虐他人的权力。

**第三个环节：效果。**

授权做恶始终是目的性的，无论是谁，一旦授权并得到做恶行为的响应，就必须要实现其目的，产生恶的效果，这个恶的效果是恶本身成为震慑，产生惧怕、恐惧，并使惧怕、恐惧漫延开去，浸入希望震慑的那些人群或那些阶层的内心，使之达到对权力、威权的绝对服从的效果。

授权做恶铺开的三个环节，实是同时展开纵横两种生成结构，其纵向生成结构，是授权做恶形成权力向下延伸，获得做恶的执行主体。在这一纵向生成结构中，授权者隐蔽其后，做恶者冲锋在前。授权做恶的横向生成结构中，是做恶产生的不道德、反道德行为发挥传染功能，产生或增强服从意识，或者由惧怕转而谋求自我保护而加入做恶的行列，成为新的做恶者。在这一横向生成结构中，做恶者开始从前台隐身于后，受纳恶的众人被推向前台，或成为服从者，或成为做恶者。

理解授权做恶的如上内涵后，再来看授权做恶的本质规定及自身特点。

首先，授权做恶的病理学本质，是**恶**。但授权做恶的病理学本质的要害，却**不是做恶，而是授权**。权才是授权做恶的源头，也是一切性质和形式之恶的源头，制度、法律、政策等所释放出来的恶都是形态学的，只有权所释放出来的恶才是本质论的。这里的权，并不是指一般意义的公权，而是指**公权裂变成暴力性质的威权**。只有当公权裂变为威权时，它才可以授权做恶。所以，授权做恶必备的刚性条件是公权裂变为威权。因为只有当公权变成威权时，它才可以解除一切形式、一切规则的约束而达到**任性地自由**境界。使公权变成威权的前提，是国家成为集权和极权。就其本原和本性言，国家本身不是恶，而是善业。亚里士多德在《政治学》指出，就人类追求群居生活而创建城邦国家的本义言，国家在本原上是一种"善业"，或者说既是一种善业机制，更是一种善业平台，一种鼓动其国家存在共同体内所有社会组织和个人都趋向于善的努力的一种行为方式。只有当国家**被扭曲后**它才沦为"暴力工具"和"压迫机器",当国家沦为暴力工具和压迫机器时,它才成为尼采所讲的"国家是最冷酷的怪物"。是什么东西可以将原本是善业的国家变成最为"冷酷的怪物"呢?那就是权力癫狂症患者以禽兽般的疯狂集权和不惜一切手段施展阴谋诡计将国家控制在自己手掌之中,然后假借制度和法律的名义赋予它"合法"。约翰·D. 霍普金斯(John D. Hopkins)在《授权做恶的道德维度》中分析了授权做恶的授权必具的条件,那就是授权做恶的关键是"合法性"。在大多数情况下,授权者认为他们的行为是合法的,因此他们无需对其负责或解释。① 也就是说,只有权力成为威权,将国家变成冷酷的暴力机器和压迫工具并给它穿戴上"合法"的外衣时,授权做恶才可畅行无阻。

其次,由于授权做恶的背后是**质变了**的国家权力,并且其被质变后的国家权力实质上已沦为非法,但它却被披挂上"合法"的外衣,这使授权做恶获得了形式上的合法性。这种"合法性"使授权做恶体现鲜明的**伪善**特征。

再次,授权做恶的根本特征是做恶者明知而顺从。社会心理学家米尔格拉姆通过"米尔格拉姆实验"即"顺从实验"揭示人们在威权压力下可能会做出违反个人道德的行为。他说,在一定情况下,大多数人愿意服从威权,即使这意味着对他们个人的价值观和正义感造成伤害和矛盾。人们顺从威权而违反个人道德,直接地来源于威权的威慑而产生失去安全感甚至生存可能性的恐惧,人们不得不屈服于不良命令,即使这些不良命令使他们违反自己的良心,也得服从和执行。② 不仅如此,服从和执行恶意的授权,也可以使自己摆脱服从做恶的角色而也成为授权者。

最后,授权做恶的基本特征是**转移**。在可以和能够授权做恶的社会环境里,授权做恶者的数量不是极少数,而是惊人得多。因为授权做恶者为社会设立了一套机制,使得几乎任何人都有可能变成授权做恶者。③ 在静态意义上,授权只属于特殊的人、特殊的组织、特殊的机构和机关,接受授权而做

---

① Hopkins, J. D., The Moral Dimension of Authorized Wrongdoing, In S. L. Swenson(Ed.), *Philosophical Perspectives on the Responsibilities of Criminals*, Springer, 2016.
② Milgram, S., *Obedience to Authority: An experimental View*, New York: Harper & Row, 1974. p. 180.
③ Milgram, S., *Obedience to Authority: An experimental View*, New York: Harper & Row, 1974, p. 181.

恶的对象也具有具体的指涉性。但在动态的意义上，无论授权还是做恶，都可以社会化，都能够人人化。这是因为在威权将国家运作为暴力工具和压迫机器的同时又赋予它完全的"合法"性，这就使在授权做恶的行为方式和组织结构及运行体系中，授权合法，做恶也合法。既然授权和做恶都合法，人们就会无所顾忌地因为规避危险的同时而可获得相应的好处，从被迫服从地做恶向自觉主动地做恶方向转换，这一转换的机制既可以使人人变成做恶者，也可以使做恶者攫升为授权者。当授权者的授权被执行时，授权者就居于幕后，做恶者居于前台表演；当做恶的行为产生恶的威慑、惧怕效应时，做恶者就退居于后，新生的做恶者冲锋向前。这种前后相续的功能转换和角色转换实现了"个人可以减少他或她的行为所带来的负面影响"，因为当越来越多的人甚至众人都成为做恶者时，做恶也就视为平常，道德和合法，无论是授权还是做恶，都没有任何心理障碍。

### 2. 授权做恶的本质

在人类世界里所有类型和形态的恶中，授权做恶才是**根本的恶**。

"根本的恶"的观念最早由康德提出，他认为根本的恶是人性之中做恶的"自然倾向"（natürlicher Hang）。康德之"根本的恶"表达了恶本源于人性的观念，这种善恶来源于人性的观念实质上是一种道德人性论的观念，只是康德还把这种道德人性论的善恶观念推向了自然和生物世界，形成自然和生物也有善恶。这并不吻合康德"知性为自然立法"和"理性为人立法"的主张。根本的恶是对人性的根本违逆的行为呈现。人性有两个扇面的内容，即生物（或曰自然）本性和人文本性。人的生物本性即人的自然本性。关于人的自然本性，生物进化论观察得来的概括是：物竞天择，适者生存。生存竞争和有限度节制自己的竞斗强力而适应，这是人与万物同构的自然本性。动物学的观察却发现，自然世界里所有动物的生存既是竞争的，更是互助的。克鲁泡特金更认为，在动物世界里，互助比竞斗更为根本。他以广泛而长期地观察自然世界中生物活动所得来的感知和认知判断而写出的《互助论》指出，大自然里生物之间既竞斗又互助恰恰凸显出**本原性的**存在的限度和生存的边限。在自然世界里，万物的存在都有限度和边界，万物的生存行为都需要约束，这是万物得以存在和繁衍的先决条件，是造物主创化世界时为世界和万物设计的**共存在、共繁衍**的生生机制。正是这种自然人类学的人类物种的内生性质的生物本性，才构筑起人的文化人类学的人文本性的基础，人的人文本性就是融合会通其生物本性所生成的生性、利性、爱性和群性，简称生、利、爱、群。以生利爱群为本质内涵的人文本性的完整表述是生己与生他、利己与利他、爱己与爱他、群己与群他的对立统一。人世间的根本的恶，就是突破生利爱群的人性，并以任性地自由方式无限地放大人的生物本性（或曰自然本性）中的竞争与暴虐。更具体地讲，生物世界之物竞天择、适者生存的生存进化法则，就是被思想家们概括的丛林法则，它的本质内涵是主动竞斗与主动适应的对立统一。人间的根本的恶就是突破生利爱群的人性边界意识地压抑或放弃**自适**的内生机制而无限地放大丛林法则之暴虐竞斗，或可用唯主体论哲学的话语方式，将自己看成是"唯一目的"而任性其意志自由。这种行为所产生的结果，就体现为根本的恶。

阿伦特在其《思考日记》中指出，根本的恶是极端（extrem）的恶，以至于人绝对不可能以任何方式与此根本的恶和解（Versöhnung）。在《论极权主义起源》中，阿伦特再次提到"根本的恶"，并用以描述纳粹集中营刻意制造各种死亡的极端恐怖性。这种极权主义的终极邪恶不在于其所犯下的"残暴行为"，而在于它攻击了人类个体的核心，使个体消失得无影无踪。奥斯威辛令人难以忍受的真相并不在于它是一个"残酷的地方"，而是因为它是它自身，一个使一切变得如此无意义，以至于连谋杀都失去了意义的地方。极权主义和专制体制与自由政治社会之间的根本区别在于，前者将法律、制度和社会关系置于一种高于一切的目标之下，而后者则是人类行为的产物。其后，阿伦特在《艾希曼在耶路撒冷》中提出"根本的恶"的反向是"平庸的恶"。人们一般认为这标志着阿伦特对恶的认知发生了根本性的转变，即阿伦特借radikal概念的拉丁词源radix来暗示这一转变，并展示这一转变的思想实质和认知要害。radix的基本语义是根基（Wurzel），因而，作为与"根本的恶"相对的"平庸的恶"是无根之恶。阿伦特通过艾希曼而告知人们如何才可真正理解平庸之恶的无根性：被称为"死刑执行者"的犹太人大屠杀中执行"最终方案"的主要负责者阿道夫·艾希曼并没有亲自杀人，却经过他的策划而间接屠杀了600多万名犹太人。在阿伦特看来，艾希曼的这一恶行之中并

## 善恶的病理问题

不包含堕落天使般邪恶的犯罪意志,因为他只是参与纳粹官僚系统的运转并履行被分派的任务。因而,耶路撒冷审判过程将人类的一种"新型刑事犯罪类型"展露了出来。在阿伦特看来,更为重要的是这种"新型的刑事犯罪类型"在事实上构成了对纳粹体系的"去妖魔化",因为真正占据艾希曼心灵并驱使他视恶为工作、以做恶为平常的那个东西,并非那只"来自深渊之兽",而是"令人愤怒的愚蠢",这种愚蠢与智力程度或专业技能的熟练程度没有关联,所以阿伦特认为,超出智力和专业技能的愚蠢构成平庸之恶的基本特征。

有一种与智力无关也与专业技能无关的愚蠢吗?如果有,造就这种愚蠢的原发冲动是什么呢?如艾希曼所说仅是为了就业、为了能进入统治体系而完成被分配的任务、保障一份工作?这种情况或许存在,比如生活在最低层的贫民或平民是完全有这种可能的,因为挣扎于社会底层的贫民或平民,或如孔子所说的"困而不学"者,更有甚者是"困而想学"而无处可学、无条件学,这种境况下的愚蠢可以看成是苏格拉底所讲的"无知"。处于这种无知状况中的人做恶,只能做出实利性的平庸之恶或迎合之恶,不可能也根本没有资格做出艾希曼之类的恶来。所以,如果说艾希曼式的恶也是愚蠢的平庸之恶的话,那么激发生成这种愚蠢的平庸之恶的动机,就不是简单的谋生问题。因为平庸的恶也可能是权力者的愚蠢制造出来的恶,但基本的群体是众人在基于天资、环境、造诣等方面的限制中**从烦忙到烦盲地**求生所生成出来的愚蠢和恶。进入统治系统的群体和阶层的人显然与贫民和平民有诸多区别。首先,能够进入统治系统者,大多接受过相应系统的教育,甚至是很好的教育,具有优越于众人的知识结构、文化视野、认知判断和理性能力,在正常情况下,这个群体的人应该有相应的理性自觉的约束能力,只有在不正常的情况下,即在权力没有约束而裂变为威权的情况下,知识、理性和专业技能才可能被置于脑后。因为权力是一剂愈饮愈失去人性而膨胀兽性回返自然人类学的歇斯底里状态的"春药"。当权力没有约束,或权力特意地以政体、制度、法律、道德、教育和市场的方式放纵与培养成为无任何约束的威权时,一切的利益之道、所有的升迁之道只能是往权力的阶梯上爬,但考核的指标就是在往权力的阶梯上爬的过程中,其授权做恶的程度和创新的水平,即不断提升和革新在服从授权而做恶并在做恶中授权做恶的技能、水平、创新方

第4章 病理之恶的形态

式与方法。艾希曼的升迁经历及成为犹太人大屠杀中执行"最终方案"的主要负责者的作为很好地诠释了这一点。反右亦是这方面的典型：反右运动之所以能够顷刻之间如火如荼地席卷每个角落，让所有的有权有位或无权无位的读书人都不能幸免，是在于最高的授权瞬间得到知识界的权位者、名人的迎合行动做恶，然后做恶者以"宁左勿右"为准则层层逾度地炮制授权做恶方式，几百万名右派分子由此诞生，读书人代代相继保持两千多年的独立人格、傲骨和尊严被连根拔起，从此再无纯良知、真性情和真本分的读书人。因为授权做恶的本质是权力无约束和权力有意识、有目的、有组织地放纵和革新其无约束的效力功能。

　　要言之，平庸的恶与根本的恶是有根本区别的，这种区别体现在四个方面。首先，从做恶的主体言，平庸的恶是远离权力的**众人之恶**，根本的恶是权力者或权力系统之恶。其次，从做恶方式和呈现形态观，平庸之恶只是**个体之恶**，根本的恶可能通过个体而发动，但更多的时候是机构、组织之恶，或是个人行为也要通过组织、机构或由上而下的权力者的授权。再次，从做恶产生的影响与效果讲，凡是做恶都会发生影响，产生边际效应，但平庸之恶影响的发生呈现个体对个体的直接的和单向的传递，其所产生的边际效应也就是以做恶者本人的行动范围为界；根本的恶行无论以个人的面孔出现，还是以机构或组织的形式出现，其做恶所生发出来的影响可能有表面上的个人，但实质上是社会，形成社会性或社会化的边际效应。授权做恶的本意是产生对社会化做恶的引导作用，扩大做恶的范围，追求做恶的边际社会效应。最后，从性质讲，平庸之恶往往产生于无奈，虽然平庸地做恶了，但做恶者还保留着基本的或部分的做人本分，以及最低的善恶意识；并且，对绝大多数平庸做恶者来讲，也还留给他人的最低自由空间并对他人予以最低自由行动的容忍。对于根本的恶而言，做恶者虽然也可能客观地存在无奈，但他们在一般情况下更多的是主动进行**系统性表现**。这种系统性表现就是层层加码其授权做恶；在这种层层加码的授权做恶中，没有他人的任何自由生存的空间和最低自由行动的可能性，赋码管理则是这方面的典型案例：当我有赋码权时，我可随意赋予任何人以不能动弹之码，因而，在赋码管理下，任何人都没有任何丝毫的自由空间。一个贫民残疾者不小心丢失了残疾证，乘火车回家希望能买一张残疾人票，但售票员不看眼前活生生的残疾的身体，坚守非残疾证不能证明你是一个残疾人。售票员也是一个生活在底层的普通人，他在这个残疾人面前所表现出来的恶，并不是他作为一个个体的平庸之恶，而是作为售票员掌握有**售票之权**的恶，这个售票员在这个残疾人面前所行的恶，是一种典型的授权做恶。正是这种授权做恶，将这个售票员原本所有的天赋的人心、良心和同情、怜悯的人性连根拔起。

詹姆斯·拉奇、托马斯·奥威尔、马克·蒂尔、琳恩·马克斯韦尔等哲学家所合写的《道德哲学诸问题》持有一个基本观点，即恶是做恶者从其人格与世界中的拔根。[①] 根本的恶，既是对人格的连根拔起，也是对存在世界之根的完全拔起。由此，人既丧失了人的本分、本色和本性，也丧失了存在于世界中必得遵循的存在法则和本性。根本的恶既使人不是人，也使人不是有本分的生物。与平庸的恶比较，根本的恶即**魔鬼**的恶。

### 3. 授权做恶的方式

客观地看，平庸之恶和迎合之恶都是个体性之恶，以此为参照，授权做恶之所以是根本的恶，是其授权做恶的行为将人的人心、良心、人性连根拔起的恶。授权做恶之所以能连根拔起人的人心、良心和人性，是因为它始终是系统性做恶。所谓**系统性做恶**，是指运用政体、制度、法律、政策、社会规训和权力控制下的社会运行机制的方式做恶，系统性做恶使身处系统之中的人将系统性做恶**视为**正常行为、日常工作并具有合法性。所以，系统性做恶之所以没有任何阻碍，就在于它本身被视为合法，因为它本身无论怎样行事都会得到**当前**之法律、制度、政策的保护。一旦有人识别出授权做恶的非法性和暴虐性，就会受机构、组织、执法部门、司法机构以法律的名义的严惩和绝不手软的围剿，并绳之重罚而以儆效尤。

授权做恶往往不是无知，而是有知，是明知而故为之之恶，是利用社会系统的权力工具来系统性地授权做恶。系统性授权做恶的根本努力，是以宣示权力意志和弘大威权的方式来解构个体自由，取消个人的自由存在的空间

---

[①] James Rachels, Tom Beauchamp, Thomas Orwell, Mark Timmons, and Lynn J. Maxwelle, *Moral Philosophy: A Reader*, McGraw-Hill Education Publication Date, 2010.

和自然存在的方式，必须按照权力意志的要求来弘大威权，过一种威权保护下的服从生活。基于如此目的，系统性的授权做恶有三种基本形式，一是机制授权做恶，二是权力授权做恶，三是财富授权做恶。

一是机制授权做恶。

机制授权做恶的起点，即一切形式的授权做恶，都是由机制本体所决定。"机制"概念有四层含义，首先是抽象意义的政体、制度和法律，这是一个国家社会构成的原初机制，这个意义的机制是指组建社会、构建社会秩序的基本框架，这一社会框架的本体是以**定性**权（人权与公权）为核心要义的政体，其形式化政体的结构框架是制度，法律构成制度秩序运行的实际边界疆域。其次是通行社会的**规程**，或可曰**社会通则**，它是在形式化政体的制度机制和法律机制基础上形成和运行。再次是以**通则**为规范的**纪律**，比如政纪、法纪、行业纪律等，也可具体到诸如学校纪律、课堂纪律等。最后是可具体化的**行为规则**，或曰**行为规范**，比如游泳池规则、操作管理法则、小区安全规则等。

机制自身具有如上四个维度的含义凸显出机制的本质是权力，权力本身具有为善或做恶的两可性。这种两可性由权力生成的性质决定，具体地讲是由政体对权的选择和定位决定：选择个人之权来确定政体，整个机制向善的可能性倾向更大；反之，选择社群之权来确定政体，整个机制向恶的可能性倾向会更大。这两种可能性经历人和由人构成的组织、机构来操作，就呈现为善还是做恶的选择。以政体、制度和法律为原初结构框架和运作机制的权力形成它本身的两可性，使政体的选择、制度的形成和法律制定在人的操作中难以完全的善，蒙田（Michel de Montaigne，1533–1592）在《随想录》（*Essais*）中指出，我们为了寻求正义，而制定了太多的不义；我们想要制止邪恶，反而间接地促进了邪恶；我们要求法律保护我们，却没有意识到法律反而会被用来剥夺我们的自由。这就是那些机制授权做恶的系统和法律所导致的结果。[①]更不用说以任性地自由的冲动来构建社会的原初结构框架并制定其运行机制，其本身的展开一定是**通体的恶**。因为在以任性地自由冲动为导向形成的原初社会结构框架和运行机制，只有达到通体的恶里，才可做到自

---

① Montaigne, Michel de, *The Complete Essays*, Translated by M. A. Screech, Penguin Classics, 2003.

我实现。美国社会学家罗伯特·莫顿（Robert K. Merton）在《社会理论和社会结构》中指出，机制授权做恶是意志自由的权力者或权力系统"自我实现性预言"（self-fulfilling prophecy）的基本方式，因为机制本身使一个机构或社会结构产生了某种作用，它就会被视为该结构的必然结果。如果这种作用不符合结构中反映出的愿望，那么这种作用就不得不被贴上"病态"或"反常"的标签。然而，正是由于这种标签的存在和流行，这种作用才得到了机构或结构中有力成员的完全认可。这种"自我实现性预言"恰恰是机制授权做恶的根源。①

总之，机制授权做恶，是授权做恶的根本方式，因为它并通过它，使整个社会无不充斥授权做恶，从而使社会从本质到现象、从历史到未来、从个人到社会、从一切形式的社会组织与社团到政府，无不以授权做恶的方式行动，无不被卷进授权做恶之中，社会由此无不呈现通体的恶。因为在机制授权做恶的社会框架和整体的运行体系里，"谁也不能更好地代表公众的利益，而不受这个利益本身的支配。但是，只要官职不是人民自己的代表所组成的机构所选，这个机构就不可能代表人民，而只能代表它自己或者一部分人的利益，这样，它也就成为人民的敌人"②。

二是权力授权做恶。

机制授权做恶的原初社会结构框架和运行机制的形成，才为权力授权做恶奠定了基础、提供了舞台、给予了保障。具体地讲，以社群为导向的政体选择和以所选择的政体为导向的制度和法律机制的构建，才为权力授权做恶提供了合法性依据。权力授权做恶才可无任何阻碍，无任何边界约束。

权力授权做恶有其自身的特征和趋向。首先，权力授权做恶一旦被允许，就具有无阻碍、无边界地畅行于世的冲动和能力，只有当构成社会原初结构框架和运行机制被解构后，权力授权做恶的无阻碍、无边界的趋向才会消解。其次，权力授权做恶呈现从上到下的指令性和层层推进的扩张性，权力授权做恶的无阻碍、无边界就是通过这种不可逆朝向的指令性和递进推动，往往

---

① Merton, Robert K., *Social Theory and Social Structure*, Free Press, 1968.
② Rousseau, Jean-Jacques, *The Social Contract*, Translated by G. D. H. Cole, Barnes & Noble Classics, 2017, p. 52.

以几何学速度扩张的方式展开。最后，权力授权做恶是将机制授权做恶动态化的社会方式，通过权力授权做恶，机制授权做恶要实现人、社会、历史之通体的恶，只有通过权力授权做恶才得以达成。严格说来，通体的恶只能是权力授权做恶启动机制授权做恶的机能时才可呈现。因为机制授权做恶只在空间上布局，权力授权做恶却在时间进程中创建。比如，构建虚无主义的历史、如何有序对人的生物大脑予以观念的装置，这些都是机制授权做恶所欲达到的，却只有权力授权做恶才可实现。

三是财富授权做恶。

机制授权做恶是划定了授权做恶的边界，就是没有边界。机制授权做恶的无边界，就是人的存在无空间。与此不同，权力授权做恶是划定权力和权利的边界，权力授权做恶的边界是权力的任性自由，权力的任性自由是没有边界的，因而，权力授权做恶必然是无边界的：无边界的做恶，是权力授权做恶的基本个性，也是基本要求。唯有权力授权做恶没有边界，权力才可实现通体的恶。反之，当权力授权做恶无边界时，必须是权利存在无空间；并且，也只有权利存在无空间时，自由和尊严才可被连根拔起，通体的恶的社会、历史和未来才可预期。

然而，仅机制授权做恶和权力授权做恶，不可能真正实现通体的恶，因为，如果不能对财富予以掌控，不能通过财富授权做恶，通体地集权和通体地极权就必然形成可塑性而不能成为必然。所以，授权做恶的最富有实效的方式是财富授权做恶，并且只有当财富授权做恶成为普遍的社会方式时，权力授权做恶才可发挥无阻碍、无边界的实效；否则，就会遭遇抵制。

为何会有如此的道理？洛克在《政府论》中讲得最清楚。洛克认为，财富是一种权利，也是一种权力。相对统治言，**财富权力是一切权力的基石，没有绝对的财富权力，政治权力最终是无力的，权力授权必缺乏基础**，因而无论怎样发力都不会达到预期的效果。授权做恶要宣示绝对的权力意志和弘大无尚的威权，只能沦为虚空。所以，机制授权做恶和权力授权做恶必须合力解决财富权力的问题，使财富权力也成为授权做恶的方式。对民众言，财富权利是一切权利的基石，没有财富权利，根本不可能有完整的生命权，更不可能有自由的权利、平等的权利和要公正存在的权利、行尊严生活的权利。

## 善恶的病理问题

自由、平等、尊严以及公正的权利必须以财富权的享有为根本保障。

洛克深谙其道,所以在《政府论》中首先且重点讨论财富权,伸张个人财富权的神圣不可侵犯,并认为这是天赋的权力。由此,个人财富神圣不可侵犯的财产权,构成权力的死敌。马克思为此提供一种深刻的认知理论:经济是上层建筑的基础,作为上层建筑的政治、机制、通则、规则要做到通体地有序运用,必须解决这一基础问题。其解决的根本方案就是强推公有财富制度和运作机制:前者很简单,就是一切财富、资源归国家所有;后者却很麻烦,也很复杂,但推行的基本方法就是财产的创造权必须集中,实现集中管理,集中管理的基本方式有二,即计划规定社会和垄断指导市场。计划规定社会的实质是计划规定物质生产和销售,也规定人的生产与消费。计划规定社会生产与消费的行为就是财富授权做恶的实际方式,因为"集中式计划不可避免地导致官僚机构无限扩大。一旦计划扩大到其适当范围之外,它就必须由中央机构编制和发放指令,而这些指令必须由地方机构执行。……这样,权力分散,负责任的机构缺乏,机制授权做恶"[①]。其实,计划规定市场,这是财富授权做恶的基本方式;垄断指导市场,才是财富授权做恶的实操方式,因为在市场时代和市场世界里,哪里有垄断,哪里就是对市场本身、对资源、对产品与消费的垄断性做恶。

要言之,只有当机制授权做恶、权力授权做恶和财富授权做恶三管齐下协调配合运作,社会才变成通体地集权,生活才沦为通体的恶,授权做恶才成为人间所有的恶的土壤和根源。

---

① Friedrich Hayek, *The Road to Serfdom*, Routledge, 2001, p. 49.

# 第 5 章  病理之恶的类型

海德格尔认为，恶必然是人类存在的一部分，因为存在本身包含恶的元素，并构成人类的"黑暗方面"。海德格尔所说的"人类存在"，不是指人类作为自然人类学的存在，因为自然人类学的人类是顺应天赋的本性与世界共生而在。只有当人类从自然人类学上升到文化人类学自为地经营其人文存在时，恶才由此生发出来成为人类存在的黑暗面向，并敞开其人文存在的根本性质。梅洛-庞蒂将这一凸显人类之人文存在的根本性质概括为"恶是我们对失落和损失的经验"。当人类得以人文方式存在的最根本、最本质、最美好的东西丢失于或被损害于其汇聚生成的经验本身时，恶和罪行不仅是一种存在，也诱发为一种"目光和关注"，由人本身生产出来的恶和罪行是"我们是不可忽视的事实"并需要我们必须去"关注的问题"[①]，恶之"不可忽视"并"需要关注"，是因为恶只是文化人类学的**造物**，它之所以构成人的存在的黑暗面，是因为它总是以自身方式解构人的人文存在并回返动物存在的丛林。这种解构人文和回返丛林之恶，既敞开暴力、伪善、工具、耗材等病理形态，也呈现平庸、伪善、受纳、迎合、短视等病理类型。

## 一 平庸之恶的病理方式

人间之"恶"得到普遍关注，源于两次世界大战冲击人类文明的基本价值观。汉娜·阿伦特以此宣布"恶的问题将是战后欧洲知识生活的基本问

---

① Merleau-Ponty, M., *Phenomenology of Perception*, C. Smith, Trans., Routledge, 1945, pp. 436, 444.

### 善恶的病理问题

题",因为灭绝人性的纳粹集中营打开了人类之恶的深渊,"对于过去发生的某些事情,我们不可能与之达成和解。任何人都不能"①。和解不仅意味着与恶为伍,更意味着催发历史重演。确实,灭绝人性的纳粹正以新的形式在加速复活,人类文明正面临比"二战"更为深渊化的挑战,它不仅是战后欧洲知识的基本问题,更是当代人类如何存在的基本问题。过去,人们仅将人间之恶看成是一种特殊现象,做恶者也只是有意为之的少数人。对于这类少数人的和有意的恶行,可概括为暴力和非暴力、工具和耗材四种基本形态。但更多类型的恶行,可能并不是人有意为之,而且不限于少数人群,往往是人们大规模地同行其恶却不以为恶,其行恶也常常以如孔子所讲的"浸润"和"肤受"②的方式展开。这种能普遍性漫延的恶即与"根本恶"(radical evil)相对的各种形式的日常生活之恶,其中一种就是平庸之恶。

### 1. 何为平庸之恶?

"平庸之恶"(The Banality of Evil)概念或"恶的肤浅"(Banalität des Bösen)是政治哲学家汉娜·阿伦特围绕耶路撒冷的艾希曼审判提出来的。在《耶路撒冷的艾希曼审判》(1963)中,阿伦特集中表述了"平庸之恶"的主要观点,认为人间的邪恶并不总是由那些有恶毒动机或邪恶意图的人来制造的。相反,大规模的和社会化的邪恶行为——哪怕是纳粹对犹太人行大屠杀——之类的恶行,往往是由那些看似平庸、普通的人共同经营出来的。这些人大多并无特别的恶意,只是在执行其职责赋予的任务和忠实地服从上级的命令,却并不去考虑并且很多人并无能力去考虑他们的行为的道德后果。在阿伦特看来,平庸之恶并不是指那些在思想上或行为上极端邪恶的人,而是指那些在没有任何反抗的情况下从事恶劣行为但没有对其后果负责的普通人。但事实上,平庸之恶远非仅限于此。盲从于体制规则和尽心履行职责造成对他人的伤害和社会的灾难,仅是平庸之恶的一个方面,并且仅是平庸之恶的特殊面向,除此之外,平庸之恶却更为广泛地浸润着整个社会机体。所

---

① Hannah Arendt, "What Remains? The Language Remains: A Conversation with Gunter Gaus", *Essays in Understanding*, pp.134, 14.
② 钱穆:《论语新解》,第279页。

谓平庸之恶，是指一种丧失向善的人性诉求，意识地淡漠事实、真相、真知，在言行上表现出缺乏是非判断和善恶取向的随波逐流之恶行。根据这个定义，"平庸之恶"至少有三层含义。

首先，平庸之恶的产生，与人是否具有**向善的意识有**直接关联。具有意识地向善的人性倾向或者诉求，必有最低的向善能力。这种最低的向善能力就是人们常说的**做人的底线意识和行为的约束能力**。这种做人的底线意识和行为的约束能力往往是天赋的。一个人可以没有任何文化和知识，但仍然有很强的做人的底线意识和行为的约束能力。文化和知识可以**增强**做人的底线意识和行为的约束能力，也可能助人解构其做人的底线意识和行为的约束能力。一个人，无论经营自己的生活，还是面对他人、群体或社会，哪些事当为、哪些事不当为的判断及行为选择，并不是以懂得文化的多少和知识具备的情况来确定，而是以人**生而俱有的**"人性"意识为依据，这是不学而会、不知而能的。所以，任何形式的平庸之恶，都是**做人底线**的丧失和由此所形成的**行为约束能力**的降解所致。

其次，平庸之恶是对事实的淡漠、对真相的放弃、对真知的盲然所表现出来的缺乏判断，这种情况之于个体，或可能是本能地缺乏判断能力，或可能是有意识地放弃判断，若是出于前者，意味着行恶者缺乏必具的认知培育和理性训练，这就与学习与知识积累相关；若是后者，意味着行恶者具有相应的认知和判断能力，只是基于特定利害的考量而放弃理性的认知与判断。

最后，平庸之恶是一种随波逐流之恶。随波逐流生发于两种方式，第一种是众人思维模式和行为方式，凡事随大流，大家怎样做，自己就怎样做。这是普通的或者说普遍意义的随波逐流，比如偷鸡摸狗行为，本来是少数人才干的，但如果偷鸡摸狗成为一种风气，那么，人人都可以假公济私。中国文化中有一个**公私不分**的硬核，滋养这个硬核生机勃勃的是**血缘宗法**，它有家天下的政体和宗法的体制作为保障，这个宗法的体制在上即宗人府，在下则是家族祠堂。所以，公私不分实源于上，由上而下形成整个社会环境公私不分，也积累起**公私两便**的深厚文化土壤，所以，只要有条件、有机会，几乎人人都能公私不分，也人人都愿意公私不分。从本质讲，公私不分实是血缘宗法制度规训下皇权的下行演绎：皇权规定"朕即天下"，天下乃我一人所有。既然皇权指涉的天下是皇帝的，下面的各级官吏的权力所指涉的地盘也就是我的。所以，在我的权力所指的地盘里，一切都是我的。这种权力的势力范围思想演绎到民间，即只要我有机会，就尽可能利用"公"而捞点公利为己有，由此形成偷鸡摸狗。所以，认真说来，偷鸡摸狗实源于占山为王。但是，无论是偷鸡摸狗还是占山为王，都是划公为私、公私混杂，并假公济私、假公肥己。第二种是唯上思维模式和行为方式，凡事看上面的，上面怎么要求，自己就怎么做。这是特殊意义的随波逐流。耶路撒冷的艾希曼审判中，艾希曼反复申明自己只是履行职责而已。唯上性质的随波逐流是特殊的，它却真实地演绎出一般的、普遍的随波逐流，因为唯上的思维模式和行为方式从**威权**和**奴性**两个方面**改造了社会、改造了文化，最根本的是改造了人性和人种的文化基因，将人性和文化连根拔起**。通过这种改造和改变，一般的、普通的随波逐流又推动了特殊的随波逐流，即通过对人予以奴性改造不断实现更完美的威权，推动社会达到最为畸形的极权状况。所以，一般的、普通的随波逐流和特殊的随波逐流这两种方式是相互联系并相互推进。根源于随波逐流的本质是唯他的**盲从**，没有独立思维，没有真假辨别，没有善恶判断，一味地唯他，看人怎么做就自己怎样做，这在许多时候并不是没有独立能力，而是放弃独立能力。因为独立思考、独立辨识、独立判断是很费力气的事，并且往往需要独自担责。随大流地唯他和唯上，这是最保险的方式，因为自古法不责众，更因为在非正常的生活环境里，权力是丈量的尺子、评价的标准和判断的依据。所以，**随众而行保险**，**唯上而为更保险**。

由于平庸之恶既可能是无知之恶，更可能是有知之恶，无论从行为观还是从动机和目的论，平庸之恶都可能既是一种**不作为**之恶，也是一种**乱作为**之恶。前者指该作为、需要作为的时候放弃作为，比如该讲诚信时，放弃诚信；老人跌倒，该扶一把时绕开走过，就属于不作为之恶。后者指不需要作为或者应该禁止作为时，却任性地作为，最常见的是出门在公共场所乱吐乱扔，或在任何场景中都肆无忌惮地高声喧哗等都属于乱作为的平庸之恶行为。对个人而言，无论不作为的平庸之恶，还是乱作为的平庸之恶，可能产生如下两种情况：一是无知或不知造就其平庸之恶。孔子之论"生而知之者上也，学而知之者次也，困而学之，又其次也。困而不学，民斯为下矣"①。讲的就是这个道理,困而不学者,只能生存于社会的底层过一种无知的平庸生活,并被平庸之恶包围。孔子通过主动"学而知之"与被动"因而学之""困而不学"的比较揭示一个普遍的道理,一个人过什么样的生活——比如是过"优良的生活"还是过"平庸的生活"——知与不知很重要。一个沉沦于"困而不学"的无知状况而感到自足的人,只能是平庸与之相伴。优良的生活与平庸的生活的本质区别不是物质层面的,而是修养、教养、德性层面的,比如,无所顾忌地踏着拖鞋行走于公共场所体现出来的平庸之恶确实有碍观感,但就个体言,这不是缺乏物质条件,而是缺乏修养、教养和基本的德性。二是知之而行平庸之恶。人本有知、得知而故意以不知的方式放弃本该的作为或乱作为。这种不作为或乱作为所形成的平庸之恶实是私欲私利作祟所致。19世纪美国杰出的教育家贺拉斯·曼(Horace Mann,1796—1859)在谈到知识的进步、认知的普遍提高但社会道德不仅不与此同步却反而下降的状况时指出,知识武装了私欲的膨胀和谋求私利而极其所能的平庸之恶方式,这种平庸之恶方式"从一开始,邪恶就伴随着公正,如影之随形"②。相较而言,知之的平庸之恶在危害性质、影响力、扩散度等方面远远超过无知的平庸之恶,社会和人类历史中的许多悲剧更多地由知之的平庸之恶层累性会聚而成。

### 2. 平庸之恶的本质

作为丧失意识地向善诉求的平庸之恶,自有其生成的本质之因。从个体言,平庸之恶形成的本质之因是多向度地递相生成,但主要的方面有四。

**无判断能力**　恶与判断力直接相关。关于判断力,一般认为来源于认知。苏格拉底讲"德性即知识",但前提是"认识你自己"。比苏格拉底要早的孔子提出"学而时习之,不亦说乎?有朋自远方来,不亦乐乎?人不知而不愠,不亦君子乎?"③强调"不知命,无以为君子;不知礼,无以立也;不知言,无以知人也"④。但实际上,判断力既可来源于求知,也可来源于天赋,比如

---

① 钱穆:《论语新解》,第393页。
② 任钟印主编:《世界教育名著通览》,湖北教育出版社1994年版,第783页。
③ 钱穆:《论语新解》,第3页。
④ 钱穆:《论语新解》,第463页。

## 善恶的病理问题

直觉判断、先验判断即是如此。尤其是对善恶的判断，直觉判断、先验判断是其根本方式。

从本质言，判断力不仅是一种辨别事物并对其做价值判断的基本能力，也是一种权利。"关于判断的权利和能力的讨论，之所以触及了最重要的道德问题，原因有很多。这里涉及两件事情：第一，如果大多数人或我的整个周围环境已经预先判断了某个事件，我如何还能分辨是非？**我是谁，有什么资格去判断？**第二，如果可以的话，在何种程度上我们能判断那些自己并没有亲历过的事件？就第二点来说，如果我们否认这种能力的话，看来明显的是，任何历史编纂和法庭程序就都是不可能的了。可能有，人会更进一步主张，在那些我们运用判断能力的事例中，很少是不通过后见之明来判断的，而这对历史学家和法官同样真切，法官确实有理由不相信目击者的叙述或在场者的判断。"[1]（引文为笔者加粗）判断力之所以在本质上是一种权利，是因为判断力不仅指我们面对一件事，涉及当为或不断为的问题，或愿为或不愿为的问题，更涉及利害与担责。面对此事，当为而不为，属于责任的放弃，而责任背后是权利，放弃责任也意味着对权利的背叛或权利放弃，对本该的担责的放弃形成对权利的背叛或权利放弃，包括我们可能承担什么后果，以及得到或承受怎样的利益损害。反之，不当为而为之，这属于对权利的逾越，这种权利逾越带来的好处、便利是否与实际的得到达成平衡，或者从根本上得不偿失。这同样体现对权利的取舍。在正常生活环境里的正常情况下，这种取舍的实质是求取客观、正义，但在非正常的或畸形的生活环境里，客观、正义早被遗弃，剩下的只是利益最大化的利害权衡结下的果。比如，任何性质和形式的服从，绝对不是完全盲目的盲从，它总是夹杂着一种利益权衡和取舍的判断，只是这种性质的判断是以放弃权利而谋求现实的或想象中的利益而为的。从理性角度讲，以放弃权利为代价来实现或保障已得的或将得的利益，最终不值得，但在非正常的生存环境里，对大众来讲却始终是可欲的。只有真正改变其生存的社会环境使之回归正常态，人们才可剔除这种对利益执守的权利放弃模式。"如果我们能够把'服从'这个毁灭性的词语从我们的

---

[1] ［美］汉娜·阿伦特：《反抗"平庸之恶"》，第50页。

## 第 5 章　病理之恶的类型

道德和政治思想词汇中剔除,那我们就会受益匪浅。如果我们对这些事情深思熟虑,我们就有可能重新获得一些自信,甚至骄傲——这是一笔财富,这就是说,重新获得从前时代被称为人的尊严或光荣的东西:它也许不是关于人类的,而是关于人之为人的地位的。"[1](引文为笔者加粗)

能力和权利构成判断力的内外表里两个方面:能力是判断力的呈现方式,权利是判断力的本质规定。只有当权利丧失或放弃时,判断力才缺乏。权利之于人,既来源于天赋,它表征为人的基本权利;也来源于后天努力,这就是人的非基本权利。对天赋权利的意识、守护和捍卫,主要是启动直觉和先验能力形成的判断力,即直觉判断或先验判断;对后天努力形成的权利的意识、争取、守护和捍卫,主要靠认识形成的理性能力,即理性判断力。因判断力缺失形成的无判断力,实际上形成两类情况三种形式:第一类情况是天赋判断力的丢失或放弃,因为天赋的判断力源于直觉能力和先验能力,所有能够思维正常并可生活自理的人,都具有对这种天赋的权利能力的直觉领悟和先验把握。第二类情况即后天因素促成判断力的有无,它呈现两个可能性形式,一是不学而无知,由此形成缺乏判断力;二是本有的判断力因为被专注的眼下利益考虑所腐蚀而消解,即自行解构其判断力而使其处于无判断力的状况。

因为实际的或想象的利益考虑而自行消解判断力的这种做法,在正常的社会环境里应该只属于个别现象,而且这种个别现象一旦发生,就会立即引来社会各方面力量对其矫正。与此相反,当一个社会环境本身是畸形的甚至是极度畸形的,那么这种基于实际的或想象的利益考虑而自我解构判断力的平庸之恶,则可因为这种畸形的社会环境本身的激励而成为一种向往、一种追求、一种风气甚至于成为一种时尚、风尚。这种社会追求及其所形成的时尚或风尚却是威权主义所期待的,也是威权主义努力通过多种方式诱惑或鼓动畅行平庸之恶。在这种生存环境中,平庸之恶侵蚀个人的灵魂,也侵蚀社会的机体,使整个社会陷入道德解构和美德消隐、正义不在而群魔乱舞的膏肓之中。

---

[1] [美]汉娜·阿伦特:《反抗"平庸之恶"》,第71—72页。

## 善恶的病理问题

**存在的无根基化**　在造成平庸之恶的三种无判断力中,"困而不学"所形成的无判断力的无知状态,通过孔子和苏格拉底的揭露而得到普遍的关注。但实际上,自为放弃或自我解构本有的先验判断力和后天由知所层累性生成的理性判断力而形成的平庸之恶,才是最可怕的。"最大的为恶者是那些人,他们因为从不思考所做的事情而从不记忆,而没有了记忆,就没有什么东西可以阻挡他们;对于人类来说,思考过去的事就意味着在世界上深耕、扎根,并因此而安身于世,以防被发生的事情——时代精神、历史或简单的诱惑——卷走。最大的恶不是根本的,而是没有根基的,因为没有根基,它就没有界限,于是它能够到达无法思虑的极端并席卷整个世界。"[①] 天赋的直觉判断力和先验判断能力构成人做人的底线意识,它与生俱来,是深深地扎根于人的生命底部。一般来说,这种与生俱来的做人的底线意识,既不会遗忘,也不会丢失。如果遗忘或丢失了,人就丧失了天赋做人的底线意识。天赋做人的底线意识,就是人之为人的认知根基、判断根基,也是人之为人的精神根基。人当丧失天赋做人的底线意识,就会形成无根基化的存在状况。另一方面,后天性的通过求知而生成的判断力,是基于非基本权利的创造和开拓需要所形成的判断能力,这种能力实质性地构成了人自觉的行为约束能力,即人基于对天赋的基本权利和非基本权利的维护和保障而必须具备的行为约束能力,这种行为约束能力就是基于得到的合法权利不被丧失而必须担当起与此相对等的责任。当享有一种权利时却丧失其行为约束能力而想方设法放弃责任,这种行为表现实是直接地来源于对基本权责(抽象地讲是善恶)的理性判断力的丧失。所以,对后天努力形成的判断力的丧失则意味着向权利负责的自觉行为约束力的丧失,它将人推向了物质主义的泥潭和生物主义的深渊,人不自觉地踏上**返祖**的道路,这从另一个方面呈现人的存在的无根基化。

从根本讲,"恶的平庸性不是一种理论或教条,而是表示一个不思考的人为恶的实际特征,这样的人从不思索他在做什么,无论是作为掌控犹太人运输的盖世太保官员还是作为监狱里的一名囚犯。整个审判证实并肯定了这一点。恶的平庸性这一残酷的事实令她震惊,因为正如她所说,'它与我们关于

---

① [美]汉娜·阿伦特:《反抗"平庸之恶"》,第109页。

恶的诸理论相矛盾',它指向某种尽管'真'却一点儿也不合理的东西"①。平庸之恶源于人的存在的无根基化。人的存在无根基化并不是先天的缺陷、缺乏,而是人的存在根基——做人的底线意识和自觉的行为约束能力——的**自为性丧失**。所以人的存在的无根基化是其自为地丧失本有的根基的体现。人从有根基的存在到丧失根本的无根基存在,这中间经历了一个过程,这个过程就是人们为了实际的或想象的利益而自为地在不知不觉中将自己做人的底线意识和自觉的行为约束力**连根拔起**。只有当人自为地连根拔起做人的底线意识和自觉的行为约束能力之后,他才进入无根的状态成为无根基的存在物,"只有在完全缺乏这些自发根基去自动限制各种恶的可能性时,无限制的、极端的恶才有可能。自发根基在下面这些时候总是缺失的,即人们只是对事情的表面浮光掠影一番,或他们允许自己不深入他们本能深入的事物深度而被带离事物。当然,深入事物的深度也随着个人、时代的不同而改变其性质和方向"②。人将天赋做人的底线意识之先验判断力和人创造、争取、保障合法权利的自觉行为约束之理性判断力连根拔起之后,人才真正地丧失思索、思考的意识和能力,必然地成为一个威权社会的"齿轮"和"螺丝"。人成为齿轮和齿轮运动中的螺丝,本质上是人成为工具和被工具化处置的耗材。并且,这种将自己降解为工具和耗材的运动过程中,本质上不是外力的被迫,而是**人的主动**,并且往往乐于此道。阿伦特在《反抗"平庸之恶"》中围绕纳粹主义分析了这种工具论"齿轮"的主动性和积极做恶的自我辩护性。她说:"不论是黑手党,或者SS(党卫军),或者其他犯罪或政治组织分子,当他们为自己的罪行辩解时,往往辩称自己只是一个小齿轮,全心全意为上级的命令效力。其他人若处于相同的处境,也会做一样的事。"因为当人们自觉地把自己定义为齿轮时,也就很自然地获得一种自以为合理的道德说辞:"每一种组织皆要求效忠上级的命令与国家的法律。效忠是最高的政治德行。没有这种忠诚,政治体就不可能存续。良知的自由不能毫无限制,一旦无所限制,良知的自由将危害每一种组织性的共同体。"③ 在正常的人类社会

---

① [美]汉娜·阿伦特:《反抗"平庸之恶"》,第19页。
② [美]汉娜·阿伦特:《反抗"平庸之恶"》,第115页。
③ [美]汉娜·阿伦特:《反抗"平庸之恶"》,"导论"第4页。

里，罪行与法律的责任都是以个人身份承担的，无法借由诸如"齿轮"（如扮演体制的功能）、历史的形势（如"势不可为"）与历史的目标（如为达成伟大的使命）等集体性的概念来辩护和推脱个人的罪行。然而，阿伦特只讲到了一个方面，即构成"齿轮"和推动"齿轮运动"的那个系统虽然由上往而下看也呈被动态，但这个系统运动对民众而言是主动的。那个执行命令的阶层和权力体系，**其主动地自觉为齿轮工具的罪行，是无法用忠诚履职来做无罪辩护的**。另一个方面，那些构成齿轮和被齿轮运动碾压和粉碎的耗材们，同样以一种被迫的主动方式予以了有序的配合。这种配合所形成的平庸之恶，同样不可能由任何抽象的"集体""组织"或"社会"等空荡的东西来为之担责。因为无论是工具还是耗材，都是或主动自觉或被动自觉地将自己本有的以做人的底线意识和自觉行为的约束力为本质规定的理性能力连根拔起。**正是在这种并非个别的而是普遍的连根拔起**，才有了"极权主义蔑视并冒犯人类理性，它还通过摧毁人们据以理解政治、法律和道德的那些传统范畴，消除了人类经验的可理解性。尽管绝对史无前例，摧毁人类世界的可能性还是被极权主义集中营的'实验室'所进行的试验展现出来了。在那里，独特的人类生存、人性理念的实质都被消除了；个体的生命被当作'多余的'东西，转化为推动灭绝机器运转的'无生命的'原料，而灭绝机器就加速着自然和历史的意识形态法则的运动"。①

**思想的瘫痪** 从根本讲，以天赋做人的底线意识为根本规定的先验判断力，即人的先验理性能力；以争取、创造、维护和保障权利而形成的自觉的行为约束力为根本规定的理性判断力，即人的实践理性能力。当人因为当下实际或想象的利益而放弃这两个方面的理性判断力的方式自为将这两种理性能力连根拔起之后，人必然要么沦为威权体系的齿轮（即工具），要么沦为威权体系之齿轮运动的碾压物质（即耗材）。理性能力是人区别动物的根本方面：天赋的先验理性能力是通连宇宙自然，使人获得存在世界的根底知识、智慧和神性力量的方式；实践理性能力是通连他人和社会，使人获得人的世界的要义知识、智慧和人性力量的方式。正是这两种方式构成了人类的思想

---

① ［美］汉娜·阿伦特：《反抗"平庸之恶"》，第22页。

的源泉。人的判断力，无论是先验理性判断力还是实践理性判断力，都源于**思想的滋养**。当人的判断力和理性能力被连根拔起，则意味着人的思想的瘫痪。当人的思想处于丧失自身功能的瘫痪状态时，人的理性之树才因为缺乏滋养而身躯干枯和根系死亡，其判断力才由此丧失辨别真假美丑善恶的能力。

对人而言，思想是思考的源泉，思考是判断力的源泉。从思想到判断力的生成，其中介环节即**思考**。思考不仅成为思想向判断力生成的桥梁，也构成人的世界性存在的关键。没有思考，就没有判断力；并且，虽然思想是思考的源泉，但思考又反过来成为思想拓展和更新的契机。不仅如此，从发生学观，人从自然人类学向文化人类学方向进化的内在标志，是获得人质化意识。所谓人质化意识，就是人以突变性方式内生**意识地思维**。意识地思维对象构成思考的原初形态，也成为思考的基本方式。没有思考，不仅使思想丧失活水源头，也使人回返到自然人类学状态，因为人的前存在状态即自然人类学状态，就是没有思考的存在状态。人之所以能从自然人类学的黑暗深渊中走出来成为文化人类学的人，改变动物存在的纯自然状况成为人文存在者，就在于其思考。"人是思考着的存在者，它的意思是，人有一种倾向，甚至说一种需要（康德的'推理的需要'），需要越出知识的界限去思考，去更多地运用他的智力、脑力，而不仅是把它们作为求知和行动的工具，除非被更紧迫的生活需要所阻止。我们的求知欲望，无论出于实际需要、理论困境还是单纯的好奇，都能通过达到其意料的目标而获得满足；而由于未知之物为数众多，每一个知识领域都在开辟可认知之物的视野，所以我们对知识的渴求可能是永不满足的，尽管如此，这种活动本身在它身后却留下了一笔日益增长的财富，被每一个文明保存下来作为其世界的部分和片段。求知活动正如房屋营造，它也是一个建造世界的活动。思考的倾向或者需要则相反，即便它不是被那些历史悠久的形而上的、不可回答的'终极问题'激起的，它也不能在身后留下任何有形的东西，也不能被'智慧的人们'的所谓深刻所止息。思考的需要只能通过思考得到满足，昨天的思想只有被重新思索之后才能满足今天的思考需要。"[①] 人作为思考的存在者，意指人只有借助思考并通

---

① ［美］汉娜·阿伦特：《反抗"平庸之恶"》，第166—167页。

## 善恶的病理问题

过思考才可将自己与自然界的他物区别开来而成为人，成为不仅具有意识地思维的人，而且成为主体自己的人。人要成为主体自己的人的起码条件，就是借助思考并通过思考增强天赋的做人的底线意识和自觉地、有限度地存在的行为约束力。思考要发挥出如此的功能，一方面应接受已有的思想的滋养；另一方面需要展开广泛的求知以为思想之池更换活水。敞开心灵、廓大思维以求新知，既是思考的推进器，也是思想的新源头。"求知与思考之间的这一区分十分关键。如果辨明是非的能力与思考的能力有些关系的话，那么我们就必须'要求'每一个健全的人都运用这种思考能力，无论他事实上博学还是无知，聪明还是愚蠢。……康德曾经这样论断：'愚蠢是由邪恶的心灵引起的。'但这样的说法并不正确。不能思考并非愚蠢；它也可以在高智商的人们那里出现，它几乎并不源于邪恶，别的不说，只要考虑到无思和愚蠢是比邪恶更普遍的现象，那么邪恶也就不是其原因。麻烦恰恰在于，对于导致巨大的罪恶来说，邪恶心灵这种相对罕见的现象恰恰在于，对于导致巨大的罪恶来说，邪恶心灵这种相对罕见的现象不是必需的。"①

邪恶的心灵并非天赋。天赋的心灵始终是中性的，使中性的心灵生发善或恶的不同取向，实源于后天存在敞开对天赋相近的人性激发有无限度，有限度的人性激发，推动心灵向成善的方向敞开；无限度的人性激发，推动天赋的心灵朝邪恶的方向生成。邪恶的心灵源于邪恶的欲念的内在生成与层累性沉积。邪恶之能生成邪恶的心灵，必有**愚蠢**的推助。**不是因为邪恶引发出了愚蠢，而是邪恶造就着愚蠢**。邪恶不是来源于愚蠢，邪恶来源于无度的欲望，对性的无度欲望，对物的无度欲望，尤其是对权的无度欲望，才把人引向邪恶。当欲望尤其是权的欲望将人驱赶上不择手段地实现其欲望的邪恶道路，必然把所有的思考都聚焦在欲望的不断实现上来，从而遮蔽了其他所有领域和一切方面的思考，这种遮蔽的实质从根本上导致了人的**思考的停止**，即人的思考被停止在利欲上。当人的思考停止在利欲上，人必然变得愚蠢，思想自然瘫痪，恶——不仅是平庸之恶，也包括暴力之恶及其他非暴力之恶——必然丛生。

---

① ［美］汉娜·阿伦特：《反抗"平庸之恶"》，第 167—168 页。

**虚无主义** 思想的瘫痪必然造就虚无主义,因为解构思考的基本方法,就是将思考引向虚无主义。思想被瘫痪后留下的思想的场域和思考的天空,必得需要虚无主义来填充。虚无主义能够替代和填充被腾空的思想的场域和思考的天空,得益于虚无主义自为生存的三种方法。

首先,思想的瘫痪可以将思考引向对事物的虚无主义认知,客观地思考事物的意识被淡化,最后丧失思考事物的兴趣、热情和能力。

其次,思想的瘫痪将思考引向虚无主义的认知,从自恋的美化和决然的否定两个方面来重构性地完成对历史的虚构化再造,这种虚构化再造的历史具有全部的观念的激情,却彻底地丧失了历史本身的质朴和粗糙。

最后,思想的瘫痪将思考引向对思想本身的虚无主义认识,其方式有二,一是用实践来规训真理,因为真理是思想的自身标度,当将实践定义为对真理的规训尺度或标准,那么思想的自身标度被真实地阉割,被阉割的思想必成为观念的木乃伊。二是将思想与普遍性切割,被切割后的思想被抛弃成为各种观念的杂碎或激进主义的附加物。由此,思想得到应有的否定。被否定的思想必然处于虚无主义状态,最终沦为虚无主义。被虚无主义化的思想始终是危险的存在物,是必须予以清理才可得到安全存在。因为思想始终是刺破愚蠢、揭穿邪恶之心、暴露无度的欲望、野蛮和野心的利剑。平庸之恶必须对思想予以虚无主义化。反之,杜绝思想的平庸和平庸之恶的基本任务,就是正视虚无主义,解构虚无主义,中止思想的瘫痪,重建思想的场域,重振思想的活力,重新焕发思想的穿透力。这需要客观地认识思想本身。

## 二 伪善的病理之恶

恶的暴力形式,是一种绝对赤裸的恶。与此区别的恶的非暴力形式,既可能呈绝对赤裸的恶,也可能呈非绝对赤裸的恶。由此使非暴力的恶客观地呈现赤裸和非赤裸两种形态,前一种恶将自己无遮掩地暴露,无须辨别:赤裸的恶,就是使恶显现。后一种恶将自己修饰为遮掩、隐藏,需要辨别:修饰的恶是对恶的遮掩隐藏并以善的形式呈现,所以修饰的恶就是伪善。

### 1. 何为"伪善"之恶

伪善是一种修饰的恶,即用善来修饰它自身,形成**善之伪**,所以名伪善。

## 善恶的病理问题

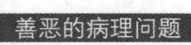

伪善并非特殊现象,而是一种日常现象。作为恶的一种修饰形态,只要有恶的存在,就必有伪善存在;反之,作为一种善的修饰形态,只要人间社会还需要善和需要善的尺度来衡量社会性行为,就必然有伪善产生的土壤和流动扩散的市场。

在这样坚持义务立场的意识看来,第一种意识是恶,因为它表示它的内心生活与普遍物是不一致的;并且,由于它又宣称它的行动是与它自己的本心是一致的,是出自义务感和本诸良心的,所以是伪善。这种对立的运动,最初只是形式地建立起了那本身内在是恶的东西与它对外所宣称的东西之间的一致性;那么,这就必须进一步阐明,它本质上是恶的而且正因为它是恶的它的本质才与它的客观存在相一致的,伪善必须揭露出来。①

黑格尔对伪善的定义,重在揭示伪善的实质:伪善是真实的动机与实际行为的反向,或可说言行所追求的生活与内心生活相反:这里所讲的"内心生活"是指"出自义务感和本诸良心"的生活,这种性质与取向的内心生活要求不应该是这样,外在生活却要求言行实际是这样。这种内心生活与外在言行的矛盾,可在日常生活中时有遭遇,但这种矛盾并不一定会产生伪善,**只有当这种矛盾出现且主体宣称自己的言行符合良心时,伪善才出现**。这表明,伪善不是无意的过失,而是**有意为之**。

从主体观,有意为之的前提是**内心不善**,行为自然不善,但要使其不善的行为获得善的评价,必须**有意地修饰**,这种有意修饰不善行为的行为就是伪善行为。由此形成伪善的三个特点:一是内心不善。内心不善的实质是丧失良心,或主动或被动或直接或间接地**暗晦良心**。二是非善的冲动必表彰为行动,没有行动呈现的内心不善,只能算是不善的想法或不善的内心冲动,伪善必须既有内心的不善欲念和冲动,同时又将其不善的欲念或冲动外化为实际的不善行为。三是非善的行为必须修饰,缺乏修饰或者不愿修饰的不善,

---

① [德]黑格尔:《精神现象学》下卷,贺麟、王久兴译,商务印书馆1979年版,第171页。

就是赤裸的不善，只有当有意地将不善的内心冲动化为行动然后予以刻意的修饰，使之获得形式上的善言、善行、善举，才是伪善，而且这种刻意修饰为善的不善，可以通过理性判断剥去其善的形式而得到辨别性的还原。

由于如上三个方面的规定，伪善的伦理本质是有意为之**之恶**，它既可能是直接有意为之，也可能是间接有意为之，并且其有意为之既可能是主动，也可能是被动。但无论哪种情况，伪善的内驱力是丧失良心的约束或昧暗良心而失去约束的**无原则求利**。求利，是人谋求安全存在和保障生存的必需，但人的他者性存在和生存的现实性，使求利行为始终与他者（他人、他物或群体、社会、环境）打交道，必须遵循**互为交道**的规则，这就是**求利规则**。在人类生存史上，破坏其求利规则的方式有两种：一是打破共守的限度而求利，比如偷盗、抢劫或者公开的掠夺式、强占式求利，是赤裸的无限度求利方式。二是无视共守限度而求利，比如以市场为名义的垄断性求利，以假公济私的方式求利，以及或者刘备式求利或宋江式求利，前者打着兴汉的旗号行拓展地盘实现当皇帝之梦，后者以为梁山众兄弟谋好前程的大义为幌子，谋"封妻荫子、光宗耀祖"之实，所以，无论是刘备式的求利还是宋江式的求利，都是伪善的典型。伪善是无原则求利，伪善之恶的本质亦在于无原则地求利，即不讲共守的社会准则，为了达到私利目的可以不顾一切，但又要在形式上做出为善的修饰来掩盖其无原则之恶。比如，贪腐者个个都在言语和行为上表现出无私为公和全心全意，但正是利用无私为公的方式掩饰了贪腐之恶。以无私为公的方式掩饰贪腐之恶，尚不仅在贪腐之恶本身，而在于对贪腐之恶的掩饰的无私为公方式和铸造无私为公的理念、观念，即大公无私、天下为公和将架空人之个体的抽象空洞的"人民"话语满天飞的理念和观念，才是本原的恶。在人类世界里，只有**有条件的**公和为公，绝无无条件的公和为公。天下也不可能是公的天下，因为天下本身就是由无数的个体存在者构成，个体存在本身决定了个体的自有、自在、自私其存在。宣扬天下为公和大公无私的观念的实质是从根本上取消个体，将所有存在个体变成一个抽象的"天下-人民"，然后按照观念地虚构将它修饰为"公"，而这一切操作都是其绝对为私之恶演绎出来的。

**无限度求利**之恶，往往是赤裸的恶，表现出赤裸的无德。

**无原则求利**之恶，却是修饰之恶，体现虚假的、虚伪的德。

无原则之恶正如无限度之恶一样，在任何时代、任何社会环境里都存在，却有普遍性与个别性的区别。无原则之恶如果只发生在个别人身上，或发生在个别人的个别生活情境中，则只属于个别性的伪善行为；如果无原则之恶具有普遍性，体现扩散性强力而自行扩散，那么，无原则之恶就在事实上成为具有普遍指涉性的生活方式，形成一种社会性的伪善生活。或者，**伪善现象**是个别的，这种个别的恶"再加上虚伪的形式规定"① 就成了伪善。**伪善生活**却是社会化的，是社会化的恶再加上更加精致的虚伪形式，就成为伪善生活。对人的存在世界言，个别现象的伪善行为存在并不可怕；可怕的是伪善行为的普遍性或者说社会化，其本身就是巨大的伦理危机，它构成社会伦理信任解构的根本推动力，也成为道德解构和美德消隐的社会方式。

### 2. 伪善之恶的类型

平庸之恶，既是一种性质，也是一类形态。从后者言，平庸之恶的首要方式是伪善。近世以来，有关于伪善的讨论都只停留于道德层面，认为伪善就是道德伪善。这种看法蕴含一个错误的认知前提，即将伦理等同于道德，或将美德和道德视为同一个东西。客观而言，伦理作为人与他者之间构成的实际生存关系始终围绕利害展开，并由此形成三种取向：第一种是以**有限度求利**为准则展开利害权衡和选择，其达及的结果有两种形式，或利己不损他，或利己也利他，但无论哪种结果都是道德的。所以，以有限度求利为准则展开权衡和选择达成利己不损他或利己也利他的伦理事实，是一种**道德事实**，简称为道德。第二种是以**无限度舍利**为准则展开权衡和选择，达及的结果是**舍利执爱**，由此形成无私奉献或自我牺牲，前者指舍去将得的合法己利有益于他者（他人、群体、社会或环境），这是无私奉献的美德；后者指牺牲已得的合法己利去有益于他者，这是自我牺牲的美德。第三种是以**无规则求利**为准则展开利害权衡与选择，所形成的结果只能是利己损他或损他利己，这类无规则求利的行为是一种反德的行为事实，它表现为赤裸的反德或修饰的反德。这两种反德行为既可能发生在道德领域，也可能会发生在美德领域。所以，伪善包括

---

① ［德］黑格尔：《法哲学原理》，范扬、张企泰译，商务印书馆1961年版，第148页。

了道德伪善（Moral Hypocrisy）和美德伪善（Virtue Hypocrisy）两种类型。

**道德伪善与美德伪善**　道德伪善是基本的伪善。这需要了解道德的自身规定。道德作为一种有限度的求利方式，就是"得其应得"①，亦可表述为"合法期待的利益与道德应得的自由"②。这个"合法"的"法"，是指共同的人性要求和由此形成的普遍遵守的社会法则，前者即生、利、爱、群的人性法则，具体表述为生己与生他、利己与利他、爱己与爱他、群己群他的对立统一;③ 后者即群己权界法则，己与他（他人、集体、社会、环境）之间在利益谋求、权利配享方面互为限度。合法期待讲的是符合生利爱群要求和群己权界法则的利益期待，将此期待付诸行为获得不损他的利己或利他的利己之结果，就是道德应得的自由。所以，道德虽然是有限度的求利，但必然是实现相对的自由，相对自由的实现才是道德的目的。从合法期待到道德应得，贯穿于其中的那个东西就是权利与责任。自由之于道德的存在本质是利益，自由之于道德的生存本质是权利，自由之于道德的实践本质是责任，自由之于道德的行动本质是权利与责任的对等。

作为道德反向的道德伪善，实是对合法期待与道德应得的反动，它作为无原则的利益期待行为，就是单向放大利益、权利和自由的同时，放弃了求利的边界和责任。无原则求利益和求自由，是道德伪善的正面表达；行为无边界和无责任，是道德伪善的反面表达。

"道德伪善"概念由鲍姆哈特（R. Batson）提出，并与他的同事将其定义为"让自己表现得道德"，同时尽可能避免利益损失的行为倾向或动机④，这一定义得到不少研究者的支持，比如瓦尔德索洛（P. Valdesolo）认为道德伪善就是"人们在自己和他人做出同样违反道德准则的行为时，将他人的行为判断得更不道德的现象"⑤。拉默斯（J. Lammers）、斯塔普尔（D. A. Stapel）

---

① ［美］E. 博登海默：《法理学—法哲学及其方法》，邓正来、姬敬武译，华夏出版社1987年版，第253页。
② 唐代兴：《生境伦理的规范原理》，上海三联书店2014年版，第13页。
③ 唐代兴：《生境伦理的人性基础》，上海三联书店2013年版，第196—229页。
④ Baumhart R., *An Honest Profit*, New York: Holt, Rinehart and Winston, 1968, p. 70.
⑤ Valdesolo P., Desteno D., "The Duality of Virtue: Deconstructing the Moral Hypocrite", *Journal of Experimental Social Psychology*, 2008, 44 (5), pp. 1333–1338.

和加林斯基（A. D. Galinsky）等人认为道德伪善就是"公开地支持一些道德规则，但仅希望他人去遵守，而不以此要求自己的倾向"①。还有人将道德伪善定义为个体评价自己与他人的道德水准时表现出来的"优于平均效应"（Better Than Average Effect）：当将自己与他人比较时，通常会在诸如智慧、诚实等个人特质方面给自己打高于平均值的分数②，或者客观评估他人道德水平的同时高估自己道德水平的行为，就是道德伪善。也有研究者认为道德伪善不过是个人的实际道德作为不能达到他自己声张的道德水准。③

如上各定义蕴含道德伪善的分类方式，即以动机－目的为准则，道德伪善客观地呈现两种形态类型四种行为方式：（1）用道德规则要求别人却不要求自己，其动机、行为及结果均体现不善，却要用道德规则来修饰其不善。（2）实质地追逐利益但形式上表现道德，其动机－目的均体现对人不善，却用道德来标榜自己为善。（3）在道德水平和或道德作为方面，准确评价他人却总是同时高估自己，这种高估自己的方式造成对人的不善结果，即以苛刻的求全责备的态度要求他人，并用完美的尺子度量，却是用自我完美的方式来掩盖自己的内心不善的良心和道德缺乏的行为。（4）实际道德能力达不到声称的道德水准，却将这种反差视为合道德，且心安理得。

从表现方式讲，道德伪善就是对道德的伪装和表演。露丝·格兰特（Ruth Grant）从其伪装和表演入手，将道德伪善概括为三类，即有意的伪善、温和的伪善和道学家的伪善。所谓有意的伪善，是指利用伪装蓄意欺骗或操纵他人。所谓温和的伪善，是指在具体的生活情景定义中，当自己不是受害者时却对不义持无限容忍的方式，甚至无视受害者的存在。所谓道学家的伪善，是指认为自己是社会道德及准则的维护者，但实际上只是在抢占道德高地，或者实现了某些道德方面的自我认可。④ 格兰特概括的第一种道德伪善，

---

① Lammers J., Stapel D. A., Galinsky A. D., "Power Increases Hypocrisy: Moralizing in Reasoning, Immorality in Behavior", Psychological Science, 2010 (21), pp. 737 - 744.

② Myers D. G., Social Psychology, Ninth Edition ed., New York: Mc Graw-Hill Companies, Inc., 2008, p. 77.

③ Batson C. D., Thompson E. R., Seuferling G., et al., "Moral hypocrisy: Appearing Moral to Oneself without Being so", Journal of Personality and Social Psychology, 1999 (77), pp. 530 - 537.

④ Ruthw Grant, Hypocrisy and Interity: Nachiavelli, Rousseau, and the Ethicsofplitics, Chicago: The University of Chicago Press, 1997, pp. 68 - 71.

大致对应前面按照动机－目的为标准分类的第一二种形式。格兰特讲的第三类道德伪善，可对应前面的第三、第四种形式。将自己置身事外的容忍型道德伪善，才是危害最大的一种社会形式。

道德伪善是以伪装方式掩盖其无限度、无边界、无责任的求利行为所造成的道德假象和行为之恶。与此不同，美德伪善是以伪装方式掩盖其**无人道、无爱、无人性之善**的美德假象。相对利己不损他或利己亦利他的道德言，美德就是无限度地舍弃己利而执着于爱的奉献。作为美德反向的美德伪善，就是抛弃"舍利"和"执爱"的美德本分而追求私利，但同时要以慷慨、同情、怜悯、关爱等无私形式来修饰其逐利行为及结果。如非正常生活场域中的那种有目的、有组织、有计划且步调一致节日性关爱活动、慰问活动、亲善活动等，都是基于某些特殊的实利考虑设计出来的美德炒作方式，但这类炒作性美德活动一旦达到既定目的后，就会迅速终止其行为，再无后续性节目。这种性质的美德伪善运动，实是非正常社会里具有普遍传染功能的极恶行为，因为这些制造美德伪善之恶者平日里冷漠之至，对民生疾苦从不过问，只等着节日的表演。这种表演所要达到的不是关爱和亲善，而是以表演化的关爱和亲善来修饰和掩盖其高视阔步的人间蔑视和权力傲慢。

就生活言，虽然道德是基本的德，是使人成为人的德，美德是在道德基础上提升的德，是使人成为大人的德，但它仍然是一种普通的和普遍的德，构成生活的日常庸行。在一个道德伪善仅是个别现象的社会里，美德伪善也是个别现象。反之，如果道德伪善变成一种普遍性的社会方式时，美德伪善不仅表现在个人生活中，更成为普遍的社会行为方式。

**伪善的被动与主动**　道德伪善和美德伪善的整体表述，就是**伦理伪善**，简称伪善。对伪善的分类，可因不同分类标准而形成不同类型。以伪善行为的主体性构成为依据，就有个人伪善和社会伪善两种形式；若以伪善行为的性质为依据，必然形成被动型伪善和主动型伪善。

被动型伪善是指其道德或美德的行为是行为者被动适应外部压力的体现。社会影响理论（social influence theory）创始人拉塔纳（Latané）认为，在现实生活境遇中，权力、威权以及从众压力等生活情景因素往往能够刺激、推动个人或群体表现出伪善行为选择，并对其伪善行为结果心安理得。

善恶的病理问题

被动型伪善有两种具体形式，即**被迫**伪善和**被动**伪善，它们的共同行为特征是不主动，其行为受外力影响或推动。但二者也有区别，其一，被动伪善是**影响性生成**的伪善；与此不同，被迫伪善是**强迫性生成**的伪善。其二，被动伪善没有强迫，行为主体有充分的选择自由，但行为主体因为利害的权衡而最终选择了不作为，但又认为自己这种不作为行为是合伦理的，但这种合伦理的认为是行为者按照自我高估所形成的主观尺度为依据。反之，被迫伪善是绝对的被强迫，行为主体也有选择，这种选择属于或生或死性质，为了求生而选择绝对服从，且认为自己的这种服从行为是合伦理的。老人摔倒无人扶的社会现象是被动伪善的典型案例。2006年南京彭宇案之后，面对摔倒于地的老人，过往行人收敛起美德而变得冷漠，但这种人性的冷漠对于冷漠者本人来讲都有其合伦理的、善的自我解释，即认为自己的这种冷漠以及选择冷漠的行为是合伦理的、是善的、是与恶没有任何关联的。时至今日，人们面对这类事情同样冷漠如是，且几乎人人都能给自己找到合伦理的充分理由，既放弃了应为的伦理善举，又在主观意识层面占有有德的高地。这种已经形成普遍性行为方式的伪善方式，表面看是由南京的彭宇案引发的，但实际上不过是一种现代传统的复活：在革命加斗争的年代里，以放弃道德甚至反道德的方式来服从革命的行为，可以作为被迫性伪善的丰富案例。这种以恶为善的社会化体认，却构成了当世生活中可人人面对跌倒老人有完全之合伦理的理由而无须去做的优良传统。

主动型伪善是指其伪善行为是行为者**主动谋求**的体现。比如生活世界里的"五毛"，总是自命为正义的化身，始终如一地采取占领道德和美德高地的方式批判、羞耻他者来更轻松地获得更好生活资源，并以此为生存职业，就属于主动型伪善。纳粹时代的告密者以及活跃于校园和教室中的那批被纳入代号管理体系的信息员，为了个人可以不付出太多劳动而获得最大私利，将诬告、陷害同事、同学、朋友甚至老师和亲人视为天经地义的合德行为，并心安理得地享用诬告、陷害得来的钞票甚至权力，亦是主动型伪善。还有一类主动型伪善，就是历史上那种种打着"替天行道"的旗号，高唱为"天下苍生"和"黎民百姓"而行窃国私利的伪善行为，则是最冷酷、凶恶和残暴的伪善行为。

根据其具体诉求的价值取向不同，主动型伪善主要有三种行为方式。第一种方式是为义务而义务的伪善，比如，无私奉献、全心全力服务社会是任何时代都需要的美德，但是尽义务行美德，对任何个人来讲都是有条件要求的，这些基本条件主要有四个方面：一是应有行美德的资质，比如周济穷人，必须有周济穷人的物质基础、财富来源，不能行抢劫之能来周济穷人。二是必有其行美德的能力，行美德不能只停留在口号上，必须有实打实的行为、作为，这些行为、作为只能是实际能力的呈现。三是必有其行美德的意愿，即一定是自觉自主自愿，不是外在力量的强迫，也不是自己之外的因素的诱惑。四是必须没有任何谋利之欲。只有此四者同时具备，才可行美德。并且，具备了这些基本条件之后，行美德还要求言行一致。如果仅把行美德挂在嘴上，满足于宣扬效应，行为上做不到或根本不愿意以行动来践履，就会沦为一种"为义务而义务"或"为美德而美德"的伪善行为。第二种方式是为道德而为道德的伪善，即口号上高唱道德，或者凡事用道德来比画，但行为上往往达不到最基本的道德要求，或根本不守基本的道德规范，或用严格的道德规范要求别人，自己却行道德放纵。第三种方式是为利他而利他的伪善，这种种为善方式可以两方面展开：一是一味要求他人以单位为家、以企业为家、以国为家，却把自己置身其外，或自己反其道而行之。比如，人类历史上行大窃的国贼，总是号召别人先国后家，自己却行掠夺国之财富或卖国之能，就属人世间最大的伪善之恶者。二是自己有意识地或被有意识地塑造成只知利他、为人、为国，从不知道为己、利己的自为的或被塑的典范形象，这是最值得怀疑的伪善者，因为只知为他而利他、不知合理利己的人，是人性被极度扭曲的人，这种人本质上已经堕落为非人的伪善狂。这种人之所以不是人，是因为他们已经蜕变为极度不正常的社会怪物，或者说只有在道德专制的生活环境中才可产出的异化怪物，正常社会是不应该有这种极端疯狂的伪善出现的。

**伪善的个人与社会**　讨论伪善的主动与被动，主要从行为主体个人论，个人性的伪善只是伪善的一种形态。在道德社会里，个人性的伪善行为是个别现象，并且往往成为道德社会净化的反面生活教材，它构成人人喊打的"过街的老鼠"，所以具有积极的社会净化意义。在道德社会里，伪善只在个别性的个人身上发生，并且很难扩散，因为道德社会没有使伪善扩散的土壤。与此相反，当伪善行为可以通过个体无阻碍地传播和扩散，从而使个别性的伪善演变成社会化的伪善生活时，社会将由道德社会降落为非德社会和反德社会。在非德或反德社会里，个人性的伪善现象不断涌现且必然扩张成一种社会化的伪善，使其成为一种社会方式。恩格斯曾经深刻揭示过伪善社会方式化的实质："凡对统治阶级是好的，对整个社会——统治阶级是把自己与整个社会等同起来的——也应该是好的。所以文明时代愈是向前发展，它就愈是不得不给它所必然产生的坏事披上爱的外衣，不得不粉饰它们，或者否认他们，——一句话，是实行习惯性的伪善，这种伪善，……在下述说法中达到了极点：剥削阶级对被压迫阶级进行剥削，完全是为了被剥削阶级本身的利益。"[①] 恩格斯的如上论断既揭示了社会伪善的根源与动力，更凸显出社会伪善的表现方式和根本目的。首先，当一个社会以伪善为基本的生活方式时，一定是统治阶级实质上形成与被统治阶级的对立，包括在利益上的对立，在权力与权利上的对立，即统治阶级为保障自己的利益最大化而剥夺被统治阶级的利益，为此，统治阶级必须为保障自己的权力无限制、无阻碍而严格地按照自己的方式限制甚至剥夺被统治阶级的权利。其次，统治阶级弱化、取消、剥夺被统治阶级的利益和权利，实施伪善的根本动力是实现自己利益的最大化和其使最大化的利益隐蔽化。正是这两个方面的要求形成第三，社会伪善是统治阶级的伪善，它集中体现在"干坏事必须披上爱的外衣"，压迫和剥夺被统治阶级的基本方式，就是在语言和口号上将被统治阶级置于社会主人的高位，然后对自己予以道德粉饰，其所要达到的目的是在实质上"剥削阶级对被压迫阶级进行剥削"，而在形式上粉饰这种剥夺行为是"完全是为了被剥削阶级本身的利益"。恩格斯对统治阶级的这种伪善的伦理本质的深刻揭示，可谓入木三分。恩格斯的论断构成当世生活，尤其是强权世界的最好的镜子。

### 3. 伪善之恶的驱动力

历史地看，在实际的生活领域中，伪善往往为不少人激赏，追溯其动

---

[①] 《马克思恩格斯选集》第四卷，人民出版社1972年版，第174页。

因，是伪善可以给人带来特别的或更多的好处。无论个体伪善还是社会伪善，都是通过形式上追求善的方式实现"**不当得**"之私利。不仅如此，伪善行为还可能因为威权者或社会的欣赏而获得特别的奖赏，或者避免"不当得"的社会责罚。由此可见，伪善的驱动力实际上有个人和社会两个来源。

**伪善的人性–心理动力** 拉罗什福科在《道德箴言录》中说："**伪善是邪恶向德性所做的一种敬意**。"[①]（引文为笔者加粗）这是说无论在何种情况下，伪善始终是**邪恶对德性**的胜利，因为只有邪恶战胜了德性时，其对伪善的敬意表达才变成现实。正是在这个意义上，**伪善是对人间之德的侮辱**。

为何伪善构成对人间之德的侮辱？

首先，伪善扭曲了人性，使生利爱群的人性沦为伪善的源泉。有关于人性，有性善论，有性恶论。讨论伪善时，人们往往以荀子的性恶说为其依据，这应该是对荀子人性论的曲解。"人之性恶，其善者伪。"[②] 这是荀子拷问人性问题的正面表述，并且是接着孔子"性相近，习相远也"[③] 讲的：天赋相近的人性在后天的习染中体现巨大差异，这种差异表现出来的极端形态是人性向恶；善的产生或者说德的生成，其目的是抑制人性向恶，这一努力过程就是"伪"："不可学、不可事而在人者，谓之性；可学而能、可事而成之在人者，谓之伪，是性、伪之分也。"[④]

如果参照孔子"性相近，习相远"来理解"人之性恶，其善者伪"，荀子的人性论思想不过是进一步发展了孔子的人性再造论思想。因为"人之性恶，其善者伪"讨论了两个方面的问题：一是人性向恶基于什么？二是向恶的人性何以可能改变为向善？

仅第一个问题言，人性向恶，不是说天赋人性本身是恶，而是指天赋人性在后天生存敞开中有沦为恶的可能性和现实取向，这种可能性与现实取向

---

① ［法］拉罗什福科：《道德箴言录》（中英对照），吕冬青主编，北京燕山出版社 2009 年版，第 42 页。
② ［清］王先谦撰：《荀子集解》下，沈啸寰、王星贤点校，中华书局 1988 年版，第 434 页。
③ 钱穆：《论语新解》，第 400 页。
④ ［清］王先谦撰：《荀子集解》下，第 436 页。

的人本动力,却是**利欲**。人的利欲来源于人性本身,因为人性就是个体以自身之力勇往直前、义无反顾的**生之朝向**①。这一生的朝向要得到保持、强化或提升,需要解决生命的自我保存问题,因为人是个体生命。作为个体生命的人需要资源滋养,但滋养人的生命的资源没有现成的,唯有通过劳动付出才能获得。所以,人性之生的保持、强化、提升,需要通过求利的方式实现。然而,求利行为在本质上是以生命为代价。比如,为了明天有饭吃或明天能有更好的饭吃,必须按照职业本身的要求每天为其付出一两个小时乘车时间和八个小时的工作时间,但这十个小时时间是你或他有限生命的一部分,因为时间始终是生命的刻度,当你或他为保证明天的生存而在今天付出了 10 小时时间,本质上是今天为明天付出了十个小时的健康生命。所以,每个人都是以生命为代价来谋求生命继续存在的存在者,这是人性在现实生存敞开中被具体化为利欲,并滋生无度朝向的可能性与现实性的动力机制。改变这种无度朝向的真实方式就是克制利欲,使求生谋利的冲动与欲望在**明确的**限度内释放,就获得善的朝向,产生生活的德。这个能使求生的人性冲动和欲望变成善、成就德的生活限度,就是**群己权界的自由**,即以自觉地约束为前提的自由,具体表述为利己不损他的自由或利己亦利他的自由。反之,一旦求生谋利的人性冲动和欲望突破了群己权界的自由限度,无原则地追逐己利且同时又自为地标榜其德或为自己无限度地谋求私利的不善寻求心安理得的自慰,就是伪善。

其次,由于人性的扭曲,无原则求利必然内生成为强劲的生存动力,或者说心理动力。在历史性的生存进程中,人性向善的基本努力是克制利欲的膨胀使其有限度释放,从而形成行为上的**合理利己**。伪善就是人性基于内在或外在因素的强劲刺激突破限度的框架和合理利己的行为模式,沦为无原则求利的状态。这种无原则求利行为产生的最终原动力是人性,但直接动力机制因为不同个体以及不同生活情景而所有不同,比如在特殊的生存境遇中,为保存自己而行伪善之事、过伪善生活,往往被视为一种"正常方式",如在批判胡适的运动中,胡思杜写文章批判他父亲如何是美帝国主义的忠实走狗,

---

① 参见唐代兴《生境伦理的人性基石》第二篇"人性认识的当代重构",上海三联书店 2013 年版,第 170—278 页。

顾颉刚同样要走上批判恩师的舞台才能保存自己。对个人来讲，保存自己是最大的利。在保存自己成为最紧迫的生存问题的环境里，只有极少数拥有钢铁般意志的人，才可超越保存自己之利而杜绝任何形式的伪善生活。

除保存自己的求利动力外，伪善行为及其伪善生活的另一强大心理动力就是"少劳多获"或"不劳而获"的机会主义。活跃于网络世界里的"五毛"和纳粹世界里的告密者，其实都源于对"劳"与"获"的精明计算后的职业选择。这类行为努力已不是简单的信仰问题，而是鲜明地使实利、市侩、伪善公开化和合理化，进而，其实利、市侩、伪善的机会主义被视为天经地义的合德，当主导性的社会机制专门设计并特别地鼓励和奖励，这类实利、市侩、伪善行为很自然地就成为社会追捧的合德行为。除此之外，更有一种心理动力力量，就是无所顾忌地追求私利最大化。客观地看，追求私利最大化的心理动力的生成，需要相应的社会环境。能够全面激活私利最大化之心理动力机制的社会环境，只能是权力无限度的社会环境。在这样的社会环境里，权力可以随时演变为追逐私利最大化的最好动力机制和爆发力机制，这也是高调道德和美德而又贪腐成风的**极恶**的伪善社会生活形成的源泉。

其三，人性向恶所形成的无原则求利被伪善者或伪善社会无阻碍地激活，是因为**自欺**。

自欺是伪善的行为本质。这种自我欺骗往往通过运用两种策略来实现，或者将自己的行为误认为是道德的，或者拒绝将自己的行为与道德标准进行对比。客观而言，自我欺骗的根源是**贪婪**和**野心**。由于贪婪和野心，伪善成为根本的恶。这是康德将伪善置于一切恶行之上并判其为"**根本的恶**"的根本理由。康德指出，人性在后天敞开进程中趋恶的自欺心理动力有三，一是**人性脆弱**，即人性在遵循已被接受的准则方面体现软弱无力；二是**内心杂芜**，这种心理取向将非道德动机与道德动机相混同，或者使符合义务的行为不是从纯粹义务出发，而是从利害出发；三是**人心恶劣**或**人心败坏**，具体地讲就是将出自道德法则的动机置于非道德动机之后，使良心泯灭，良知不在。[①]

**伪善之恶的社会认知心理**　　伪善作为个别现象，不管出于哪种人性的或

---

① ［德］康德：《单纯理性限度内的宗教》，李秋零译，中国人民大学出版社2003年版，第16页。

趋善的动机，都不过是为在他人面前显得有德或有德的优越感："所谓'在他人眼中显得善'，主要是指那些不是出于本能，而是纯粹为了满足社会的道德要求才实施的善行。"① 如果伪善超出个别人的个别现象而成为普遍现象、普遍行为时，就构成一种社会生活方式和社会行为方式。这种伪善的生活方式和行为方式一定有其深广的社会土壤和强大的动力机制。

首先是社会认知滞后。讨论社会认知滞后，既需要从个人观，也应该从社会切入。从前者观，社会认知滞后是指个人对社会认知的滞后。巴特森（C. D. Batson）等人通过实验揭示个体伪善与认知迟缓相关，即这种迟缓性认知被预见的情感所警告，却不注意行为和伦理规范之间的矛盾。伪善者的认知滞后主要指两个方面：一是指认知滞后情感，情感往往取代认知而构成判断的依据和方式；二是指以情感为导向的认知方式往往更容易直观行为本身，忽视抽象的伦理规则对行为的规范，更缺乏对伦理规范与行为关系的反观性省思，因而导致个性取向的情感判断往往替换共性诉求的伦理判断。

在实际的社会环境中，当伪善只属于个别现象和个别行为时，其行为主体的认知滞后可能纯粹属于个人之事，是个人认知能力不足或放纵认知能力的体现。当伪善本身成为社会现象和社会行为并构成某种生活方式和行为方式时，伪善认知滞后问题就不仅是个体对社会认知滞后的问题，而是社会自身的认知滞后。客观地看，社会自身认知滞后可从四个方面呈现。首先，社会在整体上形成对社会主体的认知滞后，这种滞后表现为"谁是社会的主体"的认知往往表现为混乱，或者形成认知的悬置，由此，真实的社会主体被虚化，或者说真实的社会主体不存在。当真实的社会主体被解构，社会自身的认知自然无法展开，认知滞后是为必然。其次，社会在整体上形成对社会结构的认知滞后，这种滞后表现为对社会结构构成的核心问题"权"——对民权和公权的性质定位、范围定位和关系定位——的模糊或错位，这种认识模糊和错位形成的最终结果是人权无形中被公权解构，公权成为权的唯一。当权力成为唯一，它既可以赤裸的方式敞开自己，更可以修饰的方式表演自己，当以后一种方式敞开自己时就是伪善。再次，社会在整体上形成对个人与集

---

① 倪梁康：《论伪善：一个语言哲学和现象学的分析》，《哲学研究》2006 年第 8 期。

体、个人与社会、个人与国家、人与政府之间的合法关系及其边界的认知滞后。这里所讲的人、集体、社会、国家、政府之间的"合法关系"的"法",既指法律,更指法则,包括自然法则、社会法则、人性法则和伦理法则。比如,当整个社会对个人、集体、国家、政府之间的合法关系认知混乱或缺乏认知时,那么社会运行——无论是市场运行还是政府运行或者企业以及社会组织运行——很难遵循群己权界的社会法则,自然无法很好地做到公私分明和权责对等,一旦这种情况出现,伪善必然成为普遍现象并最终构成一种社会化的生活方式和行为方式。最后,社会在整体上形成对社会发展的认知滞后,这种滞后主要表现在对社会发展的片面性理解或定位。最突出的发展认知滞后方式是将社会发展片面地定义为经济发展,然后将经济发展定义为具体的量化指标,因而社会发展就变成了可量化的指标,却忽视了社会主体人的发展和社会的整体发展,由此必然形成经济主义、物质主义。而一切形式和内容的经济主义、物质主义的发展观,必然成为伪善的温床,这是因为经济主义、物质主义单向度地刺激、激活了人的利欲冲动、贪婪心理和占有本能,这些因素一旦自动整合就必然催生伪善行为,并层累性生成伪善生活方式。

其次是威权主义。拉默斯(J. Lammers)等人通过实验研究发现,权力感构成伪善的影响因素。当个体被启动无限绝对权力感时,其行为作弊更普遍,也更严重。[1] 从社会学观,无论何种性质的社会,一旦形成如上四个层面的社会认知滞后,必然培育出威权主义,威权主义才是塑造伪善生活方式的根本性力量。

人基于共生的需要缔结成社会、组建起国家,必须产生政府,形成公共机构,产生权威。权威是权力运作的社会效应,它涉及权力本身的合法性问题,但权威并不构成衡量权力合法性的尺度,哪怕没有取得合法性的权力,一旦它展开自身实际地获得了良好社会影响力,也因此体现合法性。反之,即使合法性的权力,在展开自身时只以权力本身来强制性获得权威,也是不合法的。当权力者以权力的强制方式获得权威,就形成威权。如果将其威权推向极端,就形成威权主义。所谓威权主义,是指权力者运用手中权力强制

---

[1] Lammers J, Stapel D. A., Galinsky A. D., "Power Increases Hypocrisy: Moralizing in Reasoning, Immorality in Behavior", *Psychological Science*, 2010 (21), pp. 734–744.

收获权威并将其强制获取的权威无限度地扩张。威权主义虽然可以通过暴力使一切绝对服从,它却不能产生良好的社会影响力,只能产生影响消极的社会强制效力。在威权主义盛行的环境里,伪善成为普遍现象,伪善行为成为普遍行为,伪善本身构成一种生活方式和行动方式。因为威权主义环境里只有权力和对权力的绝对服从,并且,对权力的绝对服从构成基本的德,在圣旨书写的人类历史中,以及最高指示或重要讲话构筑起来的生活世界里,服从就是最高的德,但这种服从淫威的"德"则是典型的伪善,是禽兽治驭下的伪善。

在威权主义环境里,对无限绝对权力的绝对服从有两种方式,一种是李逵式的服从;另一种是林冲式的服从。李逵式的服从是主动服从,即不用脑袋实际上也没有脑袋,只是主动轮动板斧乱砍乱杀的服从,并且,只要有乱砍乱杀的机会,就一切都好,就皆大欢喜。梁山水寨里大头领宋江最欣赏的就是李逵这种主动服从的方式,也是所有以伪善来修饰的专制主义者特别欣赏和下大功夫塑造的主动服从方式。与此不同,林冲式服从是被动服从,即为了取得待在梁山水寨里的生存资格,被动接受老寨主王伦的胁迫而下山猎取"头名状",其后虽然内心极为反感宋江的虚伪和伪善,但为了生存而不得不忍气吞声的被动服从。然而,无论是主动服从还是被动服从,都产生两个效应,一是威权主义自身源源不断地收获无阻碍的权威;二是服从者获得了伦理意义上的心安理得,形成了对威权主义的道德认同。

最后是从众心理。从根源讲,从众心理源于人的生命产生、存在以及展开生存的弱小无依性,也由此形成人的本原意义的脆弱性意识。作为个体的人走向他人并按照一定方式建立起社会,缔造出国家,构建起体现平等、人道和自由生存的社会良序,人们以此获得对脆弱性和弱小无依性的消解,因为平等、人道和自由生存的社会良序为其提供了根本保障。但在社会认知滞后的语境里往往无法建立起平等、人道和自由生存的社会良序,必然产生威权主义以为替代形式,人们自觉或不自觉地依赖威权主义。

在威权主义环境里,人们对威权的服从只是表象,实质却是对威权的依赖。这种依赖表现为服从,支撑并运转这种以依赖为实质的服从模式的社会心理机制,就是**从众**。推动这一从众心理机制运转的原动力却是威权主义本身。对威权主义的依赖性服从的前提,是威权主义的产生;对威权主义依赖性服从的程度,取决于威权主义的权力效力范围和效力强度。在威权主义环境里,威权总是无所不涉且不断释放出更强量级的权力效力,激活并不断强化两个东西,一是对威权主义的崇拜,这种崇拜既是超功利取向的盲目激情,也体现更为明确的实利渴望意愿和势利满足感:超功利取向的盲目激情、实利渴望意愿和势利满足感,此三者整合生成从众性赞美威权主义的伪善心理动力和心理机制。二是对威权主义的恐惧,必然塑造出一种更具普遍性和吸引魅力的从众心理机制,使几乎所有情愿或不情愿的人们乐于主动表现出更符合威权主义倡导的自相矛盾的伦理和道德,这就是强权主义的主子伦理 - 道德与奴才伦理 - 道德的自相矛盾,但正是这种自相矛盾的伦理 - 道德,才构成**通体伪善**的土壤。在这种通体伪善的土壤里,人们更希望通过自己的方式更多、更好、更高水平地表现威权主义所要求的道德和美德。所以,在威权主义环境里,"人们其实更为关注的是**表现得符合**道德,而不是真正做出道德的行为,而对'道德伪善'更为合理的解释应当是,当我们如此过度关注行为对道德的符合时,将使得我们或者在道德动机上产生自我欺骗,或者对自身在日常情境中的行为做出错误的预估"[①]。(引文为笔者加粗)

## 三 受纳之恶的病理方式

无判断能力、存在的无根基化、思想的瘫痪和虚无主义,此四者构成平庸之恶和伪善之恶的自身本质。在无判断能力、存在的无根基化、思想的瘫痪和虚无主义规训下,平庸之恶和伪善之恶的综合形态和日常方式是受纳恶,由此形成受纳之恶。

### 1. 受纳之恶的性质与类型

**何为受纳之恶?** 讨论何为受纳之恶,须将其置于人间之恶的整体框架中考虑。第 3 章"对待恶的基本姿态"一节梳理了人世生活中的原发之恶与继发之恶、强暴之恶与柔弱之恶、革新之恶与保守之恶、垄断之恶之与自由之恶、作为之恶与非作为之恶。这些日常化的恶行之间并不相互孤立,

---

[①] Maureen Sie, "Moral Hypocrisy and Acting for Reasons: How Moralizing Can Invite Self-Deception", *Ethic Theory Moral Prac.*, 2015, pp. 223 - 235.

## 善恶的病理问题

而是蕴含相互渗透和互为激发的机制,由此形成三个方面的共同性。首先,所有类型的恶都体现**利己**诉求,并以己之利害得失的权衡与选择为动力机制,谋求己利最大化或己害最小化。其次,以利己为动机和目的诉求的行为滑向恶境,生成出恶来,必是对规则的破坏,或以制定规定的方式破坏规则,或以逾越规则的方式破坏规则,或以弃置规则的方式破坏规则。无论哪一种,最终都以**破坏规则**为基本呈现。最后,作为或不作为均以己利最大化或己害最小化为选择准则。由此观之,作为之恶与非作为之恶实贯通于如上各种类型之恶行中。

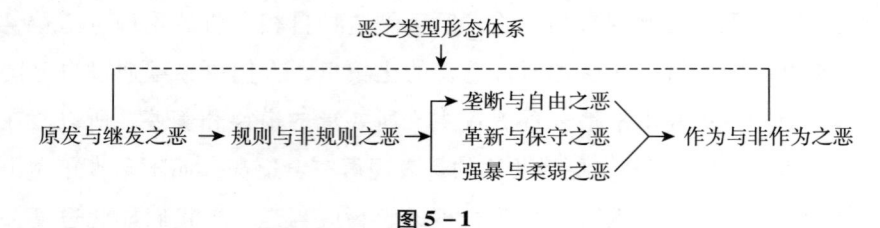

```
                    恶之类型形态体系
                          ↓
              ┌──────────────────────┐
              │      ┌→ 垄断与自由之恶 ┐
原发与继发之恶 → 规则与非规则之恶 →│   革新与保守之恶 │→ 作为与非作为之恶
                     └→ 强暴与柔弱之恶 ┘
```

图 5–1

从行为的主动与被动角度观,如上种种人世之恶可归纳为两类,即作为之恶与非作为之恶。从整体观,原发之恶和继发之恶、规则之恶与非规则之恶、强暴之恶与柔弱之恶、革新之恶与保守之恶、垄断之恶与自由之恶,均体现利己的作为取向,并且也可在具体的利害语境或情境中呈现不同方式或不同程度的不作为取向。

恶之于人始终是害。但由于害之于人,或来得直接,或来得间接,或体现高强度,或呈低弱度,其影响或在当下或指向不可确知的未来……这诸多因素互为交织引发诸多不确定性的生变,使恶之于人或可明见,或不可明见;或可承纳,或不可承纳,由此形成人们对待恶的态度并不唯一:"恶的观点几乎总是关联着宗教层面,并常常关联着虔诚无比的信仰。一种恶的显现深令我们恐惧,亦让我们仓皇逃离。"[①] 在生活中发现恶,并对恶生发出恐惧,由此生发出"仓皇逃离",这就是对恶的抗拒,对恶的阻断,对恶的解构,其基本方式是诉求善并构筑善的生活堡垒。这是积极地面对恶的姿态,另外的情况就是面对生活的恶未得明见,因而以暧昧方式处之;或面对恶而得明见,

---

① [美]内尔·诺丁斯:《女性与恶》,路文彬译,教育科学出版社2013年版,第5页。

却以感觉或经验方式直观其利害，权衡并选择与当前的害小之恶和平相处，这就是对**恶的受纳**。当将对恶的受纳视为平常和正常时，就会暗中将恶转换成善，不仅趋附之，而且维护之或诉求之。一旦达于这种或趋附或维护或诉求的状态时，对恶的受纳就会质变为**受纳之恶**，成为受纳之恶者。

**受纳之恶的性质及形成** 受纳之恶，就是不作为之恶。不作为之恶，既是一种渐进生成的"浸润"之恶，也是一种渐进生成的"肤受"之恶。因为受纳之恶总是在不知不觉中形成，并在不知不觉中扩张、传播而渐进形成的普遍之恶。由于受纳之恶的浸润和肤受性质以及扩张、传播的渐进性，既需要空间舞台的条件要求，也需要长跨度的时间保障，所以受纳之恶又是一种历史之恶，总是伴随个人的生存史和社会的演变史而得以渐进生成、扩张和传播。比如，谎言是一种作为之恶，一个人面对谎言且明知其是谎言而采取沉默，这种受纳谎言的沉默方式在最初或许仅是自身利害的权衡之后做出的理智的选择，这种选择在最初时可能内心还不是生发出不相容的抗拒性情绪，但经历一段时间的消化之后就内生出一种认同，这种由沉默到认同其谎言的沉默方式，就是"肤受"和"浸润"式的受纳之恶。当一种谎言之恶的盛行于世，总是要经历一个过程，这即是由个别的沉默传染开去形成普遍性的认同性受纳，再到相信谎言是真实、是真理，进而发自内心地维护谎言甚至捍卫谎言，这不仅需要一个情感、意识、认知的心路历程，也需要一个外在化的生活过程和社会化的运动过程。这种内外相交相织的过程既构成受纳谎言的个人自己的生活历程，也构成普遍认同性受纳的社会运动过程。

就个体言，受纳之恶形成的最初一步，是对社会性和生活化的具体之恶的**容受**。人对恶的容受有三种情况。第一种情况源于个人少生活经历和阅历，或理解、判断、辨别能力有限，明见能力相对弱，面对恶行恶言无所明见，或无力明辨，因而，以暧昧姿态处之，即既不明赞同、认同，也不明反对。但殊不知这种暧昧相处的方式本身就是一种受纳恶的方式，经历一段时间的浸润之后，此种恶言恶行或类似的恶就被完全地**容受**了，逐渐形成一种受纳之恶。第二种情况是个人具有明见善恶的意识、警觉和能力，对某种或某类恶言恶行有明确的是非判断，知其为恶，但因为其恶细小，生活中颇为常见，既不足为怪，也不足为道，由此形成"**恶小而容之**"。由此形成一种方式和习

## 善恶的病理问题

惯,凡细小之恶均不在意,无不容忍之,久而久之,细小之恶均在这种容受之中幻化为善,并在一些具体的因细小之恶引发的冲突中为其辩护。于是,受纳之恶蔚然形成。第三种情况更是能明见明知其恶言恶行,但因恶的气势、恶的力量比自己强劲,或者基于当下的利害考量,明知不该容受但却被迫或被动容受之。当被迫或被动容受一种恶变成习惯时,善与恶的边界就日发模糊,变成习以为常,最后就演绎成为一种主动性的受纳恶的日常行为方式和生活方式。

**受纳之恶的类型** 从受纳之恶形成的几种情况可得知,受纳之恶的类型形成实是以认知、辨识为准则,这恰恰契合了苏格拉底的自知论和柏拉图的灵魂记忆论。结合苏格拉底的自知论和柏拉图的灵魂记忆论,以知为判断依据,人世间的受纳之恶的基本类型可归纳为三种。

一是无知而受纳恶。这种形式的受纳之恶,是个体不知道其言行是恶而将其视为非恶或善而受纳之。孩童阶段实为这种无知而受纳恶提供了许多典型个案。人在孩童阶段,由于什么都不懂,什么都不知,在这种状况下往往任性地自由,胆大妄为地做出许多恶事来,人们习惯于将孩童之恶称之为小孩子无知的"**恶作剧**"行为,而不是将其定性为恶。另一方面,由于孩童无知,也容易受骗让当,比如被人玩耍或被人当枪使,由此受纳许多无知之恶。相传刘邦未发迹之前在本乡当亭长时,有一个不懂事的小孩子因玩性勃发骂从身边走过的刘邦,刘邦不仅不责备,反而鼓励这小孩子骂人,只要见人开骂,就给赏钱。刘邦如此唆使和怂恿行为给予这小孩子的就是无知地受纳恶。其实,在人类的愚昧时代——比如宗教统治时代,或君主专制时代,或法西斯盛行的时代——各种形式和内容的愚人教化和洗脑教育,并且非常注重于愚人教化和洗脑教育"从孩子抓起",因为孩子的大脑是一个白板,可以在上面描绘最新最美最善的启蒙之画,也可以在孩子的大脑里填充进最邪恶的并以邪恶为真以邪恶为善以邪恶为美的图画、印象、观念、理念。目的是把要人变成了无任何真假、善恶、是非、美丑、义利判断和辨别力的无知"白痴",在这种白痴般的无知状态下的人能欣然受纳来自任何方面的恶。

二是明知而受纳恶。因无知而受纳恶,实可为之"**哀其不幸**",因为这种受纳恶在本质上具有纯粹的被动性。相反,因明知而受纳恶,既有些"**怒其**

**不争**"之感,更有其可憎可恨之处。因为这种受纳恶的行为在本质上体现其主动性,即在明知其恶的情况下放弃对恶的阻止而任恶横行。明知恶而受纳恶有三种行为方式,第一种行为方式是明知其恶,但却因"恶小而弃之";第二种行为方式是明知其恶,但却因恶势强大或强劲"无力阻遏而任之";第三种行为方式是明知其恶且有能力阻遏却"主动迎合之"。在明知而受纳恶的三种行为方式中,第一种受纳恶的方式最为普遍,实是可憎;第二种受纳恶的方式在非德社会里亦为普遍,实为可叹;第三种受纳恶的方式无论在哪种社会环境里,都是实为可恨。因为正是这种主动受纳恶的言行,可演变成一种主导人间生活和社会的邪恶力量,将社会推向无德的深渊,将人推进"人相为敌"的无安全生活状态,比如东德社会鼓励有酬告密,由此不仅因为实利更因为个人安全或者有获得晋升之机放弃为善的本性和能力去争相告密,就是主动受纳恶的典型方式。大学校园主动接受规训和引导,以及主动接受指令监督同学、老师的信息员和告密者也属于这种行为类型;活跃于网控世界里的大大小小的"五毛"和"粉红"亦属于此类。在人类的历史进程中,当整个社会盛行历史虚无主义时,人们更多地知道某些东西或许多东西是对历史的虚化或诬化,或是刻意的造谣,但不仅不阻遏、不远离,而且主动迎合,主动受纳,甚至主动维护、主动为之辩护。比如,明明知道进入市场应该遵从契约规则、法规则和供求规律,但却偏偏忽视市场供求规律,放弃诚信,追逐垄断,这就是明知而主动迎合和追逐市场之恶。

　　三是丢失灵魂的受纳之恶,这是一种更为本质的恶。灵魂说虽然因为神学的大倡特倡而被不少人以为是神学的专利,是根本的迷信。其实,这是一种无知的错觉。灵魂的观念最初源于人类初年对存在世界和宇宙万物的本性的最为质朴的体认,并以神话的方式表达对其本性的敬畏。后来被自然哲学所关注,古希腊早期以物理哲学为主题的米利都学派和以数学哲学为主题的毕达戈拉斯学派,均从不同方面重新抉发和阐释"万物有灵"的质朴观念,提出灵魂说。灵魂,是世界的本质,是事物的本质,是构成事物之为事物、世界之为世界的内在规定性,或可通俗地讲,灵魂即存在世界、宇宙万物的自在本性。柏拉图的灵魂说,说到底也不过是人成为人,或者是使人成为人的主体的自身本性、内在本质。人对灵魂的记忆,实是人对自己成为人的本性和由此内驻于心灵之中的本质内涵的意识。人对灵魂的失忆，实是人对作为人的本性及生命本质的忘却。人之成为人的本性及内驻于心灵的生命本质，就是人从自然人类学向文化人类学方向演进过程中将动物存在的人变成人文存在的人的那种本性，即区别于动物性的那种**人文性**，这是对人来讲具有神圣性的人性。这种区别于动物本性的自具有神圣感的人性，自居于人的肉体世界里的心灵之中，构成人的灵魂。当一个人失去了对人性的意识和记忆时，也就回到了动物状态，在这种状态下，人沦为无知之恶的受纳者。所以，当一个人的灵魂——人成为人的本性意识、本性能力被洗白时——必然沦为无知的受纳之恶者，因为对本性（即灵魂）的失忆而沦为无知的受纳之恶者应该是世间最为悲叹之事。然而，在实利主义或势利主义的生活语境中，或者说在一个追逐强权、财富垄断、占有和囤积的威权制导的生存场域中，灵魂失忆带动的灵魂无序所引发的受纳之恶，并不殊见，往往反向地呈现其普遍性倾向。2006年南京彭宇案，记载一个见义勇为的年青人即彭宇在公共汽车站扶一位不相识的跌倒的老人，并将老人送进医院，给她垫付住院费用，然后通知家属。最后，被所扶老人的家属将这位青年人告上法庭，被扶老人也颠倒事实而指控说自己跌倒是彭宇撞倒所致。法官以"**你既然没有撞倒她，为什么要扶她**"为依据，判决彭宇为老人负担50%（即4万多元）医疗等费用。在彭宇案中，法官明知见义勇为的行为应该受到法律的保护，也明知彭宇的行为是见义勇为的救助行为，但基于其他不可明言的因素而被迫压抑作为人的本性和作为法官的本分，犯下明知而受纳恶的行为。这一行为却不经意地引发了一场至今仍在生活中发酵的恶行**边际效应**，即产生"老人跌倒无人扶"和"扶跌倒老人反被讹"的"美德消隐"和"道德沉沦"之多米诺骨牌坍塌效应。由此可知，明知恶而受纳恶的行为，既是使自己陷入不得拯救的沉沦之中的恶，也是推动生活于其中的社会向"非德社会堕落"而难以使之回返性恢复道德社会的恶。这是因为，当受纳之恶在个人身上生发并不知不觉地变成行为的习惯，其前提却是其所受纳的恶经历"浸润"和"肤受"的方式内化层累性生成的力量腐蚀了心灵，使之成为难以恢复做人的底线之德。同样，当受纳之恶作为一种高危的风险得到社会化的传染之后而形成普遍化的社会之恶时，非德的社会也是很难得恢复其道德社会，这是源于个体受纳恶的生存方式和行为习惯，很难得到改变。

**2. 受纳之恶的主体性条件**

对恶的受纳，可能会成为社会性行为，但一定是始发于个体并通过个体行为而扩张和传播。从主体角度观，对恶的受纳进而使自己成为受纳之恶者，也是有其主体条件要求。具体地讲，生活中的个体能够受纳来自生活某方面或各方面的恶并最终使自己成为受纳之恶者，至少必同时具备两个方面的基本条件，这即是须有受纳恶的心理意向，并同时自具受纳生活之恶的最低能力。

生活世界本来就不纯粹，也不纯洁。生活在真假、美丑、义利、善恶交织的世界中的个体，无论是谁，都不可成为纯粹者或毫无污染的纯洁者，由太多偶然性连缀起来的个体生活世界，往往不时遭受恶的浸润，甚至在某些特定生活阶段"肤受"其恶而浑然不知，这都属于生活的日常态或者说正常态。但因主动或被迫受纳恶而最终成为恶者，那一定是此个体的心灵－精神世界中已悄然滋生出一种可受纳恶的心理意向，即可以与来自某方面或各方面的恶友好相处的心理意向。当大家都对某种公认的恶予以批评或声讨时，却有人赞同此类恶行，甚至为之辩护。这就是一种发于己心的受纳恶的心理意向。一种可受纳某种恶或某些恶的心理意向成为受纳恶的现实，除了有其受纳其恶的环境外，还必须自具受纳恶的最低能力。在一般情况下，一个人受纳恶的心理意向层累性集聚到可向外释放的状态时，它会因为受纳恶的具体语境的刺激而层累性生成受纳恶的能力，并产生受纳其具体语境中的具体恶言恶行的行为。

一般说来，人受纳恶的能力实际上是由受纳其恶的心理意向培育所成。人受纳恶的心理意向——即情感意向和认知意向——的层累性聚集达到可以突破其心理本身的防线而向行为方向释放，其受纳恶的能力实际地汇聚性生成。所以，这种由受纳恶之心理意向培育起来的受纳恶的能力，亦可称为**"心向其恶的能力"**。这种心向其恶的能力由内向外的生成，实际上由三个相互关联又相继促生的因素推动使然，这就是情感杂芜、人心恶劣和人性脆弱。

## 善恶的病理问题

第一，人心在一般性地遵守已采用的准则方面具有软弱性，或换句话说，人性**脆弱**；第二，人具有把非道德动因和道德动因混为一谈的品性（即使这样做有善的意图并遵循着善的准则），即**不洁**；第三，人具有采用恶的准则的品性，即人性或人心**恶劣**。

人心恶劣，或者可以说，人心败坏，是意力趋向那些准则的品性——那些准则忽略了源于道德准则的诱因，转而支持非道德的诱因。这种品性也可以称作人心的**乖戾**，因为它颠倒了**自由**意力的诸种诱因之间的伦理次序；虽然随着这种品性，也可以发现合法则的善的（亦即合法的）品行，心性却因此已经从根底上被破坏了（就道德性情而言），人也因此被指认为是恶的。① （引文为笔者加粗）

生成人的心向其恶的能力的首要因素，是情感杂芜。康德将这种情感杂芜称之为情感的"不洁"，即情感本身不纯洁，不纯粹，内含杂质。康德认为生成人的情感的杂质，就是将道德动因与非道德动因混为一谈。这种看法是从道德主义出发并以道德主义的镜像来框架情感形成的情感论，其实情感是异常复杂的东西，仅从德入手来审视，道德动因与非道德动因的混淆与混合，仅仅是形成情感杂芜的一个方面，将道德动因与美德动因混为一谈，亦是造成情感杂芜的又一因素，而且是比道德动因与非道德动因混淆更为根本的一个因素。因为当道德主义将道德与美德混淆时，这就产生两种后果，一是将必须之道德升格为应该之美德，人们可以"美德属个人之应该"而名正言顺地放弃必须的道德作为。因为道德之所以是必须的履行，是因为道德是求利的，讲求利己不损他或利己也利他，因而，道德讲求权责对等，讲公私分明，具有相应的强制性。与此不同，美德之所以是"应该"的行为，是因为美德是舍利，是诉求无私奉献或自我牺牲，因而，美德讲求舍利执爱，必须主体的自愿和自觉，没有强求情感。这是当把道德与美德混为一谈时，必然误导人们放弃道德的根本原因。二是将应该之美德降格为必须之道德，就会使人们在更多的时候做不到，而形成既放弃道德，也放弃美德。因为，道德是无

---

① John R., Siloer W., *Die Religion Innerhalb der Grenzen der Blossen Vernuft*, ed., Karl Vorlander, Hamburg, Felix Meiner Verlag, 1990 (24), pp. 29 – 30.

条件的必须：任何人一旦进入群化的生活世界，就必须无条件地遵守道德，否则，在正常的道德社会里，不守道德就会遭受来自各方面的惩罚；反之，由于美德是舍弃己利而增益于他者，所以美德必须有条件的要求性，首先是具备能够行美德的条件，包括物质条件、精神条件甚至是时间等方面的条件；其次是必须是主体的自觉、自愿、主动为之，没有诱惑，也没有强迫。美德的条件要求性使美德不可能成为无条件的必须，假如被人为地设定为必须的话，人们只能在口号和宣传上**叫嚣**美德，在实际上很难做到。这种口是心非、言行不一的美德道德化或道德美德化，才真正构成了人的情感杂芜的认知温床。

人的情感杂芜，从表面看是认知的错位或认识对事物的混淆，但深层本质却是源于人心的败坏。客观地看，人心实由两部分构成，即表层的部分和底层的部分。居于表层的人心，可用"精神"一词来概括，它包括意识、前意识与无意识。人心败坏首先表现为精神的错乱。人的精神错乱有轻重程度的区别，精神错乱的重症者出现思维认知的完全错乱和混淆，导致生活行为不能自治和自理，这就是精神病患。人的精神错乱的轻度者，是人的精神的部分错乱，具体地讲，是人的认知的一般性正常，但面对某些具体方面的认知形成认知的错乱。比如，将道德美德化或将美德道德化，都属于认知错乱的具体形式。根本的精神错乱却是关于利害、利义方面的错乱，这种认知错乱最终导致人心败坏。在利害认知上，当人只以己为唯一的主体、唯一的目的，就会呈现追求己利最大化或避免己害最小化，从而损害与此行为的相关者的利益，这就呈现出人心败坏。在利义方面，从基本认知和存在取向上根本地抛弃义，以利为目的。并在任何情况下面对任何事情都绝对地、毫不含糊地追求己利，这同样形成人心败坏。

人的精神错乱，直接地来源于认知的错乱。认知错乱的核心方面，就是对利义、利害认知的错乱，它导致人心败坏的表层内容。但促成以精神错乱和认知错乱为驱动力的人心败坏的原发机制，却是居于深层的心灵。心灵的构成并不只是灵魂，还包括自由意志和生命激情。以自由意志为原发动力、以灵魂为主导、以生命激情为滋养方式的心灵，一但被利欲污染，就会导致灵魂的昧暗，自由意志的无限度化而丧失既有的限度生生的方向，生命激情也被污化为利欲的激情,这种心灵状况就是心灵败坏。心灵败坏才促发精神的败坏。心灵和精神的连动性败坏,就构成人心败坏。

情感杂芜根源于人心败坏,人心败坏却根源于人性脆弱。人性,是天赋的。天赋人性有两层含义,首先指人的自然本性,即物性:人性是自然人类学的人的自然本性、物理本性和生物本性的具体化。其次指人的自然本性的人文化,这是自然人类学的人向文化人类学方向演进必然将其自然本性、物理本性和生物本性的上升为人文本性。天赋人性如此地蕴含其生物本性和人文本性的二重性,使它在人的存在敞开进程中因为利欲的不可避免性而变得脆弱。导致天赋人性脆弱的根本原因是利欲,利欲却来源于**人之生**的实际境遇。人之生的实际境遇集中地体现作为个体生命的人,其生命继续存在必须资源的滋养,滋养生命继续存在的资源并不现存,也不丰裕,因为大自然为之提供的资源是绝对的有限,突破这种绝对有限桎梏的根本方式,就是鼓动人互借智-力而创造资源,这既是辛苦,也要生命的付出,如何少付出多获得或不付出而尽获得,构成人的存在的难题,由此生发出源源不断的利欲。利欲总是以自身方式驾驭人性,这种状况就是孔子说的"性相近也,习相远也"①。

天赋相近的人性"习相远"根本地表现为人性脆弱。但其"习相远"人性却根源于其物性。人性之生物本性向人文本性的升华,并不消解人的生物本性,它始终以自身方式保持自身存在方向的释放,为人的人文本性提供原动力。当从人的生物本性中升华出来的人文本性作为动力机制激发人谋求解决安全存在和生活保障的问题而不遗余力,并突破其应有的疆界时,人就自发地运用人的智-力力量将人的生物本性予以无限度放大性释放,这就形成天赋相近的人性被扭曲为"习相远"的状况,这种被扭曲的人性状况被持续强化,就推动人向物欲主义方向展开,形成物质主义的社会运动,个体的人心和情感一定会同时被扭曲,形成情感杂芜和人心败坏。

### 3. 受纳之恶的动力机制

情感杂芜、人心恶劣(或败坏)和人性脆弱,此三者构成个体"心向其恶的能力"。这种能力一旦在个体身上形成,就**可能**在实际的生活境遇中受纳

---

① 钱穆:《论语新解》,第400页。

来自不同方面的恶从而使自己不知不觉地成为受纳之恶者。但这种可能性并不一定会变成必然性，即一个自发生成"心向其恶的能力"的人也并不必然地成为恶的受纳者，个体要将这种可能性变成实际的受纳行为并使自己成为恶的受纳者，一定具有其充足的内在力量的推动。这对具备"心向其恶的能力"者来讲，在实际的生活过程中形成受纳恶的行为无论属于主动还是源于被迫，无论是本能性反应还是刻意地追求，都有推动受纳其恶的行为产生的动力机制，这一心理动力机制主要由三个方面因素构成。

**一是趋利避害生存本能的反向驱动。**

从生存论观，情感不纯形成的杂芜状态、人心恶劣形成的败坏取向和人性"习相远"生成的脆弱，并不只发生在个别人身上，而是人人都有的一种禀赋。康德曾认为，人类具有"向善"的禀赋的同时也具有"向恶"的禀赋[①]。这一向善向恶的禀赋其实是人性蘖生出来的一对孪生兄弟，它们深深地扎根于每个人的心灵、情感和精神世界之中，既构成人向善的潜在品性，也构成心向其恶的潜在倾向，康德认为这是人人身上固有的一种潜在"品性"，他坚信每个人身上"存在着一种向恶的品性，而且这种品性'植根于人道自身'，因此它是普遍的"。康德虽然没有为此判断提供"形式证明"，但普遍性生活事实却予以了正反两个方面的证明，但生活世界为之提供了证明，一是人的各种行动的经历摆在我们眼前的那些大量令人痛苦的事例；二是人们为避免各种境遇性痛苦而寻求生存快乐的那种普遍化的本能性努力。这正反两个方面的事实里蕴含着一个**可普化性**的生存原理，这一生存原理被边沁予以如此的清晰呈现：

> 自然把人类置于两位主公——快乐和痛苦——的主宰之下。只有它们才指示我们应当干什么，决定我们将要干什么。是非标准，因果联系，俱由其定夺。凡我们所行、所言、所思，无不由其支配。我们所能做的力图摆脱被支配地位的每项努力，都只会昭示和肯定这一点。一个人在口头上可以声称绝不再受其主宰，但实际上他将照旧每时每刻对其俯首

---

[①] ［德］康德：《单纯理性限度内的宗教》，李秋零译，第14—16页。

称臣。功利原理承认这一被支配地位,把它当作旨在依靠理性和法律之手段造福乐大厦的制度的基础。凡试图怀疑这个原理的制度,都是重虚轻实,任性昧理,从暗弃明。①

这就是人谋求生存的功利原理。功利原理的依据是人的存在敞开生存的"功利"诉求本身,"功利是指**任何客体**的这么一种性质:由此,它倾向于给利益有关者带来实惠、好处、快乐、利益或幸福(所有这些在此含义相同),或者倾向于防止利益有关者遭受损害、痛苦、祸患或不幸(这些也含义相同);如果利益有关者是一般的共同体,那就是共同体的幸福,如果是一个具体的个人,那就是这个人的幸福"②。(引文为笔者加粗)对生存快乐与痛苦的本能性感觉和不可逆诉求,就是功利。功利原理就是建立在人生而俱有向往快乐而避免痛苦的本能之上,所以功利原理又可通俗表述为趋利避害原理和避苦求乐方法。

趋利避害、避苦求乐是人的生存本能,这一生存本能既成为培育人心向善、人性坚韧和情感纯洁的土壤和原发机制,也成为滋生人心败坏、人性脆弱和情感杂陈的土壤和原发机制。人在涉及利害内容的生存选择中是诉求或倾向善还是诉求或倾向恶,并不以善或恶为依据,而是以**快乐**与**痛苦**为依据。人们在涉及利害内容的生存情境中,是选择快乐还是痛苦,总是客观地存在快乐和痛苦与利益的**得**与**失**相匹配的问题:一般而言,利益获得是快乐的来源,利益损失是痛苦的来源。所以趋利避害成为避苦求乐的生存选择的依据。遵循其趋利避害原理,选择避苦求乐方法经营生活的基本做法有二:一种做法是努力工作,尽其所能创造财富,增加或丰富利益,这既使自己(同时也使利益相关者)避免贫困带来的各种痛苦,也实现了自己(也使利益相关者)生活的快乐。这种做法与善相契合。所以,在一般情况下,善的生活既是快乐的生活,也是幸福的生活。另一种做法是以最少付出谋求尽可多的利益,或以不付出而谋求利益,或以不付出方式来保障既得利益。这种做法往往与善相违背。这种与善相违背的做法更多地与恶相契合。或可说,个体在涉

---

① [英]边沁:《道德与立法原理导论》,时殷弘译,商务印书馆2000年版,第57页。
② [英]边沁:《道德与立法原理导论》,第58页。

利害的生存境遇中选择后一种做法，往往要以受纳恶为代价。以此来看，人心向其恶的生存意向及能力，实是直接源于对趋利避害、避苦求乐本能的**反向选择**，即对趋利避害、避苦求乐的生存本能予以不作为选择使然，这种不作为选择就是放弃向善的努力与向恶的心理倾向和解，以主动迎合恶或消极受纳恶的方式以求得己利或保全己利。

**二是天赋"相近"的人性"习相远"的生存论机制。**

人生而俱有"向善"和"向恶"的生存论依据，是其趋利避害、避苦求乐的生存本能，这一生存本能的正向敞开就是其"向善"禀赋构成人善意和善良生活的动力机制，其反向敞开就是其"向恶"禀赋构成人受纳恶且恶意性生活的动力机制。然而，人的趋利避害、避苦求乐的生存本能又是何以形成的？进而，生成人的趋利避害、避苦求乐之生存本能之"向善"或"向恶"的选择机制又是什么呢？追问这两个问题时就很自然地带出人性问题来，由此形成人性本善或人性本恶。但是，当人们说人性本善，或人性本恶，不过意味着人有一个可采用善的准则或恶的准则（即违背法则的准则）的终极根据。[①] 而这个"终极的根据"却蕴含于人性自身之中。

古往今来，对人性的思考虽众说纷纭，形成理性人性论、道德人性论、情感人性论、自然人性论等，但讲得最清楚最明白的当数孔子"性相近也，习相远也"[②] 几个字：人性是天赋人的，天赋的本性是人人"相近"的，但却在后天的生存进程中变得"习相远"。

为什么天赋"相近"的人性会在后天的生存进程中变得"习相远"呢？这需要理解这"相近习远"的人性之"性"到底是什么？从发生学观，生命是创化的杰作，无论万物生命还是人的生命，都是创化使然。既然生命是创化的，那么谁是生命的创化者？其主要思路有二：一是神学的上帝创世说，二是科学的生物进化说。此二者各执己端不相容对方，自然形成意愿性的片面和偏执。如果采取更宽和的姿态融二者之理，或可发现生命创化实源于某种复合性的力量。因为，无论地球上的物种生命，还是人类生命，其生命的

---

[①] John R., Siloer W., *Die Religion innerhalb der Grenzen der blossen Vernuft*, ed., Karl Vorlander, Hambur, Felix Meiner Verlag, 1990（17），p. 20.

[②] 钱穆：《论语新解》，第400页。

## 善恶的病理问题

创造实不可避开自然、环境、地域,甚至包括气候、水土等自然条件,就人的生命创造言,同时还不能避开其物种进化之历史因素和人此在化的生存境遇以及从事创造活动的特定情境,当然也包括创造者的身体状况、情感状况、情绪状态、性力冲动的强弱等。综合这些因素,任何一个生命从播种到孕育再至于诞生,实实在在地得之于天,受之于地,承之于(物种、人种、家族、家庭)血脉而最后形之于父母,即人(父母)完成了生命创造的最后一道工序,赋予生命以形态。要言之,生命乃天地神人共创的杰作。由于人的生命是天地神人共创,由此形成两个方面的特征:第一,生命是神圣的,所以生命具有最高价值,任何人都无权处置生命,哪怕你本人也没有任意处置你的生命的权利,这是自杀行为不可容忍和安乐死不可普遍接受的人类根源。第二,生命一旦诞生,就必须存在下去,这就是生命来于世必生于世,并生生不息。因为,生,既是天地神人共创生命时赋予生命的本性,也是生命担当生命的必为责任。所以,人性的本原性内涵,是其**因为生**而必须**继续生**的不可逆转的存在朝向,这种人与生俱来的"**生之朝向**"是任何人一旦从母体脱出就拥有"**因生而活,为活而生,且生生不息**"的本性。①

天赋人"因生而活,为活而生,且生生不息"之"生生"本性,何以构成人趋利避害、避苦求乐生存本能的动力机制呢?这涉及天赋其人的"生之朝向"为何要以"因生而活,为活而生的,且生生不息"的方式敞开自身?须正视人的**生命存在个体化**和**个体生命存在资源化**这样两个本原性问题。首先,天地神人共创的生命是个体化的,生命的个体化存在为人的生存之"趋"和"避"打开了各种潜在的可能性。其次,人作为个体生命,其来于世并不是完全的**自足**,而是需要后天修炼与经营去补充、去充足、去完成。这就是说,人生来是未完成的半成品,它需要每个人以有限的一生努力去不断地完成。从本质讲,**人是一个未完成、待完成、需要不断完成的生命过程**。最后,人作为个体生命,是需要资源——包括物质资源、情感资源、精神资源甚至思想或知识资源——来滋养才可继续存在。个体之人诉求自我完成的人生努力中面临的最大困难和必须从不松懈地谋求解决的根本问题,就是吃穿住行

---

① 唐代兴:《生境伦理的人性基石》,第67页。

的物质保障和其他资源能够充足,但世界并没有为人提供这方面的现成条件,只能靠人自己的付出和努力来解决。由此使个体存在的人不得被"习相远"的"利""害"本能所束缚,甚至被其"利""害"所捆绑,正是这种与生俱来的束缚和捆绑为人"因生而活,为活而生,且生生不息"的生存努力提供其选择"利""害"的人性机制。

综上,人性从天赋"相近"到生存敞开的"习相远",展示人具有普遍向恶的生存倾向,"人们将注意到:在这里,向恶的品性被认为是人通常都有,甚至最好的人都有的品性;如果能证明人类中**向恶的品性是普遍的**,或者换句话说,能证明这种品性贯穿于人性之中,那么必然就是这种情形"[1]。(引文为笔者加粗)这是因为天赋人的"生之朝向"必然降落到生存之"利"的创造或选择机制之中,追逐"爱"(快乐)和避免"恨"(痛苦)。所以,天赋的人性是人"相近"的"生之朝向"的生存敞开,必产生"习相远"的生、利、爱、群诉求;将天赋的生之朝向与后天敞开的生、利、爱、群的人性结合起来,就构成生己与生他、利己与利他、爱己与爱他、群己与群他的对立**或**统一诉求。诉求生己与生他、利己与利他、爱己与爱他、群己与群他**统一**的行为努力,就是向善,实现善的快乐和幸福。反之,其生存的利益权衡与选择行为总是自觉或不自觉地形成生己与生他、利己与利他、爱己与爱他群己与群他的**对立性**,这种对立性必然呈现向恶的倾向,当对这种向恶的倾向予以**意识地**放纵,就形成主观努力的谋求之恶或消极不作为的受纳之恶。

**三是利爱最大化的行为原则。**

天赋人"生之朝向"这一人性既蕴含激发人"因生而活,为活而生,且生生不息"的生存努力朝向善的普遍性倾向和原发机制,也潜伏着激发人"因生而活,为活而生,且生生不息"的生存努力朝向恶的普遍性倾向和原发机制。这一本原性善恶结构悄无声息地隐藏在这对立统一的人性方阵之中。

---

[1] John R., Siloer W., *Die Religion Innerhalb der Grenzen der Blossen Vernuft*, ed., Karl Vorlander, Hambur, Felix Meiner Verlag, 1990 (25), p. 30.

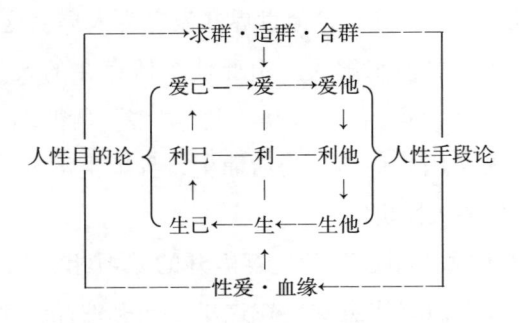

[图5-2：开放性生变的人性方阵]①

以"生之朝向"为本质规定的人性，是一个以"生"为原动力的方阵。这一人性方阵是以"生"为灵魂，以"生之朝向"展开的**生生**为本原性结构。这一生生的本原性结构中潜伏一种**善-恶结构**，即与生俱来的"生之朝向"规定了人性之"生"是**为己**的，但为实现"生"且"生生不息"，又必须**为他**。何以会如此呢？霍尔巴赫回答说，人们"为了自保，为了享受幸福，与一些具有与他同样的欲望、同样厌恶的人同住在社会中。因为道德学将向他指明，为了使自己幸福，就必须为自己的幸福所需要的别人的幸福而工作；它将向他证明，在所有的东西中，人最需要的东西乃是人"②。以"生之朝向"为本质规定的人性蕴含"**为己-为他**"的生生结构，在这一生生结构中，"为己"呈目的性，"为他"呈手段性。基于这一内在规定，人性的本然事实

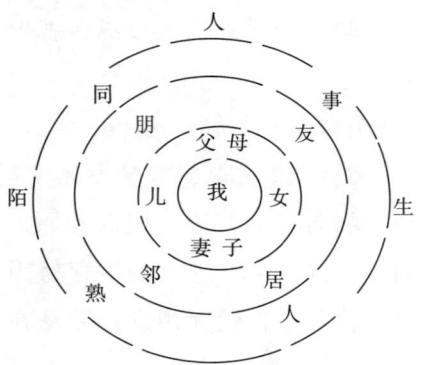

[图5-3：人性同心圆法则]

---

① 唐代兴：《生境伦理的人性基石》，第230页。
② 周辅成编：《西方伦理学名著选辑》下册，商务印书馆1996年版，第189页。

是：为己多于为他，爱己多于爱他。基于此一人性结构之自身规定，人与人之间的生存关系客观地呈现出距离的远近，但构关系距离远近的依据，仍然是从人性之"生"中生发出来的"利""爱"，即给予己利己爱愈多的人，或者已给予其利爱越多的人，其相互之间的关系距离越近，反之则越远。这就是人性之"生"的**同心圆法则**。①

这一以"生之朝向"为本质规定的人性敞开的同心圆，既呈现**本原性向善**的可能性，也呈现**本原性向恶**的可能性。这两种同时并存的可能性构成人性之"生己－生他"结构的**本体**结构，即本原性的**善恶相生**结构。这种以本原性的善恶相生为本体结构的"生己－生他"结构向生存领域敞开，就生成实现人性之"生"的三个生存论原则：一是利己主义目的论原则，即在人性之"生"的同心圆结构中，任何人与他人（包括父母、妻子、儿女等血缘关系）的关系，都是从自己出发并以自己为归宿。二是等同主义价值论原则，即在我的人性之"生"的同心圆结构中，你与我的关系距离有多近，那么在你的同心圆结构中，我与你的关系距离同样有多近，以此类推，以至无穷。三是自我利益最大化和利益最小化的功利主义交换（互惠）原则，即在人性之"生"的同心圆关系中，始终贯穿利益最大化或利益最小化（包括自爱的利益和爱人的利益）的功利主义原则。

以"生之朝向"为本质规定的同心圆法则发挥其生存功能，却是通过利己主义目的论原则、等同主义价值原则和利爱最大化或最小化原则对群化存在的个体之生存行为的规范或诱导来实现。当人们在具体的充满利害诉求的生存境遇和生活情景中基于对外部环境、条件的差人意以及自我优势的欠缺等考虑，但又为谋求己利的最大化或己害的最小大化而选择放弃必为的伦理原则和应为的向善诉求，或以主动谋求的方式或以消极不为的方式受纳恶，而对人性同心圆法则规范的利己主义目的论原则、等同主义价值原则和利爱的最大化或最小化原则予以反向运用，则成为个体或以主动方式或以消极不为方式受纳恶的认知依据，并且首先以反向理解人性之"生"的同心圆法则为趋利避害、避苦求乐的**自慰**的心理方式。

---

① ［德］弗里德里希·包尔生：《伦理学体系》，何怀宏、廖申白译，第335页。

综上，在生活世界里，无论是作为之恶还是不作为的受纳之恶，虽有其人性的根源，但人性本身不是恶，也不是善，而是人性敞开生存遭遇利欲的习染而生发出对"生"和"共生"的伤害或损害时，才滋生出恶，这种伤害或损害之恶泛滥开去威胁到"生"和"共生"存在而产生出生活的恐惧时，才生发抑制和阻止其伤害和损害之恶的行为及其持续努力，这就是善的生活建设。善的生活建设，就社会言，就是建设道德社会；仅个人言，就是回归平等的、尊严的、不伤害的伦理生活。只有这两个方面的推动，善的生活建设才可成为持续敞开的社会建设运动。在这一社会建设运动中，最易于发现和阻止的是作为之恶，最不易于发现和重视的却是以"浸润"和"肤受"方式展开的不作为之恶。这种不易觉察和最易被忽视的不作为的"浸润"和"肤受"之恶，才构成作为之恶不绝于世的土壤。所以，道德社会的重建和伦理生活的回归，不仅要一如既往地警觉作为之恶，更应该关注和抑制"浸润"和"肤受"的不作为之恶。

## 四　迎合的病理方式

在生活世界里，尤其是在非正常的生活场域里，无论以作为的方式敞开其恶，还是以不作为的方式敞开其恶，都蕴含迎合。迎合之恶，既是单独的一类恶行方式，也是可融进作为之恶与不作为之恶中，形成一种**会通之恶**。

### 1. 迎合的生存释义？

何为"迎合"？　"迎合"是由两个动词组的一个合成词，其中，"迎"乃一形声兼会意字，其"辵（辶）"是形旁，示其意与行走有关；"卬"是声旁，表对着、有向、方向之义。合言之，迎者，意为两人相对走来。所以《说文》解"迎，逢也"，意两相遇合之意。两相遇合必彼此相向但却方向相对，由此引申为迎合、正对着、反向、推算等义。"合"字的甲骨文形式 ᗧ、ᗤ、ᗥ、ᗦ，合者，从亼、从口，象二物相合形。《说文》释"合，合口也。从亼从口"，本义为盖合，引申出闭合、聚合、结合、符合等义。合与迎合成"迎合"，意为基于投机之心理机动而揣度他人之意以顺从之。据此定义，"迎合"蕴含下如语义内涵。

首先，迎合是一种行为方式，是以**委屈自己去顺从他人**之意的行为方式。

这表明迎合并非出自本心本意，是自违其本心本意而表现出他人之意就是自己之意。所以，迎合是一种虚假的行为方式，体现模仿、顺从、讨好、献媚、逢迎之态，呈现卑微、卑贱、屈下的奴性人格特征。

其次，迎合也是一种处事待人的策略。这种策略的实施展开三个重要环节：一是必有投机的心理动机，即须抱着**投其所好**的内驱动力。二是必以投其所好的心理动机去揣度他人的人格、性格、个性、待人处事方式、偏好，目的是掌控住他人，即使他人相信、信任、欣赏自己。三是在把握他人的人格、性格、个性、待人处事方式、偏好之后，在行为上顺从他人的人格、性格、个性、待人处事方式、偏好，以赢得他人的亲近、信任、欣赏。

最后，迎合是一种付出，包括人格、个性、自由、尊严的付出，在正常的生活场域，这种付出对人来讲是**根本性质的**付出，因为哪有比人格、个性、自由、尊严更根本呢？但在非正常的生活场域里，这种付出既是贱价的，但却是普遍的和常见的，即更多的人都想通过这种对人格、个性、自由和尊严的付出而谋取在迎合者看来比人格、个性、自由、尊严更大的利益回报，这就是借助迎合并通过迎合而从他人那里获得更多的非分的好感、认可或不当得的利益，尤其是不当得的利益，包括物质利益，财富利益和权力利益甚至是性肉方面的利益。所以，**迎合不仅是卑微和卑贱的，而且是卑鄙和卑劣的。**

**迎合的本质**　要理解迎合的本质，需要明白为什么迎合？这需要从"迎合"概念入手，因为人为什么要迎合的问题蕴含在"迎合"概念之中。所谓迎合，即是以改变自为存在姿态主动趋前投合他人品味或顺从他人意志、意愿或意趣。这表明迎合不仅是一种生存策略和行为方式，而且这种生存策略和行为方式是建立在一种既定的生存关系基础上的。这种实际的生存关系是具体的，现实的，是迎合者 A 与受迎合者 B 之间不可避免的生存关系：A 与 B 之间如果可以避免，那么它们之间的生存关系就不会发生，所以，A 迎合 B 就是发生在 A 与 B 之间不可避免的生存关系现实上。A 与 B 之间发生的生存关系之不可避免，大致来源于两种情况，一种情况是 A 与 B 之间的生存关系构成并不直接地源于 A 与 B 的意愿，而是 A 与 B 之外的力量的促成，比如，A 作为下属与 B 作为上司之间构成不可避免的生存关系，而是由他们在同一个单位这一生存事实所决定。或者 A 作为生存个体与 B 作为谎言之间所构成无法逃避的生存关系，是因为谎言制造者和传布者掌控了整个社会所致。另一种情况是 A 与 B 之间并不构成必然的生存关系，即 B 之于 A 具有或然性，但 A 基于自身考量而必须与 B 结成一种必然的生存关系，比如 B 只是一个社会政治团体，它并不要求 A 必须成为其成员，但 A 基于自身利益考量而志意于必须加入这个政治社团才可获得某种现实的自足感和未来的期待性。

A 在 A 与 B 之间构成不可避免的生存关系上行迎合的策略，其动机和目的非常明确，就是要通过其迎合行为而在 B 那里获得自己需要的好处、利益以及心理满足、安全感或期待感。比如，A 对富人迎合同时也向高位者迎合，所企求得到的好处、利益的内容是不同的，其心理满足及其安全感和期待性的内容也不同。而 A 之于 B 的迎合所诉求的好处、利益、心理满足或安全感与期待感，并不是现成可得的，必须通过迎合之努力才可实现并且这种可实现也始终处于或然状态，并不具有必然性，但对 A 来讲，必须始终做迎合之努力才可使可能变成现实。所以，迎合充满了主动性、进攻性。从动机指向目的展开的行动言，迎合始终是一种适应性的间接攻击行为，即迎合者 A 必须向受迎合者 B 发起迎合之进攻行动，否则，迎合不会产生。

柏拉图在《理想国》中揭示出这样一种现象：为了赢得大众的支持，人们往往会放弃自己的思想，去迎合大众的意愿。无论作为个体还是作为群体，或社会组织，或权力机构，在 A 与 B 之间的生存关系构成中，A 相对 B 始终是匮乏者，缺少者，下位者，劣势者；B 相对 A 始终是自足者，整全者，上位者，优势者。A 对 B 的迎合之目的，就是得到 B 的关注、认同、扶助、支持，并从 B 那里得到想要得到的一切东西。所以，A 对 B 的迎合，既源于贪婪，更因为匮乏。A 迎合 B 的根本目的，不仅是牟取非分的利益和好处，更是为了缩小 A 与 B 之间的地位差距、身份差距、权力差距、资源差距、财富差距，最终实现 A 与 B 的关系的颠倒，即 A 使自己成为 B，并使 B 成为 A. 基于如此目的，A 必须放弃自己的思想，自己的个性、自己的人格和自己的自由与尊严去投其所好于 B。

由于 A 是以自我放弃为代价去迎合 B，所以 A 迎合 B 的行为，在意识地追求上是增强自己、提高自己，或者实际地增强和提升自己，或者意愿性想象地增强和提升自己，但在实质上却是在自我削弱。克尔凯郭尔（Søren Kierkegaard，1813－1855）在《绝望症》中写道："迎合是一种自我削弱的行为，在存在主义的意义上，迎合是'放弃自我'的表现，因为它基于他人的期望而不是个人的真实自我。"[1] 迎合是增长或丰满他人而削弱自己的行为，或者迎合是以 A 的自我削弱为代价来增长和丰富 B。迎合之所以无形中削弱了自己，是因为他放弃了对自己的思想，自己的个性、自己的人格、自己的自由和自己的尊严，更准确地讲，迎合的行为方式是 A 刻意地以压制、扭曲并意识的遗忘自己的思想，自己的个性、自己的人格、自己的自由和自己的尊严的方式来投 B 所好，来助长 B 之志、来增强 B 之威风或权威。在存在论意义上，迎合不是实现自我，而是遗忘和解构自我。A 之所以迎合 B，是因为 A 意识到自己的弱小，自己的非独立性，更为根本者是意识地感觉自己无力担当起自己，因而，自己不得不把自己交付给 B，包括自己的现实存在，自己的期待和未来交托给 B。尼采在《道德的谱系》中揭发 A 将自己全部交托给 B 的迎合是一种缺乏勇气的行为，它放弃了自己的权利和价值观，并选择了顺从他人的价值观，从而失去了自由和尊严。[2] 对于存在个体言，他原本是以独立的**这一个**来于世，自然地拥有顶天立地地存在权利和全部的潜能，而不依赖他者的庇护自立地生存。但人却不能担当起这种天赋的权利、潜能和自立生存的方式，并以迎合的方式而放弃之。在这种情况下，人沦为最为卑鄙也最为恶劣的生存者。所以尼采在《查拉图斯特拉如是说》中写道："迎合是最卑劣的行为，它剥夺了人的自由和尊严，导致了人的堕落。"[3] 迎合的卑劣，在于他不仅以丧失自己的思想、自己的个性和自己的人格为代价，更以丧失人的自由和尊严为前提。一个人一旦自主地、主动地、不顾一切地以丧失自己的思想、自己的个性、自己的人格、自己自由和尊严为代价去迎合他者，已经把人的全部资质丢失干净，自然堕落，更是卑鄙。所以，罗素（Bertrand Arthur William Russell，1872－1970）才如是说：迎合是权力游戏中必不可少的策略，但它也是一种卑劣的行为，它迫使人们放弃自己的理念和价值观，去适应别人的期望和利益。[4] A 之所以要以遗忘

---

[1] Kierkegaard, S., *The Sickness Unto Death*, Princeton: Princeton University Press, 1980, p. 54.
[2] Nietzsche, F., *On the Genealogy of Morals*, New York: Vintage Books, 1989, p. 96.
[3] Nietzsche, F., *Thus Spoke Zarathustra*, Translated by Walter Kaufmann, New York: Penguin Books, 1976, p. 34.
[4] Russell, B., *The Conquest of Happiness*, London: Routledge, 2006, p. 56.

## 善恶的病理问题

和抛弃自己的思想、人格、个性、自由和尊严为代价去迎合 B，是因为 B 总是拥有 A 所不具有的权力，或政治权力，或财富权力，或资源权力，或话语权力。A 迎合 B 的实质是**迎合权力**，以牺牲自己、削弱自己甚至出卖自己的方式去迎合权力这种行为，去适应并增进 B 的期望和利益，再没有比这种行为更为卑劣和卑鄙的行为了。但是，A 靠出卖自己而迎合 B 的做法，最终并不一定讨得 B 的认同或欢心，而是加固了或增强了 B 的地位和权势，与此同时更加矮化和卑鄙了 A 本身，正如卢梭所言，迎合是人们在人际关系中采取的一种卑劣行为，它并不是真正地得到别人的尊重和喜欢，而只是在满足别人欲望的同时，牺牲了自己的尊严。

### 2. 迎合的主客条件

在正常的生活状态里，迎合只是一个简单的行为，如果这种行为在一个人身上一以贯之，也不过是一种简单的行为方式。但事实上并非如此，迎合，无论作为一种行为还是作为一种行为方式或生存策略，其生成敞开都体现了复杂性。这种复杂性可从个体与环境两个方面得到审视。

首先，A 以放弃或丧失自己的思想、人格、个性、自由和尊严为代价向 B 投其所好，涉及极为复杂的心理运动过程，包括判断、权衡、选择、行动及其方式、方法筛选。这一复杂的心理运动过程实质地完成了 A 必要迎合 B 的辩证认知过程。A 之自我求证必要迎合 B 的辩证认知，本质上是一种自我诡辩。这种自我诡辩体现三个要点：第一，A 必须对以出卖、放弃或遗忘自己的思想、人格、个性、自由和尊严为代价去迎合 B 予以绝对合理的论证。第二，在如此自证基础上展开下一步，即 A 必须充分自证以迎合 B 的方式获得的（想象的或实际的、物质的或权力的、现实的或未来的）利益一定比靠自己的努力获得的利益要更大。第三，由此进入第三个自证环节：A 必要迎合 B 的行为选择，是明智的，是光明正大的，是以最小的成本付出获取最大收益的最优策略和明智方式。

迎合之于 A，在行为上是一个选择过程，但其前提始终要经历一个自我认证的思维-认知心理过程，即以自我认证的方式完成对自我的辩护。这种自我辩护的成功，就是 A 迎合 B 的策略选择和 A 迎合 B 的行为发动。A 从必要迎合 B 之自我认证的心理运动到迎合 B 的行为发动，其意识地努力的目

## 第 5 章 病理之恶的类型

标是实现以最小的成本获取最大的利益,但意想不到的结果却是:A 迎合 B 的行为选择与生存模式最终是制造和增强了强权,给暴力提供生存空间,实现迎合与强权和暴力共生。因为,相对 A 而言的 B,其所拥有的现实身份、地位、财富、权力本身具有实实在在的指涉范围和效力功能,在正常状态下,身份、地位、财富、权力都是有自身的本分和其本分敞开的限度。当 A 基于获得不当得利的冲动而妄图采取迎合 B 的方式以实现不劳而获的利益,其迎合行为施于 B,自然激活 B 对自身身份、地位、财富、权力的重新审视,发现可以通过接受 A 的迎合扩张自身身份、地位、财富、权力的指涉范围和效力疆界。B 通过 A 的迎合行为获得的这一领悟,自然开启 B 对自我身份、地位、财富、权力的膨胀性发挥和运用,这种对自我身份、地位、财富、权力的膨胀性发挥和运用,就是对强权和暴力道路的开辟方式。所以,强权和暴力的社会性滋生和社会化漫延,并不只是权力和财富本身的发力,更在于 A 对 B 行不懈的迎合。所以,**迎合造就强权和暴力**。

其次,当我们说迎合造就了强权和暴力时,一个问题凸显出来,即迎合又是由什么所造就的呢?讨论这个问题必然引发出另一个问题:人天生就具有迎合的卑贱和迎合的卑鄙吗?无论从情感讲,还是人本身言,人天生有独立、平等、自由、尊严的权利和互助的需求,却无迎合的卑贱和卑鄙。既然迎合的卑贱和卑鄙与人的本原存在没有内在的关联性,它只是人原本性存在的意外。那么,是什么造就了 A 对 B 的迎合呢?

> 迎合他人的看法并不一定是错的,只要这些看法符合正确的道德观念和价值观。虚情假意的迎合是一种荒谬的行为,它无助于交际,反而会削弱人们之间的真诚和信任。[①]

亚里士多德亚里士多德认为顺从别人的看法,可能是错的,但也可能是对的。评价其对错的依据或者标准,只能是合德性的道德观念和价值观[②]。那

---

① Rousseau, Jean-Jacques, *The Social Contract*, Translated by G. D. H. Cole, London: Wordsworth Editions, 1994, p.97.
② Aristotle, *Nicomachean Ethics*, Chambridge University Press, 1999, p.109.

么，什么样的道德观和价值观才是合德性的呢？亚里士多德认为中道，只有符合"中道"的道德观和价值观才是有德的。所谓"中道"，亚里士多德给出的标准答案是"过犹不及"，即凡事既不过也不无及。这凡事既不过也不无及的疆界是什么？是天赋相近人性的限度。当天赋相近的人性"习相远"，就逾越其"相近"的限度。天赋相近的人性限度的社会学表述，就是人人能够生活在一起。人人能够生活在一起的前提是人人平等、人人自由和人人尊严地存在。因而，任何形式和手段的投机取巧和投其所好，都是违背这一天赋相近的人性限度的，A 基于投机取巧地获得更多不当得之利而要以放弃、丧失或遗忘本己的思想、个性、人格、自由和尊严去迎合 B 的这种做法，显然是根本地违背其中道的。这种违背中道的投其所好的行为，是一种虚情假意的行为，既无助于人与人之间的正常交往，也从根本上削弱了人间的真诚和人与人之间"生活在一起"的信任。

但问题是，既然 A 迎合 B 的行为是如此恶劣并具有如此的恶劣破坏性，为什么 A 迎合 B 的行为会得以产生呢？这就不涉及 A 与 B 的问题，即 A 迎合 B 且 B 欣然接受 A 的迎合，其根本之因并不在于 A 与 B，而是 A 与 B 之外且 A 与 B 又同时存在于其中的环境。从根本讲，任何一个时代的形成并不源于外部的力量，而是属于存在于这个时代中的社会；具体的时代总是由具体的社会塑造。一个时代到底是注重于他人的看法还是注重于自我确认，根本地取决塑造它的社会的政体选择和制度形成。一般来讲，以个人为本位的政体及其制度，建构起看重个人的创造和价值、尊重个人的人格、个性、独立性、自由和尊严的社会结构和价值系统，因而，迎合行为和 A 迎合 B 的行为模式与生存策略，必遭受排斥和唾弃。以社群为本位的政体及制度，则轻视个人的创造和价值，忽视尊重个人的人格、个性、独立性、自由和尊严，特别地推崇个人的出身、资历、身份、地位、财富、权力，崇拜等级、特权和权威，所以这种社会结构和社会价值系统特别适合滋生和传播迎合行为，包括 A 迎合 B 的行为模式和生存策略。

社会对时代的塑造，建基于社会对政体的选择。社会选择政体到底是以个人为本位还是以社群为本位，与传统及其取向息息相关。一般地讲，秉承公民社会传统（比如古希腊城邦传统）的社会，多选择个人本位来构建政体，建立制度和社会结构、价值系统；与此不同，秉承血缘宗法传统（比如西周创建的血缘宗法制度）的社会，多选择社群本位来构建政体，建立制度和社会结构、价值系统。所以，迎合行为的市场化和 A 迎合 B 的行为模式和生存策略的社会化，必具备两个基本条件，第一，必须是社群本位的政体、制度和社会结构、价值系统；第二，必须是社群化的传统，成为迎合行为市场化和 A 迎合 B 的行为模式和生存策略生成的肥沃土壤；社会化的政体和制度以及由此生成的社会结构和价值系统，既为迎合行为市场化和 A 迎合 B 的行为模式和生存策略提供广泛运作的舞台，也为迎合行为市场化和 A 迎合 B 的行为模式和生存策略提供价值导向和行为指南。

### 3. 迎合的类型与方式

在看重个人创造和价值、尊重人格、个性、自由和尊严的社会环境里，迎合是被鄙夷的行为，因而迎合总是难成气候，即使在个别特殊的情景里发生，也会迅速消解而难以传播开去。但在过分看重他人看法的社会环境里，迎合行为呈普遍性，A 迎合 B 的行为模式和生存策略总是不胫而走地社会化，迎合成为一种加速迭代变异传播的不死的世界化病毒，无孔不入，并无所不能。讨论迎合的类型与方式，只相对后者才有实际意义。以此考察迎合的类型，可以行为主体为依据，也可以时空为依据。

首先，以行为主体为依据，可将迎合归主动迎合和被动迎合两类。一是主动迎合，指行为主体 A 主动出击迎合 B。A 主动迎合 B 有两方式，一种方式是 A 不讲条件、不讲环境、不讲机会、不讲语境地迎合，也不管 B 是否乐意，只要有迎合的机会，都迎合之。另一种方式是 A 在没有条件、没有环境、没有机会的情况下，也想方设法地创造条件、创造环境、创造机会和创造语境迎合 B。二是被动迎合，指行为主体 A 有选择地迎合 B。A 有选择地迎合 B，惯常的方式有两种：第一种方式指 A 总是根据 B 的具体情况或需要而迎合 B；第二种方式指 A 总是根据自己的特定需要而迎合 B。

比较而言，主动迎合有许多自身的特征和倾向，其中最突出者有四：一是 A 以自我为中心的主观假定性，即不考虑 B 是否接受，B 即使接受迎合，其接受的方式、条件、场合，A 也只按照自己的主观想象和设计来发动迎合行为。二是 A 向 B 行迎合之能，体现忽视环境、忽视条件、忽视场合的盲动性。三是在 A 看来，只要 B 比自己身份显要、地位高、有财势、有权势，不管它是谁，不管乐意或不乐意，都要向 B 行迎合之能，因而，A 迎合 B 的行为总是体现不顾一切的急切性，其实利主义色彩极为浓厚。四是 A 迎合 B 具有不问效果的自我感觉性，即认为只要投其所好，一切都是好的，并一定会有好效果。与此不同，被动迎合却体现区别于主体迎合的特征和倾向主要有三：一是 A 迎合 B，似乎更懂得人性，因而，其行迎合之能，总是具有选择性，即并不是所有比自己身份显要、地位高、有财势和权势的 B 都要迎合，而要选择。其选择基于两个方面的考虑，一是考虑 B 是否合自己的胃口；二是考虑自己是否合 B 的胃口。二者相合，才可行迎合之能；二者不相同，迎合也不能达到应有的效果。所以，被动性迎合具有比主动性迎合更多的理智成分。二是 A 迎合 B，并不是只满足行迎合之能，而是要尽可能产生迎合之效。所以，被动性迎合比主动性迎合更注重效果，其势利主义成分更浓。三是基于效果的考虑，A 迎合 B 更注重于考虑环境、条件、时机、场合。要言之，主动性迎合的行为方式，体现更强的实利主义的动机论色彩；被动性迎合的行为方式，体现更强的势利主义的效果论倾向。

其次，以时空为依据，可将千姿百态的迎合归纳为恒常性迎合和情景性迎合两大类。A 之于 B 的恒常性迎合，体现习惯性、模式化、历史惯性等特征和倾向。相反，A 之于 B 的情景性迎合，却体现境遇性、应急性的、解困性等特点和倾向。比较而言，恒常性迎合与主动迎合有许多相似之处，更多地体现 A 迎合 B 的一种唯尊唯上唯财唯权的心理定势，也更多地呈现一种迎合性生存的人格取向和个性、爱好特征，所以，具有恒常性迎合的 A，在不讲场合、环境、情景地迎合 B 的方式和行为，虽然 A 自己很是自感良好，但却往往成为人们背后的谈资和笑话，引人轻蔑，并被视之为小丑。相应的，情景性迎合与被动迎合有许多相似之处，更多地体现 A 迎合 B 的理智性、选择性、势利性和能更多地得到 B 的认同和效果诉求。所以，擅长于情景性迎合的 A 与擅长于恒常性迎合的 A 相比，更体现其行迎合之能的成熟性，因而，也是更具卑鄙和卑劣的人。

在迎合被广受欢迎和喜爱的社会环境里，A 迎合 B 的行为方式多种多样。但最基本的方式方法有四：一是投其所好；二是巧言令色；三是主动奉献；

四是自为牺牲。

投其所好，是 A 迎合 B 的根本方法。A 在任何环境、任何条件、任何情景中面对任何身份、地位、财富、权力比自己高的 B，要行迎合之能，都必须具备和熟练的共性方式。这是迎合能否产生成效以及能够产生多大成效的根本方式，因为迎合要获得成效，A 必须了解 B 之人性弱点、人心败坏和情感杂芜，这才可真正做到投其所好。换言之，A 投其所好地迎合 B 要达到实际效果，必须尽可能了解 B 之人性弱点、人心败坏和情感杂芜。

投其所好只是一种心理学方法，或者说只是一种认知论意义上的人性论方式，这种心理主义的方式必要外化为操作行为，就要求 A 必须具备巧言令色的能力。孔子之说"巧言令色，鲜矣仁"[①]，讲的是大实话。巧言令色的人不可能仁，因为巧言令色是朝与仁相反的方向展开，体现反德性。但却是迎合之恶所必需的行为方式，是 A 向 B 行迎合之能的必要行为手段。巧言与令色是两个不同的"东西"，具体地讲是两种迎合的行为方式：巧言，指花言巧语，意为用花言巧语来取悦人；令色，指谄媚的面部表情，意为用谄媚的面部表情来取悦于人。合言之，因为巧言令色，就是指用花言巧语来掩盖自己的真实心理、想法和欲求，以谄媚来取悦他者，以达到他者认可或宠幸。

巧言与令色是最一般，也是最普通的和不可或缺的迎合方式，但如果 A 仅限于这两种方式，是达不到迎合 B 之目的。因为 A 向 B 行巧言和令色之能，最多也只能达到对 B 的感觉的取悦，要使这种感觉的取悦获得实质性的效果，必须采取实质性的方式和方法，这就是主动奉献和自为牺牲。

主动奉献与无私奉献不同：无私奉献是美德行为，也是一美德原则，是指没有任何利益动机和目的地舍弃自己将得的合法权益而有益于他人或社会。与此不同，主动奉献是指个人基于获取最大利益之目的而行一种潜在的交易性劳动。具体讲，主动奉献是指 A 以实际的劳作来取悦于 B，这就是主动想到为 B 做事，包括主动去做 B 想要做却没有做的事，或 B 想要做却找不适合的人为自己做的事，也包括 B 没有想到却经 A 提醒或做来而感到愉悦和高兴的事。

主动奉献是一种劳动付出性迎合，这是一种最见忠心的迎合方式，因而，

---

[①] 钱穆：《论语新解》，第 7 页。

也是最能产生迎合实效的方式。但是，仅有劳动性付出的迎合，对有的 B 来讲是完全可以取得认可和信任，但对另一些 B 来讲，不仅需要有人为之操办具体的事务，更乐意有人给予孝敬。因而，仅有主动的劳务奉献是远远不够的，还需要自为牺牲。所谓自为牺牲，就是 A 将自己已得（比如物质、金钱、房产、金银、股权甚至于身体、美貌等）作为敬礼，奉献给 B。在资源垄断的环境场域里，在官本位的社会里，在公权没有任何限制可以任性地自由的生活世界里，一切（包括肉体、美色）都可以成为公共产品；在工具论和耗材论的生存境遇里，自为牺牲才是最根本最实际最有成效的迎合方式，A 之迎合于 B 的成功的根本方式和方法，就是自为牺牲，其次才是主动奉献，然后才是巧言令色。反言之，富有实效的迎合，就是以巧言和令色开路，以主动奉献奠定基础，以自为牺牲为代价收割迎合之利。

## 五　短视的病理方式

迎合既是一种行为方式和生存策略，更是一个复杂的心理现象和社会现象。并且，迎合作为一种复杂的心理现象，主要从个体论；迎合作为一种复杂的社会现象，主要从社群论。迎合从个体性的心理现象演绎成为普遍性的社会现象，其必有一个中介桥梁，这个中介桥梁就是认知。从根本言，认识造就了 A 迎合 B 的心理定势和心理诉求；认知也造就了 B 总是接受 A 的迎合的社会条件、社会环境、社会结构和社会精神方向。

认知之于个人和社会，始终是开放的和多元化生成的，那么，什么性质和取向的认知才造就了 A 迎合 B 和 B 塑造 A 的源源不断的迎合？答案只有一个，那就是**短视**。

### 1. 短视的病理学特征

"短视"（Myopia）是一个视觉概念，指眼睛的视觉能力差，只能近视，如果看远处之物或在远处看物时会呈现模糊的或不清晰的状态。这是"短视"的物理学本义。基于此一物理学的本义，"短视"获得认知论的引申义，用以指涉那种缺乏长期视野和远见未来的思维性格和认知方式。在这种意义上，短视是指那种只关注当下状况，并只看重眼前利益和即时收益而忽略今天的选择、作为或不作为对长期的影响和未来的后果。短视这种思维性格和认知方式。不仅指思维-认知缺乏高远，更指对事物生变、环境运动、社会变化、个人生活及可能性以及文明前进等缺乏敏感性，对未来可能发生的事情缺乏预见性，这样的思维性格和认知方式，无论对个人来讲还是对社会而言，都将可能导致决策的短视和不可持续性，影响个人、组织、社区和全球的长远发展；更容易将人的生活和存在引向麻木、烦盲、迎合、平庸的病理状态。

从根本讲，短视之于个人和社会都是一种疾病。这种疾病就是人类思维-认知的新冠病毒具有极强的传染性，麻木生存、烦盲于实利诉求、迎合权势、财富、地位、身份以及各种理由的逸责的平庸等，都是短视这种疾病无阻碍传染所致。尼采之所以提出重塑超人的理想，是因为他深刻地意识到短视是普通人的通病，他们只关心眼前的事物，而不关心长远的目标。这种短视让他们无法看到更高层次的事物和价值，失去了对生命的真正理解和意义。短视既是近距离认知，也是短期认知，更是当下化的实利认知。短视的基本特点就是只看到脚下，只热衷于现象。而且，短视中的对象始终是孤立、静止、缺乏运动和变化观，更缺乏关联意识，进入不到现象中抉发存在、把握本质。这是短视"无法看到更高层次的事物和价值"的认知根源，也是短视无法真正理解生命的意义和存在的价值的认知根源，更是短视不可能领悟创造、探究、关联、共生、互助的生存意义的认知根源。

短视之成为一种高传染性的病毒，使大多数人——不仅是众人，尤其是大多数社会精英——也无法真正免疫，是因为短视深深地扎根于人性的土壤之中，并充分地释放出了人性的弱点。从根本讲，短视根源于两个方面的人性弱点。首先，人性的根本弱点的根本方面，就是趋利避害和避苦求乐。趋利避害是为了避苦求乐；而凡所要为之"趋""避"的利害和苦乐都在当下，不在将来，虽然将来的利害、苦乐可以想象地感知，却不能**身体地**感知，身体地感知才是最真切、最实在的，喜怒哀乐都因为身体地感知而产生。对将来的利害或苦乐既可想象性地感知，也可弃之不顾，因为它对当下并没有任何影响。能够身体地感知的利害、苦乐只能是**当下的**利害、苦乐。并且，对当下发生的利害、苦乐，身体地感知是不可回避的，唯一可以做的就是避免利害、苦乐频繁发生。因为，要避免利害、苦乐的发生是根本不可能的，人的生命存在对资源的匮乏和需求，决定了任何人身上具有的天赋相近的人性

## 善恶的病理问题

必然要承受利欲的鼓动而不可避免地走向"习相远",人只能尽可能身体地**勤求**当下之利而多避当下之害,使有限的和可怜的身体尽可能避其当下之苦而可享其当下之乐。避免利害、苦乐的频繁发生,这是人们普遍地趋利避害、避苦求乐的根本原因,因为趋利避害、避苦求乐的当下努力总是本能驱使人本能地成为边沁所讲的"道德和立法的敌人"。其次,人性的根本弱点的基本方面,就是人的趋利避害、避苦求乐总是围绕物质利益展开,这是因为生存资源的匮乏和对解决匮乏的根本努力就是解决存在安全和生活保障的难题,这两个难题都是物质性的,都充满了坚挺的物质诉求。不仅如此,无论在哪种境况下,解决存在安全和生活保障的物质性努力,始终在当下见到成效,因为当下对存在安全和生活保障的解决以及在多大程度上解决或根本不能解决,**都联系身体,牵动起身体的当下之痛或当下之乐**,将来如何虽然也可在想象中变得可喜或可怕,但永远没有当下实在、具体,呈现通体的痛感或快感。比如,世界性的疫灾带来社会经济景气的整体性下滑,企业倒闭、失业潮涌,生存成为越来越多的人如何才能活下去的问题,在这种境况中,"共同富裕"的蓝图美景固然激发人对未来的美好生活的想象和描绘,但终比不上政府给大家发兜底的救急生活费以及解决生、教、病、养的生存问题来得更真切,因为,能够得到政府的兜底救助和生、教、病、养有保障,这不是想望的描绘,而是实在的**身体化的**温暖感、**肠胃无饥饿的**压迫感和身体化的生命与大地同呼吸的社会安全感。

如上性质规定和基本内涵的人性的根本弱点,并不是人性本身所具有,而是人性的存在敞开遭遇求生的资源匮乏而导致的基本生存取向和关注重心的不可逆生成。由于人性的根本弱点是源于人性的存在敞开所生成,这就为克服人性的弱点提供了可能性。这种可能性如果不能变成现实性,而且还加剧对这种可能性的消解、弱化,那么短视必然普遍地生成,其普遍性生成的短视疾病就会裂变出社会化的传染功能,并内在的生成为一切灾难的来源。

短视之所以可能成为一切灾难的来源,是因为人作为个体在存在安全和生活保障这两个根本的方面没有任何保障,当人的群化存在和共同体生活的世界没有设计并构建起**最低的**安全阀,没有物质性生存的社会化兜底的制度和生、教、病、养的运行体制,没有保障天赋权利的坚挺机制,没有只凭个人才智、创造、贡献而可平等、自由和尊严地存在，人只能沦陷于短视化的存在陷阱之中，人的全部想望和努力只能短视地谋求**当下兑现**，哪怕就是因为平等、自由和尊严的坚挺冲动催发革命，最终也被沦陷于物质和权力的陷阱之中难以自拔和互拔。所以，在由身份、地位、财富、权势以及血统、家族力量来确定人的存在等级和人的生存空间的生活环境里，**为活下去而战**的努力中，平等、自由和尊严最终成为能够活下去或活得更好一些的根本阻碍，这就是以卑劣的迎合方式谋生和以平庸的方式求生的最终人性根源和社会根源。从根本讲，人性的根本弱点，包括由此生成的人心败坏和情感杂芜，不在于个人的短视和平庸，而在于社会对人性的扭曲，对人性的根本弱点的塑造和放大。所以，个人存在的短视或长视，最终源于社会的短视或长视。

有关于短视之恶，马克思思考得最为深刻。他在《资本论》中揭露造成人类短视这一通病的根本之因，不是人们对物质和财富的过度依赖和迷恋，而是资本的原罪和维护资本的制度。马克思的深刻，在于他正面发现了短视与制度之间的生成关系：制度使人类变得短视，其根本之因是制度本身的短视。在马克思看来，短视的制度不仅造就了资本家追求短期利润，也造就了对人的正当权力和利益的蔑视，更是造就了有限资源的浪费和环境的破坏。从根本讲，短视的制度才是制造人类一切灾难和个人生活苦难的社会根源，也是制造人生平庸和生活迎合的根源。

马克思对短视的根本之因的揭露，异常中肯和深刻，但也呈相对片面。因为制度的短视，并不只是资本主义才存在的问题，资本主义制度只是人类制度的一种特殊形态，在资本主义制度产生之前的人类制度，无论是西方的制度还是东方的制度，都普遍地呈短视取向。并且，资本主义制度产生之后的其它制度，或者与资本主义制度并存运行的其它社会制度，同样呈现短视性，而且在某些方面比资本主义制度的短视度更强劲。生于马克思之前的"古典经济学之父"亚当·斯密早就认识到短视是一个**普遍性的**制度[1]，生于马克思之后的凯恩斯也同样正视到人类制度的短视性，并揭示制度的短视是

---

[1] Adam Smith, *The Wealth of Nations*, Penguin Classics, 1965.

## 善恶的病理问题

人类制度文明发展到今天都没有从根本上解决或没有对其根本问题予以解决的根本问题①。人类短视的通病，实源于人类制度短视的通病。形成人类制度短视通病的根源不是资本和资本家，而是源于比资本和资本家更为根本的两个方面，一是财产所有权制度是否普遍建构与平等实施；二是社会公共政策是否完全建立并得到制度的和运行机制的保障。在斯密和凯恩斯看来，近代以来的工业社会解决了前一个问题，这是人类制度文明的巨大的进步；但社会公共政策方面却没有得到根本性的解决。由此才使短视仍然成为制度之恶的根本方面，也由此才因为制度的短视之恶而造就出人类短视之恶的通病。

由于制度的短视，才形成社会经济政策、市场机制、社会公共政策、社会可持续生存式发展、人类救济、价值观念、平权诉求、自由思想、人类尊严、科学发展、技术开发、军备恶性竞争等方面的认知狭窄、浅表、物化主义倾向。比如近代以来的工业社会，从古典时期进入现代时期再进入后现代时期，始终朝着"无限度的扩张"和"有组织的不负责任"②方向极端地推进：无限度地扩张，遵从唯经济原则，奉行经济发展和物质幸福才是硬道理，所以指标主义、量化主义横行世界，形成无限度的地理疆域的扩张，无限度的市场疆域的扩张，无限度的空间疆域的扩张（比如太空开发、星球探险），无限度的财富疆域的扩张等，这一切都集中为无限度的权力疆域的扩张，为了保障和强化这种种扩张，必须得无限度地展开科学疆域和技术疆域的扩张，这些所有的扩张和不断扩张的进程日益远离人，远离人的存在，使所有的发展蔑视人的存在，这就是乌尔里希·贝克所批判的"有组织的不负责任"。在这种"有组织的不负责任"的"无限度的扩张"的发展中，人，人的权利，人的自由，人的尊严，人的存在的身心的健全、健康和完整性，一再地被扭曲、被折叠、被压缩、被消解、被解构。个体的人，就是生活在这样的制度环境、政策、市场规划的空间里谋生计、求生存，想不短视也不行。通病化的个人的短视主义认知狭窄、认知浅表、认知物化，直接地源于制度、公共

---

① John Maynard Keynes, *The General Theory of Employment, Interest and Money*, Palgrave Macmillan, 2008.

② [德] 乌尔里希·贝克：《世界风险社会》，吴英姿、孙淑敏译，南京大学出版社2004年版，第191页。

政策和市场规划的短视主义化，所以，人的短视的病理学问题，本质上是制度的病理学问题。

**2. 短视的病理学方式**

短视客观地敞开个人与社会两个扇面。在社会层面，短视最为集中地体现在两个方面，第一个方面是有关于社会发展和文明构建方面的设计和规划，其短视性主要体现视野狭窄、认知浅近、物化主义三个维度。视野狭窄的集中表现是视角单一，焦点式思维方式，起点与目标的混同或等同性；认知浅近集中表现为思维下行化，当下主义与近期关注，缺乏上行思维和远见意识；物化主义集中体现在所有的有关于社会发展和文明构建的设计和规划，都以物为中心，以经济增长为指标，以财富增长和人均收入为要务。文化、精神、伦理、道德等方面虽然也被纳入其中，但更多地成为设计和规划所需要点缀的颜色或物化主义套餐的佐料。短视集中体现的第二个方面是社会建设体现出来的风貌，具体地讲，就是社会的基础设施建设，城镇建设，城市建设等总是在追赶时尚的变化中不断地拓建和拆建，总是不遗余力地追求整齐划一，时尚浮夸而不太注重实用和久远，这不仅凸显出短视，而且透露出短视中对人和对人的权益的根本性蔑视，更以不同的方式张扬权力对人的傲慢和财富对权利的霸道，更体现对文化、传统、历史、文明的轻慢和蔑视。因为你要将整个城市都拓展出宽大笔直的街道，你就得来个整体的弃旧建新，这其中，整体的弃旧，意味着对历史、对文化、对传统的连根铲除，高大气派的新建筑拔地群起，宽大的街道用巨资垒筑出来了，除了散发着暴发户般的浅薄、愚昧和不可一世的浮夸与轻狂，而历史、传统、文化却没了，整个城市只是一个水泥堆积起来的现代建筑的沙漠。整体的新建，意味着必须拆迁，能够整齐划一地拆迁，难免必动强制的手段，基本的人权也因为整体的拆迁和整体的新建而没了。这就是伦敦无直道与我们的大小城市直道四通八达，完全一样的风格、一样的标准、一样的作派和一样的水准的本质区别，这种本质区别体现在认知上，就是基于过去与未来的历史远见与只图眼前的唯利是图的短视的区别。

社会短视的表象背后的实质是工具主义。有关于工具主义的基本观念，杜威在《确定性的寻求》一书中讲得很清楚，他认为，人类身处于稳定和动

## 善恶的病理问题

荡并存的世界里,绝对的确定性,无论在现实的进程中还是想望的未来中都是不可能的,动荡和变化始终自然地存在,并且永远不可避免。人类身处在这样一个充满无穷变数的存在境况中,安全是人的第一需要的东西,同时需要社会通过各种方式和努力来满足这一需要。杜威认为,满足人类这一需要的基本方式有两种:第一种方式是和解。于是,人们不遗余力地设想许多与决定其命运的各种力量和解的方式和方法,先是祈祷、献祭、举行礼仪,其后有向诸神表示虔诚与忠实的内心的方式。这诸种途径都是要通过改变本己的内在性来顺应各种存在遭遇,借此获得心灵的慰藉。而且,人们普遍认为在情感和观念方面改变自己的同时也展示出思想和情操本身的高贵价值,因而这些方式获得宗教导师和哲学家的赞许。第二种方式是指人们可以且能够通过发明各种技艺来更为充分地利用自然,以此来获得人的生活所需要的东西,也包括存在的安全感。这就是人类社会一直不遗余力"建筑房屋,缝织衣裳,利用火烧,不使为害,并养成共同生活的复杂艺术"① 的理由。

杜威所论确实揭示出社会短视的工具主义诉求,但社会短视的工具主义诉求并非仅止于此,或可说社会短视的工具主义本质恰恰是对人的看待,即并不把人当成社会的目的,而将人定义为社会的工具。这是社会发展设计与规划更看重物质、经济、财富、市场而忽视人的原因,这也是整个工业社会以及正在全力开进的后工业社会即使已全面进入了"后世界风险社会"陷阱之中,也仍然不遗余力地"无限度地扩张"和"有组织的不负责任"的根本原因,这更是社会无限度地和失控地发展基因工程和人工智能技术的根本冲动。因为工具主义的本质特征是:**人是不重要的,物质和财富才是最重要,而权力才是根本**。这是能够驱赶人死心塌烦盲地追求经济增长、实际收入和个人财富而追捧基因工程和人工智能等新的生物工艺学技术,从不质疑这些新技术为什么要以人的生物(基因、大脑、身体)肉体作为资源研发对象的根本原因。

社会短视,从历史到现实开辟一条日益宽广的**以财富和权力为主体**并以**人为工具**的工具主义道路。在这种性质的社会短视推动下,人沦为工具并最

---

① [美]约翰·杜威:《确定性的寻求:关于知行关系的研究》,傅统先译,华东师范大学出版社2019年版,第3页。

后成为耗材不可逆转。不仅如此,社会短视所形成的短视社会必然造就出个人的短视,并追求**短视化生存**。

个人的短视化生存的首要呈现方式,就是凡事"**与我无关**"。这里所讲的"与我无关",是指人们总是持有两种基本态度:第一种态度是凡是不涉及当下的自我利害的事,都抱着与自己无关的态度,并以"与我无关"的方式处理。哪怕就是与我的明天和未来有关的事,也与我无关。第二种态度是即使与自己有关,但与自己的当下得失比较,如果得大于失,必然与自己有关;反之,如果眼前的得小于失或者害大于得,哪怕是未来的利益再大再多,也会被否决而仍然以"与我无关"的方式处理掉。正是这种"与我无关"的态度,把关涉到现实或未来之根本权力和利益的权利都漠然地度让出去交给了公权,这就为公权的威权化提供了机会和空间,创造了平台。从根本讲,任何一个历史时期以及任何一个社会,威权主义盛行并不根本地来源于威权者本身,而是**直接地**来源于大众、来源众人自发地成为氓民,这种氓民及其生存态度以凡事"与我无关"的方式层累性生成。以此观之,人沦为工具或耗材实是罪有应得。

短视社会以社会短视的方式塑造个体短视的第二种表现,就是"**无能为力**"。这里的"无能为力"是指人们遭受强权、暴政、抢夺、压迫甚至恐吓、威吓、诱惑、软化等袭来时,不是以己之力去抗争,并且在许多时候是完全可以通过抗争来解除这些遭遇的,却采取了**始终后退**的方式,不断后退,最后退化成为纯粹的工具,进而成为纯粹的耗材。个人之所以形成这种生存状况,是因为主观的认知形成的难以更正的观念,这个根深蒂固的观念就是作为个人面对强暴本能地自感"无能为力"。当人们以"无能为力"的方式处理任何来自外部的威胁和危机时,只能是退后一步再退后一步又退后一步,最后退到吃饭都成问题。也正是这种自动放弃天赋的潜能和力量的"无能为力"感,给自己的脖子套上铁链的同时,也给强权和霸道、集权和极权提供了各种可能性,只要能想到的都可毫不费力地做到,这就是任性地自由的无孔不入、无所不能、无处不在,但这却全靠众人的"无能为力"的**烦盲放弃**所成全。

作为个体,当你身怀凡事"与我无关"和面对任何遭遇都"无能为力"

时，必须沦陷于工具主义的陷阱之中，要谋得生存或求得生计，只有两条路可走，一是以消极的方式平庸生活；二是以积极的方式迎合权势、权贵。前一种方式是一种心甘情愿地做工具做耗材的求生方式，后一种方式是不甘心做工具、做耗材的谋生方式。然而，不管选择哪种方式，人作为一个实在的**身体的个体**，只能是**生活在别处**。

# 参考文献

## 一 外文文献

1. Adam Smith, *The Wealth of Nations*, Penguin Classics, 1965.
2. Adler, A., *Individual Psychology*, In C. Murchison, Ed., *Psychologies of Worcester*, MA: Clark University Press, 1930.
3. Aquinas, Thomas, *Summa Theologica*, Translated by the Fathers of the English Dominican Province, Benziger Bros. edition, 1947.
4. Arendt, H., *On Violence*, New York: Harcourt, Brace & World, 1970.
5. Argyle, M., *The Psychology of Happiness*, London: Routledge, 2001.
6. Aristotle, *Nicomachean Ethics*, Cambridge University Press, 1999.
7. Augustine, *The Confessions of St. Augustine*, R. S. Pine-Coffin, Trans., New York: Penguin, Books, 1961.
8. Barth, Karl, *Church Dogmatics: A Selection with Introduction by Helmut Gollwitzer*, Edinburgh: T&T Clark, 1961.
9. Barth, Karl, *Church Dogmatics: The Doctrine of the Word of God*, Vol. 1, Part 2, Edinburgh: T&T Clark, 1956.
10. Baumhart R., *An Honest Profit*, New York: Holt, Rinehart and Winston, 1968.
11. Bear, Mark F., Barry W. Connors, and Michael A. Paradiso, *Neuroscience: Exploring the Brain*, Lippincott Williams & Wilkins, 2007.
12. Beauchamp, Tom L., *Principles of Biomedical Ethics*, Oxford University Press, 2012.

13. Bourdieu, P., *The Logic of Practice*, Stanford University Press, 1990.
14. Brueggemann, W., *The Practice of Prophetic Imagination: Preaching an Emancipating Word*, Fortress Press, 2011.
15. Camus, Albert, *The Myth of Sisyphus and Other Essays*, Translated by Justin O'Brien, Vintage Books, 1955.
16. Charles Taylor, *A Secular Age*, Harvard University Press, 2007.
17. Emmons, R. A., *The Psychology of Ultimate Concerns: Motivation and Spirituality in Personality*, New York: Guilford Press, 1999.
18. Fanon, F., *The Wretched of the Earth*, New York: Grove Press, 1961.
19. Fichte, J. G., *Foundations of Natural Right*, Translated by M. Baur, Cambridge: Cambridge University Press, 2000..
20. Foucault, M., *Discipline and Punish: The Birth of the Prison*, Translated by A. Sheridan, New York: Vintage Books, 1975.
21. Freud, S., *Beyond the Pleasure Principle*, The Standard Edition of the Complete Psychological Works of Sigmund Freud, 1920.
22. Freud, S., *The Ego and the Id*, The Standard Edition of the Complete Psychological Works of Sigmund Freud, 1923.
23. Friedrich Hayek, *The Road to Serfdom*, Routledge, 2001.
24. Friedrich Nietzsche, *Thus Spoke Zarathustra*, New York: Penguin Books, 2003.
25. Fromm, E., *Escape from freedom*, New York: Rinehart, 1941.
26. Fromm, E., *The Sane Society*, New York: Rinehart, 1955.
27. Fukuyama, F., *The Origins of Political Order: From Prehuman Times to the French Revolution*, New York: Farrar, Straus and Giroux, 2011.
28. Grosz, Elizabeth, *The Nick of Time: Politics, Evolution, and the Untimely*, Durham: Duke University Press, 2004.
29. Hegel, G. W. F., *Grundlinien der Philosophie des Rechts*, Frankfurt am Main: Suhrkamp Verlag, 1986.
30. Heidegger, Martin, *Being and Time*, Translated by John Macquarrie and Edward Robinson, New York: Harper & Row, 1962.

31. Henry E. Allison, *Kant's Theory of Freedom*, London: Cambridge University Press, 1990.

32. Immanuel Kant, *Critique of Pure Reason*, Translated by Norman Kemp Smith, 2nd. edition, Palgrave Macmillan, 2007.

33. J. M. Cooper ed. , *Plato: Complete Works*, Indianapolis, IN: Hackett Publishing Company, 1997.

34. James, W. , *The Varieties of Religious Experience*, Digireads. com Publishing (Original work published in 1902), 2014.

35. John Maynard Keynes, *The General Theory of Employment, Interest and Money*, Palgrave Macmillan, 2008.

36. John R. Siloer W. , *Die Religion innerhalb der Grenzen der Blossen Vernuft*, ed. , Karl Vorlander, Hambur. Felix Meiner Verlag, 1990.

37. José van Dijck, *The Culture of Connectivity: A Critical History of Social Media*, Oxford University Press, 2013.

38. Jung, C. G. , *Analytical Psychology: Its Theory and Practice*, New York: Pantheon Books, 1968.

39. Kekes, J. , *Moral Wisdom and Good Lives*, Cornell University Press, 1995.

40. Kierkegaard, S. , *The Sickness Unto Death*, Princeton: Princeton University Press, 1980.

41. King, M. L. , *Where Do We Go from Here: Chaos or Community?* New York: Harper & Row, 1967.

42. Kitcher, Philip, *The Lives to Come: The Genetic Revolution and Human Possibilities*, Simon and Schuster, 1997.

43. Kont, J. , *In Search of the Good Life: The Ethics of Globalization*, Oxford University Press, 2017.

44. Lewontin, R. C. , *The Triple Helix: Gene, Organism, and Environment*, Harvard University Press, 2001.

45. Ludwig Feuerbach, *The Essence of Christianity*, New York: Harper Torchbooks, 1957.

46. Luther, M., *The Bondage of the Will*, New York: Fleming H. Revell Company, 1957.

47. Max Weber, *The Protestant Ethic and the Spirit of Capitalism*, New York: Scribner, 2003.

48. Merleau-Ponty, M., *Phenomenology of Perception*, London: Routledge, 1945.

49. Merton, Robert K., *Social Theory and Social Structure*, Free Press, 1968.

50. Milgram, S., *Obedience to Authority: An Experimental View*, New York: Harper & Row, 1974.

51. Montaigne, Michel de, *The Complete Essays*, Translated by M. A. Screech, Penguin Classics, 2003.

52. Myers D. G., *Social Psychology*, Ninth Edition ed., New York: Mc Graw-Hill Companies, Inc., 2008.

53. Nietzsche, Friedrich., *Beyond Good and Evil*, Random House, 1969.

54. Nietzsche, Friedrich., *On the Genealogy of Morals*, New York: Vintage Books, 1989.

55. Nietzsche, Friedrich., *Thus Spoke Zarathustra*, Translated by Walter Kaufmann. New York: Penguin Books, 1976.

56. Parenti M., *Democracy for the Few*, New York: St. Martin's, 1995.

57. Pargament, K. I., *The Psychology of Religion and Coping: Theory, Research, Practice*, New York: Guilford Press, 1997.

58. Plantinga, A., *Warranted Christian Belief*, Oxford: Oxford University Press, 2000.

59. Plato, *Lysis*, Translated by Robin Waterfield, Oxford University Press, 1993.

60. Plato, *Republic*, Translated by G. R. F. Ferrari, Cambridge University Press, 2000.

61. Proust, Marcel, *In Search of Lost Time*, Vintage, 1996.

62. Rahman, F., *Islam and Modernity: Transformation of an Intellectual Tradition*, Chicago: University of Chicago Press, 1982.

63. Rawls, John, *A Theory of Justice: Revised Edition*, Harvard University Press, 1999.

64. Ridley, Mark, *Nature via Nurture: Genes, Experience, and What Makes Us Hu-

man, Harper Collins, 2003.

65. Rose, Hilary, *Love, Power and Knowledge: Towards a Feminist Transformation of the Sciences*, Cambridge University Press, 1994.

66. Rose, Hilary, *Love, Power and Knowledge: Towards a Feminist Transformation of the Sciences*, Cambridge University Press, 1994.

67. Rousseau, Jean-Jacques, *The Social Contract*, Translated by G. D. H. Cole, Londvn: Wordsworth Edlitions. 1994.

68. Russell, B., *The Conquest of Happiness*, London: Routledge, 2006.

69. Ruthw. Grant, *Hypocrisy and Interity: Nachiavelli, Rousseau, and the Ethics ofplitics*, Chicago: The University of Chicago Press, 1997.

70. Sartre, Jean-Paul, *Being and Nothingness*, Translated by Hazel E. Barnes, Washington Square Press, 1992.

71. Sartre, J. P., *Colonialism and Neocolonialism*, New York: Routledge, 1964.

72. Schopenhauer, A., *On the Basis of Morality*, E. F. J. Payne, Trans. ,Bobbs Merrill, 1969.

73. Smith, H., *The World's Religions: Our Great Wisdom Traditions*, San Francisco: Harper Collins, 1991.

74. St. Augustine, *The City of God*, Translated by Marcus Dods, Edited by H. Bettenson, New York: Random House, 1950.

75. St. Augustine, *The City of God*, Edited and translated by R. W. Dyson, Cambridge: Cambridge University Press, 1998.

76. Taylor, C., *The Ethics of Authenticity*, Harvard University Press, 1991.

77. Thoreau, H. D., *Civil Disobedience*, Boston: Ticknor and Fields, 1849.

78. Tolstoy, L., *War and Peace*, Penguin Classics, 2007.

79. Verbeek, Peter-Paul, *What Things Do: Philosophical Reflections on Technology, Agency, and Design*, University Park, PA: Penn State Press, 2005.

80. William Hart, *Faith and Freedom*, University of Notre Dame Press, 1967.

二 中文文献

81. ［奥］雷立柏:《古希腊罗马与基督宗教》，社会科学文献出版社 2002

年版。

82. ［德］阿明·格伦瓦尔德主编：《技术伦理学手册》，吴宁译，社会科学文献出版社 2017 年版。

83. ［德］弗里德里希·包尔生：《伦理学体系》，何怀宏、廖申白译，中国社会科学出版社 1988 年版。

84. ［德］海德格尔：《存在与时间》，陈嘉映、王庆节译，生活·读书·新知三联书店 1999 年版。

85. ［德］海德格尔：《海德格尔选集》上、下册，生活·读书·新知上海三联书店 1996 年版。

86. ［德］黑格尔：《法哲学原理》，范扬、张企泰译，商务印书馆 1961 年版。

87. ［德］黑格尔：《精神现象学》，贺麟、王久兴译，商务印书馆 1979 年版。

88. ［德］康德：《纯粹理性批判》，蓝公武译，商务印书馆 1960 年版。

89. ［德］康德：《单纯理性限度内的宗教》，李秋零译，中国人民大学出版社 2003 年版。

90. ［德］康德：《道德形而上学原理》，苗力田译，上海人民出版社 2005 年版。

91. ［德］康德：《逻辑学讲义》，许景行译，商务印书馆 1991 年版。

92. ［德］莱布尼茨：《神义论》，朱雁冰译，生活·读书·新知三联书店 2007 年版。

93. ［德］弗里德里希·尼采：《查拉图斯特拉如是说》，黄明嘉译，上海译文出版社 2021 年版。

94. ［德］乌尔里希·贝克：《世界风险社会》，吴英姿、孙淑敏译，南京大学出版社 2004 年版。

95. ［法］邦雅曼·贡斯当：《古代人的自由与现代人的自由》，阎克文等译，商务印书馆 1999 年版。

96. ［法］保罗·里克尔：《恶的象征》，公车译，上海人民出版社 2003 年版。

97. ［法］拉罗什福科：《道德箴言录》（中英对照），吕冬青主编，北京燕山出版社 2009 年版。

98. ［法］卢梭：《忏悔录》，李平沤译，商务印书馆 2010 年版。

99. ［古罗马］奥古斯丁：《奥古斯丁选集》，汤清等译，宗教文化出版社 2010

年版。

100. ［古希腊］柏拉图：《理想国》，张俊译，民主与建设出版社 2020 年版。
101. ［古希腊］色诺芬：《回忆苏格拉底》，吴永泉译，商务印书馆 1984 年版。
102. ［古希腊］亚里斯多德：《动物志》，吴寿彭译，商务印书馆 2010 年版。
103. ［古希腊］亚里士多德：《物理学》，张竹明译，商务印书馆 2011 年版。
104. ［古希腊］亚里士多德：《尼各马科伦理学》，苗力田译，中国人民大学出版社 2003 年版。
105. ［古希腊］亚里士多德：《尼各马可伦理学》，廖申白译注，商务印书馆 2017 年版。
106. ［古希腊］亚里士多德：《形而上学》，吴寿彭译，商务印书馆 1959 年版。
107. ［古希腊］亚里士多德：《政治学》，吴寿彭译，商务印书馆 1983 年版。
108. ［荷兰］斯宾诺莎：《伦理学》，贺麟译，商务印书馆 1983 年版。
109. ［美］E. 博登海默：《法理学—法哲学及其方法》，邓正来、姬敬武译，华夏出版社 1987 年版。
110. ［美］约翰·杜威：《确定性的寻求：关于知行关系的研究》，傅统先译，华东师范大学出版社 2019 年版。
111. ［美］汉娜·阿伦特：《反抗"平庸之恶"》，杰罗姆·科恩编，陈联营译，上海人民出版社 2014 年版。
112. ［美］内尔·诺丁斯：《女性与恶》，路文彬译，教育科学出版社 2013 年版。
113. ［美］威廉·A. 哈维兰：《文化人类学》，瞿铁鹏、张钰译，上海社会科学院出版社 2006 年版。
114. ［英］安东尼·肯尼：《牛津西方哲学史·第一卷·古代哲学》，王柯平译，吉林出版集团有限责任公司 2012 年版。
115. ［英］边沁：《道德与立法原理导论》，时殷弘译，商务印书馆 2000 年版。
116. ［英］达尔文：《物种起源》，周建人等译，商务印书馆 1995 年版。
117. ［法］加尔文：《基督教要义》，香港：基督教文艺出版社 2006 年版。
118. ［英］休谟：《人性论》上、下册，关文运译，商务印书馆 1980 年版。
119. ［英］约翰·穆勒：《群己权界论》，严复译，上海三联书店 2009 年版。

120. ［清］王先谦撰：《荀子集解》，沈啸寰、王星贤点校，中华书局 1988 年版。

121. 《马克思恩格斯全集》第三卷，人民出版社 2002 年版。

122. 《马克思恩格斯选集》第四卷，人民出版社 1972 年版。

123. 《欧美古典作家论现实主义和浪漫主义》（二），中国社会科学出版社 1981 年版。

124. 北京大学哲学系外国哲学史教研室编译：《西方哲学原著选读》上、下卷，商务印书馆 1981 年版。

125. 黄裕生：《宗教与哲学的相遇：奥古斯丁与托马斯·阿奎那的基督教哲学研究》，江苏人民出版社 2008 年版。

126. 钱穆：《论语新解》，生活·读书·新知三联书店 2012 年版 2016 年第 25 次印刷。

127. 任钟印主编：《世界教育名著通览》，湖北教育出版社 1994 年版。

128. 宋希仁主编：《西方伦理思想史》，中国人民大学出版社 2004 年版。

129. 唐代兴：《生境伦理的人性基石》，上海三联书店 2013 年版。

130. 唐代兴：《生境伦理的心理学原理》，上海三联书店 2013 年版。

131. 唐代兴：《宪政建设的伦理基础与道德维度》，天津人民出版社 2008 年版。

132. 中国社会科学院语言研究所词典编辑室编：《现代汉语词典》，商务印书馆 1983 年版。

133. 严家其：《首脑论》，上海人民出版社 1986 年版。

134. 周辅成编：《西方伦理学名著选辑》上、下册，商务印书馆 1996 年版。

# 索　引

爱　9, 10, 12, 16, 17, 19, 20, 21, 22, 24, 26, 27, 28, 29, 30, 32, 34, 35, 36, 40, 42, 44, 45, 46, 48, 52, 58, 64, 67, 73, 83, 90, 95, 102, 103, 104, 116, 131, 133, 135, 143, 147, 148, 149, 154, 155

暗晦良心　130

暴力　40, 41, 46, 47, 48, 54, 81, 84, 85, 86, 87, 88, 89, 90, 91, 92, 93, 94, 95, 96, 97, 98, 99, 100, 101, 108, 110, 111, 113, 115, 116, 122, 129, 138, 152, 153

暴力之恶　84, 86, 91, 92, 94, 95, 96, 97, 98, 99, 100, 103, 129

背约　100, 101

被动伪善　133

被工具化　106, 127

被迫伪善　133

本能冲动　72, 74, 75, 76

本能主义　72

本原性向恶　149

本原性向善　149

必然存在　33

边际效应　67, 78, 86, 99, 118, 142

病理　1, 42, 45, 48, 49, 50, 51, 56, 84, 88, 90, 96, 105, 110, 111, 113, 115, 122, 129, 139, 149, 156, 158

病理本质　47, 48, 49, 52, 69, 109

病理规律　42

病理学现象　90

剥夺　39, 40, 44, 46, 82, 83, 89, 90, 91, 92, 93, 94, 96, 111, 119, 135, 151

不善行为　130

不孝　103, 104

不义　103, 104, 119, 132

不忠　103, 104

不作为　60, 69, 91, 92, 124, 133, 139, 140, 146, 147, 149, 156

财富授权做恶　119, 120, 121

成己成人　24

赤裸的恶　129, 131

传统之恶　97, 98

从众, 133　138, 139

从众心理　138, 139

丛林法则　32，75，80，85，86，98，117

存在本质　19，20，21，29，44，52，61，105，132

存在疾病　109

存在匮乏　75，76

存在陷阱　157

存在信仰　8，25，48，50，84，87

存在之知　7

带动　29，44，55，58，59，70，79，142

当下兑现　157

道德　7，8，9，10，12，17，22，25，26，27，28，30，31，33，35，37，39，40，42，43，44，46，49，50，53，54，55，56，57，61，67，69，71，74，77，78，82，85，88，97，110，113，114，115，116，117，118，123，124，125，127，131，132，133，134，135，137，138，139，142，143，144，145，146，148，149，151，153，157，159，164，165

道德恶　56

道德解构　60，126，131

道德力量　77

道德社会　25，27，134，142，144，149

道德伪善　131，132，133，139

道德信仰　8

道德应得　39，131，132

德性　31，37，38，39，62，77，78，124，125，135，143，153，155

底线　39，123，126，127，128，142

短视　113，122，156，157，158，159，160

短视化生存　160

短视主义　158

恶　28，38，39，40，41，42，43，44，45，46，47，50，51，52，53，54，55，56，57，58，59，60，61，62，63，64，65，66，67，68，69，71，72，73，74，76，79，80，83，84，85，86，87，88，89，90，91，92，94，95，96，97，98，99，100，101，102，103，104，105，109，111，112，113，114，115，116，117，118，119，120，121，122，123，124，125，126，128，129，130，131，133，134，135，136，137，139，140，141，142，143，145，146，147，148，149，151，153，157，158，164

恶道　28，129

恶的暴力　88，90，91，95，96，129

恶的传染　67

恶的发生论　63

恶的扩张　67

恶的生物主义　69，76，79

恶的威权主义　76，79

恶果　36，58，79，87

恶生成善　63

烦忙　117

烦盲　59，62，117，156，159，160

返祖　43，44，68，72，79，126

非合法性权力　78

非正常　48，86，88，124，125，133，149，150

风气之恶　99

风俗之恶　96

肤受　60，94，100，122，140，142，143，149

服从　30，34，46，47，68，81，88，113，

# 索　引

114，115，116，118，119，123，125，133，138，139

个人权利　86，90，91

个性的自由　97

根本的恶　116，117，118，119，137

工具主义　106，159，160

公共空间　107，108

公权　27，40，79，89，90，91，94，96，99，107，108，112，115，119，137，155，160

公私不分　123

攻人之善　60

共生存在　6，13，21，27，33，68，87，112

共性的约束　97

关联意识　156

观念　7，8，9，10，18，22，33，34，36，38，41，45，46，47，48，49，50，53，54，55，60，62，65，66，67，68，73，81，82，85，90，92，98，101，103，105，106，113，116，120，129，130，141，142，153，158，159，160

观念的威权　41，42

观念主义　41

规程　41，86，119

规训　17，20，25，38，80，87，93，94，96，97，99，104，110，114，119，123，129，139，141

规则　31，43，45，46，49，67，68，81，114，115，119，121，123，130，131，132，136，137，139，140，141

行为公正　33

耗材　45，80，84，107，111，112，113，122，127，155，160

合法期待　39，131，132

合法性　77，78

合法性权力　78

互设边界　33

环境场域　86，155

会通　8，12，33，80，88，95，110，116，159

会通之恶　149

机会主义　136

机制授权做恶　119，120，121

基因决定论　70，71，72，75

疾病　42，48，53，60，70，90，109，156，157

嫉妒　34，100，102，103

嫉恨　102

己他关系　86

纪律　81，119

继发存在　32

奸淫　27，100，101

坚定信念　6，7，8，15，18，19

教化　25，97，141

结构性暴力　92，93

结构正义　33

解构　21，22，32，37，39，40，41，42，46，55，60，72，76，79，81，87，89，91，95，96，108，119，120，122，123，126，129，131，137，140，151，158

浸润　25，60，94，100，122，123，140，142，143，149

浸淫　96

精神结构　25，26，27，90，97

精神实体　25，27

275

竞斗　33，75，76，85，95，109，116

竞而必适　85

敬畏　8，9，12，20，21，22，34，142

绝对权力　41，77，79，81，89，99，108

绝对为我　81

绝对唯我　81

科技主义　44

理性　7，12，17，22，23，25，28，30，31，33，34，35，36，37，38，41，43，49，50，57，62，66，71，73，74，82，88，93，98，105，106，110，112，116，117，123，125，126，127，130，137，145，146，164

理性能力　117，125，127

历史远见　159

利害得失　9，69，139

利己诉求　139

利益　77，78

连根拔起　83，118，119，120，124，127

灵魂　6，12，13，17，22，25，33，34，37，40，43，44，45，49，52，58，62，65，66，67，74，75，98，126，134，141，142，144，148

灵魂丢失　42，43，44，45，46

灵魂失忆　58，62，65，66，86，142

垄断　68，70，80，81，95，109，110，121，130，139，140，142，155

乱作为　124

伦理伪善　133

麻木　102，156

盲从　26，59，63，65，66，104，123，124，125

美德　17，25，26，27，39，40，42，53，57，61，62，131，133，134，137，139，143，144，155

美德假象　133

美德伪善　131，133

美德消隐　60，126，131，142

昧暗　43，45，84，130，144

蒙昧　42，43，45，52，84

蒙昧之恶　84

民权博弈公权　33，99

民授　77，79

民智　110，113

明智　34，36，37，38，119，152

内心不善　130，132

内心杂芜　137

内在的神性　111

奴性　124，150

奴役之恶　56

平等的自由　27

平权　91，93，94，95，158

平庸之恶　41，113，117，118，119，122，123，124，125，126，127，128，129，131，139，164

普遍性　8，9，11，17，23，31，36，47，73，78，86，97，100，102，112，122，129，131，133，139，140，142，145，148，154，156，157，158

期待　7，8，9，14，15，18，21，22，24，26，27，28，29，32，34，39，42，45，46，48，52，64，67，126，131，132，150，151

契约　12，54，141

强暴　44，60，68，110，139，140，160

强权　68，69，79，85，86，92，94，113，

## 索　引

135，139，142，152，153，160

侵犯　27，39，54，82，85，86，87，89，90，91，92，93，94，95，101，109，121

轻信　64，65，66，101

情感　6，9，10，17，21，22，25，30，31，34，35，38，44，48，49，66，71，73，74，76，91，93，95，97，98，101，102，104，106，137，140，143，144，145，146，147，153，155，157，159

求利　16，31，39，40，41，42，47，58，59，130，131，132，133，136，143，146

求利规则　130

趋利避害　38，145，146，147，149，156

权力　31，40，44，45，47，54，59，61，68，72，76，77，78，79，80，81，82，84，86，89，90，92，94，95，97，98，99，100，101，102，105，107，108，109，110，111，112，113，114，115，117，118，119，120，121，123，127，133，134，135，137，138，139，150，151，152，153，155，157，158，159，160

权力能力　95

权力授权做恶　119，120，121

权力之本　90

权力之根　90

权利　27，39，40，56，64，69，70，76，77，79，82，83，85，86，87，89，90，91，92，93，94，95，96，99，101，107，108，109，110，111，112，120，125，126，127，131，132，135，147，151，153，157，158，159，160

权利能力　95，109，126

权势　77，78，79，152，154，156，157，160

权威　12，49，76，77，78，79，93，112，113，114，115，138，151，153

权责对等　33，101，138，143

全域性　86

群己权界　69，131，136，138，164

人不存在　42，45

人类之人　63，66，122

人沦为动物　52

人权　22，47，80，86，90，92，94，99，110，119，137，159

人权社会　86

人权政体　86，91

人权政治　99

人为工具　160

人心败坏　111，137，143，144，145，146，155，157

人心恶劣　137，143，145

人性　11，12，14，15，16，17，19，20，21，27，31，32，33，34，39，40，42，46，47，56，59，66，68，69，70，74，80，86，90，91，93，95，96，97，98，99，100，101，102，104，109，110，111，112，116，117，118，119，122，123，124，127，128，131，133，134，135，136，137，142，143，144，145，146，147，148，149，153，154，155，156，157，165

人性脆弱　137，143，144，145，146

人性存在　8，17

人性法则　39，90，91，131，137

人性论　15，30，32，74，116，135，136，

277

146，155，164

人性同心圆 148，149

人质意识 18，28，32，52

认同 8，9，22，31，46，47，77，78，79，86，88，90，93，99，107，138，140，151，152，155

认知滞后 137，138

任性的自由 45，89

任性地自由 69，79，81，82，83，108，115，116，119，141，155，160

容受 140

善 13，17，19，21，26，28，29，30，31，32，33，34，35，36，37，38，39，40，41，42，45，46，47，49，52，53，54，55，56，57，59，60，61，62，63，64，65，66，67，69，74，76，84，85，86，87，88，89，90，91，94，95，97，98，99，100，104，115，116，119，122，123，128，129，130，131，132，133，134，135，136，137，138，139，140，141，143，145，146，147，148，149

善道 28，103

善的创世纪 63

善的缺乏 60，62，65，66，67，86

善恶 1，5，6，28，38，40，41，52，53，54，56，62，63，64，65，66，67，84，85，87，88，89，90，94，100，116，118，123，124，125，126，128，134，141，148，149

善恶边界 40，41，42，88，89，90

善恶价值 63，64

善恶认知 63，64

善恶实在 63

善恶相生 149

善果 36，79，87

善良意愿 99，100

上帝之人 63，65，66

社会通则 119

身体主义 71，72，75

神 6，7，8，9，10，11，12，13，14，15，16，17，19，20，21，22，23，24，25，26，28，29，30，31，32，34，37，39，40，42，43，44，45，46，47，48，49，50，53，55，56，60，61，62，63，64，65，66，67，70，71，73，74，75，76，84，85，88，90，95，97，98，101，102，106，111，114，121，126，127，130，142，143，144，145，146，147，156，159，164

神德 25，26，27，39，40，42，56

神性存在 8，10，17，27

神正论 34

生成 6，7，8，9，10，11，15，17，22，23，24，25，26，27，28，29，30，31，33，34，36，38，39，43，49，52，53，55，57，58，62，63，67，72，73，76，79，87，92，94，95，102，109，110，112，113，114，115，116，117，119，122，125，126，128，133，135，136，138，139，140，142，143，145，146，149，152，154，155，156，157，160

生成信仰 11，24，25

生存本质 19，29，132

生存实务 22，23，25

生活场域 50，133，149，150

生活在别处 160

索　引

生活在一起　9, 29, 153

生己 – 生他　149

生命激情　33, 34, 144

生物本性　32, 33, 72, 74, 79, 86, 100, 116, 144

生物主义　28, 69, 70, 71, 72, 75, 79, 83, 126

失根　84, 127

失信仰　49

失序　62, 65, 66

失忆　62, 66, 67, 142

实存　6, 8, 11, 13, 14, 15, 17, 48, 60, 62, 63, 84, 98, 151

实利　41, 47, 110, 117, 133, 136, 139, 141, 154, 156

实利认知　156

实利主义　41, 45, 47, 69, 76, 142, 154

实然存在　33

势利主义　41, 47, 142, 154

适应生存　75, 85

受纳　60, 98, 99, 115, 122, 139, 140, 141, 142, 143, 145, 146, 149

受纳之恶　60, 95, 139, 140, 141, 142, 145, 147, 149

授权做恶　113, 114, 115, 116, 118, 119, 120, 121

兽权政治　99

私权　90

思想的瘫痪　41, 97, 127, 129, 139

贪婪　57, 58, 101, 102, 109, 110, 137, 138, 151

贪婪的欲望　103

贪恋　26, 27, 100, 101, 102

体验　8, 9, 12, 13, 22, 45, 47, 49, 50, 55

通体的恶　99, 119, 120, 121

通体伪善　139

同心圆法则　148, 149

偷盗　27, 67, 100, 101, 130

投其所好　47, 48, 150, 151, 152, 153, 154, 155

推脱　82, 127

忘恩负义　100, 103

威权　40, 41, 46, 69, 76, 77, 79, 80, 81, 83, 86, 93, 95, 97, 98, 108, 112, 114, 115, 116, 117, 119, 121, 124, 126, 127, 133, 138, 139, 142, 160

威权政体　91

威权主义　37, 40, 42, 69, 76, 79, 80, 81, 82, 83, 93, 94, 95, 126, 138, 139, 160

威权主义原则　80

唯利是图　101, 159

唯上　123, 154

唯物质主义　41, 42, 49

唯意志原则　80, 81

伪善　115, 122, 129, 130, 131, 132, 133, 134, 135, 136, 137, 138, 139

伪善行为　130, 131, 133, 134, 135, 136, 138

伪善生活　131, 134, 136, 138

伪善现象　131, 134

无根　66, 84, 117, 126, 139

无根存在　84

279

无根之恶　84，117

无节制　61，65，74，83

无能为力　11，160

无情　93，94，103，104，108

无限度　19，39，40，41，45，59，68，71，72，76，77，79，83，85，110，112，128，131，133，136，137，138，144，145，158，159

无限度求利　130，131

无限绝对权力　40，77，79，89，90，99，108，138

无信　21，48，56，58，59

无信仰　17，48

无原则　130，131，132，136

无原则求利　130，131，132，136，137

无责　103，132，133

无知　43，53，56，57，58，61，62，67，117，119，124，126，128，141，142

无止　15，16，32，50，56，57，58，110

物理本性　32，33

物欲主义　145

物质主义　41，44，49，72，93，126，138，145

希望　10，19，20，21，22，24，26，27，28，29，32，34，42，44，45，46，48，52，55，61，62，64，67，76，78，79，88，98，100，103，115，118，132，139

系统性做恶　119

系统之恶　118

限度　78

限度法则　85

限度求利　131

想望　6，22，23，27，35，38，112，157，159

邪恶　46，47，54，55，56，61，110，117，119，123，124，128，129，135，141

邪教　46，47，49，110

邪教主义　45，46

心灵　6，7，8，9，10，15，19，21，22，25，28，32，33，34，35，37，42，43，44，45，48，49，52，61，70，71，74，76，95，102，117，128，142，143，144，145，159

心灵蒙昧　42，43，45，46

心向其恶　101，143，145，146

心意系统　7

心智　8，25，33，34，61，65

信念　7，8，9，10，14，15，18，20，21，22，23，55，92

信徒　12，46，49

信仰　5，6，7，8，9，10，11，12，13，14，15，16，17，18，19，20，21，22，23，24，25，26，27，28，34，39，42，43，44，45，46，47，48，49，50，52，53，67，74，84，87，98，110，136，140

信仰创造生成　24

信仰的病理学　42

信仰生成　11，14，24，25，27

信仰异化　49，50

虚无主义　55，85，95，98，120，129，139，141

遗忘　36，50，66，126，151，152，153

以恶制恶　88

以权力为导向　99

以权利为导向　99

# 索　引

抑恶向善　94

意识地思维　7，18，20，28，54，86，106，107，128

意识地向善　123，125

意愿　9，19，26，33，35，36，38，53，55，61，68，76，77，82，84，86，87，90，99，100，101，104，106，134，139，146，150，151

意愿而善　35

意志主义　80，81，83，95

因恶而善　65，84

引导　9，10，12，20，23，25，26，27，28，38，59，74，87，90，92，94，97，99，110，118，141

隐私权　91，107，109

迎合　47，69，77，109，110，118，122，141，146，149，150，151，152，153，154，155，156，157，158，160

迎合权力　152

迎合之恶　113，117，119，149，155

应然生存　33

由善而恶　45，65，67，84

有限绝对权力　77，79，89，99，108，110

愚昧　57，98，110，141，159

与我无关　160

语言的暴力　40，41，81，93，95

欲望　19，26，32，43，48，52，57，62，74，76，78，81，84，106，109，110，128，129，136，148，152

原发存在　32，87

原教旨主义　45，46，50

原罪　26，61，62，63，64，65，66，74，157

怨恨　102

约束能力　117，123，126

造假　100，101，102

正常　27，48，61，70，86，88，92，93，110，114，117，119，125，126，127，133，134，136，140，143，144，150，152，153

政体　77

执着期待　6，7，8，9，14，15，18，19，20

制度暴力　91

制度的病理　158

中正　68，70，74，92，104

众人之恶　118

主动奉献　155

自行约束　42

自欺　137

自然恶　56

自然法则　39，82，90，91，104，137

自为牺牲　155

自为约束　33

自我昧暗　84

自由　79，164

自由意志　32，33，46，53，56，60，70，74，144

自在的善　35，36

宗教信仰　8，44，45，47，48，49，50

纵世之恶　60

做恶　61，113，114，115，116，117，118，119，120，121，122，127

作为　6，7，8，9，10，13，15，16，18，19，20，21，23，25，28，29，32，33，34，35，36，37，39，40，41，48，50，52，54，55，

281

## 善恶的病理问题

56, 59, 60, 62, 63, 69, 70, 71, 73, 74, 77, 78, 79, 81, 84, 85, 86, 87, 88, 89, 91, 92, 94, 95, 99, 101, 102, 106, 107, 108, 109, 111, 112, 113, 114, 116, 117, 118, 121, 122, 123, 124, 125, 126, 128, 129, 131, 132, 133, 134, 136, 137, 138, 139, 140, 142, 143, 144, 145, 146, 147, 149, 150, 151, 152, 155, 156, 157, 159, 160

做人底线　123

# 后　　记

　　人性的相近习远，构成两种性质的社会形态：人性相近的社会，是人性的社会；人性的社会，是道德的社会。人性"习相远"的社会；是反人性的社会；反人性的社会，是人为**丛林化**的社会和非德社会；

　　道德的社会有两个基本指标，一是国家秉持"**善业**"之目的而构筑善业的社会平台；二是人人借其善业平台而过上**优良的生活**。优良的生活即**善意的**、**不伤害的**、**尊严的生活**。反之，普遍性的非善意、四处横行着伤害、大部分人没有尊严的生活的社会，要么是没有进化的人力化的<u>丛林社会</u>，要么是道德社会降落为非德社会。人聚集起来所形成的社会，沦为人力主义的<u>丛林社会</u>，或从建构起来的道德社会降落为非德社会，主要之因不是个人，个人的能力、力量相对整体性的社会来讲是微弱的，只要社会的整体结构和秩序体系是朝向德，个人的非德的所有恶行都可得到应有的抑制。人力主义的<u>丛林社会</u>或道德社会降落降为非德社会的根本之因，是国家是否秉持**本己的善业目标**，是否以善业本身为目标而构筑起引领或激发人人朝向优良的生活方向努力的善业社会平台。国家本己的善业目标如始终得到秉持并使国家本身构成善业社会平台，那么其社会一定是道德社会；反之，如果国家本己的善业目标被解构，而使国家沦为<u>恶横行</u>的社会，那一定是人力主义的丛林社会和非德社会。

　　国家能否始终秉持其本己的善业目标而构筑起善业社会平台，根本地取决于**政治选择**。政治选择的实质性努力是选择政体、构建制度然后制定法律，并选择与之相适应的伦理坐标、道德体系、经济制度和教育机制。所以，政治选择的关键是**政体**,政体的可选择的项有两种:个体主体或社群主体,也可说**人本**或**权本**,选择前者,是**人权政体**,由此生成的制度、法律和与之配套的伦理坐标、道德体系、经济制度和教育机制,都呈善业取向;反之,政体选择社群主义,必是**权本政体**,由此生成的制度、法律和与之配套的伦理坐标、道德体系、经济制度和教育机制,必呈趋恶取向。

由此,社会治理以治民为基本方策和主攻方向的传统,却从根本上忽视或刻意抹去了两个基本事实:一是国家形成的本原动机是诉求善业,国家的诞生就是为人人能过上优良的生活而提供善业社会平台;二是国家能否秉持其本已的善业目标而建构起善业社会的平台,根本地取决于政体选择,而政体选择取决于诉求人本还是权本。如果政体选择诉求权本,由此生成的政体、制度、法律及其与之相配套的伦理坐标、道德体系、经济制度和教育机制,都将成为滋生和滋长恶的温床。在这种境况下,善恶的病理问题成为根本的社会问题和普遍的生存问题。

对善恶病理问题的思考,基于对 20 世纪的巨变与重重苦难的观察,更源于三年世界化的新冠疫灾折磨、苦难、病痛的被迫受纳和对正风起云涌的世界化的战争威胁的忧虑,它们从不同维度放大了普遍的和根本的善恶病理机制所带来的人类学危机和生物学威胁。感谢我的家人、我的亲人的呵护和关爱,使原本多种疾病缠身的我最终逃过了三年既是天灾**更是人祸**的疫难,从新冠病毒侵入的病魔中重新站立起来生活。更感谢生活在周围同样遭受各种天灾人祸的人们的乐观、面对苦难的勇敢及其所焕发出来的精神力量,这或许是人们有意识地战胜来自社会结构和秩序体系之恶的真正源泉所在。更借此感恩中国社会科学出版社的扶助,尤其感恩刘亚楠编辑的竭诚祛误和纯正之卓识、智慧和辛劳。

二〇二三年十月三十日书写于狮山之巅